Gymnasium Klassen 9/10
Mecklenburg-Vorpommern

Elmar Breuer, Klaus Liebers, Helmut F. Mikelskis,
Rolf Otto, Lutz-Helmut Schön, Rüdiger Schülbe,
Manuela Welzel, Hans-Joachim Wilke

Herausgegeben von
Helmut F. Mikelskis und Hans-Joachim Wilke

Cornelsen

VOLK UND WISSEN

Autoren:
Dr. Elmar Breuer (Kernphysik)
Prof. Dr. Klaus Liebers (Mechanik der Flüssigkeiten und Gase)
Prof. Dr. Helmut F. Mikelskis (Mechanik, Optik)
Dr. Rolf Otto (Stromkreise, Elektrische Leitungsvorgänge, Elektrische Leitung in Halbleitern)
Prof. Dr. Lutz-Helmut Schön (S. 157, 160, 161, 210, 211)
Dr. Rüdiger Schülbe (Mechanische Schwingungen, Mechanische Wellen)
Prof. Dr. Manuela Welzel (Kernphysik)
Prof. Dr. Hans-Joachim Wilke (Stromkreise, Elektrische Ladung und elektrisches Feld, Magnete und magnetisches Feld, Elektromagnetische Induktion, Transformator, Impuls, Kreisbewegung, Energie in Natur und Technik)

Herausgeber:
Prof. Dr. Helmut F. Mikelskis, Prof. Dr. Hans-Joachim Wilke

Unter Planung und Mitarbeit der Verlagsredaktion
Bettina Conrad-Rosenkranz

Das Werk und seine Teile sind urheberrechtlich geschützt. Jede Nutzung in anderen als den gesetzlich zugelassenen Fällen bedarf der vorherigen schriftlichen Einwilligung des Verlages. Hinweis zu § 52 a UrhG: Weder das Werk noch seine Teile dürfen ohne eine solche Einwilligung eingescannt und in ein Netzwerk eingestellt werden. Dies gilt auch für Intranets von Schulen und sonstigen Bildungseinrichtungen.

 http://www.cornelsen.de

 http://www.vwv.de

ISBN 3-06-020985-5
Bestellnummer 20985

1. Auflage
5 4 3 2 / 06 05
Alle Drucke dieser Auflage sind unverändert und im Unterricht parallel nutzbar.
Die letzte Zahl bedeutet das Jahr dieses Druckes.
© vwv Volk und Wissen Verlag GmbH & Co. OHG, Berlin 2002
© 2005 Cornelsen Verlag, Berlin
Printed in Germany
Satz: VWV DTP
Reproduktion: CRIS GmbH, Berlin
Druck und Binden: CS-Druck CornelsenStürtz, Berlin
Technische Zeichnungen: Peter Hesse
Illustrationen: Roland Jäger, Hans Wunderlich
Layout: Wladimir Perlin
Typografie: Manfred Behrendt, Wolfgang Lorenz
Einband: Wolfgang Lorenz

Inhalt

ELEKTRIZITÄTSLEHRE	7
Stromkreise	8
Unverzweigter Stromkreis	8
Verzweigter Stromkreis	10
Potenziometer	12
Aufgaben	13
Zusammenfassung	13
Elektrische Ladung und elektrisches Feld	14
Elektrische Ladung	14
Ladungstrennung durch Influenz	16
Kräfte zwischen geladenen und ungeladenen Körpern	17
Elektrisches Feld	18
Kondensator	20
Elektrische Stromstärke und Spannung	22
Ein Blick in die Geschichte Die Erfindung des Kondensators	23
Ein Blick in die Technik Der Faraday'sche Käfig	24
Projekt Selbst gebauter Elektrophor	25
Aufgaben	26
Zusammenfassung	27
Magnete und magnetisches Feld	28
Magnete	28
Magnetfeld von Dauermagneten	31
Magnetfeld von Elektromagneten	32
Gleichstrommotor	35
Kräfte auf bewegte Ladungsträger im Magnetfeld	36
Ein Blick in die Natur Magnetfeld der Erde	37
Ein Blick in die Technik Elektromagnete im Einsatz	38
Projekt Elektromotor	39
Aufgaben	40
Zusammenfassung	41
Elektromagnetische Induktion	42
Induktion durch Bewegung	42
Induktionsgesetz	44
Ursache der elektromagnetischen Induktion	46
Induktion bei ruhenden Anordnungen	46
Lenz'sches Gesetz	48
Wirbelströme	49
Wechselstromgenerator	50
Ein Blick in die Geschichte MICHAEL FARADAY	51
Ein Blick in die Technik Schmelzen, Härten und Bremsen mit Wirbelströmen	52
Aufgaben	53
Zusammenfassung	53
Transformator	54
Aufbau und Wirkungsweise eines Transformators	54
Spannungs- und Stromübersetzung am Transformator	55
Selbstinduktion	58
Verhalten einer Spule im Wechselstromkreis	59
Ein Blick in die Technik Fernleitung elektrischer Energie	60
Aufgaben	61
Zusammenfassung	61
Umwelt Bedeutung elektrischer und magnetischer Felder für das Leben	62
Entdeckung der elektrischen und magnetischen Felder	62
Natürliche Felder	62
Nieder- und hochfrequente Felder in der Technik	63
Stärke von Feldern	63
Gesundheitliche Schädigung durch Felder?	64

Elektrische Leitungsvorgänge	66
Elektrische Leitung in Metallen	66
Elektrische Leitung in Flüssigkeiten	67
Elektrische Leitung in Gasen	68
Ladungstransport durch das Vakuum	70
Braun'sche Röhre	72
Ein Blick in die Technik	
Strom und Stoffumwandlung	73
Ein Blick in die Technik Leuchtende Gase	74
Aufgaben	75
Zusammenfassung	75
Elektrische Leitung in Halbleitern	76
Halbleiter	76
Dotierung von Halbleitern	78
Halbleiterdioden	80
Transistoren	82
Ein Blick in die Technik	
Solar- und Brennstoffzellen	84
Projekt Schaltungen mit Transistoren	85
Aufgaben	86
Zusammenfassung	86
MECHANIK	87
Gleichförmige Bewegungen	88
Gleichförmige geradlinige Bewegung	88
Gleichförmige Kreisbewegung	90
Aufgaben	91
Zusammenfassung	91
Gleichmäßig beschleunigte Bewegungen	92
Beschleunigung	92
Freier Fall	95
Projekt Untersuchung von fallenden Körpern	97
Ein Blick in die Geschichte	
Galileo Galilei	98
Projekt Bewegungsvorgänge in Bildern	100
Aufgaben	101
Zusammenfassung	101

Zusammengesetzte Bewegungen	102
Überlagerung von Bewegungen	102
Senkrechter Wurf	104
Waagerechter Wurf	105
Schräger Wurf	106
Ein Blick in die Natur Große Sprünge	108
Aufgaben	109
Zusammenfassung	109
Kräfte – Newton'sche Gesetze	110
Kräfteparallelogramm	110
Trägheitsgesetz (1. Newton'sches Gesetz)	112
Grundgesetz der Mechanik	
(2. Newton'sches Gesetz)	113
Wechselwirkungsgesetz	
(3. Newton'sches Gesetz)	115
Projekt Rückstrahlantrieb	116
Ein Blick in die Geschichte	
Sir Isaac Newton	117
Ein Blick in die Technik Crashtest	118
Aufgaben	119
Zusammenfassung	119
Mechanische Arbeit und Energie	120
Potenzielle Energie	120
Kinetische Energie	121
Energieerhaltungssatz	121
Gesundheit Verkehrssicherheit	124
Projekt Gehen	126
Aufgaben	127
Zusammenfassung	127
Impuls	128
Zentrale elastische und unelastische Stöße	128
Die physikalische Größe Impuls	130
Kraftstoß und Impuls	132
Aufgaben	133
Zusammenfassung	133
Kreisbewegung	134
Gleichförmige Kreisbewegung	134
Kräfte bei der gleichförmigen Kreisbewegung	135
Gleichung für die Radialkraft	136
Bewegungen von Satelliten um Himmelskörper	138
Das Gravitationsgesetz	139
Ein Blick in die Geschichte	
Die Bewegung von Himmelskörpern	140
Aufgaben	141
Zusammenfassung	141

Mechanische Schwingungen — 142
Was versteht man unter einer mechanischen Schwingung? — 142
Aufzeichnung und Beschreibung einer Schwingung — 143
Periodendauer von Federschwinger und Fadenpendel — 145
Bedingungen für eine Schwingung — 147
Gedämpfte Schwingungen — 148
Eigenschwingungen, erzwungene Schwingungen und Resonanz — 149
Ein Blick in die Technik
   Gefahren der Resonanz — 150
Aufgaben — 151
Zusammenfassung — 151

Mechanische Wellen — 152
Was versteht man unter einer mechanischen Welle? — 152
Beschreibung mechanischer Wellen — 154
Schallwellen — 155
Ein Blick in die Natur
   Stimmen von Mensch und Tier — 157
Ein Blick in die Technik
   Lärmvermeidung und Lärmschutz — 158
Projekt Schalldämmung — 159
Umwelt Ohr und Gehör — 160
Aufgaben — 162
Zusammenfassung — 162

KERNPHYSIK — 163

Aufbau der Atomkerne — 164
Das Atom — 165
Der Atomkern — 165
Aufgaben — 167
Zusammenfassung — 167

Zerfall von Atomkernen – ionisierende Strahlung — 168
Die Entdeckung der Strahlung von Uran — 168
Registrieren von Kernstrahlung — 169
Eigenschaften von Kernstrahlung — 172
Zerfallsreihen und Halbwertszeiten — 174
Ein Blick in die Technik
   Altersbestimmung mit der C-14-Methode — 176
Aufgaben — 177
Zusammenfassung — 177

Kernenergie und Radioaktivität in der Umwelt — 178
Natürliche und künstliche Radioaktivität — 178
Strahlenschäden — 179
Strahlenschutz — 180
Kernspaltung — 181
Kernkraftwerke — 182
Kernfusion — 184
Ein Blick in die Technik Radioaktiver Abfall — 185
Ein Blick in die Geschichte
   Entwicklung und Einsatz der Atombombe — 186
Projekt Radioaktivität in der Umwelt — 187
Gesundheit Anwendung von Kernstrahlung in der Medizin — 188
   Einsatz radioaktiver Präparate in der Diagnose — 188
   Einsatz radioaktiver Präparate in der Therapie — 189
Aufgaben — 190
Zusammenfassung — 190

OPTIK — 191

Optische Geräte und menschliches Auge — 192
Auge und Fotoapparat — 192
Bildwerfer — 193
Fernrohre — 194
Mikroskop — 195
Umwelt Das menschliche Auge — 196
   Bau des Auges — 196
   Mit Brillen den Durchblick bekommen — 196
Projekt Fotoapparat — 198
Aufgaben — 199
Zusammenfassung — 199

Farben und Spektren — 200
Farbzerlegung des Lichtes — 200
Entstehung eines Regenbogens — 202
Kontinuierliche Spektren und Linienspektren — 204
Infrarot und Ultraviolett — 205
Farbmischungen — 206
Ein Blick in die Geschichte
   GOETHES Farbenlehre — 209
Umwelt Ozon und ultraviolette Strahlung — 210
Aufgaben — 212
Zusammenfassung — 212

MECHANIK DER FLÜSSIGKEITEN UND GASE — 213

Gasdruck in geschlossenen Gefäßen — 214
Druck und Druckkraft — 214
Das Gesetz von BOYLE und MARIOTTE — 216
Aufgaben — 217
Zusammenfassung — 217

Flüssigkeitsdruck und Auflagedruck — 218
Entstehung des Drucks — 218
Übertragen und Vergrößern von Kräften — 219
Auflagedruck — 220
Ein Blick in die Technik Hydraulische Anlagen — 222
Aufgaben — 223
Zusammenfassung — 223

Schweredruck — 224
Schweredruck in Flüssigkeiten — 224
Luftdruck — 226
Ein Blick in die Technik Verbundene Gefäße — 227
Ein Blick in die Geschichte
  Vakuum und Luftdruck — 228
Aufgaben — 229
Zusammenfassung — 229

Auftrieb in Flüssigkeiten und Gasen — 230
Auftriebskraft — 230
Archimedisches Gesetz — 231
Schwimmen, Schweben und Sinken — 233
Umwelt Leben und Tauchen im Wasser — 234
  Wie Menschen in die Tiefe gelangen — 234
  Die Taucherkrankheit — 235
  Die Fische als Überlebenskünstler — 236
Ein Blick in die Technik Heißluftballons — 238
Aufgaben — 239
Zusammenfassung — 239

Fliegen — 240
Einfache Fluggeräte — 240
Auftrieb in strömender Luft — 241
Strömungswiderstand — 242
Kräfte beim Fliegen — 244
Ein Blick in die Geschichte
  Der Traum vom Fliegen — 245
Aufgaben — 246
Zusammenfassung — 246

ENERGIE IN NATUR UND TECHNIK — 247

Was ist Energie? — 248
Lampen und Geräte im Haushalt — 248
Arbeit — 249
Energie als physikalische Größe — 251
Arten des Energietransports — 252
Energieformen und Energiespeicherung — 254
Energie für Lebensprozesse — 256
Energie auf dem Weg zum Verbraucher — 257
Kraftwerke und Umweltbelastung — 259
Energie Rationale Nutzung von Energie — 260
  Der Energiebedarf in Deutschland — 260
  Sinnvolle Nutzung der vorhandenen Energie — 260
  Sparsamer Umgang mit Energie — 262
Aufgaben — 264
Zusammenfassung — 265

Wirkungsgrad und Energieerhaltungssatz — 266
Nutzbarkeit von Energie — 266
Bestimmung des Wirkungsgrades — 267
Möglichkeiten zur Erhöhung
  des Wirkungsgrades — 268
Energieerhaltungssatz — 269
Aufgaben — 270
Zusammenfassung — 270

Register — 271

Elektrizitätslehre

Ein Leben ohne Elektrizität kann man sich gar nicht mehr vorstellen. Sie begleitet uns täglich vom Aufstehen bis zum Schlafengehen. Ganz selbstverständlich steht uns die Elektrizität ständig zur Verfügung. Alle Gebäude, in denen wir uns aufhalten, sind mit Kraftwerken verbunden.
Aber es gibt Gegenden auf der Erde, wo das nicht der Fall ist und trotzdem Elektrizität dringend benötigt wird. Das abgebildete Dromedar transportiert lebensrettende Medikamente und Impfstoffe durch die Wüste. Diese Form der Beförderung wurde während des Bürgerkriegs in Äthiopien genutzt, weil die Straßen zerstört und ein Transport mit dem Auto nicht möglich waren. Bestimmte Medikamente müssen ständig gekühlt werden. Die Elektrizität für den Kühlschrank auf dem Rücken des Dromedars wird in Solarzellen erzeugt.

Stromkreise

Herr Sonnenschein will seiner Familie eine Freude machen. Es soll Frühstück auf der Terrasse geben und alles soll stets frisch zubereitet werden.
Damit er nicht dauernd in die Küche laufen muss, hat Herr Sonnenschein ein Verlängerungskabel verlegt. Daran werden nun Wasserkocher, Toaster, Eierkocher und auch noch das Radio angeschlossen. – Leider geht der Plan nicht auf. Statt in die Küche muss Herr Sonnenschein immer wieder in den Keller gehen, um die Sicherung wieder einzuschalten. Was muss man bei einem solchem Stromkreis beachten?

Unverzweigter Stromkreis

Elektrische Stromstärke. Schließt du eine Glühlampe mit zwei Kabeln an eine Elektrizitätsquelle an, so leuchtet die Glühlampe auf. Ursache dafür ist die Bewegung der Elektronen im Stromkreis. Mit dem Modell der Elektronenleitung kann man den Vorgang so beschreiben: Elektronen, die vom Minuspol der Elektrizitätsquelle ausgehen, bewegen sich durch die Kabel und die Glühlampe und gelangen schließlich zum Pluspol. Auf dem gesamten Wege kommen keine neuen Elektronen hinzu und es gehen keine verloren. Mithilfe des Modells der Elektronenleitung gelangt man zu folgender Vorhersage: In einem einfachen Stromkreis mit einer Glühlampe müsste die Stromstärke, die „vor" und „hinter" der Lampe gemessen wird, gleich groß sein.

EXPERIMENT 1
1. Stelle aus einer Elektrizitätsquelle, einer Glühlampe und einem Strommesser sowie Kabeln einen elektrischen Stromkreis zusammen. Verbinde den Minuspol der Elektrizitätsquelle mit dem mit „–" gekennzeichneten Anschluss des Strommessers!
2. Miss die Stromstärke und notiere den Wert!
3. Verändere deine Schaltung so, dass sich der Strommesser zwischen der Glühlampe und dem Pluspol der Elektrizitätsquelle befindet. Achte darauf, dass der Pluspol mit der mit „+" gekennzeichneten Buchse des Strommessers verbunden ist!
4. Lies die Stromstärke ab und notiere sie!

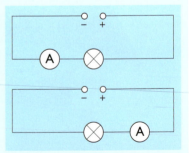

Die Stromstärke ist „vor" und „hinter" der Glühlampe gleich groß. Damit ist die Vorhersage mit dem Modell der Elektronenleitung bestätigt.
Bei einer Reihenschaltung muss der Strom „nacheinander" durch mehrere Geräte hindurchfließen. So durchfließt z. B. der elektrische Strom im Schwibbogen im Bild 3 alle Glühlampen. Sie sind alle gleich und leuchten gleich hell. Das deutet darauf hin, dass die Stromstärke an allen Stellen des Stromkreises gleich groß ist.

Stromkreise

EXPERIMENT 2
1. Schalte zwei Glühlampen in Reihe und schließe sie an eine Elektrizitätsquelle an!
2. Öffne den Stromkreis am Minuspol der Elektrizitätsquelle und miss die Stromstärke I. Achte dabei auf die richtige Polung der Anschlüsse des Strommessers!
3. Schalte den Strommesser zwischen beide Glühlampen (Punkt 1) und miss die Stromstärke I_1!
4. Ermittle die Stromstärke I_2 in Punkt 2!

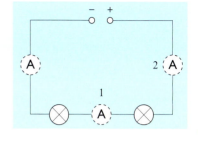
1

An allen Stellen eines unverzweigten Stromkreises bewegen sich in einer Sekunde gleich viele Elektronen durch den Leiter. Beim positiven Pol der Elektrizitätsquelle kommen genauso viele Elektronen an, wie vom negativen Pol ausgehen.

> In einem unverzweigten Stromkreis ist die elektrische Stromstärke an allen Stellen gleich groß: $I = I_1 = I_2$.
> Bei n in Reihe geschalteten Geräten gilt $I = I_1 = I_2 = \ldots = I_n$.

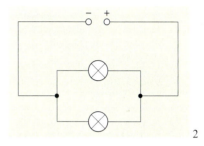
2

Elektrische Spannung. Jede der Glühlampen auf einem Schwibbogen ist für eine Spannung von maximal 34 V hergestellt (Bild 3, S. 8). Trotzdem kann der Schwibbogen an eine Steckdose von 230 V angeschlossen werden. Wie ist das möglich?

EXPERIMENT 3
1. Baue einen unverzweigten Stromkreis auf!
2. Miss nacheinander die Klemmenspannung und die Spannung an jeder der Glühlampen!

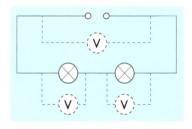
3

Addiert man die Teilspannungen, so erhält man die Klemmenspannung.

> Im unverzweigten Stromkreis ist die Summe der Spannungen an den elektrischen Geräten gleich der Klemmenspannung: $U = U_1 + U_2$.
> Für n in Reihe geschaltete Geräte gilt: $U = U_1 + U_2 + \ldots + U_n$.

Mit diesem Gesetz kannst du die Wirkungsweise des Schwibbogens erklären. Die angelegte Klemmenspannung verteilt sich auf die einzelnen Bauelemente. Bei den 7 Lampen des Schwibbogens erhält jede Lampe nur eine Spannung von 33 V.

Elektrischer Widerstand. Die Stromstärke ist davon abhängig, wie groß der elektrische Widerstand ist, der insgesamt den Stromfluss zwischen den Polen der Elektrizitätsquelle hemmt. Dieser Widerstand wird als **Gesamtwiderstand R_{ges}** bezeichnet. Wie kann er aus den Einzelwiderständen berechnet werden?
Bei zwei in Reihe geschalteten Bauelementen gilt für die Teilspannungen: $U_{ges} = U_1 + U_2$. Die Stromstärke I ist im Stromkreis überall gleich. Daraus ergibt sich für den Gesamtwiderstand

$$R_{ges} = \frac{U_{ges}}{I} = \frac{U_1 + U_2}{I} = \frac{U_1}{I} + \frac{U_2}{I} \quad \text{also } R_{ges} = R_1 + R_2.$$

Sind mehr als zwei Bauelemente in Reihe geschaltet, so ist
$U_{ges} = U_1 + U_2 + ... + U_n$. Es gilt:

> Bei einer Reihenschaltung von Bauelementen ist der Gesamtwiderstand
> gleich der Summe der Einzelwiderstände: $R_{ges} = R_1 + R_2 + ... + R_n$.

Der Gesamtwiderstand ist größer als der größte Einzelwiderstand.

> **EXPERIMENT 4**
> Bestätige den Zusammenhang $R_{ges} = R_1 + R_2$ für verschiedene Widerstände.
> Verwende immer die gleiche Gesamtspannung!
> 1. Baue die Schaltung mit den Widerständen R_1 und R_2 auf!
> 2. Miss die Gesamtspannung U_{ges} und die Stromstärke I. Trage diese Werte in eine Messwertetabelle ein!
> 3. Berechne R_{ges} aus U_{ges} und I. Vergleiche mit der Summe $R_1 + R_2$!
> 4. Wiederhole die Messungen und Berechnungen mit anderen Bauelementen!

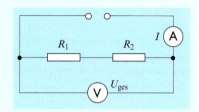

Verzweigter Stromkreis

Elektrische Stromstärke. Um mehrere elektrische Geräte mit nur einer Elektrizitätsquelle zu betreiben, werden diese in der Regel parallel geschaltet. Das heißt, die Geräte werden unabhängig voneinander von jeweils einem Strom durchflossen. Dazu wird ein verzweigter Stromkreis verwendet. Auch über die Stromstärke im verzweigten Stromkreis kann man mit dem Modell der Elektronenleitung eine Vorhersage machen. Die Elektronen bewegen sich vom Minuspol der Elektrizitätsquelle zur Verzweigungsstelle A (Bild 2). Dort teilt sich ihr Weg. Ein Teil der Elektronen bewegt sich durch den oberen Leiter, ein zweiter Teil durch den unteren. Im Punkt B treffen die Elektronen aus den beiden Leiterzweigen wieder zusammen. Gemeinsam bewegen sie sich zum Pluspol der Elektrizitätsquelle.
I ist die elektrische Stromstärke in der Zuleitung. Diese teilt sich in die Stromstärken I_1 und I_2 in den beiden Leiterzweigen. Die Summe dieser beiden Teilstromstärken I_1 und I_2 müsste deshalb gleich der Gesamtstromstärke I sein.

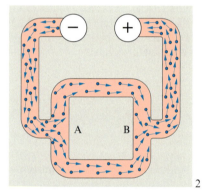

> **EXPERIMENT 5**
> 1. Baue einen verzweigten Stromkreis auf!
> 2. Miss die Gesamtstromstärke I und notiere sie!
> 3. Schalte nacheinander den Strommesser in die beiden Leiterzweige ein. Miss die beiden Teilstromstärken!

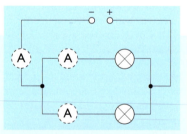

Die Messergebnisse bestätigen die Vorhersage: $I = I_1 + I_2$.
In den großen Leuchtern eines Theaters leuchten gleichzeitig viele Lampen. Auch in deinem Zimmer können mehrere Geräte (Lampen, Radio, Computer usw.) zu gleicher Zeit eingeschaltet sein. In der Zuleitung ist dann die Stromstärke groß. Sie verteilt sich auf die einzelnen Geräte.

> In einem verzweigten Stromkreis ist die Gesamtstromstärke gleich der Summe der Stromstärken der Teilströme: $I = I_1 + I_2$.
> Bei n parallel geschalteten Geräten gilt: $I = I_1 + I_2 + ... + I_n$.

Stromkreise

Elektrische Spannung. Im verzweigten Stromkreis sind mehrere Geräte direkt mit der Elektrizitätsquelle verbunden. Wie groß ist die elektrische Spannung an den Geräten?

EXPERIMENT 6
1. Baue einen verzweigten Stromkreis auf!
2. Miss nacheinander die Spannung an der Elektrizitätsquelle sowie an beiden Glühlampen!

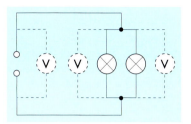

Der Spannungsmesser zeigt in allen Fällen die gleiche Spannung an.

> Im verzweigten Stromkreis ist die Spannung an jedem der elektrischen Geräte gleich der Klemmenspannung: $U = U_1 = U_2$.
> Für n parallel geschaltete Geräte gilt: $U = U_1 = U_2 = \ldots = U_n$.

Einen verzweigten Stromkreis benutzt du zu Hause in deinem Zimmer. Alle Geräte sind parallel geschaltet. Dadurch erhalten auch alle Geräte die an den Steckdosen anliegende Spannung von 230 V.

Elektrischer Widerstand. Bei zwei parallel geschalteten Bauelementen gilt für die Teilstromstärken $I_{ges} = I_1 + I_2$ (siehe S. 10). An beiden Bauelementen liegt die gleiche Spannung U an. Zur Berechnung des Gesamtwiderstandes kann die Gleichung

$$R_{ges} = \frac{U}{I_{ges}} = \frac{U}{I_1 + I_2}$$ umgeformt werden zu

$$\frac{1}{R_{ges}} = \frac{I_1 + I_2}{U} = \frac{I_1}{U} + \frac{I_2}{U}.$$ Daraus ergibt sich $\frac{1}{R_{ges}} = \frac{1}{R_1} + \frac{1}{R_2}$.

Übrigens
Der Gesamtwiderstand bei zwei parallel geschalteten Bauelementen lässt sich auch nach folgender Gleichung berechnen:

$$R_{ges} = \frac{R_1 \cdot R_2}{R_1 + R_2}.$$

Sind mehr als zwei Bauelemente parallel geschaltet, so ist $I_{ges} = I_1 + I_2 + \ldots + I_n$. Daraus folgt:

> Bei einer Parallelschaltung von Bauelementen ist der Kehrwert des Gesamtwiderstandes gleich der Summe der Kehrwerte der Einzelwiderstände.
> Bei n Widerständen gilt: $\frac{1}{R_{ges}} = \frac{1}{R_1} + \frac{1}{R_2} + \ldots + \frac{1}{R_n}$.

Der Gesamtwiderstand ist kleiner als der kleinste Einzelwiderstand.

EXPERIMENT 7
Bestätige den Zusammenhang $\frac{1}{R_{ges}} = \frac{1}{R_1} + \frac{1}{R_2}$ für verschiedene Widerstände.
Verwende immer die gleiche Spannung von etwa 2 V!
1. Baue die Schaltung mit den Widerständen R_1 und R_2 auf!
2. Miss die Spannung U und die Gesamtstromstärke I_{ges}!
3. Berechne $R_{ges} = \frac{U}{I_{ges}}$ und überprüfe anschließend, ob für den Gesamtwiderstand $\frac{1}{R_{ges}} = \frac{1}{R_1} + \frac{1}{R_2}$ gilt!
4. Wiederhole die Messungen und Berechnungen mit anderen Bauelementen!

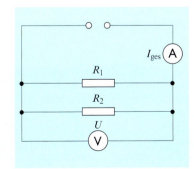

Potenziometer

Widerstände nutzt man nicht nur zur Begrenzung der Stromstärke, sondern auch zur Änderung der Lautstärke oder anderer Einstellungen an elektronischen Geräten. In Potenziometern wird ausgenutzt, dass der elektrische Widerstand von der Länge eines Leiters abhängt. Zwei Bauformen zeigt das Bild 1.

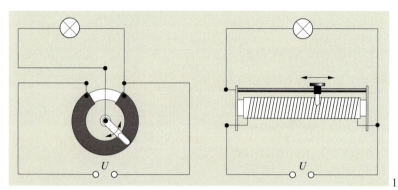

Potenziometer als Dreh- und Schiebewiderstand

Lautstärkeregler

Das nebenstehende Schaltbild eines solchen Potenziometers zeigt, dass durch den beweglichen Abgriff der Widerstand R des Potenziometers in zwei Teilwiderstände R_1 und R_2 geteilt ist. Der untere Widerstand R_1 kann zwischen den Werten 0 (Abgriff am unteren Ende) und R (Abgriff am oberen Ende) variiert werden. R_2 ändert sich entgegengesetzt.
Die anliegenden Teilspannungen U_1 und U_2 stehen im gleichen Verhältnis zueinander wie die Widerstände (siehe Seite 10). Das Potenziometer wird damit zu einem veränderbaren **Spannungsteiler**.
Die Aufteilung wird bei einem Lautstärkeregler wie folgt angewendet. Steht der Abgriff so, dass die Spannung U_1 sehr klein ist, so ist auch die Lautstärke sehr gering. Drehen wir „voll auf", liegt die maximale Spannung $U_1 = U$ an und die Lautstärke wird ebenfalls maximal.

Potenziometer werden jedoch nur dort eingesetzt, wo geringe Stromstärken auftreten. Der Grund dafür ist der Stromfluss durch das am Abgriff angeschlossene Gerät. Dieser so genannte Laststrom muss ja auch durch den entsprechenden Abschnitt des Potenziometers fließen. Wird die Stromstärke sehr groß, so kann das dazu führen, dass das Potenziometer zerstört wird. Die Wärmewirkung des elektrischen Stromes ist einer der Gründe dafür, dass Widerstände oder Potenziometer vorrangig in der „Schwachstromtechnik" eingesetzt werden.
In der „Starkstromtechnik" werden andere Bauteile, wie z. B. stellbare Transformatoren, verwendet.

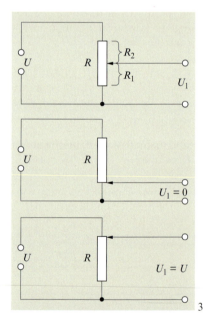

Neben stufenlos veränderbaren Spannungsteilern gibt es auch solche mit fest vorgegebenen Widerstandswerten. Eine typische Anwendung des Festspannungsteilers findet sich in einem Wahlschalter für den Lüfter eines Pkw (Bild 4). Der Lüfter soll je nach Bedarf unterschiedlich schnell laufen. Dazu muss der Motor des Lüfters mit unterschiedlichen Spannungen betrieben werden.
Im Inneren des Wahlschalters befinden sich mehrere Widerstände. Durch die Schalterstellung wird festgelegt, wie viele der Widerstände in Reihe geschaltet werden und wie groß folglich die Ausgangsspannung wird.

Festspannungsteiler im Pkw

Stromkreise

AUFGABEN

1. Erkläre mit dem Modell der Elektronenleitung, dass in einem verzweigten Stromkreis die Gleichung $I = I_1 + I_2$ gilt!
2. In einem verzweigten Stromkreis misst du folgende Teilstromstärken: $I_1 = 130$ mA, $I_2 = 50$ mA und $I_3 = 8$ mA. Gib die Stromstärke in der Zuleitung an!
3. Bei einer Modelleisenbahn ist die Stromstärke in der Elektrizitätsquelle $I = 3{,}2$ A. Die Stromstärke I_1 in der einen Lokomotive beträgt 1,2 A, die in der anderen $I_2 = 0{,}8$ A. Wie groß ist die Stromstärke I_3 des Stromes für die Beleuchtung der Anlage?
4. Ergänze die fehlenden Angaben der Stromstärke!

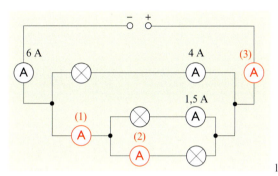

5. Während des Anlassens eines Autos wird das Standlicht dunkler. Worauf ist das zurückzuführen?
6. Die Lichterkette eines Weihnachtsbaumes besteht aus 16 Lampen. Sie wird an eine Steckdose mit 230 V angeschlossen. Welche Spannung erhält etwa jede Lampe?
7. Du hast eine Glühlampe an eine Taschenlampenbatterie angeschlossen. Die Lampe leuchtet hell. Was wird geschehen, wenn du nacheinander weitere Lampen zur ersten parallel schaltest?
8. Ergänze in der nachfolgenden Schaltung die Spannung, die von dem farbig gezeichneten Spannungsmesser angezeigt wird!

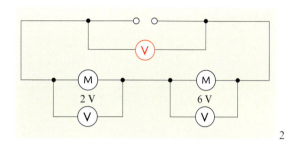

9. Berechne die Gesamtwiderstände für die beiden Schaltungen!

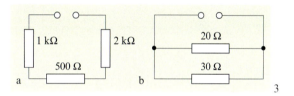

10. Dir stehen 5 Widerstände zu je 2,0 Ω zur Verfügung. Überprüfe, ob du damit alle ganzzahligen Widerstandswerte von 1,0 Ω bis 10,0 Ω herstellen kannst!
11. Berechne die fehlenden Angaben!

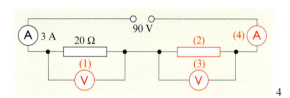

ZUSAMMENFASSUNG

Unverzweigter Stromkreis

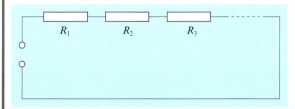

$I = I_1 = I_2 = \ldots = I_n$
$U = U_1 + U_2 + \ldots + U_n$
$R_{ges} = R_1 + R_2 + \ldots + R_n$

Verzweigter Stromkreis

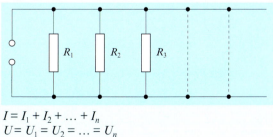

$I = I_1 + I_2 + \ldots + I_n$
$U = U_1 = U_2 = \ldots = U_n$
$\dfrac{1}{R_{ges}} = \dfrac{1}{R_1} + \dfrac{1}{R_2} + \ldots + \dfrac{1}{R_n}$

14 Elektrische Ladung und elektrisches Feld

Die PVC-Platte wurde mit einem Wolltuch gerieben. Das Watteflöckchen fällt zunächst auf die Platte. Nach einigen Sekunden steigt es nach oben und fliegt dann in hohem Bogen davon. Wenn man die Platte geschickt immer wieder unter das Watteflöckchen schiebt, schwebt es über ihr. Ist das Zauberei?

Elektrische Ladung

Aufbau des Atoms. Im Atomkern befinden sich die positiv geladenen Protonen. In der Atomhülle bewegen sich die negativ geladenen Elektronen. Im Atom ist die Anzahl der Protonen gleich der Anzahl der Elektronen. Die Ladungen der Protonen und Elektronen gleichen sich aus. Das Atom ist elektrisch neutral (Bild 2).

Ladungstrennung durch Berührung. In Griechenland wurde etwa 600 v. Chr. beobachtet, dass geriebener Bernstein (griechisch „Elektron") leichte Körper anzieht.
Ähnliches kann man beobachten, wenn man ein Kunststofflineal mit einem Wolltuch reibt (Bild 3).
Vor dem Reiben ist das Kunststofflineal elektrisch neutral. Es sind gleich viele Protonen und Elektronen vorhanden. Nach dem Reiben haben sich auf dem Lineal zusätzliche Elektronen angesammelt. Diese sind durch das Reiben vom Tuch zum Lineal gelangt. Das Lineal ist negativ geladen.

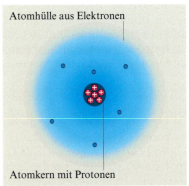

Vereinfachte Darstellung eines Atoms

> Körper, auf denen ein Elektronenüberschuss besteht, sind elektrisch negativ geladen.

Auf dem Wolltuch, mit dem das Lineal gerieben wurde, besteht Elektronenmangel, weil einige Elektronen zum Lineal gelangt sind. Die positive Ladung der Protonen überwiegt. Das Wolltuch ist positiv geladen.

> Körper, auf denen ein Elektronenmangel besteht, sind positiv geladen.

Beim Reiben eines Kunststofflineals mit einem Wolltuch können elektrische Ladungen getrennt werden. Dieser Vorgang lässt sich auf folgende Weise erklären:

Nach dem Reiben wird das Watteflöckchen vom Lineal angezogen.

Elektrische Ladung und elektrisches Feld

Bei der intensiven Berührung von Wolle und Kunststoff werden einige der äußeren Elektronen von den Atomen in der Wolle abgetrennt; sie bewegen sich zum Kunststoff (Bild 2). Dadurch herrscht auf der Wolle ein Elektronenmangel. Die positive Ladung der Protonen in den Atomkernen überwiegt.
Auf dem Kunststoff herrscht ein Elektronenüberschuss. Es sind mehr Elektronen vorhanden, als zu den neutralen Atomen gehören (Bild 3).

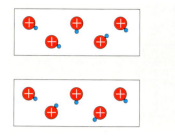
1
Vor dem Berühren sind Tuch und Lineal neutral.

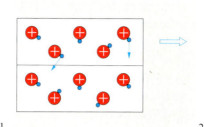
2
Beim Berühren gehen einige der Elektronen vom Tuch auf das Lineal über.

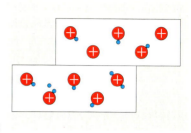
3
Nach dem Berühren ist das Tuch positiv und das Lineal negativ geladen.

Durch intensives Berühren von Körpern aus unterschiedlichen Stoffen können Ladungen getrennt werden. Dabei bewegen sich einige Elektronen von dem einen Körper zum anderen.

Kräfte zwischen elektrisch geladenen Körpern. Durch die Ladungstrennung beim Berühren wird der eine Körper negativ (z. B. ein Kunststoffstreifen), der andere positiv geladen (z. B. ein Wolltuch). Setzt man den Streifen auf eine Spitze und nähert von der Seite her das Wolltuch, so treten anziehende Kräfte auf (Bild 4).

Ungleichnamig elektrisch geladene Körper ziehen einander an.

Bild 5 zeigt einen drehbar gelagerten Kunststoffstreifen, der an einem Ende mit einem Wolltuch gerieben wurde. Das Ende eines weiteren Kunststoffstreifens wurde ebenfalls mit dem Wolltuch gerieben. Dieser Streifen wird dem drehbaren von der Seite her genähert.
Zwischen den geriebenen Kunststoffstreifen treten abstoßende Kräfte auf. Die beiden Kunststoffstreifen sind elektrisch negativ geladen.

Macht man ein ähnliches Experiment mit zwei positiv geladenen Körpern, so stoßen sie sich ebenfalls ab.

Gleichnamig elektrisch geladene Körper stoßen einander ab.

4
Anziehung zwischen ungleichnamig geladenen Körpern

Damit ist es möglich, die Bewegung des Watteflöckchens in Bild 1 auf Seite 14 zu erklären. Zunächst ist das Flöckchen nicht elektrisch geladen; es fällt auf die geladene Platte. Elektrische Ladung fließt von der Platte auf das Watteflöckchen. Platte und Watteflöckchen sind dann gleichnamig geladen.
Das Watteflöckchen ist jedoch ein schlechter elektrischer Leiter. Deshalb dauert es einige Sekunden, bis so viel Ladung auf das Flöckchen geflossen ist, dass die abstoßende Kraft ausreicht, um es anzuheben.

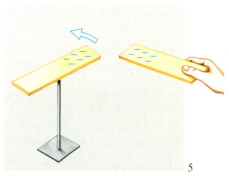
5
Abstoßung zwischen gleichnamig geladenen Körpern

Das Elektrometer als Nachweisgerät für die Ladung. Die anziehenden und abstoßenden Kräfte zwischen elektrisch geladenen Körpern werden in einem Elektrometer genutzt. Mit diesem Gerät kann die elektrische Ladung nachgewiesen werden. Die wichtigsten Bestandteile eines Elektrometers sind das ringförmige Metallgehäuse, ein Metallträger und ein Zeiger. Der Metallträger ist mit einer tellerförmigen Elektrode verbunden. Gegenüber dem Gehäuse ist er isoliert.

Wird die Elektrode mit einem geladenen Körper berührt, gelangt ein Teil der Ladung zum Metallträger und zum Zeiger. Zwischen dem Metallträger und dem Zeiger treten abstoßende Kräfte auf (Bild 1), da beide gleichnamig elektrisch geladen sind. Je größer die Ladung ist, die auf das Elektrometer geflossen ist, umso größer sind die Kräfte. Die größere Ladung ist an einem stärkeren Zeigerausschlag zu erkennen.

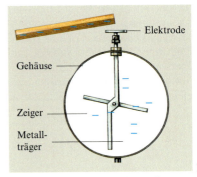

Elektrometer: Abstoßende Kräfte bewirken den Zeigerausschlag.

Ladungstrennung durch Influenz

Mithilfe eines Elektrometers lässt sich eine zweite Möglichkeit der Ladungstrennung beobachten.

> **EXPERIMENT 1**
> Ein Kunststoffstab wird mit einem Wolltuch kräftig gerieben und bis auf etwa 3 cm der Elektrode eines Elektrometers genähert. Dann wird der Kunststoffstab wieder entfernt.

Beim Annähern des geriebenen Stabes schlägt der Elektrometerzeiger aus. Nach dem Entfernen des Stabes ist kein Ausschlag mehr zu beobachten. Das Messwerk des Elektrometers besteht aus Metall. Beim Annähern des negativ geladenen Stabes treten abstoßende Kräfte zwischen dem Stab und den Elektronen im Metall auf. Diese Kräfte bewirken, dass ein Teil der Elektronen in den unteren Bereich des Messwerkes gedrängt werden (Bild 3a). Dadurch herrscht dort ein Überschuss an Elektronen. Der Zeiger schlägt aus.

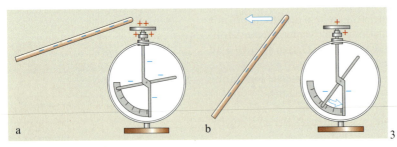

Beim Entfernen des Stabes werden die abstoßenden Kräfte geringer. Die Elektronen verteilen sich wieder im gesamten Messwerk (Bild 3b).
Das Verschieben von Elektronen beim Annähern eines elektrisch geladenen Körpers nennt man Influenz (nach dem lateinischen Wort *influere*, das bedeutet „sich einschleichen").

> Ladungstrennung kann auch durch Annähern eines elektrisch geladenen Körpers an einen neutralen leitenden Körper erfolgen. Diese Erscheinung nennt man Influenz. Bei der Influenz bleibt der leitende Körper als Ganzes elektrisch neutral.

Übrigens

Wenn man beim Experimentieren auf einfache Weise eine hohe elektrische Spannung erzeugen will, benutzt man oft eine Influenzmaschine. Eine einfache Influenzmaschine ist der Elektrophor. Ein solches Gerät zur Erzeugung von Hochspannung lässt sich leicht selbst herstellen (siehe S. 25).

Elektrische Ladung und elektrisches Feld

Kräfte zwischen geladenen und ungeladenen Körpern

Bisher wurden nur die Kräfte zwischen geladenen Körpern betrachtet. Kann ein geladener Körper auch einen ungeladenen Körper anziehen?

EXPERIMENT 2
1. Bestreiche einige kleine Styroporstückchen mit einem sehr weichen Bleistift, damit sie elektrisch leitend werden. Lege sie auf den Tisch!
2. Reibe das eine Ende eines PVC-Stabes mit einem Wolltuch und nähere es den leichten Körpern!

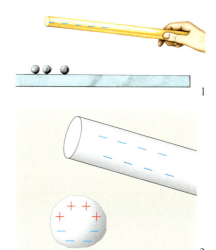

Zwischen dem Stab und den Körpern treten anziehende Kräfte auf. Der Stab ist negativ geladen, es kommt zur Influenz: Elektronen werden in den unteren Bereich der Styroporstückchen verdrängt. Der obere Teil der Styroporstückchen trägt eine positive Ladung. Er wird vom Stab angezogen (Bild 2).

> Zwischen einem elektrisch geladenen und einem ungeladenen Körper treten anziehende Kräfte auf. Die Ursache dafür ist die Influenz in dem ungeladenen Körper.

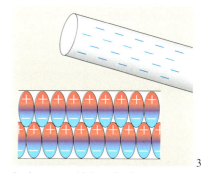

Influenz in der leitenden Schicht auf einer Styroporkugel

Nicht nur leitende Körper werden von geladenen Körpern angezogen, sondern auch Isolatoren. In ihnen können die Elektronen nicht von einem Ende zum anderen verschoben werden. Beim Annähern eines geladenen Körpers werden aber innerhalb der Moleküle Elektronen verschoben. Dadurch haben die Moleküle auf der einen Seite eine positive und der anderen eine negative Ladung (Bild 3). Damit kann erklärt werden, dass kleine Papierstückchen von einem geriebenen Lineal angezogen werden.

Ladung als physikalische Größe. Berührt man mit einem geriebenen Kunststoffstab die Elektrode eines Elektrometers, so schlägt der Zeiger etwas aus. Die übertragene Ladung ist gering, da der Kunststoffstab ein Isolator ist. Streicht man den Stab am Elektrometer ab, so wird immer mehr Ladung übertragen. Der Zeiger schlägt stärker aus.

Ladungsverschiebung in einem Isolator

> Die elektrische Ladung eines Körpers gibt an, wie viele Elektronen er mehr oder weniger hat, als ein gleicher neutraler Körper.

Das Formelzeichen für die physikalische Größe Ladung ist Q (für englisch *quantity of electricity*). Die Einheit der Ladung ist nach dem französischen Physiker CHARLES AUGUSTIN DE COULOMB benannt (Bild 4). COULOMB hat als Erster die Kräfte zwischen elektrischen Ladungen gemessen. Die Ladung von $6{,}24 \cdot 10^{18}$ Elektronen wird als ein Coulomb (1 C) bezeichnet. Ein Strom transportiert eine Ladung von 1 C, wenn seine Stromstärke 1 A beträgt und wenn er 1 s lang fließt.

> Das Formelzeichen für die physikalische Größe Ladung ist Q.
> Die Einheit für die physikalische Größe Ladung ist Coulomb (C).
> $6{,}24 \cdot 10^{18}$ Elektronen haben eine Ladung von einem Coulomb (1 C).

CHARLES AUGUSTIN DE COULOMB (1736–1806)

Elektrisches Feld

Kräfte auf Probekörper. Wer seinen bloßen Arm an einem Fernsehbildschirm vorbei bewegt, kann spüren, dass sich dabei die Körperhaare aufrichten. Voraussetzung dafür ist, dass der Fernseher schon eine Zeit lang eingeschaltet ist. Woher rühren diese Kräfte, die auf die Haare ausgeübt werden?

> **EXPERIMENT 3**
> Die große Kugelelektrode eines Bandgenerators wird elektrisch aufgeladen. Dazu wird an der Kurbel gedreht. Dann bringt man einen kleinen leichten Schaumstoffkörper in die Nähe der Kugel, den man vorher mit einem geriebenen Kunststoffstab in Berührung gebracht hat. Der Schaumstoffkörper ist an einem Seidenfaden befestigt und wird um die Kugel herumgeführt.

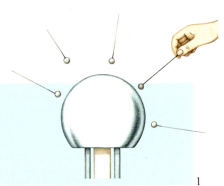

An allen Stellen treten Kräfte auf. Durch das Aufladen der Kugelelektrode befindet sich der Raum in ihrer Umgebung in einem besonderen Zustand. Dieser Zustand ist an den Kraftwirkungen auf Probekörper zu erkennen. Man nennt einen solchen Raum ein elektrisches Feld.

> Der Raum um einen elektrisch geladenen Körper hat besondere Eigenschaften: Auf einen elektrisch geladenen Probekörper werden Kräfte ausgeübt. Einen solchen Raum nennt man ein elektrisches Feld.

Auch in der Nähe des Fernsehbildschirms besteht ein elektrisches Feld. Es wird von den Elektronen hervorgerufen, die das Fernsehbild erzeugen. Diese sammeln sich teilweise auf dem Bildschirm. Das elektrische Feld bewirkt eine Ladungsverschiebung in den Körperhaaren. Daher werden sie von dem Fernsehbildschirm angezogen.

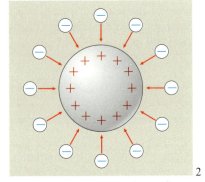

Kräfte auf geladene Probekörper im Raum um eine geladene Metallkugel

Elektrische Feldlinien. Auch mit dünnen Papierstreifen oder Fäden kann man untersuchen, wie die Kräfte auf Probekörper in der Umgebung einer geladenen Kugel gerichtet sind (Bild 3). Alle Streifen spreizen sich radial ab. An allen Stellen ist die Kraft vom Mittelpunkt der Kugel weg gerichtet.

In Bild 4 sind kleine Papierreiter auf Nadelspitzen drehbar gelagert. Sie stehen in der Nähe ungleichnamig geladener Platten. In den Reitern kommt es zur Influenz. Die Reiter zeigen jeweils die Richtung der Kräfte an, die auf ihre Enden wirken. Zwischen den Platten verlaufen die Kräfte parallel. Im Außenraum ordnen sich die Papierreiter längs gekrümmter Linien an. Die Linien geben die Richtung der Kraft an den jeweiligen Stellen an. Diese Linien nennt man Feldlinien. Eine Darstellung mit mehreren solcher Feldlinien heißt Feldlinienbild.

An einem Feldlinienbild erkennt man, in welche Richtung die Kraft an den verschiedenen Stellen des Feldes auf einen geladenen Probekörper wirkt. Man hat verabredet, dass die Richtung der Feldlinien vom elektrisch positiv geladenen Körper zum negativ geladenen Körper verläuft. Die Feldlinien geben damit die Richtung der Kraft auf einen elektrisch positiv geladenen Probekörper an.

> Die elektrischen Feldlinien geben die Richtung der Kraft an, die in einem elektrischen Feld auf einen positiv geladenen Probekörper wirkt.

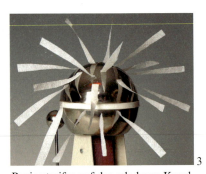

Papierstreifen auf der geladenen Kugel

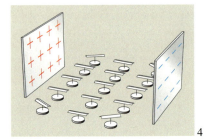

Papierreiter zeigen die Kraftrichtung an.

Elektrische Ladung und elektrisches Feld

Das Feldlinienbild als Modell des elektrischen Feldes. Aus Experiment 3 erhält man nicht nur eine Aussage über die Richtung der Kraft, sondern auch eine Aussage über ihren Betrag. An einigen Stellen ist der Faden straff gespannt, an anderen weniger. Je näher sich der Probekörper an der Kugelelektrode befindet, desto größer ist die Kraft, mit der er angezogen wird.
Im Feldlinienbild einer geladenen Kugel (Bild 1) ist zu erkennen, dass die Linien in der Nähe der Kugel dicht gedrängt sind. Je größer der Abstand von der Kugel ist, umso weiter entfernen sich die gezeichneten Feldlinien voneinander. Auf diese Weise kennzeichnet ein Feldlinienbild nicht nur die Richtung der Kraft, sondern auch ihren Betrag. Je dichter die Feldlinien beieinander liegen, umso größer ist die Kraft auf einen geladenen Probekörper.
Beim Zeichnen eines Feldlinienbildes kann man die Anzahl der Feldlinien frei wählen. Der Übersichtlichkeit halber sollte man nicht zu viele Feldlinien zeichnen. Auch wenn die Feldlinien nur an wenigen Stellen gezeichnet sind, kann man aus dem Feldlinienbild erkennen, wie die Kraft an anderen Stellen des Feldes gerichtet und wie groß dort ihr Betrag ist.
Ein Feldlinienbild stellt die Eigenschaften eines elektrischen Feldes vereinfacht dar. Es ist ein Modell des elektrischen Feldes.

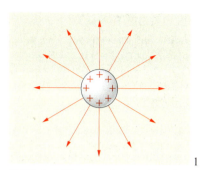

Feldlinienbild einer geladenen Kugel

> Das elektrische Feldlinienbild ist ein Modell des elektrischen Feldes. Es ermöglicht Aussagen über die Richtung und den Betrag der Kraft auf elektrisch geladene Probekörper.

Formen elektrischer Felder. Der Verlauf der elektrischen Feldlinien hängt davon ab, welche Form und welche Anordnung die Körper besitzen, die das Feld erzeugen.
Bild 2 zeigt zwei entgegengesetzt geladene Platten. Der Feldlinienverlauf kann mit Grießkörnchen, die auf Öl schwimmen, sichtbar gemacht werden. Die Grießkörnchen ordnen sich zu Ketten an. In Bild 3 ist das zugehörige elektrische Feldlinienbild gezeichnet. Zwischen den Platten verlaufen die Feldlinien parallel. Ein solches Feld nennt man ein homogenes Feld. Im homogenen Feld ist die Kraft auf einen geladenen Probekörper an allen Stellen gleich groß.

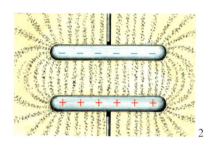

> Um eine elektrisch geladene Kugel bildet sich ein radiales Feld. Alle Feldlinien lassen sich geradlinig zum Mittelpunkt der Kugel verlängern. Zwischen zwei parallelen entgegengesetzt geladenen Platten tritt ein homogenes Feld auf. Die Feldlinien verlaufen parallel und im gleichen Abstand voneinander.

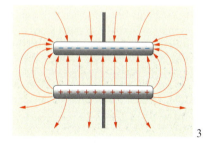

Die folgenden Bilder zeigen weitere Formen elektrischer Felder.

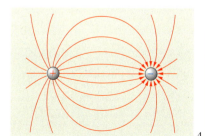 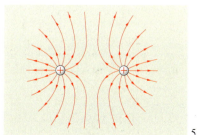 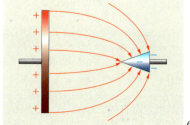

Ungleichnamig geladene Kugeln   Gleichnamig geladene Kugeln   Spitze und Platte

Kondensator

Der rotierende Teil eines Elektromotors (Anker) besteht aus mehreren Elektromagneten. Diese werden mithilfe von Schleifkontakten der Reihe nach ein- und ausgeschaltet (Bild 1). Beim Öffnen der Stromkreise können Funken auftreten, die die Kontakte zerstören. Um dies zu verhindern, benutzt man einen Kondensator. Wie funktioniert ein Kondensator?

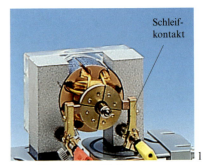

Schleifkontakte im Elektromotor

Aufbau eines Kondensators. Ein Wickelkondensator lässt sich leicht öffnen. Dazu entfernt man zunächst vorsichtig mit einer Zange das Schutzgehäuse. Im Inneren befindet sich eine Rolle aus Aluminiumfolie und einer isolierenden Kunststoffschicht. Auf der Rolle sind zwei Aluminiumstreifen aufgewickelt, zwischen denen sich die Isolierschicht befindet (Bild 2). Eine weitere Isolierschicht sorgt dafür, dass sich die aufeinander gewickelten Aluminiumstreifen nicht berühren. Jeder Streifen ist mit einem Anschluss verbunden. Auch andere Kondensatoren bestehen aus zwei Aluminiumfolien oder dünnen Metallschichten. In manchen Fällen findet anstelle der Isolierschicht aus Kunststoff paraffiniertes Papier oder Keramik Verwendung.

Die Aluminiumstreifen stellen die beiden Elektroden dar. Den isolierenden Stoff nennt man Dielektrikum (Bild 3). Es gibt auch Kondensatoren, bei denen Luft als Dielektrikum verwendet wird. Die Elektroden haben dann die Form von Platten. Das Schaltzeichen eines Kondensators zeigt zwei parallel zueinander liegende Kondensatorplatten mit jeweils einem elektrischen Anschluss. Bild 3 auf S. 19 stellt das Feldlinienbild eines solchen Plattenkondensators dar.

Geöffneter Kondensator

> Ein Kondensator besteht aus zwei Elektroden, zwischen denen sich ein Isolator, das so genannte Dielektrikum, befindet.

Wirkungsweise eines Kondensators. Verbindet man die beiden Platten eines Plattenkondensators mit jeweils einem Pol einer Gleichspannungsquelle, so fließen vom negativen Pol der Spannungsquelle Elektronen auf die eine Platte. Dort herrscht dann ein Elektronenüberschuss. Von der anderen Platte fließen Elektronen zum positiven Pol der Spannungsquelle. Auf dieser Platte besteht Elektronenmangel (Bild 4a).

Verbindet man die Platten eines auf diese Weise geladenen Kondensators miteinander, so bewegen sich die Elektronen von der negativen Platte zur positiven Platte zurück (Bild 4b). Der fließende Strom verrichtet Arbeit, indem er z. B. die Temperatur des Verbindungsdrahtes erhöht. Daran ist zu erkennen, dass der Kondensator ein Energiespeicher ist.

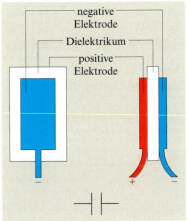

Aufbau und Schaltzeichen eines Kondensators

> In einem Kondensator kann elektrische Energie gespeichert werden.

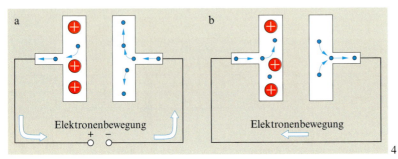

Laden und Entladen eines Kondensators

Elektrische Ladung und elektrisches Feld

Kapazität eines Kondensators. Für die praktische Anwendung muss man wissen, wie viel Ladung ein Kondensator speichern kann. Zu diesem Zweck wird bei jedem Kondensator seine „Kapazität" angegeben. Als Formelzeichen für die Kapazität wird der Buchstabe C (für englisch *capacity*) benutzt.

> Die Kapazität kennzeichnet die Speicherfähigkeit eines Kondensators für die elektrische Ladung. Das Formelzeichen für die Kapazität ist C.

Wie viel Ladung kann ein Kondensator aufnehmen?

EXPERIMENT 4
1. Baue die Schaltung nach dem Schaltplan auf!
2. Lege den Schalter so, dass der Kondensator geladen wird!
3. Entlade den Kondensator über den Strommesser. Ermittle den Höchstausschlag des Zeigers. Trage die Spannung und den Höchstausschlag in Skalenteilen (Skt.) in eine Tabelle ein!
4. Wiederhole das Experiment mit den Spannungen 10 V, 15 V und 20 V!

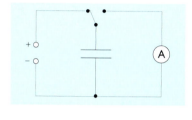

1

Die Messergebnisse werden etwa denen in der nebenstehenden Tabelle entsprechen. Der Höchstausschlag des Zeigers ist ein Maß für die gespeicherte Ladung. Je größer die Spannung am Kondensator ist, desto größer ist auch die gespeicherte Ladung. Wenn man den Quotienten aus Ladung und Spannung bestimmt, ergibt sich in jedem Falle etwa der gleiche Wert. Wiederholt man das Experiment mit anderen Kondensatoren, so stellt man fest, dass auch bei ihnen der Quotient aus Ladung und Spannung stets konstant ist.

Spannung in V	Ladung in Skt.	$\frac{\text{Ladung}}{\text{Spannung}}$ in $\frac{\text{Skt.}}{\text{V}}$
5	10	2
10	20	2
15	30	2
20	40	2

> Die in einem Kondensator gespeicherte Ladung ist der Spannung, mit der er geladen wird, proportional: $Q \sim U$.

Deshalb wird der Quotient aus Ladung und Spannung für die Angabe der Kapazität eines Kondensators genutzt. Die physikalische Größe Kapazität gibt an, wie viel Ladung ein Kondensator bei einer bestimmten Spannung aufnehmen kann.

> Für die Kapazität eines Kondensators gilt: $C = \frac{Q}{U}$.

Setzt man in diese Gleichung die Ladung in Coulomb und die Spannung in Volt ein, so ergibt sich als Einheit für die Kapazität C/V. Zu Ehren des englischen Physikers FARADAY nennt man diese Einheit Farad (F). Es gilt:
$1\,\text{F} = 1\,\frac{\text{C}}{\text{V}}$.

Das Farad ist eine große Einheit. Übliche Kondensatoren haben Kapazitäten, die im Bereich von Mikrofarad (µF) oder Picofarad (pF) liegen.
$1\,\mu\text{F} = 10^{-6}\,\text{F}$; $1\,\text{pF} = 10^{-12}\,\text{F}$.

> Die Einheit der Kapazität ist Farad (F).

Übrigens

Die Vorgänge auf einem Kondensator kann man sich so vorstellen: Beim Laden des Kondensators fließt auf seine negative Platte eine bestimmte Anzahl von Elektronen. Dadurch entsteht ein „Gedränge". Je größer die Ladespannung ist, umso größer ist auch das „Gedränge" der Elektronen. Beim Entladen fließen die überschüssigen Elektronen wieder von der Platte ab, bis diese wieder neutral ist.

Kapazität eines Plattenkondensators. Wie muss ein Kondensator gebaut sein, damit er möglichst viel Ladung speichern kann?

In einem Wickelkondensator sind sehr lange Aluminiumstreifen aufgewickelt. Der Grund hierfür ist, dass die gespeicherte Ladung von der Größe der Plattenfläche abhängt. Bei einer bestimmten Spannung ist die gespeicherte Ladung umso größer, je größer die Plattenfläche ist. Auf größeren Platten hat mehr Ladung „Platz" (Bild 1). Sie kann sich auf einer größeren Fläche verteilen.

Weiterhin liegen im Wickelkondensator die Aluminiumstreifen dicht beieinander. Zwischen entgegengesetzten Ladungen treten anziehende Kräfte auf. Je dichter die Streifen beieinander liegen, desto größer sind die Anziehungskräfte zwischen den ungleichnamigen Ladungen. Eine Verringerung des Abstandes bewirkt also, dass bei gleicher Spannung mehr Ladung auf die Kondensatorplatten fließen kann (Bild 2).

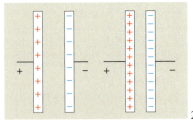

1 Je größer die Platten, desto größer die Kapazität

2 Je kleiner der Plattenabstand, desto größer die Kapazität

> Die Kapazität eines Kondensators ist umso größer, je größer die Plattenfläche und je kleiner der Plattenabstand ist.

Außerdem kann die Kapazität durch einen geeigneten Stoff (Dielektrikum) zwischen den Platten erhöht werden.

Elektrische Stromstärke und Spannung

Verbindet man die Platten eines geladenen Kondensators durch einen Metalldraht, so bewegen sich die Elektronen von der negativen zur positiven Platte. Durch den Draht wird negative Ladung transportiert. Es fließt ein Strom.

> Elektrischer Strom ist bewegte elektrische Ladung.

Die elektrische Stromstärke kennzeichnet, wie viel Ladung sich in einer bestimmten Zeit durch den Draht bewegt. Die Stromstärke wird berechnet als Quotient aus der transportierten Ladung und der Zeit.

> Die elektrische Stromstärke gibt an, wie viel Ladung ständig durch einen Leiter transportiert wird.
>
> Elektrische Stromstärke = $\dfrac{\text{Ladung}}{\text{Zeit}}$; $I = \dfrac{Q}{t}$

Beim Laden eines Kondensators muss eine bestimmte Arbeit W verrichtet werden. Diese Arbeit ist umso größer, je größer die gespeicherte Ladung Q und je höher die Spannung U ist. Für die Arbeit beim Laden eines Kondensators gilt die Gleichung $W = Q \cdot U$.

Durch Umformen dieser Gleichung erkennt man, dass die Spannung mit dem Quotienten aus Arbeit und Ladung berechnet werden kann.

> Die elektrische Spannung gibt an, wie groß die Arbeit ist, die verrichtet werden muss, um eine bestimmte Ladung zu transportieren.
>
> Elektrische Spannung = $\dfrac{\text{verrichtete Arbeit}}{\text{transportierte Ladung}}$; $U = \dfrac{W}{Q}$

Schon gewusst?

Aus der Gleichung $Q = I \cdot t$ ergibt sich als Einheit für die Ladung Amperesekunde (A · s). Es gilt:
1 C = 1 A · s.
Aus der Gleichung $Q = \dfrac{W}{U}$ ergibt sich als Einheit für die Ladung Joule je Volt ($\dfrac{J}{V}$). Es gilt:
$1\,\text{C} = 1\,\text{A} \cdot \text{s} = 1\,\dfrac{\text{J}}{\text{V}} = 1\,\dfrac{\text{W} \cdot \text{s}}{\text{V}}$.

Elektrische Ladung und elektrisches Feld

Die Erfindung des Kondensators

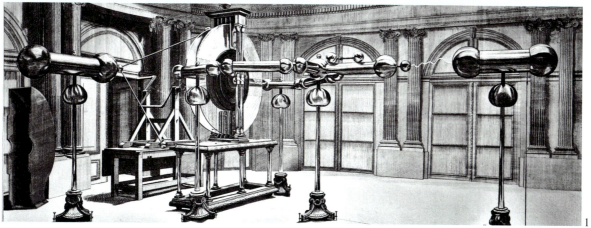

Elektrisiermaschine von MARTINUS VAN MARUM

Mit der 1743 vom Leipziger Professor HAUSEN entwickelten Kugel-Elektrisiermaschine konnte man hohe Spannungen erzeugen. Als Reibzeug diente die Hand. Später benutzte man große rotierende Glasscheiben, an denen Lederkissen für eine innige Berührung mit dem Glas sorgten. Mit der in Bild 1 dargestellten niederländischen Maschine konnte man Funken von bis zu 61 cm Länge erzeugen.

Der Nachteil aller Reibungselektrisiermaschinen bestand jedoch darin, dass die Spannung nur so lange auftrat, wie sich die Glasscheibe drehte. Deshalb bemühte man sich um Möglichkeiten, die Elektrizität zu speichern. Mit der im Bild 2 dargestellten Anordnung hat man versucht, Wasser zu „elektrisieren". Dazu hatte man den Metallstift, der zum Wasser in die Flasche führte, mit der Reibungselektrisiermaschine verbunden.

Professor MUSSCHENBROEK, der dieses Experiment mit einem besonders dünnwandigen Glasgefäß ausführte, berichtet in einem Brief an Herrn REAUMUR: Er hätte in den Armen, der Schulter und der Brust einen Schlag verspürt, sodass es ihm den Atem verschlagen und er sich von dem Schock und dem Schrecken erst nach zwei Tagen erholt hätte. Er fügte hinzu, er würde sich nicht um das Königthum Frankreich einem zweiten derartigen Schlag aussetzen. Diese Ergebnisse sind nicht verwunderlich, denn bei den Flaschen handelte es sich um Kondensatoren. Die Hand des Experimentators stellte die eine Kondensatorplatte dar, das Wasser im Inneren der Flasche die andere. Zwischen beiden befand sich das Glas der Flasche als Dielektrikum. In diesem Kondensator wurde die elektrische Ladung gespeichert. Durch das Berühren mit dem Finger erfolgte dann die Entladung durch den menschlichen Körper.

Da die Experimente in Leiden in den Niederlanden durchgeführt wurden, nannte man diese Form von Kondensator „Leidener Flasche". Leidener Flaschen werden heute noch als Ladungsspeicher für Spannungen von über 100 000 V benutzt, z. B. in Influenzmaschinen (Bild 3).

Diese Experimente mit den Leidener Flaschen trugen dazu bei, die neue Erscheinung „Elektrizität" bekannt zu machen und weitere Anwendungen zu erforschen. So erhofften sich viele Menschen vom Elektrisieren die Heilung ihrer Krankheiten. Es fehlte jedoch im 18. Jahrhundert an bedeutsamen Anwendungen. Die Experimente zeigten allerdings schon deutlich die Gefahren im Umgang mit Elektrizität.

MUSSCHENBROEKs Experimentieranordnung

Influenzmaschine mit Leidener Flaschen

Ein Blick in die Geschichte

Der Faraday'sche Käfig

Bei Gewittern treten zwischen der Erdoberfläche und den Wolken, oft auch zwischen benachbarten Wolken, starke elektrische Felder auf. Erdoberfläche und Wolken stellen gewissermaßen die Platten von sehr großen Kondensatoren dar. Die Spannungen zwischen Wolken und Erde können so groß werden, dass sich diese Kondensatoren in Form von mächtigen Funken, den Blitzen, entladen. Das führt oft zu großen Schäden.

Der sicherste Schutz vor Blitzen ist dadurch möglich, dass man sich in einen metallenen „Käfig" begibt. Solch einen Käfig stellt z. B. die Karosserie eines Autos dar. Er wird nach seinem Erfinder MICHAEL FARADAY „Faraday'scher Käfig" genannt.

In einen Faraday'schen Käfig kann das elektrische Feld nicht eindringen. Auf der „Außenhaut" des Käfigs wird die Ladung gerade so verschoben, dass das Innere des Käfigs feldfrei bleibt (Bild 1).

Schlägt ein Blitz in einen Faraday'schen Käfig ein, so gelangt die Ladung nur bis auf die Außenfläche des Käfigs und fließt dann auf den Gitterstäben zur Erde ab. Diese Erscheinung wird z. B. in der Hochspannungshalle des Deutschen Museums in München vorgeführt (Bild 3).

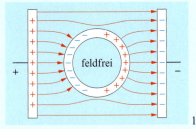
Aufgrund von Influenz bleibt das Innere des metallischen Käfigs feldfrei.

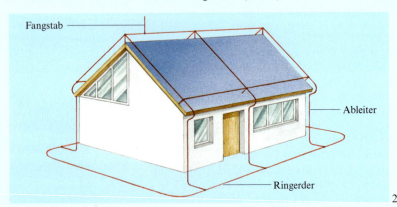
Durch Blitzschutzanlagen können Häuser von Faraday'schen Käfigen umgeben werden. Wichtig ist eine gute Erdung.

Die Person spürt beim Einschlagen des Blitzes in den Käfig nichts.

Auf Gebäuden, die vom Blitz gefährdet sind, werden nicht nur Blitzableiter angebracht. Man befestigt auch längs der Dachkanten und des Dachfirstes metallene Stäbe. Diese sind leitend durch Stäbe miteinander verbunden. Auch diese Stäbe sind über das Dach verlegt und an mehreren Stellen geerdet. Dadurch bilden sie einen richtigen Käfig (Bild 2).

Abschirmung gegen Störungen. Bestimmte elektronische Bauelemente können dadurch zerstört werden, dass sie in den Einflussbereich starker elektrischer Felder geraten. Um sie zu schützen, werden sie mit kleinen geerdeten Metallkappen versehen (Bild 4). In Fernsehbildröhren wird das Bild durch einen Elektronenstrahl erzeugt. Der Verlauf dieses Strahls wird durch elektrische Felder beeinflusst. Deshalb sind auch solche Röhren von Metall ummantelt.

Elektrische Felder können auch die Übertragung elektrischer Signale beeinflussen. Besonders störend ist der Einfluss des Netzwechselstromes, der einen Brummton erzeugen kann. Um ihn zu vermeiden, werden die Leitungen für die Signalübertragung oft mit einem Drahtgeflecht umgeben, das geerdet ist; diese Leitungen sind dann „abgeschirmt" (Bild 5).

Transistoren mit Metallkappe

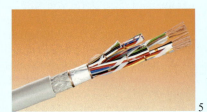
Leitung mit Abschirmung

Elektrische Ladung und elektrisches Feld

Selbst gebauter Elektrophor

Eine Ladungstrennung lässt sich durch intensives Berühren zweier verschiedener Stoffe und durch Influenz bewirken.

AUFTRAG 1
1. Bürste mit einer Kleiderbürste, die Naturborsten besitzt, über eine Schreibfolie oder Schreibtischunterlage auf einer glatten Fläche!
2. Fass die Folie an zwei einander gegenüberliegenden Seiten an und halte sie in etwa 20 cm Entfernung über dein frisch gewaschenes Haar!
3. Beschreibe den Prozess der Ladungstrennung, der jeweils abläuft!

VOLTAS Elektrophor. 1775 hat der italienische Physiker ALESSANDRO VOLTA eine Apparatur erfunden, mit der man beliebig viel elektrische Ladung „erzeugen" konnte. Er nannte sie deshalb „elettrophoro perpetuo". Das Wirkprinzip eines solchen Elektrophors beruht auf der Ladungstrennung. Diese erfolgt zunächst durch intensive Berührung (Reiben) und dann durch Influenz.
Der wichtigste Bestandteil des Elektrophors ist der „Harzkuchen". VOLTA hat ihn aus Kolofonium hergestellt, das aus dem Harz von Nadelbäumen gewonnen wurde. Dieser Harzkuchen wurde durch Reiben oder Schlagen mit einem Fell (Fuchsschwanz) elektrisch negativ aufgeladen (Bild 2a). Dann setzte man einen metallenen Deckel auf den Kuchen. In diesem Deckel kommt es zur Ladungstrennung (Bild 2b). Auf der Unterseite des Deckels tritt eine positive, auf der Oberseite eine negative elektrische Ladung auf. Berührt man den Deckel mit dem Finger (Bild 2c), so strömt die auf der Oberseite influenzierte negative Ladung zur Erde ab. Hebt man anschließend den Deckel mit dem isolierenden Handgriff an, so bleibt der Deckel stark elektrisch positiv geladen (Bild 2d). Nach diesem Prinzip kannst du auf einfache Art hohe Spannungen herstellen.

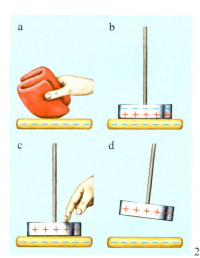

AUFTRAG 2
1. Besorge dir ein Schneidebrett aus PVC mit glatter Oberfläche (du kannst auch ein anderes Stück PVC oder einige übereinander gelegte dicke Kunststofffolien oder einen PVC-Blumentopfuntersetzer benutzen)!
2. Reibe die Oberseite des Brettes mit einem Fell oder einem Wolltuch!
3. Stelle auf das Schneidebrett ein flaches Metallgefäß mit ebenem Boden (z. B. eine Keksdose oder einen Metalldeckel eines Kochtopfes, dessen Unterseite du mit Aluminiumfolie bespannt hast)!
4. Berühre den Metalldeckel mit dem Finger und hebe ihn mit einem gut isolierenden Griff an (z. B. einer angeklebten Stearinkerze)! Die Berührung mit dem Finger ist vollkommen ungefährlich.
5. Lege auf den Metalldeckel eine Schlange aus Holundermark oder bringe ihn in die Nähe leichter Gegenstände. Erkläre deine Beobachtungen!

Schlange aus Holundermark oder Styropor

AUFTRAG 3
1. Informiere dich in Nachschlagewerken und Physikbüchern über die Anwendung von Elektrizität, die durch Berührung und Influenz „erzeugt" wird!
2. Welche Gemeinsamkeiten mit dem Elektrophor von VOLTA lassen sich erkennen? Fertige über eines dieser Beispiele ein Poster an!

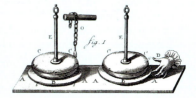

AUFGABEN

1. Mit welchen Hilfsmitteln kann man nachweisen, ob ein Körper elektrisch geladen ist?
2. Wie kann man feststellen, ob eine Metallkugel positiv oder negativ geladen ist?
3. Die Wanderungsgeschwindigkeit der Elektronen in einem Stromkreis liegt bei etwa 0,1 mm/s bis 1 mm/s. Warum leuchtet eine Handlampe mit einem 5 m langen Kabel sofort nach dem Einschalten?
4. Warum schlägt der Zeiger eines Elektrometers auch dann schon aus, wenn der elektrisch geladene Körper das Gerät noch gar nicht berührt hat?
5. Ein geladener Körper A wird einem ungeladenen Körper B genähert (Bild 1). Zeichne für die folgenden 4 Fälle die Ladungsverschiebung ein!
   a) A ist positiv geladen, B ist ein Leiter.
   b) A ist negativ geladen, B ist ein Leiter.
   c) A ist positiv geladen, B ist ein Isolator.
   d) A ist negativ geladen, B ist ein Isolator.

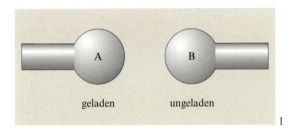

1

6. Folgende Körper sollen jeweils eine Ladung von 0,1 C tragen:
   – eine große Kugel aus Metall,
   – eine große Kugel aus Kunststoff,
   – eine kleine Kugel aus Metall.
   a) Die Körper werden jeweils mit einem Elektrometer in Kontakt gebracht. In welchem Fall wird der Ausschlag am größten sein? Begründe!
   b) Äußere dich zu der Behauptung „Mit einem Elektrometer kann man messen, wie viel Ladung ein Körper besitzt"!
7. Zwei gleichartige Metallkörper tragen unterschiedlich viel positive Ladung. Wie kann man feststellen, welcher Körper stärker geladen ist?
8. Warum sammelt sich besonders viel Staub auf dem Bildschirm eines Computers an?
9. Erläutere anhand der Bilder 1 und 3 auf Seite 19 die Begriffe „homogenes" bzw. „radiales elektrisches Feld"! An welchen Stellen ist jeweils die Stärke der Felder am größten?
10. In den Bildern 4, 5 und 6 auf Seite 19 sind die Feldlinienverläufe zwischen zwei Kugeln sowie zwischen einer Spitze und einer Platte dargestellt. Gib an, an welchen Stellen die Kraft auf einen Probekörper am größten ist und begründe deine Antwort!
11. Warum bewegt sich das Watteflöckchen in Bild 2 mehrmals zwischen den elektrisch geladenen Kugeln hin und her? Warum fliegt es nicht auf kürzestem Wege?

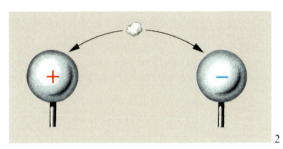

2

12. Zeichne das Feldlinienbild für einen horizontal ausgespannten Draht, der gegenüber der Erde positiv aufgeladen ist!
13. Was ist ein Faraday'scher Käfig?
14. Wo finden Faraday'sche Käfige Anwendung?
15. Kann ein Blitz den Personen in der Kajüte eines Bootes Schaden zufügen, wenn die Kajüte a) aus Kunststoff, b) aus Holz, c) aus Aluminium bzw. d) aus Stahl gebaut ist?
16. Wie muss ein Kondensator konstruiert sein, damit er bei einer bestimmten Spannung eine besonders große elektrische Ladung speichern kann?
17. Wo finden Kondensatoren Einsatz? Welche Aufgabe haben sie?
18. In einer Taschenlampe muss der elektrische Strom eine Arbeit von 45 J verrichten, um eine Ladung von 10 C zu transportieren. Wie groß ist die Spannung der Batterie?
19. Zwischen die Platten eines Kondensators wird eine Platte aus Kunststoff gebracht.
    a) Was geschieht in der Platte, wenn der Kondensator aufgeladen wird?
    b) Wie wirkt sich die Platte auf die Kapazität des Kondensators aus?
20. Vervollständige die Angaben in den folgenden Schaltplänen!

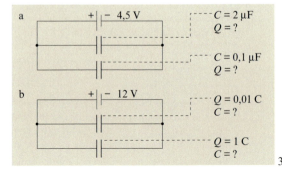

3

Elektrische Ladung und elektrisches Feld

ZUSAMMENFASSUNG

Elektrisch geladene Körper
Körper, auf denen ein Elektronenüberschuss besteht, tragen eine negative Ladung. Körper, auf denen Elektronenmangel besteht, tragen eine positive Ladung.

Ladungstrennung kann durch Berühren (Reibung) erfolgen.

Ladungstrennung kann durch Annähern eines elektrisch geladenen Körpers erfolgen (Influenz).

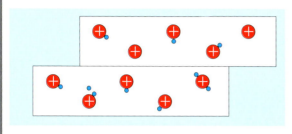
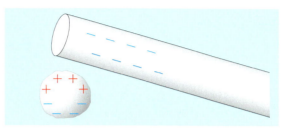

Die elektrische Ladung eines Körpers gibt an, wie groß der Elektronenüberschuss bzw. der Elektronenmangel auf dem Körper ist.

Formelzeichen: Q Einheit: C $1\,\text{C} = 1\,\text{A} \cdot \text{s}$

Kondensator
Die Kapazität kennzeichnet die Speicherfähigkeit eines Kondensators für elektrische Ladung.

$$C = \frac{Q}{U}$$

Formelzeichen: C Einheit: F $1\,\text{F} = 1\,\frac{\text{C}}{\text{V}}$ Schaltzeichen: ─┤├─

Elektrisches Feld
Im Raum um einen elektrisch geladenen Körper werden auf Probekörper Kräfte ausgeübt. Einen solchen Raum nennt man elektrisches Feld.
Die elektrischen Feldlinien geben die Richtung der Kraft auf einen positiv geladenen Probekörper an. Je dichter die Feldlinien in einem Bild liegen, desto größer ist die Kraft an der betreffenden Stelle.
Das Feldlinienbild ist ein Modell des elektrischen Feldes.

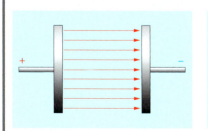
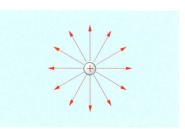

Die elektrische Stromstärke gibt an, wie viel Ladung in einer bestimmten Zeit durch einen Leiter transportiert wird.

$$I = \frac{Q}{t}$$

Die elektrische Spannung gibt an, wie groß die Arbeit ist, die verrichtet werden muss, um eine bestimmte Ladung zu transportieren.

$$U = \frac{W}{Q}$$

Magnete und magnetisches Feld

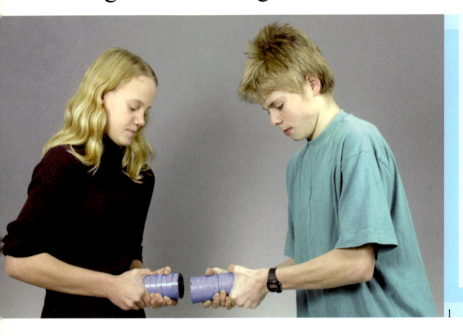

Die beiden Schüler halten je einen Magneten in ihren Händen. Sie versuchen, die Magnete zur Berührung zu bringen. Trotz größter Anstrengung gelingt ihnen das jedoch nicht. Welche besonderen Eigenschaften haben Magnete?

Magnete

Kräfte zwischen Magneten. Ein Magnet zieht Körper aus Eisen an und er wird auch von Körpern aus Eisen angezogen. So bleibt er z. B. an einem Treppengeländer aus Eisen hängen (Bild 2). Anziehende Kräfte treten auch zwischen einem Magneten und Körpern aus Nickel und Cobalt auf. Ferner gibt es keramische Werkstoffe, die magnetische Eigenschaften haben, z. B. die so genannten Ferrite. Alle diese Stoffe, die sich wie Eisen (lat. *ferrum*) verhalten, heißen **ferromagnetische Stoffe**.

> Zwischen einem Magneten und Körpern aus Eisen, Nickel, Cobalt und bestimmten keramischen Werkstoffen wirken anziehende Kräfte.

Anziehung zwischen Magnet und einem ferromagnetischen Stoff

Ziehen alle Stellen eines Magneten einen Eisenkörper in gleichem Maße an?

EXPERIMENT 1
1. Befestige einen Stabmagneten an einem Stativ!
2. Versuche in gleichem Abstand voneinander größere Nägel oder Büroklammern an den Magneten zu hängen!
3. Versuche an die hängengebliebenen Nägel jeweils möglichst viele weitere Nägel anzuhängen!
4. Hänge schließlich noch kleinere Nägel an!

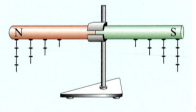

Die verschiedenen Bereiche eines Stabmagneten ziehen Eisenkörper unterschiedlich stark an. In der Nähe der Enden eines Stabmagneten treten die größten Kräfte auf. Diese Bereiche nennt man die Pole eines Magneten.

> Ein Magnet hat zwei Pole. An den Polen ist die magnetische Wirkung am größten.

Magnete und magnetisches Feld

Die beiden Hälften des Magneten in Experiment 1 sind verschiedenfarbig gekennzeichnet. Das trifft auch für andere Magnete zu. Gibt es Unterschiede zwischen den beiden Hälften?

EXPERIMENT 2
1. Befestige die Mitte eines Stabmagneten an einem dünnen Faden!
2. Halte den Faden ruhig in der Hand oder hänge ihn an einer Holzleiste auf. Sorge dafür, dass sich keine Eisenkörper in der Nähe des Magneten befinden!
3. Drehe den Magneten an der Aufhängung in verschiedene Richtungen und lasse ihn jeweils wieder los!

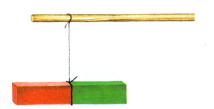

1

Der Stabmagnet dreht sich immer wieder in die gleiche Richtung, die Nord-Süd-Richtung der Erde. Seine rote Hälfte zeigt dabei immer nach Norden. Den Pol, der sich in der roten Hälfte des Magneten befindet und der nach Norden zeigt, nennt man den Nordpol. Der gegenüberliegende Pol heißt Südpol.

> Ein Magnet besitzt einen Nordpol und einen Südpol.

Schon gewusst?

Bringt man in Bild 1 auf S. 28 zwischen die Magnete eine Platte aus Holz, Glas oder Kunststoff, so ändert sich an den Wirkungen nichts. Mithilfe von ferromagnetischen Platten (Eisenplatten) lässt sich der Magnetismus jedoch abschirmen.

Wie verhalten sich die magnetischen Pole zueinander?

EXPERIMENT 3
1. Nähere dem Nordpol eines aufgehängten Stabmagneten den Südpol eines weiteren Magneten!
2. Nähere dem Südpol eines aufgehängten Stabmagneten den Nordpol eines weiteren Magneten!
3. Nähere zunächst zwei Nordpole einander, danach zwei Südpole!

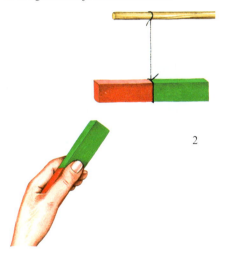

2

Zwischen einem Nord- und einem Südpol treten anziehende Kräfte auf, zwischen zwei Nordpolen bzw. zwei Südpolen abstoßende Kräfte.

> Ungleichnamige magnetische Pole ziehen einander an, gleichnamige Pole stoßen einander ab.

Magnetisieren von Körpern. Im Experiment 1 ist es gelungen, an den Polen mehrere Nägel aneinander zu hängen. Die Nägel ziehen sich gegenseitig an. Offenbar werden Nägel, die man an einen Magneten hängt, selbst magnetisch. Wie lässt sich ein Körper dauerhaft magnetisieren?

EXPERIMENT 4
1. Streiche mit einem Pol eines starken Magneten mehrmals in gleicher Richtung über eine Fahrradspeiche oder eine Stricknadel aus Eisen!
2. Nähere zunächst das eine und dann das andere Ende der Speiche einer drehbar gelagerten Magnetnadel!

3

Das eine Ende der Speiche zieht den Südpol der Magnetnadel an und stößt den Nordpol ab. Das andere Ende der Speiche zieht den Nordpol der Magnetnadel an und stößt den Südpol ab. Die zunächst unmagnetische Fahrradspeiche ist zu einem Magneten geworden. Sie besitzt einen Nord- und einen Südpol. Warum entstehen bei der Speiche zwei Pole?

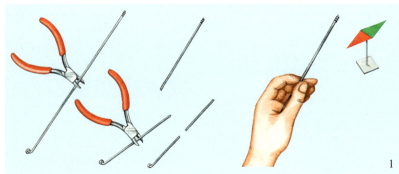

EXPERIMENT 5
1. Teile eine magnetisierte Fahrradspeiche mit einem Seitenschneider in zwei Hälften!
2. Prüfe mit einer Magnetnadel die Lage der Pole bei den Hälften der Speiche!
3. Teile eine Hälfte erneut und überprüfe sie wieder auf magnetische Pole!

Alle Teile sind vollständige Magnete. Sie besitzen jeweils einen Nord- und einen Südpol.

> Beim Zerteilen eines Magneten entstehen kleine Magnete. Jeder dieser Magnete hat einen Nord- und einen Südpol.

Diese Teilung kann man in Gedanken weiter fortsetzen. Man gelangt immer wieder zu Teilen, die vollständige Magnete sind. Die kleinsten magnetischen Teile nennt man **Elementarmagnete**.

Mithilfe der Elementarmagnete lassen sich die Ergebnisse der Experimente erklären. In einer Fahrradspeiche sind die Elementarmagnete zunächst unregelmäßig angeordnet. Ihre magnetischen Wirkungen heben sich gegenseitig auf (Bild 2).
Wenn man mit einem starken Magneten über die Fahrradspeiche streicht, drehen sich immer mehr Elementarmagnete so, dass sie in die gleiche Richtung zeigen. Diese geordneten Elementarmagnete verhalten sich nach außen wie ein einziger starker Magnet (Bild 3).

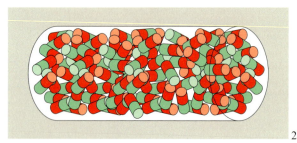

Ungeordnete Elementarmagnete in gewöhnlichem Eisen: Die magnetische Wirkung hebt sich auf.

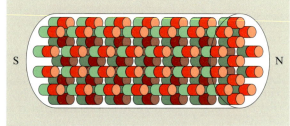

Geordnete Elementarmagnete in magnetisiertem Eisen: Die Elementarmagnete haben eine gemeinsame Wirkung.

> Körper aus Eisen und anderen ferromagnetischen Stoffen enthalten Elementarmagnete. Diese sind in verschiedenen Richtungen angeordnet. Beim Magnetisieren richten sich die Elementarmagnete aus.

Hängt man einen Nagel an einen Magneten wie im Experiment 1, so richten sich die Elementarmagnete in dem Nagel aus und er wird selbst zum Magneten. Entfernt man den Nagel wieder, so kehren die Elementarmagnete bald wieder in den ungeordneten Zustand zurück. Im Gegensatz zur Fahrradspeiche ist der Nagel nicht dauerhaft magnetisiert worden.

Übrigens

Die Magnetisierung eines Körpers lässt sich rückgängig machen, indem man den Körper stark erhitzt oder stark erschüttert. Die Elementarmagnete geraten dabei wieder in „Unordnung".
Deshalb sollte man mit Magneten möglichst vorsichtig umgehen.

Magnetfeld von Dauermagneten

Kräfte auf Probekörper. Magnete ziehen bestimmte Stoffe an. Auch auf andere Magnete üben sie Kräfte aus. Dabei müssen die Körper einander nicht berühren. In dem Kästchen in Bild 1 befinden sich Magnete. Der kleine Kreisel ist ebenfalls ein Magnet.
Auch das Ausrichten einer Magnetnadel zeigt, dass die magnetischen Kräfte in größerer Entfernung vom Magneten auftreten.

> Der Raum um einen Magneten hat besondere Eigenschaften: Auf Magnete und magnetisierbare Probekörper werden Kräfte ausgeübt. Einen solchen Raum nennt man ein magnetisches Feld.

Schwebender magnetischer Kreisel

Magnetische Feldlinien. Ebenso wie ein elektrisches Feld kann man auch ein magnetisches Feld mithilfe von Feldlinien darstellen. Welchen Verlauf haben die magnetischen Feldlinien in der Umgebung eines Stabmagneten?

EXPERIMENT 6
1. Befestige einen großen Stabmagneten horizontal an einem Stativ!
2. Bringe eine kleine Magnetnadel in die Nähe eines Pols des Magneten!
3. Bewege die Magnetnadel schrittweise immer in die Richtung weiter, in die jeweils die eine Nadelspitze zeigt!
4. Wiederhole das Experiment mehrmals, indem du mit der Nadel an unterschiedlichen Stellen in der Nähe des Magnetpols startest!

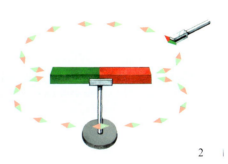

Bild 3 zeigt die Linien, auf denen die Magnetnadel bewegt wurde. Sie werden magnetische Feldlinien genannt. Die Idee, eine Magnetnadel schrittweise um einen Magneten herumzuführen, stammt von FARADAY. Er hat das Feldlinienbild des magnetischen Feldes entwickelt.

Das Feldlinienbild als Modell des magnetischen Feldes. Das Feldlinienbild gibt Auskunft darüber, wie sich die Magnetnadeln an den verschiedenen Orten ausrichten und wie stark die Kräfte sind, die dabei auf die Magnetnadeln wirken. Die Feldlinien verlaufen außerhalb des Magneten vom Nordpol zum Südpol. Der Nordpol einer kleinen Magnetnadel zeigt in Richtung der Feldlinie, der Südpol zeigt in die entgegengesetzte Richtung. Je dichter die Feldlinien in einem Gebiet liegen, umso größer ist die dort auftretende magnetische Wirkung.

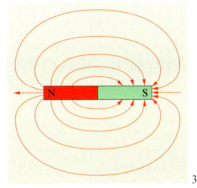
Feldlinien um einen Stabmagneten

> Das magnetische Feldlinienbild ist ein Modell des magnetischen Feldes. Es ermöglicht Aussagen über die Ausrichtung von Magnetnadeln und die Stärke der magnetischen Wirkung.

Um den Verlauf der magnetischen Feldlinien in der Umgebung eines Magneten zu untersuchen, gibt es eine weitere einfache Methode:

EXPERIMENT 7
1. Lege einen Hufeisenmagneten auf den Tisch!
2. Bedecke ihn mit einer Glasscheibe!
3. Streue Eisenfeilspäne gleichmäßig dünn auf die Scheibe!
4. Klopfe leicht gegen die Glasscheibe!

Die Eisenfeilspäne bilden lange Ketten, die längs der magnetischen Feldlinien verlaufen (Bild 1). Jeder Eisenspan wird im magnetischen Feld zu einem kleinen Magneten. Er dreht sich wie eine Magnetnadel unter dem Einfluss der magnetischen Kraft. Das Klopfen bewirkt, dass sich jeweils der Nordpol des einen Magneten an den Südpol des benachbarten heran bewegt, wodurch ganze Ketten entstehen (Bild 2).

Ketten von Eisenfeilspänen

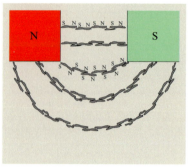
Magnetisierung der Eisenfeilspäne

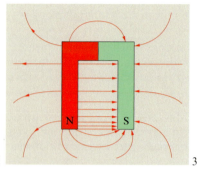
Feldlinienbild des Hufeisenmagneten

Formen magnetischer Felder. Bild 3 zeigt das Feldlinienbild als Modell des Feldes um einen Hufeisenmagneten. Zwischen den Schenkeln eines Hufeisenmagneten verlaufen die Feldlinien parallel zueinander. Auch in einem *homogenen* magnetischen Feld verlaufen die Feldlinien parallel zueinander, ihr Abstand ist dort überall gleich. Im homogenen Feld wird ein beweglicher magnetisierter Probekörper nur entsprechend seiner Polung ausgerichtet, eine resultierende Kraft wirkt aber nicht auf ihn.
Die Feldlinien in der Umgebung zweier Nordpole, die einander gegenüberstehen, zeigt Bild 4.

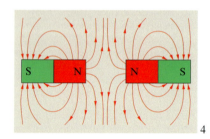

Magnetfeld von Elektromagneten

Magnetfeld stromdurchflossener Leiter. Der dänische Physiker HANS CHRISTIAN OERSTED hat im Jahre 1820 den Magnetismus eines stromdurchflossenen Leiters untersucht. Er hatte einen Draht horizontal ausgespannt, in dessen Nähe sich eine Magnetnadel befand. Immer dann, wenn durch den Draht ein Strom floss, wurde die Magnetnadel abgelenkt. Hörte der Strom auf zu fließen, so kehrte sie in ihre ursprüngliche Lage zurück (Bild 5).

Ein elektrischer Strom ist von einem magnetischen Feld umgeben.

Den Verlauf der magnetischen Feldlinien kann man wieder mit Eisenfeilspänen untersuchen.

OERSTED demonstriert seine Entdeckung.

EXPERIMENT 8
Ein dicker Kupferdraht wird durch eine Pappscheibe gesteckt, die an einem Stativ horizontal angebracht ist. Auf die Pappscheibe streut man Eisenfeilspäne. Durch den Draht fließt ein starker Strom. Während des Stromflusses klopft man leicht auf die Scheibe.
Um die Richtung der Feldlinien zu bestimmen, führt man anschließend eine Magnetnadel um den stromdurchflossenen Draht herum.

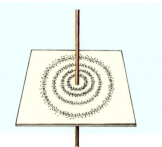

Magnete und magnetisches Feld

Die Eisenfeilspäne ordnen sich in Form von Kreisen um den Leiter an. Der Draht bildet das Zentrum der Kreise. Bild 1 zeigt das Feldlinienbild um einen stromdurchflossenen Leiter.

> Fließt durch einen geraden Leiter ein elektrischer Strom, so bilden sich um ihn herum kreisförmige Feldlinien aus.

Spulen. Der Hallenser Professor JOHANN S. SCHWEIGGER überlegte sich, wie man die magnetische Wirkung eines stromdurchflossenen Drahtes verstärken könnte: Man müsste den Draht nicht nur über die Magnetnadel halten, sondern ihn ein Mal um die Magnetnadel herum führen (Bild 2b). Dann würde diese heftiger ausschlagen. Noch besser wäre es, den Leiter mehrfach aufzuwickeln (Bild 2c). Damit hatte SCHWEIGGER die Spule erfunden.

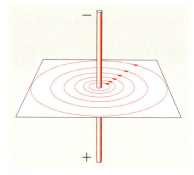

Feldlinienbild eines stromdurchflossenen Leiters

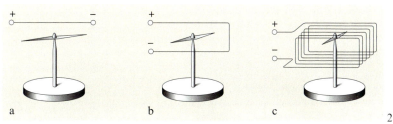

2

Die Idee der Spule: Die Wirkung des Stromes wird vervielfacht.

Übrigens

Hält man den Daumen der rechten Hand in die Stromrichtung (von + nach −), so geben die gekrümmten Finger die Richtung der magnetischen Feldlinien an.

3

Wie verlaufen die Feldlinien in der Umgebung einer Spule?

EXPERIMENT 9
1. Schneide in eine Pappscheibe ein rechteckiges Loch, in das eine Spule straff hinein passt!
2. Schneide einen Pappstreifen aus, der in die Öffnung der Spule hinein geschoben werden kann!
3. Schließe die von der Pappscheibe umschlossene Spule an eine Spannungsquelle an!
4. Streue Eisenfeilspäne auf die Pappscheibe und den Pappstreifen!

4

Außerhalb der Spule gleicht das Magnetfeld dem eines Stabmagneten. Innerhalb der Spule verlaufen die magnetischen Feldlinien parallel. Sie liegen dort dichter beieinander als im Außenraum (Bild 5).

> Im Außenraum gleicht das Magnetfeld einer Spule dem Magnetfeld eines Stabmagneten.
> Im Inneren einer Spule tritt ein homogenes Magnetfeld auf.

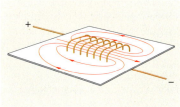

5

Feldlinienbild einer stromdurchflossenen Spule

Je weiter man sich von einem stromdurchflossenen Leiter oder einer Spule entfernt, umso größer ist der Abstand zweier benachbarter Feldlinien (Bilder 1 und 5). Daran erkennt man, dass die Stärke des Magnetfeldes mit zunehmendem Abstand kleiner wird. In unmittelbarer Nähe eines Leiters und im Inneren einer Spule liegen die Feldlinien am dichtesten beieinander. Dort ist das magnetische Feld am stärksten.
Dieses Ergebnis entspricht deinen Erfahrungen im Umgang mit Magneten: Je näher man mit einem Eisenkörper an einen Magneten herangeht, desto größer ist die anziehende Kraft.

Die Spule als Elektromagnet. Wie kann man erreichen, dass eine Spule einen Eisenkörper möglichst stark anzieht?

EXPERIMENT 10
1. Stelle eine Spule so auf, dass ihre Achse vertikal verläuft!
2. Schließe die Spule an eine Spannungsquelle an!
3. Befestige einen Federkraftmesser so an einem Stativ, dass er sich über der Spule befindet!
4. Hänge direkt über die Spule einen Eisenkörper an den Kraftmesser!
5. Vergrößere die Stromstärke in der Spule in kleinen Schritten und beobachte jeweils die Kraftänderung am Federkraftmesser!

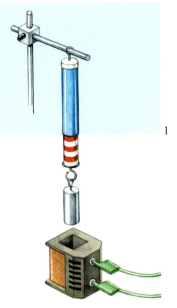

Je größer die Stromstärke ist, umso größer ist auch die Kraft, die auf einen Probekörper ausgeübt wird.

EXPERIMENT 11
1. Verwende die gleiche experimentelle Anordnung wie in Experiment 10!
2. Lies die Anzeige am Federkraftmesser bei einer bestimmten Stromstärke ab!
3. Tausche die Spule gegen eine solche aus, die eine kleinere Windungszahl besitzt und danach gegen eine solche mit einer größeren Windungszahl!
4. Lies bei gleicher Stromstärke erneut die Kraft ab!

Je größer die Windungszahl einer Spule ist, umso größer ist auch die Kraft auf einen Probekörper.

> Die Stärke des magnetischen Feldes einer Spule hängt von der Stromstärke und von ihrer Windungszahl ab. Je größer die Stromstärke und je größer die Windungszahl ist, umso größer ist die Kraft auf einen Probekörper.

Das Magnetfeld einer Spule lässt sich verändern oder auch ganz abschalten. Dies ist für viele technische Anwendungen von Bedeutung, z. B. beim Lasthebemagneten (Bild 2). Beim Einschalten zieht er die Eisenrohre an. Schaltet man den Strom aus, so lösen sich die Eisenrohre wieder ab.
Der Lasthebemagnet bei einem Kran besteht nicht nur aus einer Spule, sondern auch noch aus Eisenteilen. Das Eisen vergrößert die Tragkraft des Magneten. Ohne Eisenkern kann die stromdurchflossene Spule in Bild 3 noch nicht einmal ein Eisenstück von 50 g Masse tragen. Mit einem I-förmigen Eisenkern trägt dieselbe Spule bei gleicher Stromstärke bereits ein Wägestück von 1 kg (Bild 4). Im Bild 5 ist das Magnetfeld noch stärker. Hier verlaufen die magnetischen Feldlinien völlig im Eisen.

Kran mit Elektromagneten

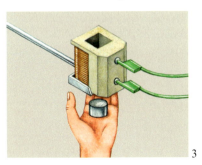

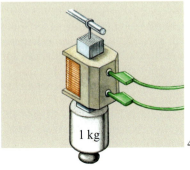

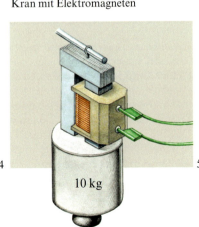

Magnete und magnetisches Feld

Gleichstrommotor

Aufbau eines Gleichstrommotors. In vielen elektrischen Geräten und Spielzeugen werden Elektromotoren eingesetzt. Bild 1 zeigt den prinzipiellen Aufbau eines Gleichstrommotors. Zwischen den Polen eines Hufeisenmagneten befindet sich eine drehbar gelagerte Spule mit Eisenkern. Man nennt sie Anker. Die Stromzufuhr zu der Spule erfolgt über zwei Kontakte. Zwei Blattfedern schleifen an je einem halben Messingring. Jeder Halbring ist mit einem Ende der Spulenwicklung verbunden.

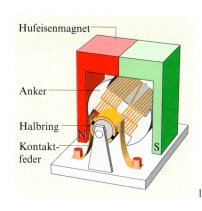

> Ein einfacher Gleichstrommotor besteht aus einem ruhenden Magneten zwischen dessen Polen sich ein Elektromagnet, der so genannte Anker, drehen kann. Die Stromzufuhr erfolgt über zwei Kontaktfedern. Sie schleifen an den beiden Halbringen, die auf dem Anker angebracht sind.

Wirkungsweise eines Gleichstrommotors. Während z. B. beim Lasthebemagneten nur die magnetischen Anziehungskräfte Anwendung finden, nutzt der Elektromotor sowohl die Anziehungs- als auch die Abstoßungskräfte. Wird an die Kontaktfedern eine Gleichspannung angelegt, so fließt durch die Spule ein Strom. Es bilden sich zwei Magnetpole aus. Zwischen den Polen des Hufeisenmagneten und den Polen des Ankers treten Kräfte auf.

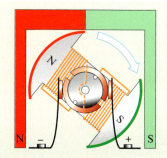 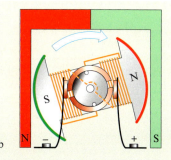 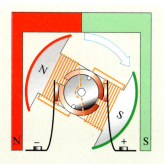

a) Der Nordpol des Ankers wird vom Südpol des Hufeisenmagneten angezogen und vom Nordpol des Hufeisenmagneten abgestoßen. Der Südpol des Ankers wird vom Nordpol des Hufeisenmagneten angezogen und von dessen Südpol abgestoßen. Es entsteht eine Drehbewegung.

b) In dieser Stellung stehen sich ungleichnamige Pole gegenüber und ziehen einander an. Durch die Trägheit des Ankers wird die Drehbewegung aber noch fortgesetzt. Dabei gelangen die beiden Kontaktfedern jeweils auf den anderen Halbring. Die Stromrichtung im Anker ändert sich und damit die Lage der Pole im Anker.

c) Da sich nun wieder gleichnamige Pole gegenüberstehen, treten abstoßende Kräfte auf. Deshalb bewegt sich der Anker weiter. Außer den abstoßenden Kräften zwischen den gleichnamigen Polen wirken wiederum noch die anziehenden Kräfte zwischen den ungleichnamigen Polen.

> Zwischen den Magnetpolen im Gehäuse eines Motors und den Magnetpolen des Ankers treten anziehende bzw. abstoßende Kräfte auf. Sie versetzen den Anker in Drehbewegung. Schleifkontakte bewirken eine Umpolung des Stromes, sobald sich ungleichnamige Pole gegenüberstehen.

Die meisten Motoren besitzen anstelle des Hufeisenmagneten schalenförmige Magnete. Außerdem haben die Ankerspulen mehr als zwei Pole (Bild 3). Entsprechend ist auch der Schleifring in eine größere Anzahl von Abschnitten geteilt. Dadurch wird verhindert, dass der Motor in eine Stellung gerät, aus der er nicht ohne „Anwerfen" gestartet werden kann.

Mehrpolige Ankerspule eines Motors

Kräfte auf bewegte Ladungsträger im Magnetfeld

In einem Elektromotor fließt ein Strom durch die Ankerspule. Diese befindet sich in einem Magnetfeld. Es kommt zu einer Kraftwirkung zwischen der Spule und dem Magneten. Im Folgenden soll untersucht werden, welche Kraft auf einen einzelnen stromdurchflossenen Leiter im Magnetfeld wirkt.

> **EXPERIMENT 12**
> Ein Kupferstab wird an zwei Drähten zwischen den Polen eines Hufeisenmagneten aufgehängt. Durch diese „Leiterschaukel" wird ein Gleichstrom geschickt. Die Bewegung der Leiterschaukel wird beobachtet.
> Anschließend wird die Richtung des Stromes geändert.

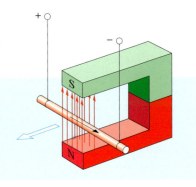

Die Leiterschaukel bewegt sich zunächst aus dem Magneten heraus (bei einer Polung wie in Bild 1). Wird die Richtung des Stromes geändert, so bewegt sich die Schaukel in den Magneten hinein.

> Befindet sich ein stromdurchflossener Leiter in einem Magnetfeld, so wirkt auf ihn eine Kraft. Sie ist senkrecht zum Leiter und zu den magnetischen Feldlinien gerichtet.

Die Richtung der Kraft kann man mit der 3-Finger-Regel der rechten Hand bestimmen. Dazu muss man Daumen, Zeigefinger und Mittelfinger senkrecht zueinander abspreizen. Hält man den Daumen in die Richtung des Stromes (vom Pluspol zum Minuspol der Stromquelle), den Zeigefinger in die Richtung der Feldlinien, so gibt der Mittelfinger die Richtung der Kraft an (Bild 2).

> **3-Finger-Regel der rechten Hand:**
> Zeigt der Daumen in die Richtung des Stromes (Ursache) und der Zeigefinger in die Richtung der magnetischen Feldlinien, so gibt der Mittelfinger die Richtung der Kraft (Wirkung) an.

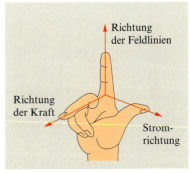

Zur 3-Finger-Regel der rechten Hand

Braun'sche Röhre. Die Braun'sche Röhre besteht hauptsächlich aus einem Glasgefäß, in dem sich ein Vakuum befindet. Von der eingebauten Katode geht ein Elektronenstrahl aus. An der Stelle, wo dieser Strahl auf den Bildschirm trifft, entsteht ein heller Punkt (Bild 3).
Nähert man der Braun'schen Röhre einen Magneten, so werden die Elektronen senkrecht zu ihrer Bewegungsrichtung und zur Richtung der magnetischen Feldlinien abgelenkt. Hier wirkt die gleiche Kraft wie auf die bewegten Elektronen in der Leiterschaukel (Bild 1). Diese Kraft wurde nach dem niederländischen Physiker HENDRIK ANTOON LORENTZ benannt.

> Die Kraft, die in einem Magnetfeld auf die sich bewegenden Elektronen wirkt, nennt man Lorentzkraft.

Bei einer Fernsehbildröhre wird der Elektronenstrahl durch 2 Elektromagneten gesteuert (siehe auch S. 72).

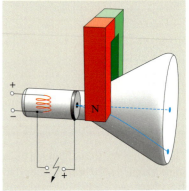

Ablenkung eines Elektronenstrahls in einer Braun'schen Röhre

Magnete und magnetisches Feld

Ein Blick in die Natur

Magnetfeld der Erde

Das Magnetfeld als Orientierungshilfe. Die Erde ist ein großer Magnet. Das ist daran zu erkennen, dass sich ein Stabmagnet – wenn man ihn drehbar aufhängt – in Nord-Süd-Richtung ausrichtet. Diese Erscheinung wird beim Kompass genutzt. Für die Seefahrt war er über Jahrhunderte ein unentbehrliches Instrument.
Auch manche Tiere können das Magnetfeld der Erde zur Orientierung nutzen, da sie in ihrem Kopf eine magnetische Substanz besitzen. So orientieren sich manche Zugvögel nicht nur am Stand der Sonne. Ihr „Magnetsinn" ermöglicht es, dass sie auch bei bedecktem Himmel ihr Ziel erreichen.

Die Pole des Magnetfeldes. Das Magnetfeld der Erde hat eine ähnliche Gestalt wie das Feld eines Stabmagneten. Da der Nordpol einer Magnetnadel nach Norden zeigt, muss sich im geografischen Norden der magnetische Südpol befinden, denn ungleichnamige Pole ziehen sich an. Im geografischen Süden der Erde befindet sich der magnetische Nordpol (Bild 2).
Die geografische Nord-Süd-Richtung kann man durch die Stellung des Polarsterns oder die Stellung der Sonne ermitteln. Vergleicht man diese Richtung mit der Richtung, in die eine Magnetnadel zeigt, so stellt man eine geringe Abweichung fest. Die Magnetpole der Erde liegen etwa 2 000 km von den geografischen Polen entfernt. Deshalb zeigt der Kompass nicht genau die Nord-Süd-Richtung an. Der Winkel, um den die Richtung der Magnetnadel von der geografischen Nord-Süd-Richtung abweicht, heißt Deklinationswinkel oder Missweisung (Bild 3).
Außerdem sind die Feldlinien gegenüber der Erdoberfläche geneigt. Der Winkel, den die magnetischen Feldlinien mit der Erdoberfläche bilden, heißt Inklinationswinkel. Er beträgt im Süden Deutschlands 63°, im Norden 69°. An den magnetischen Polen der Erde beträgt er 90°.

Sonnenwind. Die Sonne sendet ständig elektrisch geladene Teilchen aus, den so genannten Sonnenwind. Dadurch verändert sich die Form des Erdmagnetfeldes: Zur sonnenabgewandten Seite bildet sich ein langer Schweif (Bild 4). Je nach Aktivität der Sonne wird auch das Magnetfeld auf der Erde etwas verändert.

Seekompass aus dem Jahr 1575

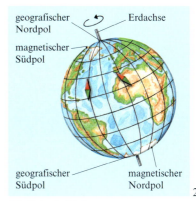

Die Pole der Erde

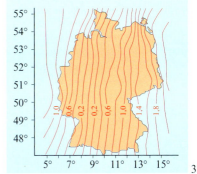

Deklinationswinkel in Deutschland (2000)

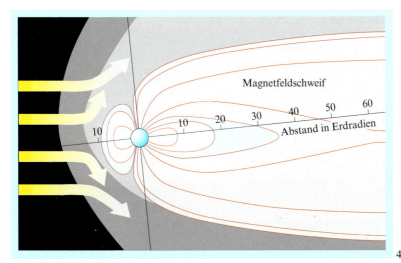

Magnetischer Schweif der Erde

Bestimmung des Inklinationswinkels

Elektromagnete im Einsatz

Ein Blick in die Technik

Relais. Ein Relais dient dazu, mit einer geringen Stromstärke einen starken Strom ein- oder auszuschalten. Das Relais enthält eine Spule mit Eisenkern (Bild 2a). Über der Spule befindet sich ein Eisenanker. Er wird durch eine Kontaktfeder so gehalten, dass er den Eisenkern nicht berührt. Schickt man nun einen Strom durch die Spule, so wird der Anker angezogen. Dadurch drückt er die Kontaktfeder nach rechts und öffnet die Kontakte in einem zweiten Stromkreis, dem so genannten Arbeitsstromkreis (Bild 2b). Auf diese Weise kann durch den Strom im ersten Stromkreis, dem Steuerstromkreis, der Strom im Arbeitsstromkreis ein- oder ausgeschaltet werden.
Der starke Strom im Arbeitsstromkreis muss nicht durch den eigentlichen Schalter fließen. Dadurch wird Material gespart.
Die Kontakte eines Relais bestehen zumeist aus Kupfer; jedoch sind die Berührungsstellen häufig versilbert oder vergoldet, um die Lebensdauer und die Zuverlässigkeit des Relais zu erhöhen.

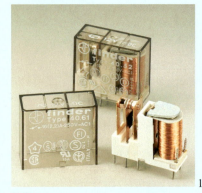
1 Relais

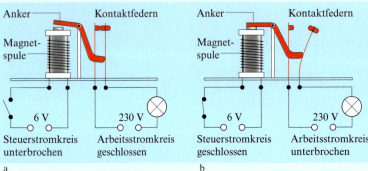
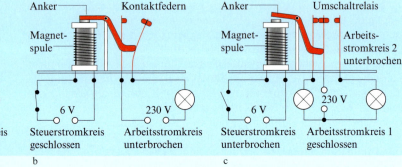
2

Sicherungsautomat. Schmelzsicherungen können nur einmal benutzt werden. Besser sind Sicherungsautomaten, die nach einer Überlastung wieder eingeschaltet werden können (Bild 3). Im Automaten durchfließt der elektrische Strom eine Spule mit wenigen Windungen. Solange die Stromstärke gering ist, ist auch das Magnetfeld schwach. Ist dagegen die Stromstärke zu groß (z. B. beim Kurzschluss), so zieht die Spule den Anker an. Dadurch wird der Schalthebel umgelegt und der Kontakt geöffnet. Der Stromkreis wird unterbrochen. Nach Beseitigung der Störung kann der Stromkreis durch Umlegen des Schalthebels wieder geschlossen werden.
Der Elektromagnet sichert den Stromkreis gegen schnell einsetzende große „Überstromstärken" ab. Zusätzlich befindet sich im Sicherungsautomaten ein Bimetallschalter, der langsamer reagiert und kurzzeitige geringe „Überstromstärken", z. B. beim Einschalten eines Gerätes, zulässt.

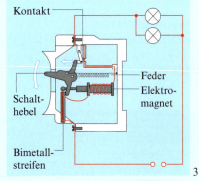
3 Aufbau eines Sicherungsautomaten

Elektrische Klingel. Bei einigen Anwendungen benutzt man Elektromagnete in einer Schaltung, die nach ihrem Erfinder Wagner'scher Hammer genannt wird. Der Wagner'sche Hammer unterbricht den Strom von selbst. Er wird z. B. bei der elektrischen Klingel genutzt (Bild 4).
Durch „Drücken des Klingelknopfes" schließt man den Stromkreis. Dadurch zieht der Elektromagnet den Anker mit einer Blattfeder an und unterbricht den Stromkreis an der Kontaktschraube. Der Anker wird dann nicht mehr angezogen. Die Blattfeder bewirkt, dass er sich in die Ursprungslage zurück bewegt. Dabei schließt sich der Stromkreis erneut. Der Anker wird wieder angezogen usw. Erst wenn man den Klingelknopf freigibt, wird der Stromkreis endgültig unterbrochen.

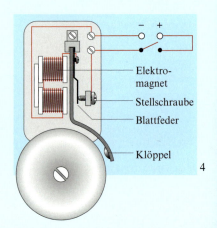
4

Magnete und magnetisches Feld

Elektromotor

Einen sehr einfachen Elektromotor kann man sich aus dickem Kupferdraht, einem keramischen Magneten und einem Holz- oder Schaumstoffklotz herstellen. In ihm treten magnetische Anziehungskräfte auf. Ein Motor, der die magnetische Anziehung und Abstoßung nutzt, lässt sich mit einer Kunststoffflasche bauen.

AUFTRAG (Gruppe A)
1. Umwickelt einen Holz- oder Schaumstoffklotz im Abstand von etwa 10 cm mit zwei dicken Kupferlackdrähten von etwa 90 cm Länge und entfernt an allen Enden auf etwa 3 cm die Isolierung!
2. Führt jeweils das eine Ende seitlich heraus (a). Biegt das andere etwa 10 cm lange Ende vertikal nach oben. Winkelt es am oberen Ende ab, sodass eine Auflage entsteht (b)!
3. Wickelt aus einem 175 cm langen dicken Kupferlackdraht eine rechteckige Spule von fünfeinhalb Windungen, die Seitenlängen von 8 cm und 6 cm besitzt (c). Winkelt die beiden etwa 5 cm langen Enden in halber Länge der kleinen Rechteckseiten ab, sodass sie in Richtung der Querachse der Spule verlaufen und legt sie auf die Auflagen!
4. Richtet die Spule durch Nachbiegen des Drahtes so aus, dass sie in jeder Lage liegen bleibt und sich gleichmäßig drehen kann. Entfernt z. B. durch Schaben mit einem Messer die Isolierung am unteren Teil des Drahtes an der Auflagefläche. Haltet dabei die Spule so, dass ihre Öffnungen nach links und rechts zeigen!
5. Legt unter die Spule einen möglichst großen keramischen Magneten, den ihr aus einem alten Lautsprecher ausbauen oder durch Zusammenfügen der Magnete von Türverschlüssen herstellen könnt! Der Nord- oder der Südpol des Magneten soll nach oben zeigen.
6. Verbindet die Anschlüsse (a) des Motors mit einer Monozelle oder einer Flachbatterie und stoßt die Spule an!
7. Führt euren Motor vor und erläutert seine Wirkungsweise!

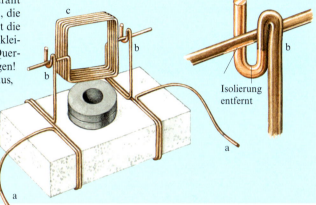

1

AUFTRAG (Gruppe B)
1. Stellt 2 Rahmenspulen der Abmessungen 15 cm x 10 cm aus isoliertem Kupferdraht von 0,3 mm Durchmesser her! Sie sollen jeweils etwa 50 Windungen haben. Ihr könnt sie z. B. auf einem Holzklotz aufwickeln und hinterher abstreifen.
2. Befestigt die beiden Spulen auf einander gegenüberliegenden Seiten einer großen dickwandigen Kunststoffflasche!
3. Klebt auf den Schraubverschluss der Flasche 2 Halbringe, die ihr aus einem dünnen Kupferblechstreifen hergestellt habt. Schaltet beide Spulen in Reihe und verbindet jedes freie Ende mit einem Halbring. Überlegt dazu, in welcher Richtung der Strom in den beiden Spulen fließen soll!
4. Bohrt in den Schraubverschluss und den Boden der Flasche je ein 4-mm-Loch. Fertigt ein Gestell aus Holzbrettern an, in das die Flasche hineinpasst. Lagert sie drehbar, indem ihr durch die Seitenteile des Gestells je einen Nagel steckt, der in die Bohrungen der Flasche hineinragt!
5. Befestigt auf dem Grundbrett zwei Messingstreifen, die einander gegenüberliegend an den Halbringen schleifen!
6. Legt unter die Kunststoffflasche zwei kräftige keramische Magnete!
7. Verbindet die Anschlüsse (a) des Motors mit einer Flachbatterie und stoßt die Spule an!
8. Führt euren Motor vor und erläutert seine Wirkungsweise!

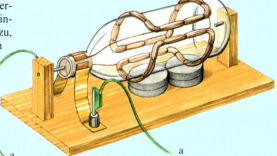

2

Weitere Aufträge zum Elektromotor
– Informiere dich über die historische Entwicklung der Elektromotoren!
– Welche Elektromotoren nutzt ihr zu Hause? Fertige eine Übersicht – mit Leistungsangaben – an!

AUFGABEN

1. Welche Haushaltsgegenstände enthalten Magnete? Wozu dienen sie?
2. Untersuche, welche Münzen von Magneten angezogen werden! Wozu kann man das nutzen?
3. Von zwei Stricknadeln ist eine magnetisiert. Wie kann man herausfinden, welche von beiden der Magnet ist?
4. Auf welcher Seite der Fahrradspeiche im Experiment 4 (S. 29) entsteht ein Nord- und auf welcher ein Südpol?
5. Ein Magnet zieht eine Schraube an und hält sie fest. Diese Schraube zieht eine zweite an und hält sie. Erkläre!
6. Warum werden Dauermagnete mit der Zeit schwächer? Warum wird magnetisches Eisen wieder unmagnetisch, wenn man kräftig mit dem Hammer darauf schlägt?
7. Wie kann man prüfen, ob die Gummidichtung an der Tür eines Kühlschrankes einen Magnetgummi enthält?
8. Erkläre, dass beim Teilen eines Magneten stets wieder vollständige Magnete entstehen!
9. Die magnetische Stricknadel im Korken (Bild 1) hat oben ihren Nordpol.
   a) Skizziere den Weg, auf dem sie sich bewegt!
   b) Was würde dagegen geschehen, wenn auf dem Korken ein kleiner Stabmagnet läge? Erkläre den Unterschied!

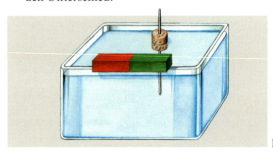

10. Zeichne die Feldlinienbilder für folgende Anordnungen von Magneten!

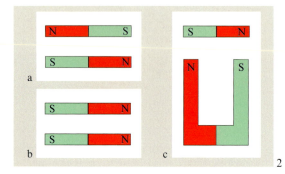

11. Gib Möglichkeiten an, wie sich der Feldlinienverlauf um einen Magneten ermitteln lässt!
12. An welchen Stellen sind die magnetischen Felder in den Bildern 3 (S. 31) und 3 (S. 32) am stärksten?
13. Bild 3 zeigt das Feldlinienbild eines Hufeisenmagneten. Durch den hängenden Draht fließt ein Strom in der angegebenen Richtung. Gib die Richtung der Kraft an, die auf den Draht wirkt! Wie ändert sich die Richtung der Kraft, wenn die Pole des Magneten vertauscht werden?

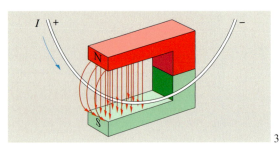

14. Begründe, dass für den Kern eines Elektromagneten nur bestimmte Stoffe verwendet werden können! Welche Stoffe sind geeignet?
15. Wie kann man nachweisen, dass die Kräfte, die durch den Magnetismus der Erde bewirkt werden, nichts mit der Gravitation zu tun haben?
16. Kann man einen Lasthebemagneten auch mit Wechselstrom betreiben? Begründe deine Antwort!
17. Wovon hängt die Stärke des Magnetfeldes in einer Spule ab? Wie kann man erreichen, dass das Feld möglichst stark ist?
18. Begründe, dass sich Eisenfeilspäne entlang magnetischer Feldlinien zu Ketten anordnen!
19. Beschreibe den Aufbau und erkläre die Wirkungsweise eines Elektromotors!
20. Beschreibe den Aufbau und erkläre die Wirkungsweise eines Relais!
21. Beschreibe den Aufbau einer elektrischen Klingel!
22. Erkläre das Wirkprinzip eines Sicherungsautomaten! Welchen Vorteil hat es, hier nicht ausschließlich einen Elektromagneten zu verwenden?
23. Erkläre die Ablenkung des Elektronenstrahls in Bild 3 (S. 36) mit der 3-Finger-Regel der rechten Hand! Beachte dabei, dass der Daumen in die Richtung des Stromes (Ursache) gehalten werden muss, die Elektronen aber eine negative Ladung tragen!
24. a) Wo befindet sich der magnetische Südpol der Erde?
    b) Beschreibe den Verlauf der Feldlinien an diesem Ort!
    c) Wie stellt sich eine frei drehbare Magnetnadel an diesem Ort ein?

Magnete und magnetisches Feld

ZUSAMMENFASSUNG

Magnete
Zwischen einem Magneten und Körpern aus Eisen, Nickel, Cobalt und bestimmten keramischen Werkstoffen wirken anziehende Kräfte. Die Stoffe, aus denen diese Körper bestehen, nennt man ferromagnetische Stoffe.
Ein Magnet besitzt einen Nordpol und einen Südpol. An den Polen ist die magnetische Kraft am größten. Ungleichnamige Pole ziehen einander an, gleichnamige Pole stoßen einander ab.

Körper aus ferromagnetischen Stoffen enthalten Elementarmagnete. Beim Magnetisieren richten sich die Elementarmagnete aus.

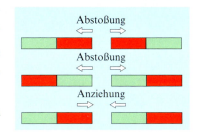

Magnetisches Feld
Im Raum um einen Magneten werden auf Magnete und magnetisierbare Probekörper Kräfte ausgeübt. Einen solchen Raum nennt man ein magnetisches Feld.
Bringt man eine kleine Magnetnadel in ein Magnetfeld, so zeigt ihr Nordpol in Richtung der Feldlinie an diesem Ort. Je dichter die Feldlinien in einem Gebiet liegen, umso größer ist die dort auftretende magnetische Wirkung.
Auch ein elektrischer Strom ist von einem magnetischen Feld umgeben.

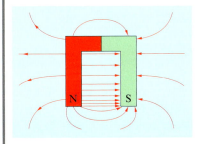 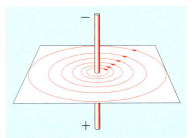

Gleichstrommotor
Zwischen dem Feldmagneten im Gehäuse des Motors und dem Anker treten anziehende bzw. abstoßende Kräfte auf. Sie versetzen den Anker in Drehbewegung. Schleifkontakte ändern die Stromrichtung jeweils im richtigen Augenblick.

Lorentzkraft
Auf bewegte Ladungsträger wirkt in einem Magnetfeld die Lorentzkraft.
Die Lorentzkraft ist senkrecht zur Bewegungsrichtung der Ladungsträger und senkrecht zu den magnetischen Feldlinien gerichtet.

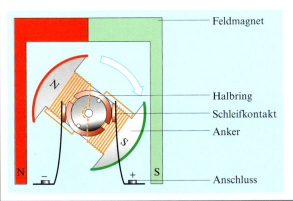 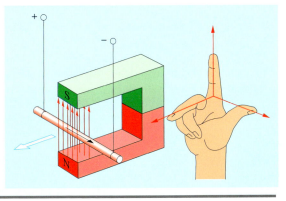

Elektromagnetische Induktion

Fast der gesamte elektrische Strom in Deutschland wird mithilfe von Generatoren erzeugt. Diese Generatoren werden von Turbinen angetrieben. Strömender Dampf, Verbrennungsgase, Wasser oder Wind geben ihre Bewegungsenergie an die Turbinen ab. In Generatoren wird dann die mechanische Energie in elektrische Energie umgewandelt. Dies geschieht auf der Grundlage der elektromagnetischen Induktion.

Induktion durch Bewegung

Auf einfache Weise lässt sich mit einem Fahrraddynamo elektrischer Strom erzeugen. Ein solcher Dynamo ist ein kleiner Generator (Bild 2). In seinem Gehäuse befindet sich eine Spule aus Kupferdraht. Innerhalb der Spule ist ein zylinderförmiger Magnet drehbar gelagert.
Die Fahrradlampe wird an die Enden der Spule angeschlossen. Wenn nun der Magnet in schnelle Drehbewegung versetzt wird, bringt er die Lampe zum Leuchten.
Es muss also möglich sein, mit einer Spule und einem Magneten durch Bewegung elektrischen Strom zu erzeugen. Dieser Vorgang soll mithilfe eines Experiments genauer untersucht werden.

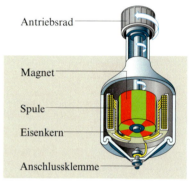

Bestandteile eines Dynamos

EXPERIMENT 1
1. Verbinde die Anschlüsse einer Spule mit den Anschlüssen eines Spannungsmessers!
2. Bewege den einen Pol eines Stabmagneten langsam in die Spule hinein!
3. Halte den Magneten still!
4. Ziehe den Magneten wieder langsam aus der Spule heraus!

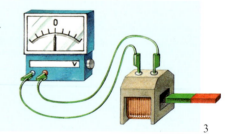

Wenn der Magnet ruht, tritt keine Spannung an der Spule auf. Während der Magnet in die Spule hineinbewegt wird, zeigt der Spannungsmesser eine Spannung an. Ruht der Magnet in der Spule, tritt wiederum keine Spannung auf. Beim Herausziehen wird erneut eine Spannung angezeigt. Der Zeiger des Spannungsmessers schlägt jetzt aber in entgegengesetzter Richtung aus (Bild 1, S. 43).
Diese Erscheinung wurde 1831 von MICHAEL FARADAY entdeckt. Er nannte den Vorgang, bei dem ein bewegter Magnet in einer Spule eine Spannung erzeugt, „Induktion" (von dem lateinischen Wort *inducere* – hineinführen).

Elektromagnetische Induktion

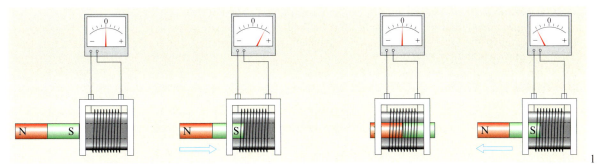

Induktion bei bewegtem Magneten

> Bewegt man einen Magneten in eine Spule hinein oder aus ihr heraus, so tritt an ihren Enden eine Spannung auf. Diesen Vorgang nennt man elektromagnetische Induktion.

Das Experiment 1 kann etwas verändert werden. Statt den Magneten zu bewegen, wird dieser fest eingespannt und die Spule hin- und herbewegt. Der Zeiger des Messinstrumentes schlägt je nach Bewegungsrichtung nach der einen Seite oder nach der anderen Seite aus (Bild 2).
Es ist also nicht wichtig, ob die Spule oder ob der Magnet bewegt wird. Es kommt nur auf die *Relativbewegung* zwischen beiden an.

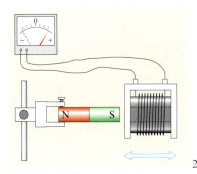

Induktion bei bewegter Spule

In Bild 3 ist der Verlauf der magnetischen Feldlinien für das Experiment 1 dargestellt. Vor dem Experiment verlaufen die magnetischen Feldlinien außerhalb der Spule (Bild 3a). Während des Experiments dringen die magnetischen Feldlinien in die Spule ein (Bild 3b). Befindet sich ein Pol des Magneten in der Spule, werden so gut wie alle gezeichneten Feldlinien von der Spule umschlossen (Bild 3c). Beim Herausziehen des Magneten verlaufen dann die Vorgänge in umgekehrter Reihenfolge.

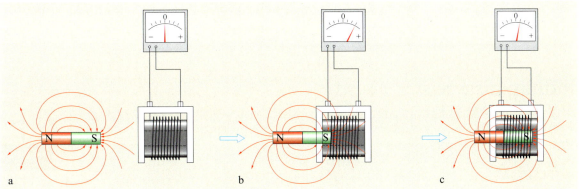

Mehr und mehr Feldlinien werden von den Windungen der Spule umschlossen.

In Bild 2 liegen die gleichen Bedingungen vor. Auch hier ändert sich die Anzahl der von der Spule umschlossenen Feldlinien.

> Eine Induktionsspannung tritt dann auf, wenn sich bei der Bewegung zwischen Magnet und Spule das von der Spule umschlossene Magnetfeld ändert.

Induktion bei rotierendem Magneten. Bei einem Fahrraddynamo dreht sich der Magnet gegenüber der Spule (siehe Bild 2, S. 42). Es muss also möglich sein, auch die Drehbewegung eines Magneten zur Erzeugung einer Induktionsspannung zu nutzen.

EXPERIMENT 2
Ein Stabmagnet wird so über einer Spule befestigt, dass er eine Drehbewegung ausführen kann. Die Spulenenden werden mit einem Spannungsmesser verbunden.
Der Magnet wird in Drehung versetzt. Dabei gelangen abwechselnd Nord- und Südpol in die Nähe der Spule.
Der Zeigerausschlag am Spannungsmesser wird beobachtet.

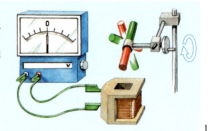

Das Messinstrument zeigt eine Induktionsspannung an. Beim Drehen schlägt der Zeiger abwechselnd nach rechts und nach links aus. Es entsteht eine Wechselspannung.
Während dieses Vorgangs ändert sich ständig die Anzahl und die Richtung der von der Spule umschlossenen Feldlinien:

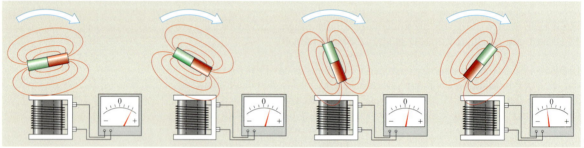

Dreht sich ein Stabmagnet vor der Öffnung einer Spule, so kann eine Induktionsspannung auftreten. Der Betrag der Spannung ändert sich ständig. Nach jeder halben Drehung ändert sich die Polarität der Spannung.

Induktionsgesetz

Die Lampen eines Fahrrades leuchten beim Anfahren zunächst nur wenig. Je schneller das Rad fährt, umso heller werden die Lampen. Wovon hängt der Betrag der Induktionsspannung ab?

EXPERIMENT 3
Die Anschlüsse einer Spule werden mit den Anschlüssen eines Spannungsmessers verbunden.
Ein Stabmagnet wird wiederholt langsam in die Spule hinein- und wieder aus ihr herausbewegt.
Die Geschwindigkeit des Magneten wird allmählich vergrößert.

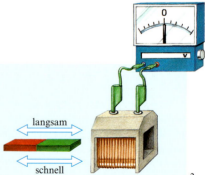

Je schneller der Magnet bewegt wird, umso größer ist die Induktionsspannung.

Elektromagnetische Induktion

In einem weiteren Experiment soll untersucht werden, welchen Einfluss die Stärke des Magnetfeldes auf die Induktionsspannung hat.

EXPERIMENT 4
Wie im Experiment 3 wird zunächst ein Stabmagnet in die Spule hinein- und wieder herausbewegt.
Es werden zwei und schließlich drei aufeinander gelegte Magnete in gleicher Weise bewegt.

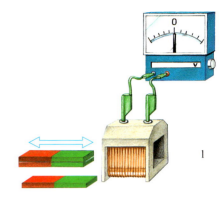

Bei gleicher Geschwindigkeit des Magneten ist die Induktionsspannung umso größer, je stärker der Magnet ist.
Die Induktionsspannung ist also dann besonders groß, wenn sich die Stärke des magnetischen Feldes schnell ändert. Eine schnellere **Änderung der Stärke des Magnetfeldes** lässt sich bewirken
– durch eine schnellere Bewegung des Magneten und
– durch die Wahl eines stärkeren Magneten bei gleich schneller Bewegung.

Wie ändert sich die Induktionsspannung, wenn unterschiedliche Spulen eingesetzt werden?

EXPERIMENT 5
Eine Spule wird an einen Spannungsmesser angeschlossen.
Ein Stabmagnet wird langsam in die Spule hinein- und wieder aus ihr herausbewegt.
Die Windungszahl der Spule wird verdoppelt und schließlich vervierfacht. Der Magnet wird jeweils in gleicher Weise bewegt.

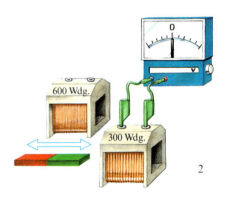

Je größer die Windungszahl der Spule ist, desto größer ist auch die Induktionsspannung.

Die gewonnenen Erkenntnisse über die elektromagnetische Induktion kann man in folgender Weise zusammenfassen:

> Induktionsgesetz
> In einer Spule wird eine Spannung induziert, solange sich das von der Spule umfasste Magnetfeld ändert.
> Die Induktionsspannung ist umso größer, je schneller sich die Stärke des Magnetfeldes ändert und je größer die Windungszahl der Spule ist.

Induktion und Feldlinien. Die Aussagen des Induktionsgesetzes lassen sich folgendermaßen mit dem Modell Feldlinienbild erklären: Wird ein Magnet in eine Spule hineinbewegt, so ändert sich die Anzahl der Feldlinien, die von den Spulenwindungen umschlossen werden. Je schneller sich nun die Anzahl dieser Feldlinien ändert, desto größer ist die Induktionsspannung. Wird ein bestimmter Magnet schneller in die Spule hineinbewegt, so nimmt auch die Anzahl derjenigen Feldlinien schneller zu, die von der Spule umschlossen werden. Wird ein stärkerer Magnet verwendet, so ändert sich die Anzahl der umschlossenen Feldlinien schneller. Denn die Feldlinien des stärkeren Magneten liegen dichter beieinander (Bild 3).
Da jede einzelne Windung der Spule zur Induktionsspannung beiträgt, ist die Induktionsspannung umso größer, je mehr Windungen die Spule besitzt.

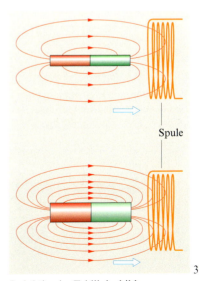

Induktion im Feldlinienbild

Ursache der elektromagnetischen Induktion

Bei der Induktion kommt es auf die Relativbewegung zwischen Magnet und Spule an: Statt des Magneten kann auch die Spule bewegt werden (siehe S. 43). Eine Spule besteht aus vielen Windungen bzw. Leiterschleifen. Deshalb müsste eine Induktionsspannung auch dann auftreten, wenn man eine einzelne Leiterschleife durch ein Magnetfeld bewegt.

> **EXPERIMENT 6**
> 1. Verbinde die Enden einer Leiterschleife, die im Feld eines Hufeisenmagneten hängt, mit den Anschlüssen eines Spannungsmessers!
> 2. Stoße die Leiterschleife an, sodass sie eine schaukelnde Bewegung ausführt und beobachte den Spannungsmesser!

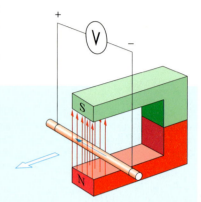

So, wie sich die Leiterschaukel hin- und herbewegt, schlägt auch der Zeiger des Messinstrumentes nach links und rechts aus.

Das Feldlinienbild zeigt, dass sich der untere Teil der Leiterschaukel quer zu den magnetischen Feldlinien bewegt. In der Leiterschaukel befinden sich wanderungsfähige Elektronen. Durch das Hin- und Herschaukeln bewegen sie sich quer zu den Feldlinien. Deshalb wirkt auf sie die Lorentzkraft. In Bild 2 sind die Richtungen der Bewegung, der Feldlinien und des Stromes dargestellt. Die Richtung des Stromes ergibt sich aus der 3-Finger-Regel der rechten Hand.

In Bild 1 gibt der Pfeil im Leiter die Richtung des Induktionsstromes für den Fall an, dass sich der Leiter aus dem Hufeisenmagneten herausbewegt. Die Elektronen tragen eine negative Ladung; sie bewegen sich in der entgegengesetzten Richtung.

> Bewegt sich ein Leiter quer zu den magnetischen Feldlinien, so wirkt auf die wanderungsfähigen Ladungsträger im Leiter die Lorentzkraft. Dadurch tritt an den Enden des Leiters eine Induktionsspannung auf.

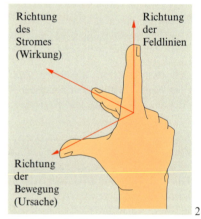

Ermittlung der Stromrichtung

Induktion bei ruhenden Anordnungen

Verwendung von Elektromagneten. Die Experimente 1 bis 6 wurden alle mit Dauermagneten durchgeführt. Statt dieser Dauermagneten kann sich aber auch ein Elektromagnet bewegen:

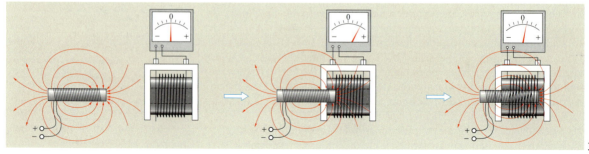

Elektromagnetische Induktion

Das magnetische Feld eines Elektromagneten dringt in gleicher Weise in die Spule ein wie das eines Stabmagneten. Zu Beginn werden von der Spule keine magnetischen Feldlinien umschlossen. Nach der Bewegung umschließt die Spule viele Feldlinien. Auch hier tritt eine Induktionsspannung auf.

Einschalten eines Magneten. Wird ein ausgeschalteter Elektromagnet in eine Spule hineingeschoben, tritt keine Induktion auf. Was geschieht aber, wenn dann der Elektromagnet eingeschaltet wird?

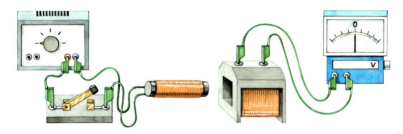

EXPERIMENT 7
1. Bringe einen Elektromagneten in eine Spule!
2. Schließe die Spule an einen Spannungsmesser an!
3. Schalte den Strom im Elektromagneten ein!
4. Schalte den Strom wieder aus!

Beim Einschalten des Stromes schlägt der Zeiger des Spannungsmessers kurzzeitig nach einer Seite aus. Beim Ausschalten des Stromes schlägt der Zeiger nach der anderen Seite aus.
Diese Vorgänge lassen sich mit denen in Experiment 1 (S. 42) vergleichen. Das Einschalten des Stromes entspricht dem Hineinschieben des Dauermagneten: Die Anzahl der von der Spule umfassten Feldlinien nimmt zu. Das Ausschalten des Stromes entspricht dem Herausziehen des Dauermagneten: Die Anzahl der von der Spule umfassten Feldlinien nimmt ab.

> Auch ohne Bewegung kann eine Induktionsspannung erzeugt werden. Dies lässt sich erreichen, indem die Stärke des Magnetfeldes von einem Elektromagneten geändert wird.

Um auf diese Weise eine Induktionsspannung zu erzeugen, ist es nicht notwendig, den gesamten Elektromagneten in eine Spule hineinzubringen. Bild 2 zeigt eine Anordnung mit einem Elektromagneten, dessen langer Kern in eine Spule hineinragt. Wird der Elektromagnet ein- oder ausgeschaltet, kommt es in der Spule zur Induktion.

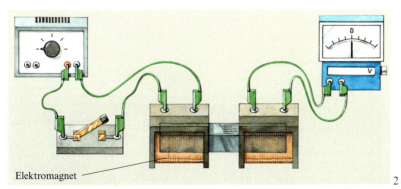

Ändert sich die Stromstärke im Elektromagneten, wird in der Spule eine Spannung induziert.

Schon gewusst?

Nicht nur durch Ein- und Ausschalten lässt sich das Feld eines Elektromagneten ändern. Auch wenn die Stromstärke langsam verändert wird, ändert sich sein magnetisches Feld. Je langsamer das Feld des Elektromagneten verändert wird, desto geringer ist jedoch die Induktionsspannung in einer benachbarten Spule.

Lenz'sches Gesetz

Wer beim Radfahren den Dynamo einschaltet, muss kräftiger in die Pedale treten. Ursache hierfür ist aber nicht nur die vergrößerte Reibung. Dies zeigt sich im folgenden Experiment.

EXPERIMENT 8
Auf dem Antriebsrad eines Dynamos wird eine Rolle befestigt. Auf der Rolle ist ein Faden aufgewickelt, an dem ein Wägestück hängt. An den Dynamo wird eine Lampe angeschlossen.
Wird das Wägestück losgelassen, bewegt es sich nach unten.
Die Bewegung des Wägestückes wird zunächst bei ausgeschalteter und dann bei eingeschalteter Lampe beobachtet.

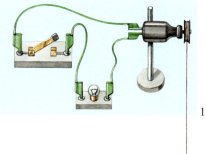

Ist die Lampe eingeschaltet, so bewegt sich das Wägestück langsamer nach unten. Bei eingeschalteter Lampe fließt ein Induktionsstrom. Die kinetische Energie des Wägestückes wird zum Teil in elektrische Energie umgewandelt. Deshalb sinkt das Wägestück langsamer.
Auch beim Radfahren mit Beleuchtung wird mechanische Energie in elektrische Energie umgewandelt. Dies ist beim Treten deutlich zu spüren.
Im Dynamo wird eine Spannung induziert. Wird der Stromkreis geschlossen, fließt ein Induktionsstrom. Der Induktionsstrom behindert die Bewegung des Magneten im Dynamo. Das soll genauer untersucht werden.

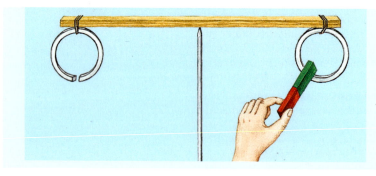

EXPERIMENT 9
Eine Holzleiste ist auf einer Nadelspitze drehbar gelagert. An ihren Enden befindet sich je ein Aluminiumring. Einer der Ringe hat einen Schlitz.
Ein Stabmagnet wird zunächst in den Ring ohne Schlitz hineinbewegt und anschließend wieder herausgezogen. Das Gleiche wird am geschlitzten Ring wiederholt.

Beim Hineinbewegen weicht der geschlossene Ring dem Magneten aus, beim Herausziehen folgt er ihm. Durch das Bewegen des Magneten entsteht im Ring ein Induktionsstrom. Das Magnetfeld des Ringes wirkt auf das Magnetfeld des Stabmagneten zurück. Beim Hineinbewegen tritt Abstoßung, beim Herausbewegen Anziehung auf.
In beiden Fällen wird die Bewegung des Magneten behindert. Der Induktionsstrom wirkt seiner Ursache entgegen. Diese Erkenntnis hat der russische Physiker HEINRICH F. E. LENZ (1804–1865) bereits 1834 formuliert.

> Lenz'sches Gesetz: Der Induktionsstrom ist stets so gerichtet, dass er seiner Ursache entgegenwirkt.

Im geschlitzten Ring kann kein Strom induziert werden. Deshalb bleibt der geschlitzte Ring im Experiment 9 in Ruhe.
Die Aussage über die Richtung des Induktionsstromes im Lenz'schen Gesetz entspricht dem Energieerhaltungssatz. Würde der Strom in die entgegengesetzte Richtung fließen, ließe sich ein Perpetuum mobile konstruieren.

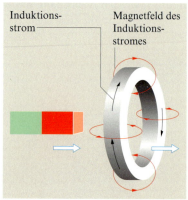

Das Magnetfeld, das durch den Induktionsstrom entsteht, behindert hier das Eindringen des Magneten. Der Ring weicht aus.

Elektromagnetische Induktion

Wirbelströme

Bisher wurden Induktionsströme in Spulen und in Leiterschleifen untersucht. In ihnen ist der Weg des elektrischen Stromes genau festgelegt. Induktionsströme können aber auch in massiven Metallteilen fließen:

EXPERIMENT 10
Aus einem Stab und einer Aluminiumscheibe wird ein Pendel aufgebaut. Es kann zwischen den Polen eines Elektromagneten schwingen. Das Pendel wird angestoßen. Nach wenigen Sekunden schaltet man den Elektromagneten ein.

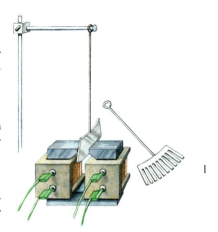

Zunächst schwingt das Pendel wiederholt hin und her. Nach dem Einschalten des Elektromagneten kommt es sofort zur Ruhe. Die Bewegung einer geschlitzten Scheibe wird dagegen nicht abgebremst.

Die Aluminiumscheibe bewegt sich im magnetischen Feld quer zu den magnetischen Feldlinien. Deshalb kommt es zur elektromagnetischen Induktion. Da Aluminium ein guter Leiter ist, fließen in ihm starke Induktionsströme. Die Elektronen bewegen sich dabei auf Bahnen, die an Wasserwirbel erinnern. Deshalb spricht man hier von Wirbelströmen.
Nach dem Lenz'schen Gesetz sind die Wirbelströme so gerichtet, dass sie ihrer Ursache entgegenwirken. Aus diesem Grunde bremsen sie die Bewegung der Scheibe ab. In der geschlitzten Scheibe können keine Wirbelströme fließen.

Ändert sich das Magnetfeld in einem massiven Körper aus Metall, so entstehen in ihm Wirbelströme.

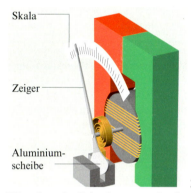

Dämpfung der Zeigerbewegung durch Wirbelströme

Wirbelströme finden z. B. in elektrischen Messgeräten Anwendung. Dort ist am Zeiger eine Spiralfeder angebracht. Nach dem Einschalten des Stromes würde der Zeiger eine Schwingung ausführen. Um zu erreichen, dass man den Messwert sofort ablesen kann, ist am unteren Teil des Zeigers eine kleine Aluminiumscheibe angebracht. Diese bewegt sich im Feld eines starken Hufeisenmagneten (Bild 2). Dabei wird sie abgebremst.
Durch Wirbelströme wird kinetische Energie in thermische Energie umgewandelt. Dies kann zu einer starken Erwärmung der Metallteile führen:

EXPERIMENT 11
Eine Spule wird mit einem massiven Eisenkern versehen und an eine Wechselspannungsquelle angeschlossen. Mit einem elektrischen Thermometer misst man die Temperatur des Eisenkerns.

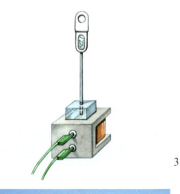

Schon nach wenigen Sekunden kann man eine Erwärmung feststellen. Nach etwa einer Minute muss das Experiment abgebrochen werden, da sich der Eisenkern sonst zu stark erhitzt.
Viele elektrische Geräte wie Motoren und Transformatoren besitzen Eisenkerne. Wären diese massiv, so würden starke Wirbelströme auftreten. Ein großer Teil der zugeführten Energie würde dann in thermische Energie umgewandelt werden. Dadurch wäre einerseits der Wirkungsgrad gering, andererseits könnten die Geräte nur kurze Zeit eingeschaltet bleiben, weil sie sich stark erhitzten. Um die Wirbelströme zu verringern, stellt man diese Eisenteile aus einzelnen Blechen her, die voneinander isoliert sind (Bild 4).

Wechselstromgenerator

Der Fahrraddynamo wandelt mechanische Energie in elektrische Energie um. In den Elektrizitätswerken wird die mechanische Energie der Turbinen in den Generatoren durch elektromagnetische Induktion in elektrische Energie umgewandelt. Diese Generatoren gleichen im prinzipiellen Aufbau und in der Wirkungsweise dem Fahrraddynamo.

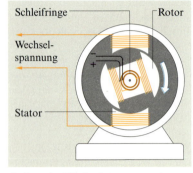

Aufbau des Wechselstromgenerators

Aufbau des Wechselstromgenerators. Ein Wechselstromgenerator besteht aus einem ruhenden Teil und einem sich drehenden Teil. Das ruhende Teil nennt man **Stator** (lat. *stare* = stehen), das bewegte Teil Anker oder **Rotor** (lat. *rotare* = sich im Kreis drehen). Der Stator enthält Induktionsspulen mit Eisenkernen. Wie beim Dynamo ist der Rotor ein großer Magnet. Allerdings ist er kein Dauermagnet, sondern ein Elektromagnet, der besonders starke Magnetfelder erzeugen kann.

> Ein Wechselstromgenerator besteht aus ruhenden Induktionsspulen (Stator) und einem sich drehenden Magneten (Rotor oder Anker).

Wirkungsweise des Wechselstromgenerators. Wenn sich der Rotor des Generators dreht, nimmt die Stärke des von den Induktionsspulen umfassten Feldes abwechselnd zu und ab. Dabei verändern die magnetischen Feldlinien periodisch ihre Richtung. Deshalb entsteht in den Induktionsspulen eine Wechselspannung:

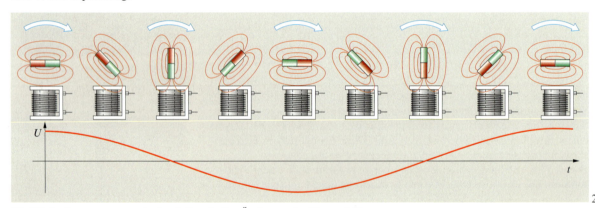

Die Wechselspannung entsteht durch die ständige Änderung des Magnetfeldes.

> Wenn der Magnet zwischen den Statorspulen des Generators rotiert, ändert sich in diesen ständig die Stärke des Magnetfeldes und die Richtung der Feldlinien. Deshalb wird eine Wechselspannung induziert.

Die großen Generatoren unserer Kraftwerke sind wie der Fahrraddynamo so genannte Innenpolmaschinen, denn die induzierenden Pole des Elektromagneten befinden sich im Rotor (innen). Dadurch braucht man nur den relativ schwachen Strom für die Erregung dieses Magneten dem Rotor über Schleifringe zuzuführen. Bei technischen Generatoren werden Spannungen von 20 000 V induziert und es fließen Ströme von 10 000 A. Es ist günstig, diese direkt von den fest stehenden Spulen im Stator abzunehmen. Die Abnahme so starker Ströme von einem rotierenden Teil würde große technische Schwierigkeiten bereiten.

Große Innenpolmaschine während der Montage

Elektromagnetische Induktion — Ein Blick in die Geschichte

MICHAEL FARADAY

MICHAEL FARADAY war einer der größten Physiker aller Zeiten. Er wurde im Jahre 1791 in Newington, einem Vorort von London, geboren. Dort wuchs er unter ärmlichen Verhältnissen auf. Sein Vater war ein Grobschmied, der oft unter Krankheiten und Arbeitslosigkeit litt. FARADAY erinnerte sich, dass einmal ein Laib Brot für die ganze Familie eine Woche lang reichen musste.

In der Elementarschule lernte er nur Lesen, Schreiben und ein wenig Rechnen. Mit 12 Jahren erhielt er eine Stelle als Laufbursche und Zeitungsausträger. Ein Jahr später begann er eine 7-jährige Lehre als Buchbinder. Wie sich bald zeigen sollte, war das ein großer Glücksfall. FARADAY las viele der Bücher, die ihm zum Binden gebracht wurden. Dabei lernte er die Erscheinung der Elektrizität kennen. Mit bescheidenen Mitteln baute er sich eine Reibungselektrisiermaschine und eine Leidener Flasche. Hiermit führte er physikalische und chemische Experimente durch.

MICHAEL FARADAY (1791–1867)

Ein wohlhabender Kunde, dem der interessierte junge Mann aufgefallen war, schenkte ihm Eintrittskarten zu den öffentlichen Vorträgen des berühmten Chemikers SIR HUMPHREY DAVY. Mit einer sauber geschriebenen und mit Skizzen versehenen Mitschrift der Vorlesung, die er in Leder eingebunden hatte, bat FARADAY den Gelehrten um eine Anstellung an der von ihm geleiteten *Royal Institution*. DAVY entschied: „Lassen wir ihn Gläser und Flaschen reinigen. Wenn er gut für etwas ist, wird er kommen, lehnt er ab, dann taugt er für nichts." FARADAY löste alle Aufgaben so gewissenhaft, dass er DAVY als Assistent und Protokollant im Jahr 1813 auf einer anderthalbjährigen Vortragsreise durch Europa begleiten durfte. Auf dieser Reise machte er Bekanntschaft mit bedeutenden Forschern wie ANDRÉ-MARIE AMPERÈ, ALLESSANDRO VOLTA und JOSEPH-LOUIS GAY-LUSSAC.

1821 stellte ihm DAVY die Aufgabe, alle bis dahin bekannten Experimente über den Elektromagnetismus zusammenzustellen. FARADAY nahm diese Aufgabe sehr ernst, wiederholte alle Experimente und entwickelte neue. Dabei hat er auch den ersten Elektromotor erfunden.

Obwohl FARADAY weder ein Gymnasium noch eine Universität besucht hatte, wurde er bald Professor. 1824 wählte man ihn zum Mitglied der Königlichen Akademie. Später wurde er der Nachfolger DAVYs.

In der Physik gab es praktisch kein Gebiet, auf dem FARADAY nicht experimentiert hätte. Seine größten Erfolge hatte er bei der Untersuchung der Elektrizität und des Magnetismus. FARADAY hat den Begriff des physikalischen Feldes und die Modelle der elektrischen und magnetischen Feldlinienbilder geschaffen.

FARADAY war nicht nur ein begnadeter Experimentator. Regelmäßig zu Weihnachten begeisterte er in leicht verständlichen öffentlichen Vorlesungen eine große Anzahl von Zuhörern.

HANS CHRISTIAN OERSTED hatte 1820 gezeigt, dass der elektrische Strom eine magnetische Wirkung besitzt. Daraus schlussfolgerte FARADAY, dass es möglich sein muss, mithilfe von Magnetismus elektrischen Strom zu erzeugen. Erst nach sieben Jahren gelang ihm 1831 das entscheidende Experiment. Auf einen ringförmigen Eisenkern waren zwei Spulen gewickelt (Bild 3). Beim Anschließen einer Batterie an die Spule *a* sowie beim Öffnen des Stromkreises zeigte das Messinstrument einen Strom in der Spule *b* an.

FARADAY hat in seinen Tagebüchern über 16 000 Experimente mit vielen Zeichnungen beschrieben. Darunter finden sich auch viele wertvolle Beiträge zur Chemie, so z. B. die Entdeckung des Benzols und die Verflüssigung zahlreicher Gase. Selbst ohne seine grundlegenden Entdeckungen für die Physik wäre FARADAY immer noch als großer Chemiker in die Geschichte eingegangen.

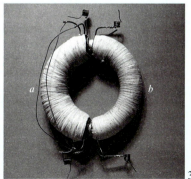

FARADAYs Spulen auf einem Eisenring

Schmelzen, Härten und Bremsen mit Wirbelströmen

Induktionsschmelzen. Eisen kann man in einem Induktionsschmelzofen erwärmen und schmelzen. Der wichtigste Bestandteil des Ofens ist der Schmelztiegel, in dem sich das Eisen befindet.
Der Induktionsofen wirkt wie ein Transformator. Die Induktionsströme fließen jedoch nicht in einer Sekundärwicklung, sondern als Wirbelströme in der Eisenschmelze. Sie müssen große Stromstärken erreichen. Deshalb schickt man durch die Primärspule, die den Tiegel umgibt, keinen Wechselstrom, wie man ihn im Haushalt benutzt, sondern einen Strom, bei dem sich die Richtung schneller ändert. Man sagt, der Strom hat eine höhere Frequenz.
Der Vorteil eines solchen Ofens besteht darin, dass die Wirbelströme und damit die Erwärmung nur in der Schmelze auftreten. Dadurch erwärmt sich das Metall sehr schnell.
Induktionsschmelzöfen finden vor allem in der Stahlindustrie Verwendung. Dort werden sie auch benutzt, um Eisen durch Beimengen anderer Stoffe zu veredeln. Aber auch in Gießereibetrieben benutzt man Schmelzöfen zum Erwärmen des Eisens vor dem Guss.

Induktionsschmelzofen

Induktionserwärmen und Induktionshärten. Bild 2 zeigt eine bewegliche Induktionsanlage. Durch das hochfrequente Magnetfeld entstehen Wirbelströme, die das Eisen längs eines Streifens in Sekundenschnelle zum Glühen bringen. Auf diese Weise werden Schweißnähte von Rohrleitungen, Behältern und Kraftwerksreaktoren nach der Bearbeitung noch einmal erwärmt. Dadurch kann man die mechanischen Spannungen in der Schweißnaht beseitigen. Die gesamte Naht kühlt sich anschließend allmählich ab.
Hochfrequente Magnetfelder werden auch zum Härten stark beanspruchter Metallteile verwendet, wie z. B. Kurbelwellen von Motoren (Bild 3). Die Temperaturerhöhung wird auch hierbei durch starke Wirbelströme im Werkstoff erreicht. Zunächst werden die Wellen stückweise bis zum Glühen erhitzt. Nachfolgend werden sie mit Wasser schnell abgekühlt.
Weiterhin werden Metallstangen mit Wirbelströmen erhitzt, um sie nachfolgend bei hoher Temperatur zu verformen.

Erhitzen einer Schweißnaht

Wirbelstrombremsen bei elektrischen Bahnen. Je größer die Geschwindigkeit eines Zuges ist, umso höher sind auch die Anforderungen an seine Bremsen. Mechanische Bremsen, die ähnlich wie Fahrradbremsen funktionieren, nutzen sich bei schnellen Zügen sehr schnell ab.
Eine Möglichkeit des verschleißfreien Bremsens besteht darin, die Motoren der Triebfahrzeuge als Generatoren zu schalten. Beim Bremsen kann dadurch Strom erzeugt werden, der in das elektrische Leitungsnetz zurückgegeben wird.
Bei zu starkem Bremsen rutschen jedoch die Räder. Deshalb wurde eine lineare Wirbelstrombremse entwickelt, die bei Notbremsungen Einsatz findet. Dabei wird nicht die Drehbewegung der Räder gebremst, sondern direkt die Bewegung zwischen Fahrzeug und Schiene. Auch diese Bremse arbeitet berührungslos. Bremsmagneten erzeugen oberhalb der Schiene starke Magnetfelder. Infolge der Relativbewegung zwischen Fahrzeug und Schiene entstehen in der Schiene Wirbelströme. Das Magnetfeld dieser Wirbelströme bremst die Bewegung ab, ohne dass der Magnet die Schiene berührt.

Induktionshärten einer Kurbelwelle

Lineare Wirbelstrombremse

Elektromagnetische Induktion

AUFGABEN

1. Bei welchen der folgenden Bewegungen wird eine Spannung induziert? Gib jeweils eine Begründung! Eine Spule wird
   a) in einem homogenen Magnetfeld parallel zu den Feldlinien verschoben (Bild 1a),
   b) in ein homogenes Feld hineinbewegt (Bild 1b),
   c) aus einem homogenen Magnetfeld herausbewegt (Bild 1c),
   d) innerhalb eines homogenen Feldes quer zu den Feldlinien verschoben (Bild 1d).
2. Eine Spule befindet sich neben einem Elektromagneten (Bild 1e). In welchen Fällen wird in der Spule eine Spannung induziert? Erkläre!
   a) Der Stromkreis des Elektromagneten wird geschlossen.
   b) Im Stromkreis fließt ein konstanter Strom.
   c) Der Stromkreis wird geöffnet.
3. Beschreibe den Aufbau und erkläre die Wirkungsweise eines Wechselstromgenerators!
4. Welche Energieumwandlungen treten in einem Wechselstromgenerator auf? Vergleiche diese Energieumwandlungen mit denen im Elektromotor!
5. Erkläre, warum in der Technik Innenpolmaschinen verwendet werden!
6. Beim Bremsen von Straßenbahnen kann man den Motor von der Oberleitung trennen und mit einem Widerstand verbinden. Der Motor arbeitet dann als Generator. Wie kommt die Bremswirkung zustande?
7. Kopple deine Fahrradlichtmaschine an das Vorderrad an. Klemme die Zuleitung zu den Lampen ab. Versetze das Vorderrad in Drehbewegung. Nach einigen Umdrehungen bleibt es stehen. Wiederhole den Vorgang mit angeschlossenen Lampen. Erkläre, warum das Rad jetzt früher stehen bleibt!
8. Erkläre das Zustandekommen der Wechselspannung bei einem Generator!
9. Welche Beziehung besteht zwischen dem Lenz'schen Gesetz und dem Energieerhaltungssatz?

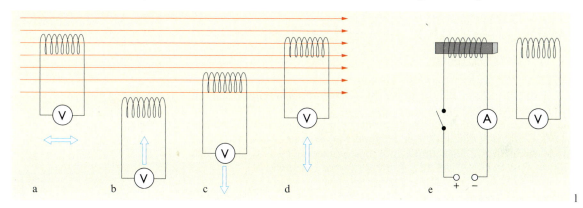

ZUSAMMENFASSUNG

Induktionsgesetz. In einer Spule wird eine Spannung induziert, solange sich das von der Spule umfasste Magnetfeld ändert. Die Induktionsspannung ist umso größer, je schneller sich die Stärke des Magnetfeldes ändert und je größer die Windungszahl der Spule ist.

Lenz'sches Gesetz. Der Induktionsstrom ist stets so gerichtet, dass er seiner Ursache entgegenwirkt.

Wirbelströme. Ändert sich das Magnetfeld in einem massiven Körper aus Metall, so entstehen in ihm Wirbelströme.

Wechselstromgenerator. Ein Wechselstromgenerator besteht aus einem Magneten (Rotor), der sich zwischen den Induktionsspulen (Stator) dreht. Dabei ändert sich das von den Spulen umfasste Magnetfeld ständig und es wird eine Wechselspannung induziert.

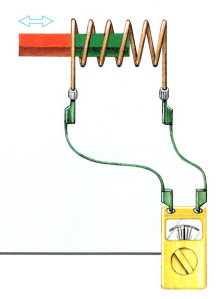

Transformator

An unseren Steckdosen liegt eine elektrische Spannung von 230 V an. Für viele Zwecke benötigt man jedoch viel kleinere Spannungen z. B. für den Betrieb eines Walkmans oder eines Ladegerätes. Dafür benutzt man ein Netzteil. Im Netzteil befindet sich ein Transformator. Er wandelt die Netzspannung in die benötigte Kleinspannung um. Elektrische Bahnen arbeiten mit einer Spannung von 15 000 V. Diese wird ebenfalls von Transformatoren bereitgestellt.
Auf welche Weise erzeugen die Transformatoren kleinere oder größere Spannungen?

Aufbau und Wirkungsweise eines Transformators

Die Experimente zur Induktion bei ruhenden Anordnungen wurden mit Gleichspannung durchgeführt (siehe S. 46 f.). Beim Ein- und Ausschalten des Elektromagneten wurde jeweils in einer Spule eine Induktionsspannung erzeugt, weil sich die Stärke des Magnetfeldes änderte. Auch wenn man durch einen Elektromagneten einen Wechselstrom fließen lässt, ändert sich sein Magnetfeld. Dies wird in einem Transformator genutzt.

Aufbau eines Transformators. Ein Transformator besteht aus zwei Spulen, der Primärspule (Feldspule) und der Sekundärspule (Induktionsspule). Beide Spulen befinden sich auf einem gemeinsamen Eisenkern (Bild 2). Sie sind elektrisch nicht miteinander verbunden. Um Wirbelströme weitgehend zu vermeiden, ist der Eisenkern des Transfomators geblättert.

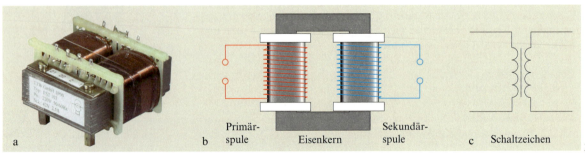

Ein Transformator besteht aus einer Primärspule (Feldspule) und einer Sekundärspule (Induktionsspule), die sich auf einem geschlossenen Eisenkern befinden.

Transformator

Wirkungsweise eines Transformators. Wie funktioniert ein Transformator? Auf welche Weise entsteht in der Sekundärspule des Transformators eine Spannung?

EXPERIMENT 1
1. Stecke auf den einen Schenkel eines U-förmigen Eisenkerns eine Spule (Primärspule) und schließe sie an eine Wechselspannungsquelle an!
2. Verbinde eine zweite Spule (Sekundärspule) mit einer Glühlampe!
3. Schiebe die Sekundärspule langsam auf den zweiten Schenkel des U-Kerns!
4. Lege auf den U-Kern einen I-Kern!

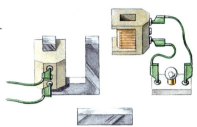

Beim Aufschieben der Sekundärspule auf den U-Kern beginnt die Lampe erst schwach und danach stärker zu leuchten. Nach dem Auflegen des I-Kerns leuchtet sie hell.

Um eine Spannung zu induzieren, muss sich das von der Induktionsspule umfasste magnetische Feld ändern. Bei einem Transformator ist diese Bedingung dadurch erfüllt, dass durch seine Primärspule ein Wechselstrom fließt. Dieser Wechselstrom bewirkt, dass sich das Magnetfeld ständig ändert. Das Magnetfeld gelangt durch den Eisenkern zur Sekundärspule. Diese Spule umfasst das Magnetfeld. Dadurch wird fortwährend eine Spannung induziert. Ein an die Sekundärspule angeschlossenes Oszilloskop lässt erkennen, dass die Induktionsspannung wieder eine Wechselspannung ist (Bild 2).

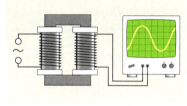

> Fließt durch die Primärspule eines Transformators ein Wechselstrom, so ändert sich das Magnetfeld ständig. Dadurch wird in der Sekundärspule eine Wechselspannung induziert.

Spannungs- und Stromübersetzung am Transformator

Spannungsübersetzung am Transformator. Das Experiment 5 auf Seite 45 hat gezeigt, dass die Induktionsspannung umso größer ist, je größer die Windungszahl der Induktionsspule ist. Es ist deshalb zu vermuten, dass auch bei einem Transformator die induzierte Spannung von der Windungszahl der Sekundärspule abhängt: Je größer die Sekundärwindungszahl ist, umso größer müsste auch die Sekundärspannung sein.

EXPERIMENT 2
1. Stelle aus einer Primärspule, einer Sekundärspule und einem geschlossenen Eisenkern einen Transformator zusammen!
2. Lege an die Primärspule eine bestimmte Wechselspannung U_1 an!
3. Miss die Spannung U_2 an der Sekundärspule!
4. Verändere die Windungszahl N_2 der Sekundärspule!
5. Verändere die Primärspannung!
6. Verändere die Windungszahl N_1 der Primärspule!
7. Bilde die Quotienten aus N_1 und N_2 bzw. U_1 und U_2!

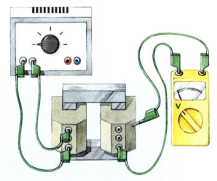

Bei dem Experiment kann man z. B. folgende Messergebnisse erhalten:

Primärkreis		Sekundärkreis		Auswertung	
N_1	U_1 in V	N_2	U_2 in V	$N_1 : N_2$	$U_1 : U_2$
600	5,0	300	2,4	2,0	2,08
600	5,0	600	4,8	1,0	1,04
600	5,0	900	7,3	0,67	0,68
600	10,0	900	14,7	0,67	0,68
300	5,0	600	9,8	0,5	0,51

Das Experiment bestätigt die Vermutung. Die Sekundärspannung ist umso größer, je größer die Sekundärwindungszahl ist. Außerdem ist zu erkennen: Wenn die Primärspannung zunimmt, nimmt auch die Sekundärspannung zu. Schließlich hat die Primärwindungszahl Einfluss auf die Sekundärspannung.

Vergleicht man die Quotienten in den beiden letzten Spalten, so erkennt man: Die Primärspannung verhält sich zur Sekundärspannung wie die Primärwindungszahl zur Sekundärwindungszahl. Voraussetzung ist dabei, dass der Transformator nicht belastet ist, d. h., im Sekundärstromkreis kein Strom fließt.

Spannungsübersetzung am unbelasteten Transformator:
$$\frac{U_1}{U_2} = \frac{N_1}{N_2} .$$

Beispiel zur Berechnung der Sekundärwindungszahl eines Transformators
Bei der Werbung mit „Neonlicht" ist für die Zündung der Röhren eine Spannung von 4 000 V erforderlich. Der Hochspannungstransformator wird mit 230 V betrieben und besitzt eine Primärwindungszahl von 600 Windungen. Wie groß muss die Sekundärwindungszahl sein?

Gesucht: N_2

Gegeben: $N_1 = 600$

$U_1 = 230$ V

$U_2 = 4 000$ V

Lösung: $\frac{U_1}{U_2} = \frac{N_1}{N_2}$

$N_2 = N_1 \cdot \frac{U_2}{U_1}$

$N_2 = 600 \cdot \frac{4\,000 \text{ V}}{230 \text{ V}}$

$\underline{\underline{N_2 = 10\,435}}$

Ergebnis: Die Sekundärspule muss eine Windungszahl von 10 435 besitzen.

Hochspannungstransformator für Leuchtstoffröhren

Stromübersetzung am Transformator. Beim Schweißen mit einem Elektroschweißgerät müssen durch die Schweißelektrode Ströme mit großen Stromstärken fließen, damit die hohen Temperaturen zum Schmelzen des Materials erreicht werden. Man kann ein solches Schweißgerät mit dem Netzwechselstrom betreiben, auch wenn die Leitungen nur für 10 A oder 16 A ausgelegt sind. Das Schweißgerät enthält einen Transformator, in dem die hohen Stromstärken erzeugt werden. Welche Bedingungen müssen dafür erfüllt sein?

Transformator

EXPERIMENT 3
1. Stelle aus einer Primärspule, einer Sekundärspule, einem U- und einem I-Kern einen Transformator zusammen!
2. Verbinde die Primärspule über einen Strommesser mit einer Wechselspannungsquelle!
3. Belaste die Sekundärspule des Transformators stark, indem du sie über einen Strommesser kurzschließt!
4. Verändere die Sekundärwindungszahl und miss jeweils Primär- und Sekundärstromstärke!

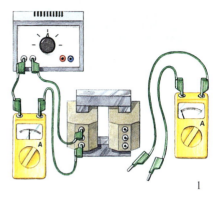

In die folgende Tabelle sind als Beispiel die Ergebnisse von 2 Messungen eingetragen:

Primärkreis		Sekundärkreis		Auswertung	
N_1	I_1 in mA	N_2	I_2 in mA	$N_2 : N_1$	$I_1 : I_2$
1200	100	600	190	0,5	0,53
1200	100	300	390	0,25	0,26

Das Experiment führt zu folgenden Ergebnissen: Je kleiner die Sekundärwindungszahl ist, umso größer ist die Sekundärstromstärke.
Vergleicht man die Quotienten in den beiden letzten Spalten, so erkennt man: Die Primärstromstärke verhält sich zur Sekundärstromstärke umgekehrt wie die Windungszahlen der beiden Spulen zueinander. Voraussetzung ist dabei, dass der Transformator stark belastet ist.

Stromübersetzung am stark belasteten Transformator:
$$\frac{I_1}{I_2} = \frac{N_2}{N_1}.$$

Beispiel zur Berechnung der Sekundärstromstärke eines Transformators
Ein Schweißtransformator wird mit einer Wechselspannung von 230 V betrieben. Seine Primärwindungszahl ist 400, seine Sekundärwindungszahl 75. Welchen Wert kann die Sekundärstromstärke erreichen, wenn die Primärstromstärke 8 A beträgt?

Gesucht: I_2

Gegeben: $N_1 = 400$
$N_2 = 75$
$I_1 = 8$ A

Lösung:
$$\frac{I_1}{I_2} = \frac{N_2}{N_1}$$

$$I_2 = I_1 \cdot \frac{N_1}{N_2}$$

$$I_2 = 8 \text{ A} \cdot \frac{400}{75}$$

$$\underline{\underline{I_2 = 43 \text{ A}}}$$

Schweißgerät mit Schweißtransformator

Ergebnis: Die Sekundärstromstärke kann maximal 43 A erreichen.

Selbstinduktion

An einem Weidezaun (Bild 1) liegen kurzzeitig sehr hohe Spannungen an. Wenn ein weidendes Tier den Weidezaun berührt, bekommt es leichte elektrische Schläge. Das ist für das Tier völlig ungefährlich, aber unangenehm. Ein elektrisches Weidezaungerät wird mit einem Akkumulator betrieben, der nur eine Spannung von wenigen Volt liefert. Für die Erteilung von elektrischen Schlägen reicht die Spannung des Akkumulators nicht aus. Wie funktioniert ein solches Weidezaungerät?

In einer Spule wird eine Spannung induziert, wenn sich das von ihr umschlossene Magnetfeld ändert. Das zeigt z. B. das Experiment 1 auf Seite 42. Auf diese Weise wird auch die Spannung in der Sekundärspule eines Transformators erzeugt.

Nun ändert sich aber das Magnetfeld nicht nur in der Sekundärspule sondern auch in der Primärspule selbst. Muss dann nicht auch in dieser Spule eine elektromagnetische Induktion auftreten?

Weidezaun

> **EXPERIMENT 4**
> Eine Glühlampe wird mit einem Widerstand in Reihe geschaltet. Eine zweite Glühlampe schaltet man mit einer Spule mit Eisenkern hintereinander.
> Beide Lampen werden gleichzeitig an eine Spannungsquelle angeschlossen.

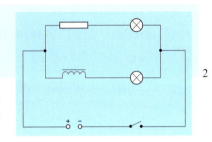

Die erste Glühlampe leuchtet sofort auf. Die Glühlampe, die mit der Spule in Reihe geschaltet ist, leuchtet deutlich später auf. Ursache dafür ist die Induktion in der Spule. Wenn der Strom in der Spule zu fließen beginnt, ändert sich ihr Magnetfeld. Es wird stärker.

Diese Magnetfeldänderung bewirkt eine Induktion. Die Induktionsspannung ist dabei so gerichtet, dass sie dem Aufbau des Magnetfeldes entgegenwirkt. Der einsetzende Stromfluss wird also gehemmt. Dadurch nimmt die Stromstärke nur allmählich zu.

In entsprechender Weise müsste auch beim Ausschalten des Stromes in der Spule elektromagnetische Induktion auftreten.

> **EXPERIMENT 5**
> Eine Spule wird über einen Schalter mit einer Gleichspannungsquelle von 12 Volt verbunden. Parallel zur Spule ist eine Glimmlampe geschaltet.
> Der Strom wird zunächst eingeschaltet und nachfolgend wieder ausgeschaltet.

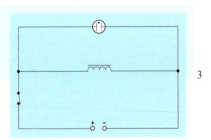

Nach dem Einschalten des Spulenstromes leuchtet die Glimmlampe nicht. Die angelegte Spannung ist zu klein. Eine Glimmlampe sendet erst bei einer Spannung von etwa 80 V Licht aus. Wenn der Schalter geöffnet wird, leuchtet die Glimmlampe kurz auf.

Beim Ausschalten des Stromes ändert sich das Magnetfeld der Spule sehr schnell. Dadurch tritt eine hohe Induktionsspannung auf, die bewirkt, dass die Lampe aufleuchtet.

Aus den Experimenten 4 und 5 erkennt man: Die Induktionsspannung in einer Spule bewirkt, dass jede Stromstärkeänderung in der Spule behindert wird. Beim Einschalten wirkt sie dem Anwachsen der Stromstärke entgegen, beim Ausschalten bewirkt sie ein Weiterfließen des Stromes. Da diese Induktionsspannung in der Spule selbst auftritt, nennt man sie „Selbst"induktion.

> Wenn sich die Stromstärke ändert, so tritt in einer Spule elektromagnetische Induktion auf. Diese Erscheinung nennt man Selbstinduktion. Die Selbstinduktion bewirkt, dass jede Änderung der Stromstärke in der Spule behindert wird.

Ein Weidezaungerät enthält eine Spule mit Eisenkern (Bild 1). Die Spule ist über einen Unterbrecher an den Akkumulator angeschlossen. Der Unterbrecher schließt den Stromkreis, um ihn danach schnell wieder zu öffnen. Das erfolgt in jeder Sekunde einige Male. Da sich die Stromstärke beim Ausschalten sehr schnell ändert, entsteht kurzzeitig eine hohe Selbstinduktionsspannung. Diese Spannung liegt dann an den blanken Drähten des Weidezauns an. Der zweite Anschluss der Spule ist geerdet. Wenn ein Tier den Weidezaun berührt, so fließt der Strom durch dessen Körper zur Erde. Dadurch spürt es bei jedem Spannungsstoß das unangenehme Kribbeln.

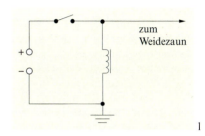

Verhalten einer Spule im Wechselstromkreis

Leuchtstofflampen besitzen einen deutlich größeren Wirkungsgrad als Glühlampen. Ihr Einsatz lohnt sich besonders dort, wo große Räume über lange Zeit beleuchtet werden müssen – also z. B. in Kaufhäusern und Büros. Allerdings muss in einer Leuchtstofflampe die Stromstärke begrenzt werden. Dazu wird eine Drosselspule verwendet, deren Wirkungsweise im folgenden Experiment untersucht werden soll.

EXPERIMENT 6
1. Verbinde eine Spule mit Eisenkern über einen Strommesser und einen Schalter mit einer Gleichspannungsquelle!
2. Schließe den Stromkreis und miss die Stromstärke!
3. Tausche die Gleichspannungsquelle gegen eine Wechselspannungsquelle aus!
4. Schließe erneut den Stromkreis und bestimme die Stromstärke!

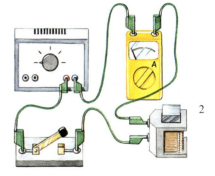

Im Gleichstromkreis fließt durch die Spule ein starker Strom. Der Kupferdraht besitzt nur einen geringen Widerstand.

Im Wechselstromkreis ist die Stromstärke viel geringer. Das kann man mit dem Spannungsverlauf der Wechselspannung erklären: Nimmt die Spannung zu, so wächst auch die Stromstärke. Da die Selbstinduktion jedoch das Anwachsen des Stromes behindert, erreicht die Stromstärke in der kurzen Zeit nur einen Bruchteil des Wertes im Gleichstromkreis. Danach nimmt die Spannung wieder ab und der Strom ändert seine Richtung. Auch in entgegengesetzter Richtung bewirkt die Selbstinduktion, dass die Stromstärke nur langsam zunimmt. Sie erreicht ebenfalls nicht den Betrag, der bei dieser Spannung möglich wäre. Da im Wechselstromkreis die Selbstinduktionsspannung der anliegenden Spannung entgegenwirkt, ist hier die Stromstärke kleiner als die Stromstärke im Gleichstromkreis.

> Im Wechselstromkreis ist die Stromstärke in einer Spule kleiner als im Gleichstromkreis. Ursache hierfür ist die Selbstinduktionsspannung, die der angelegten Spannung entgegenwirkt.

Fernleitung elektrischer Energie

Ein wesentlicher Vorzug der elektrischen Energie besteht darin, dass sie mit elektrischen Freileitungen übertragen werden kann. Die Drähte dieser Leitungen haben jedoch – wie alle elektrischen Leitungen – einen elektrischen Widerstand. Dieser Widerstand bewirkt, dass ein Teil der elektrischen Energie in thermische Energie umgewandelt wird. Die thermische Energie erwärmt die umgebende Luft. Die Wärmeabgabe ist umso größer, je größer der elektrische Widerstand der Leitungen ist. Außerdem nimmt sie stark mit der elektrischen Stromstärke in den Leitungen zu.

Der Widerstand ließe sich verringern, wenn man dickere Leitungen nähme. Doch das wäre sehr teuer. Eine gute Möglichkeit besteht aber darin, die Stromstärke in den Leitungen zu verkleinern. Das ist dadurch möglich, dass man die Elektrizität mit großen Spannungen überträgt.

Die Generatoren in den Kraftwerken erzeugen Spannungen von etwa 20 kV. In einem Umspannwerk wird diese Spannung in Transformatoren auf 220 kV oder 380 kV hochtransformiert. Mit dieser Hochspannung werden dann durch die Freileitungen große Entfernungen überbrückt.

Natürlich kann diese Hochspannung nicht in Haushalten und Fabriken verwendet werden. Sie ist sehr gefährlich, und es würden lange Funken zwischen den Leitungen überspringen. Deshalb wird die Spannung in der Nähe von Städten und Industriebetrieben in mehreren Schritten bis auf 400 V bzw. 230 V heruntertransformiert. Das erfolgt in den Transformatoren der Umspannwerke.

Die Transformatoren der Umspannwerke müssen für Leistungen bis zu 3 GW ausgelegt werden. Bei solch großen Transformatoren ist es nicht mehr möglich, nur eine Primär- und eine Sekundärspule auf einem Eisenkern anzuordnen. Eine derartige tonnenschwere Anlage ließe sich nicht vom Hersteller zum Einsatzort transportieren. In diesen Fällen ordnet man daher mehrere Transformatoren auf einer „Bank" an.

Übrigens

Wollte man z. B. eine Leistung von 1 MW bei einer Spannung von 230 V übertragen, so müsste ein Strom der Stärke 4 350 A fließen. Die elektrische Energie würde auch in sehr dicken Leitungen fast vollständig in thermische Energie umgewandelt werden.

Überträgt man diese Leistung jedoch mit einer Spannung von 380 000 V, so beträgt die Stromstärke nur 2,6 A. Die dabei auftretenden Leistungsverluste sind gering.

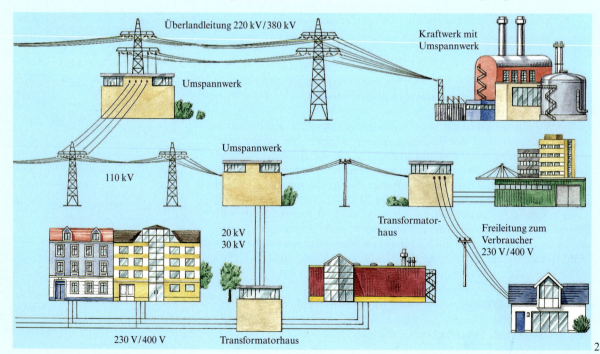

Transformator

AUFGABEN

1. Beschreibe den Aufbau und erkläre die Wirkungsweise eines Transformators!
2. Nenne Beispiele für die Anwendung von Transformatoren. Ordne sie nach der zu nutzenden Spannung!
3. Ein Kleinschweißtransformator ist für eine Betriebsspannung von 230 V konstruiert. Seine Primärwindungszahl beträgt 260, seine Sekundärwindungszahl 60. Wie groß ist die Sekundärspannung bei unbelastetem Transformator?
4. Bei einem Transformator wird die Primärspannung zunächst verdoppelt und dann halbiert. Wie ändert sich jeweils die Sekundärspannung?
5. Erkläre, warum die Sekundärspannung eines Transformators zunimmt, wenn die Primärspannung größer wird!
6. Eine Kohlebogenlampe wird über einen Transformator mit einer Spannung von 50 V betrieben. Bei einer Netzspannung von 230 V beträgt die Sekundärstromstärke 10 A. Wie groß muss die Stromstärke in der Primärspule mindestens sein?
7. An einem Transformator werden im Leerlauf eine Primärspannung von 230 V und eine Sekundärspannung von 9,2 V gemessen. Bei Kurzschluss beträgt die Primärstromstärke 0,1 A. Gib das Verhältnis der Windungszahlen und die Stromstärke im Sekundärkreis an!
8. Mit einem Transformator soll eine Wechselspannung von 230 V auf 19 V transformiert werden. Für seinen Aufbau stehen ein Eisenkern und Spulen mit 125, 250, 500, 750, 1 500 und 3 000 Windungen zur Verfügung. Gib mögliche Spulenkombinationen für diesen Transformator an!
9. Begründe, dass bei der Fernleitung elektrischer Energie Transformatoren eingesetzt werden müssen!
10. Elektrische Energie soll bei einer Leistung von 500 kW durch ein Fernleitungskabel übertragen werden.
    a) Begründe, dass es sinnvoll ist, für die Übertragung eine möglichst hohe Spannung zu verwenden!
    b) Berechne die Stromstärken, die sich für Spannungen von 230 V, 10 kV und 220 kV ergeben würden!
11. Nenne Beispiele für negative Einflüsse von Wechselströmen. Erläutere Maßnahmen zu deren Verringerung!
12. Bei welchen Geräten nutzt man die Selbstinduktion aus? Erkläre die dabei auftretenden Vorgänge!
13. Schließt man an eine Taschenlampenbatterie (4,5 V) eine elektrische Klingel an, so erhält man beim Berühren der Spulenanschlüsse elektrische Schläge. Erkläre diese Erscheinung!
14. Erkläre an einem Gerät das Auftreten einer Selbstinduktionsspannung beim Ein- und Ausschalten!

ZUSAMMENFASSUNG

Transformator

In einem Transformator erfolgt die Induktion ohne Bewegung durch ständiges Ändern des Magnetfeldes in der Induktionsspule.

Ein Transformator besteht aus einer Primärspule (Feldspule) und einer Sekundärspule (Induktionsspule), die sich auf einem geschlossenen Eisenkern befinden. Fließt durch die Primärspule ein Wechselstrom, so ändert sich das Magnetfeld ständig. Dadurch wird in der Sekundärspule eine Wechselspannung induziert.

Spannungsübersetzung am unbelasteten Transformator:

$$\frac{U_1}{U_2} = \frac{N_1}{N_2}$$

Stromübersetzung am stark belasteten Transformator:

$$\frac{I_1}{I_2} = \frac{N_2}{N_1}$$

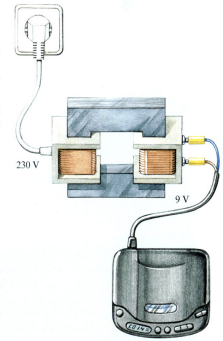

Selbstinduktion

Wenn sich die Stromstärke ändert, so tritt in einer Spule elektromagnetische Induktion auf. Diese Erscheinung nennt man Selbstinduktion. Sie bewirkt, dass jede Änderung der Stromstärke in der Spule behindert wird. Infolge der Selbstinduktion ist die Stromstärke in einer Spule im Wechselstromkreis kleiner als im Gleichstromkreis.

Bedeutung elektrischer und magnetischer Felder für das Leben

Entdeckung der elektrischen und magnetischen Felder

Bereits 588 v. Chr. wird von THALES VON MILET die elektrische Wirkung des geriebenen Bernsteins beschrieben. Leichte Körper werden sichtbar angezogen, sobald sie in die Nähe des Bernsteins geraten – sie brauchen ihn gar nicht direkt zu berühren. Der Leibarzt der englischen Königin ELISABETH I., WILLIAM GILBERT, fand um 1600 noch andere Materialien, von denen anziehende Kräfte ausgingen, wenn sie gerieben wurden, z. B. Glas, Wachs, Schwefel und einige Edelsteine.

Dass Magneteisenstein Eisen anzieht, war den Griechen und den Chinesen seit dem 6. Jahrhundert v. Chr. bekannt. Der Name „Magnet" stammt von der Stadt „Magnesia" in der Türkei. Dort wurde magnetisches Eisenerz gefunden. Auch für die magnetische Anziehung ist kein Kontakt zwischen den Körpern notwendig. Dies zeigt sich besonders deutlich bei frei beweglichen Magneten, die sich „wie von selbst" in die Nord-Süd-Richtung drehen. Die Chinesen waren die Ersten, die einfache Kompasse herstellten; spätestens seit dem 13. Jahrhundert n. Chr. wurden Kompasse auch von den Seeleuten aus den Mittelmeerländern benutzt.

Chinesischer Kompass (10. Jahrhundert)

1820 beobachtete HANS-CHRISTIAN OERSTED, dass man mit elektrischem Strom Magnetismus erzeugen kann. Der Strom floss durch einen straff gespannten Draht (siehe. S. 32); als Stromquelle diente ihm ein galvanisches Element.

Während OERSTED durch elektrischen Strom Magnetismus erzeugte, gelang es 1831 MICHAEL FARADAY, durch Magnetismus elektrischen Strom zu erzeugen. Er hatte erkannt, dass ein elektrischer Strom angetrieben wird, solange sich das magnetische Feld in einer Induktionsspule ändert. Damit schuf FARADAY die Voraussetzung für die Entwicklung von leistungsfähigen Generatoren, wie sie bis heute in fast allen Kraftwerken zur Stromerzeugung eingesetzt werden.

Alliance Maschine (Generator; 1850)

Natürliche Felder

Die gesamte Erde ist von einem zeitlich nahezu konstanten magnetischen Feld umgeben. Dieses Feld kann man leicht mit einer Magnetnadel nachweisen. Die Stärke des Feldes ist jedoch gering.

An der Erdoberfläche gibt es auch ein natürliches elektrisches Feld, das durch die ionisierende Wirkung der Strahlung von der Sonne und aus dem Weltall hervorgerufen wird. Aber auch die Luftbewegungen in der Atmosphäre können zu starken elektrischen Feldern führen. Diese zeigen sich vor allem bei Gewittern, sie sind die Ursache der Blitze.

Die Sonne sendet nicht nur Licht, sondern auch elektrisch geladene Teilchen aus (siehe S. 37). Wenn sich diese der Erde nähern, werden sie durch das Erdmagnetfeld abgelenkt. Auf Spiralbahnen gelangen sie in die Nähe der Pole (Bild 1, Seite 63). In der oberen Atmosphäre regen sie Atome und Moleküle zum Leuchten an. Diese Erscheinung nennt man **Polarlicht** (Bild 2, Seite 63). Bei besonderer Aktivität der Sonne können die Teilchenströme das Magnetfeld der Erde erheblich stören. Dann können Polarlichter bis in den Mittelmeerraum hinein auftreten. Man spricht in solchen Fällen von magnetischen Stürmen.

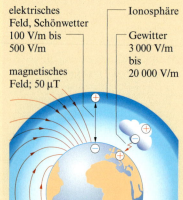

Elektrisches Feld der Erde

Felder

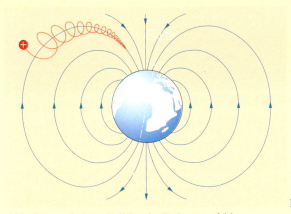

Ablenkung geladener Teilchen im Erdmagnetfeld

Polarlicht über Bautzen am 6. April 2000

Nieder- und hochfrequente Wechselfelder in der Technik

Wenn ein Transformator an eine Steckdose angeschlossen ist, so ändern elektrisches und magnetisches Feld in einer Sekunde 100-mal ihre Richtung. Der Zeitabschnitt zwischen zwei gleichartigen Richtungsänderungen wird als Periode bezeichnet (Bild 3). Beim Strom aus der Steckdose beträgt die Anzahl der Perioden damit 50 in einer Sekunde. Man sagt: Unser Wechselstrom hat eine Frequenz von 50 Hertz (Hz).
Fernseh- und Radiosender erzeugen elektrische und magnetische Wechselfelder mit Frequenzen zwischen einem Megahertz (1 MHz = 1 000 000 Hz) und einem Gigahertz (1 GHz = 1 000 000 000 Hz).

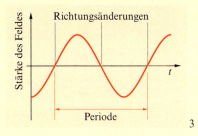

Stärke von Feldern

In der unmittelbaren Umgebung von Hochspannungsleitungen treten starke elektrische und magnetische Felder auf. Die Stärke der Felder ist abhängig vom Abstand zu den Leitungen (Bild 4). Als Einheit für die Stärke des elektrischen Feldes wird V/m verwendet.
Bei Erdkabeln werden die elektrischen Felder durch eine metallene Umhüllung fast völlig abgeschirmt. Auch das Innere von Häusern ist durch die vielen Metallteile im Baumaterial nahezu frei von elektrischen Feldern.
Magnetfelder dagegen durchdringen fast ungehindert die meisten Materialien. Sie treten nicht nur in der Umgebung von Erdkabeln und in Wohnungen auf; vor allem in der Industrie – z. B. in Kraftwerken und Umspannstationen – kommt es zu starken Magnetfeldern. Die Stärke von Magnetfeldern wird durch die so genannte **magnetische Flussdichte** charakterisiert. Als Einheit für die Flussdichte wird in der Regel Mikrotesla (µT) verwendet. Die Flussdichte des Magnetfeldes der Erde beträgt in Deutschland 50 µT.

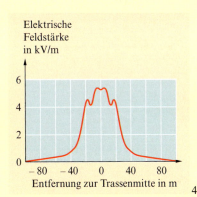

AUFGABEN

1. Beschreibe Experimente, mit denen man nachweisen kann, dass ein elektrisches bzw. ein magnetisches Feld vorliegt!
2. Skizziere den Aufbau eines Kompasses und erkläre seine Wirkungsweise!
3. Was sind „magnetische Stürme" und welche Ursache haben sie?
4. Wie kommen Polarlichter zustande und warum treten sie in der Regel nur in der Nähe der magnetischen Pole der Erde auf?

Gesundheitliche Schädigung durch Felder?

Wahrnehmbarkeit von Feldern. Dem Menschen stehen keine Sinnesorgane zur Verfügung, mit denen er elektrische und magnetische Felder wahrnehmen kann. Das gilt sowohl für Gleichfelder als auch für Wechselfelder. Von einigen Zugvögeln weiß man jedoch, dass sie sich auf ihren Langstreckenflügen am Magnetfeld der Erde orientieren. Sie besitzen in ihren Köpfen kleine Ansammlungen von Magnetitkristallen. Auch Delfine, Tunfische und manche Kleinlebewesen können sich mithilfe eines solchen „inneren Kompasses" orientieren. Ist die Stärke der elektrischen Felder groß, so können Menschen diese indirekt wahrnehmen. Es sträuben sich z. B. die Körperhaare in einem starken elektrischen Feld.

Kraniche auf dem Weg nach Süden

Grenzwerte. Immer wieder gibt es Diskussionen um den so genannten „Elektrosmog". Mit diesem Wort sind schädliche Einflüsse gemeint, die von elektrischen oder magnetischen Feldern ausgehen. Es gibt jedoch bislang keine eindeutigen Hinweise darauf, dass die Felder, die durch den normalen Umgang mit elektrischem Strom entstehen, gesundheitliche Schäden verursachen.

Um sicher vor Schäden zu sein, gilt in Deutschland seit 1997 eine Verordnung, in der Grenzwerte für die Belastung durch elektrische und magnetische Felder festgelegt wurden. Darin wird unterschieden zwischen
- Niederfrequenzanlagen, die mit einer Spannung von über 1 000 V betrieben werden, also z. B. Erdkabel und Freileitungen (Frequenz 50 Hz) sowie Anlagen der Bahn (Frequenz 16,67 Hz) und
- Hochfrequenzanlagen, also z. B. Sendeanlagen für Telekommunikation.

Grenzwerte für die Felder elektrischer Anlagen		
	Stärke des elektrischen Feldes in V/m	Magnetische Flussdichte in µT
Niederfrequenzanlagen 50 Hz	5 000	100
Hochfrequenzanlagen 10 MHz bis 400 MHz	27,5	0,092
über 2000 MHz	61	0,2
Zum Vergleich: Natürliche Felder der Erde	100 bis 500	50

Über die Auswirkungen elektrischer und magnetischer Felder wird oft sehr unseriös berichtet.

Eine kurzzeitige oder kleinräumige Überschreitung dieser Werte ist zulässig (um bis zu 100%) – jedoch nicht in der Nähe von Wohnungen, Krankenhäusern, Schulen, Kindergärten und Spielplätzen.

Gleichfelder. Relativ starke magnetische Felder sind in Straßenbahnen anzutreffen, die in der Regel mit Gleichstrom betrieben werden. Sie sind etwa so stark wie das Erdmagnetfeld. Das elektrische Feld des Fahrdrahtes wird fast vollständig durch die Kabine abgeschirmt. In Schmelzöfen und anderen Anlagen der Industrie entstehen Magnetfelder von 150 000 µT. In Geräten der medizinischen Diagnose, den Magnetresonanztomografen, werden sogar zeitlich konstante Magnetfelder von 1 500 000 µT verwendet (Bild 3). Obwohl dies der 30 000fachen Stärke des Erdmagnetfeldes entspricht, haben solche Felder nach heutigem Wissen keine schädlichen biologischen Nebenwirkungen. Natürlich wirken sie auch nur für kurze Zeit auf die Patienten.

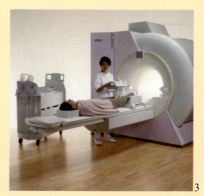

Magnetresonanztomograf

Felder

Felder von Elektrogeräten (Abstand 30 cm)		
	Stärke des elektrischen Feldes in V/m	Magnetische Flussdichte in µT
Bügeleisen	120	0,1 bis 0,3
Föhn	80	bis 7
Herd	8	0,15 bis 0,5
Staubsauger	50	2 bis 20
Wasserkocher	20	0,08

1

Felder von Haushaltsgeräten. Sowohl die elektrischen als auch die magnetischen Felder der mit 50 Hz betriebenen Haushaltsgeräte sind (im Abstand von 30 cm) deutlich schwächer als die festgelegten Grenzwerte in der Tabelle auf S. 64. Obwohl gesundheitliche Schäden durch die Felder dieser Geräte so gut wie ausgeschlossen sind, bemühen sich viele Hersteller, die Felder so schwach wie möglich zu halten.

Felder von Sendeanlagen. Auch die hochfrequenten Felder des Rundfunks stellen nach bisherigem Wissen kein Risiko dar. Allerdings können dicht neben Antennen von großen Sendeanlagen starke Erwärmungen im Körper auftreten, die zu Schäden führen. Man sollte sich deshalb nicht länger als notwendig im Einflussbereich solch starker Felder aufhalten. Für die Öffentlichkeit sind daher die Bereiche starker Felder in der direkten Umgebung von Sendeanlagen nicht zugänglich.

Felder unter Freileitungen. Die elektrischen Felder unter Freileitungen sind zum Teil erheblich stärker als das natürliche elektrische Feld in der Erdatmosphäre. Dicht über dem Erdboden werden unter einer 110-kV-Leitung bis zu 2 000 V/m und unter einer 380-kV-Leitung bis zu 6 000 V/m gemessen. Obwohl die elektrischen Felder durch die Baumaterialien der Häuser weitgehend abgeschirmt werden, dürfen unter Freileitungen keine Wohngebäude, Kindergärten, Schulen oder Krankenhäuser errichtet werden.
Die Stärke der magnetischen Felder in der Umgebung der Freileitungen hängt von der Stromstärke in den Leitungen ab. Die am Boden gemessenen Werte der magnetischen Flussdichte liegen durchweg unter 30 µT.

Schlussfolgerungen. Die elektrischen und magnetischen Felder, die uns alltäglich umgeben, haben keinen negativen Einfluss auf unsere Gesundheit. Da aber eine Gefährdung durch besonders starke Felder nicht ausgeschlossen werden kann, wurden Grenzwerte und bestimmte Vorsichtsmaßnahmen vorgeschrieben. Im Bereich starker hochfrequenter Wechselfelder sollte man sich nicht länger als notwendig aufhalten.

Schon gewusst?

Personen mit Herzschrittmachern sollten ihren Arzt nach besonderen Grenzwerten fragen. Ältere Herzschrittmacher können bereits durch Felder gestört werden, die nur halb so stark sind wie die Grenzwerte, die in der Tabelle auf S. 64 angegeben sind.

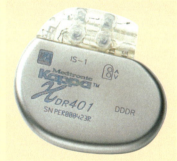
2
Herzschrittmacher

AUFGABEN

1. Welche Bedeutung hat das Magnetfeld der Erde für die Zugvögel?
2. Die Wände unserer Wohn- und Arbeitsgebäude enthalten viele Kupferleitungen, Eisendrähte und Eisenstangen. Können das natürliche elektrische Feld und das natürliche magnetische Feld der Erde in unsere Wohn- und Arbeitsräume eindringen?
3. Nenne Stellen in deinem Wohnort und in dessen Umgebung, wo du das Auftreten starker elektrischer oder magnetischer Felder vermutest. Begründe deine Vermutungen!
4. Wie kann man sich vor dem Auftreten möglicher gesundheitlicher Schäden durch zu starke elektrische und magnetische Felder schützen?

Elektrische Leitungsvorgänge

Farbige Leuchtanzeigen prägen nachts das Bild vieler Städte. In den Anzeigeröhren werden verschiedenartige Gase zum Leuchten angeregt. Grundlage für diese Anregungen ist ein Stromfluss. Wie kommt es zum Stromfluss in verschiedenen Stoffen, welche Besonderheiten treten dabei auf? Welche Möglichkeiten ergeben sich daraus für technische Anwendungen?

Elektrische Leitung in Metallen

In metallischen Leitern ist der elektrische Strom auf die Bewegung von geladenen Elektronen zurückzuführen. Die Atome in einem Metall sind regelmäßig angeordnet, sie bilden ein so genanntes Gitter.
Die Wechselwirkung der Atome führt dazu, dass bei einer Vielzahl von Atomen Elektronen von der Hülle abgelöst werden. Aus den Metallatomen werden dadurch positive Ionen. Die abgelösten Elektronen können sich nahezu frei zwischen den Metallionen bewegen (Bild 2).
Auch Isolatoren bestehen aus Atomen, die ebenfalls Elektronen enthalten. Diese Elektronen sind jedoch zum größten Teil fest an die Atome gebunden (Bild 4). Es stehen so gut wie keine beweglichen Ladungsträger für einen Stromfluss zur Verfügung.
Wird ein metallischer Leiter mit den Polen einer Gleichspannungsquelle verbunden, so setzt augenblicklich eine Bewegung der Elektronen in Richtung Pluspol ein. Die Geschwindigkeit dieser Bewegung liegt bei etwa 1 mm/s. Man spricht deshalb auch von einer „Elektronenwanderung". Trotz dieser Wanderung der Elektronen vom Plus- zum Minuspol bleibt das Metall nach außen elektrisch neutral.
Die Gitteratome behindern die gerichtete Bewegung der Elektronen. Dabei wird elektrische Energie in thermische Energie umgewandelt. Die Größe Widerstand kennzeichnet die Behinderung der gerichteten Elektronenbewegung. Da die Behinderung und die Anzahl der wanderungsfähigen Elektronen stoffabhängig sind, leiten unterschiedliche Metalle den Strom unterschiedlich gut.

> In Metallen gibt es Elektronen, die sich zwischen den Metallionen nahezu frei bewegen können.
> Das Anlegen einer Spannung bewirkt, dass sich diese Elektronen zum Pluspol der Spannungsquelle bewegen. Der Minuspol liefert Elektronen nach.

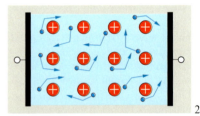

Abgelöste Elektronen bewegen sich unregelmäßig im Gitter der Metallionen.

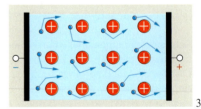

Stromfluss in einem Metall: Elektronen bewegen sich in Richtung Pluspol.

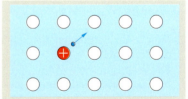

Im Isolator gibt es so gut wie keine beweglichen Elektronen.

Elektrische Leitung in Flüssigkeiten

Aus Sicherheitsgründen dürfen in der Badewanne keine Elektrogeräte benutzt werden. Fallen sie ins Wasser, so kommt es zu einem Stromschlag. Wodurch kommt der Stromfluss in einer Flüssigkeit zustande, welche Vorgänge laufen ab?

EXPERIMENT 1
In einen Glasbehälter tauchen zwei Elektroden ein, die mit einer Gleichspannungsquelle verbunden sind. Die Stromstärke wird gemessen.
Nacheinander werden destilliertes Wasser, Öl, Lösungen von Zucker, Kochsalz, Kupfersulfat oder anderen Salzen sowie verdünnte Säuren und Basen eingefüllt.

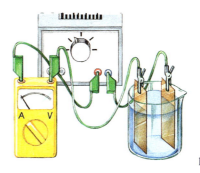

Destilliertes Wasser leitet den Strom so gut wie gar nicht. Die wässrigen Lösungen von Salzen sowie Säuren und Basen leiten dagegen den elektrischen Strom. Wurde das Salz eines Metalls gelöst, z. B. Kupferchlorid, so erkennt man nach einiger Zeit einen metallischen Überzug, z. B. aus Kupfer, auf der negativen Elektrode. An der anderen Elektrode wird eine Gasbildung beobachtet. Es scheiden sich also Stoffe an den Elektroden ab.

Elektrolyte. Aus dem Experiment 1 lässt sich folgern, dass die Lösungen der genannten Stoffe wanderungsfähige Ladungsträger enthalten. Diese Ladungsträger sind einzelne Ionen, in die sich die Stoffe beim Lösen aufspalten. Solche Stoffe werden als Elektrolyte bezeichnet.
Die folgenden Beispiele zeigen das Lösen von Salzen symbolisch.

Kochsalz: $NaCl \longrightarrow Na^+ + Cl^-$
Kupfersulfat: $CuSO_4 \longrightarrow Cu^{2+} + SO_4^{2-}$.

Stofftransport und Stoffumwandlungen. Liegt an den Elektroden eine Spannung an, so wandern die positiv geladenen Ionen zum Minuspol und die negativ geladenen Ionen zum Pluspol (Bild 2). An den Elektroden werden die Ionen entladen. Bild 4 zeigt dies am Beispiel einer Kupferchloridlösung:
- Die zweifach positiv geladenen Kupferionen wandern zur negativen Elektrode. Dort nehmen sie zwei Elektronen auf; es entsteht neutrales Kupfer, das sich an der Elektrode abscheidet.
- Die negativ geladenen Chlorionen wandern zur positiven Elektrode. Dort geben sie jeweils ein Elektron ab. Es entsteht Chlorgas Cl_2, das in Blasen aufsteigt.

Der Ladungstransport, d. h. der Stromfluss, ist in wässrigen Lösungen immer mit einem Stofftransport und mit Stoffumwandlungen verbunden. Außerdem nimmt die Anzahl der Ionen in der Lösung ab, denn die Stromquelle liefert durch die Zuführungskabel nur Elektronen, aber keine Ionen nach. Da die Anzahl der beweglichen Ladungsträger allmählich kleiner wird, nimmt bei gleich bleibender Spannung die Stromstärke in der Lösung ab.

> Säuren, Basen und wässrige Lösungen von Salzen enthalten bewegliche Ionen. Der Stromfluss in solchen Flüssigkeiten ist mit einem Stofftransport verbunden; an den Elektroden finden dabei Stoffumwandlungen statt.

Schon gewusst?

In flüssigen Metallen wird die elektrische Ladung wie in festen Metallen durch bewegte Elektronen transportiert.

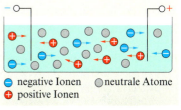

○ negative Ionen ○ neutrale Atome
○ positive Ionen

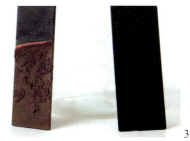

Kupferablagerung an einer Elektrode

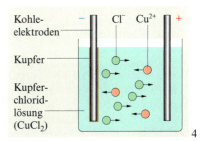

Stoffumwandlungen an den Elektroden bei einer Kupferchloridlösung

Elektrische Leitung in Gasen

Gase leiten unter normalen Bedingungen kaum den Strom. Auch das Gasgemisch Luft ist ein guter Isolator. Selbst bei einer Spannung von 380 000 V kann man gefahrlos unter einer Hochspannungsleitung hindurchlaufen. Würde die Luft den Strom gut leiten, käme es z. B. zwischen den Buchsen einer Steckdose zu einem Stromfluss.

Andererseits ist ein Blitz ein Leitungsvorgang in der Luft. Ladungsunterschiede zwischen der Unterseite einer Gewitterwolke und der Erdoberfläche oder zwischen unterschiedlich geladenen Bereichen einer Wolke gleichen sich bei einem Blitz aus. Wodurch kann Luft leitfähig werden?

EXPERIMENT 2
Ein großer Plattenkondensator wird mithilfe eines Hochspannungsnetzgerätes aufgeladen und danach mit einem Elektroskop verbunden. Der Zeiger des Elektroskops schlägt aus. Bei trockener Luft bleibt der Zeigerausschlag relativ lange erhalten.
Zwischen die Metallplatten wird eine Kerzenflamme gebracht. Der Zeigerausschlag wird beobachtet.

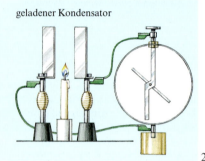

Nachdem die Kerze zwischen die Kondensatorplatten gebracht wird, geht der Zeigerausschlag des Elektroskops zurück. Die Kerzenflamme verändert die Luft so, dass diese leitfähig wird. Welche Vorgänge laufen hierbei ab?

Ionisation. Für den Stromfluss werden durch die Erwärmung mit der Kerzenflamme Ladungsträger bereitgestellt. Bei der Erwärmung wird den Gasmolekülen Energie zugeführt; die Moleküle bewegen sich heftiger. Dabei lösen sich Elektronen aus den Hüllen der Atome. Ein Teil dieser Elektronen wird von neutralen Atomen oder Molekülen eingefangen, sodass neben ungebundenen Elektronen auch positive und negative Ionen vorliegen. Diese Ladungsträger ermöglichen den Stromfluss.

Hört zwischen zwei geladenen Kondensatorplatten die Energiezufuhr auf, so kommt der Prozess der Ionisation der Luft zum Stillstand; die Ionen neutralisieren einander gegenseitig bzw. werden an den Platten entladen. Es fließt dann kein Strom mehr durch die Luft.

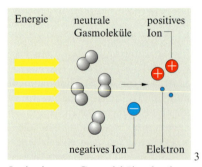

Ionisation von Gasmolekülen durch Energiezufuhr

> Gasatome bzw. -moleküle sind elektrisch neutral. Deshalb sind Gase gute Isolatoren.
> Durch Energiezufuhr, z. B. Erwärmung, wird ein Teil der Gasatome bzw. -moleküle ionisiert. Die entstehenden positiven und negativen Ionen sowie Elektronen bewirken die Leitfähigkeit.

Stoßionisation. Der Luft in unserer Umgebung wird ständig Energie zugeführt, z. B. durch die Sonnenstrahlung. Auch dadurch kommt es zur Ionisation einzelner Moleküle. Die Anzahl der Ionen ist jedoch so klein, dass man bei gewöhnlichen Spannungen keinen Stromfluss durch die Luft beobachten kann.

Das folgende Experiment zeigt eine weitere Möglichkeit, wie man in Gasen Ionen erzeugen und damit die Gase leitfähig machen kann.

Elektrische Leitungsvorgänge

EXPERIMENT 3
In einer luftgefüllten Glasröhre befinden sich zwei eingeschmolzene Elektroden, die an ein Hochspannungsnetzgerät angeschlossen werden. Mithilfe einer Vakuumpumpe wird die Luft allmählich abgesaugt, der Luftdruck in der Röhre sinkt.
Das Innere der Glasröhre wird in einem abgedunkeltem Raum beobachtet. Ein Messgerät zeigt die Stromstärke in der Glasröhre an.

Bei normalem Luftdruck ist das Innere der Röhre dunkel. Nach dem Abpumpen der Luft fließt bei einem Druck von etwa 10 hPa ein schwacher Strom, zugleich leuchtet das Gas auf. Die leuchtende Gassäule ändert beim weiteren Abpumpen Form und Farbe.
In jedem Gas sind immer einige Ionen und Elektronen vorhanden. Diese Ladungsträger werden durch das elektrische Feld zwischen den Elektroden beschleunigt. Sie erreichen dadurch eine so große kinetische Energie, dass sie beim Stoß mit Gasatomen bzw. -molekülen Elektronen herausschlagen können. Im Ergebnis der Stoßionisation wächst die Anzahl der vorhandenen Ladungsträger stark an, im Gas kommt es zu einem Stromfluss.

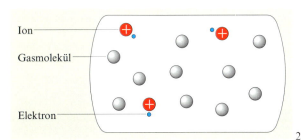
Einzelne Ionen in einem Gas

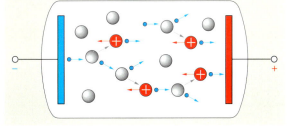
Ionisation durch Stöße im elektrischen Feld

Unter normalen Druckverhältnissen stoßen die vorhandenen Ladungsträger sehr häufig mit den neutralen Gasmolekülen zusammen. Auf den kurzen Strecken zwischen den Stößen werden sie nur wenig durch das elektrische Feld beschleunigt. Bei vermindertem Druck ist die Anzahl der Gasmoleküle geringer, die Ladungsträger werden auf längeren Strecken beschleunigt. Dabei erhalten sie so viel kinetische Energie, dass sie beim Stoß neutrale Moleküle ionisieren können.

> Gase unter geringem Druck können den elektrischen Strom leiten. Vorhandene Ladungsträger werden durch das elektrische Feld beschleunigt. Durch Stoßionisation wächst die Anzahl der Ladungsträger stark an.

Gasentladungsröhren. Röhren, in denen ein Gas unter elektrischer Spannung leitfähig wird, werden auch als Gasentladungsröhren bezeichnet. Gasentladungsröhren werden in der Regel zur Lichterzeugung eingesetzt. Die Leuchtfarbe hängt von der Art des Gases ab (Bild 4).
Bei Leuchtstofflampen wird die Lichtausbeute durch eine Beschichtung an der Innenseite der Glasröhre erhöht. Diese Schicht bestimmt außerdem den Farbton des abgestrahlten Lichtes (siehe S. 74).

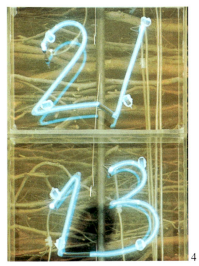
Gasentladungsröhren mit Argon-Füllung

Ladungstransport durch das Vakuum

Die Entdeckung von EDISON. In einem Vakuum befinden sich keine Stoffe. Damit stehen keine Ladungsträger für einen Leitungsvorgang zur Verfügung. Ein Stromfluss durch das Vakuum kann nur stattfinden, wenn Ladungsträger in das Vakuum hineingebracht werden.

Im Jahre 1882 entdeckte der amerikanische Erfinder THOMAS ALVA EDISON erstmalig einen Ladungstransport durch ein Vakuum. Er hatte in den Kolben einer Glühlampe eine Elektrode eingebracht und beobachtete, dass zwischen dem Glühdraht und der Elektrode auch dann ein Strom floss, wenn die Luft aus dem Kolben herausgepumpt worden war. Allerdings konnte EDISON nicht angeben, welche Teilchen sich dabei zwischen Glühdraht und Elektrode bewegten.

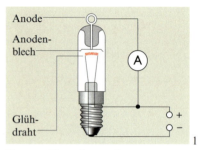

EDISONs Versuchsanordnung

Glühelektrischer Effekt. Schon vor der Entdeckung EDISONs hatten die Physiker mit so genannten Katodenstrahlröhren experimentiert. In einer Katodenstrahlröhre wird eine Platte geheizt und außerdem an den Minuspol eines Hochspannungsnetzgerätes angeschlossen. Diese Platte wird als Katode bezeichnet. Der Katode gegenüber befindet sich die Anode, die mit dem Pluspol des Hochspannungsnetzgerätes verbunden ist. In einem Experiment soll der Stromfluss in einer Katodenstrahlröhre untersucht werden.

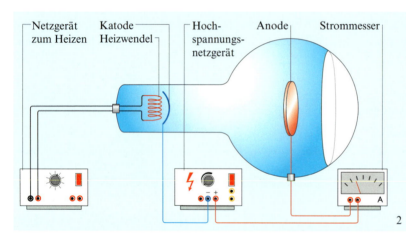

EXPERIMENT 4
Die Elektroden in einer evakuierten Glasröhre werden an ein Hochspannungsnetzgerät angeschlossen. Der Stromfluss wird bei unbeheizter und bei beheizter Katode untersucht.

Nur bei beheizter Katode ist ein Stromfluss feststellbar. 1897 entdeckte JOSEPH JOHN THOMSON, dass dieser Stromfluss durch Elektronen zustande kommt, die aus der Katode austreten. Die Elektronen werden im elektrischen Feld zur Anode hin beschleunigt. Der Minuspol des Hochspannungsnetzgerätes liefert dabei ständig Elektronen nach.

Die Zufuhr von Wärme ist notwendig, um die kinetische Energie der Elektronen zu erhöhen. Erst dadurch können sie aus der Katodenoberfläche heraustreten. Diese Erscheinung wird als glühelektrischer Effekt oder auch als Glühemission von Elektronen bezeichnet.

Auf dem glühelektrischen Effekt beruht die Funktion der Verstärkerröhren, die von 1900 bis 1950 die Entwicklung der Elektronik prägten. Noch heute findet man in manchen Geräten solche Röhren (Bild 3).

> Aus stark erhitzten Metalloberflächen treten Elektronen aus (Glühemission). Diese können in einem elektrischen Feld beschleunigt werden und ermöglichen einen Ladungstransport durch ein Vakuum.

Röhrenverstärker

Elektrische Leitungsvorgänge

Lichtelektrischer Effekt. Eine zweite Möglichkeit, Elektronen in ein Vakuum einzubringen, beruht auf einem Effekt, der 1888 vom deutschen Physiker WILHELM HALLWACHS entdeckt wurde. HALLWACHS experimentierte mit den damals gebräuchlichen sehr hellen Bogenlampen.

EXPERIMENT 5
Eine blanke Zinkplatte wird negativ aufgeladen und mit einem Elektroskop verbunden. Dann wird sie mit dem Licht einer Quecksilberdampflampe beleuchtet. Das Elektroskop wird beobachtet.
Anschließend wird die Zinkplatte positiv aufgeladen und das Elektroskop erneut beobachtet.

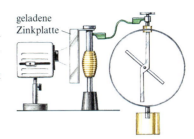

Wenn die Platte negativ geladen ist, bewirkt die Beleuchtung der Platte einen schnellen Rückgang des Zeigerausschlags am Elektroskop. Bei positiver Ladung hat die Bestrahlung keine Auswirkung.
Das Licht der Quecksilberdampflampe löst aus der Metalloberfläche Elektronen heraus. Man bezeichnet diesen Vorgang als äußeren lichtelektrischen Effekt oder Fotoemission. Die negativ geladene Platte wird durch Abgabe von Elektronen entladen.

> Licht kann Elektronen aus der Oberfläche eines Metalls herauslösen.

Fotozelle. Der lichtelektrische Effekt wird auch in Fotozellen genutzt. In ihnen führt sichtbares Licht zur Aussendung von Elektronen. Eine Fotozelle besteht aus einem evakuierten Glaskolben, in dem sich zwei Elektroden befinden. Die Elektrode, die mit dem Minuspol einer Spannungsquelle verbunden wird, ist z. B. mit Cäsium (Cs) oder Cadmiumsulfid (CdS) überzogen. Gegenüber dieser Elektrode befinden sich das Lichteintrittsfenster und eine netzförmige Metallelektrode, die mit dem Pluspol der Spannungsquelle verbunden ist. Diese Elektrode fängt die ausgesandten Elektronen auf, es fließt ein elektrischer Strom.
Fotozellen werden mit Spannungen ab ca. 60 V betrieben. Schwankungen der Helligkeit führen zu Schwankungen des so genannten Fotostromes. Dadurch können optische in elektrische Signale umgewandelt werden.

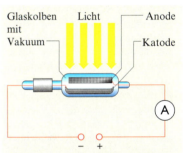

Fotozelle im Stromkreis

Lichttonverfahren. Die ersten Kinofilme waren Stummfilme. Später wurden Bild und Ton mit zwei getrennten Geräten wiedergegeben. Diese Geräte liefen jedoch nie genau gleich schnell, sodass Bild und Ton nicht immer zusammenpassten. Eine Verbesserung ermöglichte die Fotozelle. Neben der Bildfolge wird auf dem Film der Tonstreifen aufgebracht.
Die Breite dieses hellen Streifens wird von rechts und links durch „Zacken" verändert. Die unterschiedliche Schwärzung des Streifens entspricht dem aufgenommenen Ton. Der Tonstreifen wird mit einer kleinen Zusatzlampe durchleuchtet, eine dahinter liegende Fotozelle wandelt die Helligkeitssignale in elektrische Signale um. Diese werden über einen Verstärker und Lautsprecher als Schallschwingungen wiedergegeben.
Das Lichttonverfahren wurde technisch weiterentwickelt und ermöglicht heute Stereotonübertragungen bis zu Frequenzen von 14 kHz. Für den Hörbereich des Menschen (ca. 20 Hz bis 16 kHz) ist diese Qualität ausreichend. Die Kinofilme (35 mm) besitzen nach wie vor eine Lichttonspur. Bei den kleineren 16-mm-Filmen wird eine Magnetspur verwendet.

Lichttonspur an einem Filmstreifen

Braun'sche Röhre

Zu Beginn des 20. Jahrhunderts entwickelte der deutsche Physiker KARL FERDINAND BRAUN die nach ihm benannte Röhre, den Vorläufer der heutigen Fernsehbildröhren. Die wichtigsten Bauteile in der luftleeren Röhre sind die beheizte Katode, der Wehneltzylinder, die Anode, die Ablenkplattenpaare und der Leuchtschirm (Bild 1).

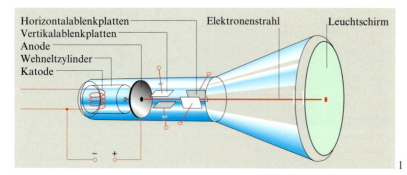

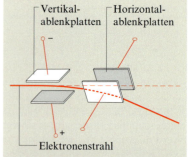

Die von der Katode ausgesandten Elektronen werden durch die hohe Gleichspannung zwischen Katode und Anode beschleunigt und fliegen in Richtung Leuchtschirm. Beim Auftreffen regen sie die Leuchtschicht zum Leuchten an. Die Helligkeit des Leuchtpunktes wird durch den Wehneltzylinder beeinflusst. Er umschließt die Katode und hat nur ein kleines Loch für den Durchtritt der Elektronen. Er besitzt gegenüber der Katode eine regelbare negative Spannung, wodurch viele Elektronen in der Nähe der Katode gehalten werden. Je kleiner der Betrag dieser Spannung ist, umso größer ist die Anzahl der Elektronen, die durch das Loch hindurchtreten.

An jedem Ablenkplattenpaar liegt eine Spannung an (Bild 2). Das elektrische Feld zwischen den Platten lenkt das Elektronenbündel ab. Im Zusammenspiel von Horizontal- und Vertikalablenkung kann jeder Punkt des Leuchtschirms getroffen werden.

Oszilloskop. An die Horizontalablenkplatten (x-Platten) wird eine gleichmäßig zunehmende Spannung angelegt. Dadurch wird das Elektronenbündel von links nach rechts geführt. Dann „kippt" die Spannung: Das Bündel springt nach links zurück. Anschließend wird es wieder gleichmäßig nach rechts geführt. An die Vertikalablenkplatten (y-Platten) wird die Messspannung angelegt, deren zeitlicher Verlauf sichtbar wird (Bild 3).

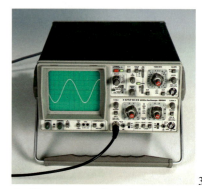

Oszilloskop: Das Bild auf dem Schirm stellt den Verlauf einer Wechselspannung dar, die an den y-Platten anliegt. An den x-Platten liegt eine Spannung an, die den Strahl gleichmäßig nach rechts führt und im richtigen Takt wieder nach links zurückspringen lässt. Bei schlechter Abstimmung „wandert" das Bild.

Fernsehbildröhre. Bildröhren enthalten anstelle der Ablenkplattenpaare Magnetablenkspulen. Die Ablenkung wird über die von den Spulen erzeugten Magnetfelder erreicht. Gebräuchlich sind Ablenkwinkel von 55° nach links und rechts, also insgesamt 110°. Dadurch hat die Röhre trotz großer Bildschirmfläche nur eine geringe Tiefe. Um Flimmereffekte zu verringern, wird das Bild im so genannten Zeilensprungverfahren geschrieben. Der Bildschirm wird in 625 waagerechte Zeilen zu je 550 Leuchtpunkten aufgeteilt. Bei neuen Geräten werden in einer Sekunde jeweils 50-mal die geraden und die ungeraden Bildzeilen geschrieben, also 50 Bilder erzeugt.

In einer Farbbildröhre besteht die Leuchtschicht aus einem feinen Raster von blauen, grünen und roten Leuchtstreifen. Gleichzeitig werden hier *drei Farbbilder* unterschiedlicher Intensität erzeugt. Unser Gehirn setzt sie zu einem Farbbild zusammen. Farbbildröhren haben drei komplette Systeme (Strahlerzeugung, Ablenkspulen) für die Farben Rot, Grün und Blau.

Farbbildröhre

Elektrische Leitungsvorgänge

Strom und Stoffumwandlung

Akkumulatoren. Akkumulatoren sind wiederaufladbare Spannungsquellen. Ihre Funktion beruht darauf, dass bestimmte chemische Reaktionen durch Anlegen einer Spannung umkehrbar sind. In Kraftfahrzeugen werden Bleiakkumulatoren eingesetzt (Bild 1). Jede Zelle eines solchen Akkumulators besteht aus einem Satz Bleiplatten, die den Minuspol bilden und einem Satz Bleioxidplatten, die den Pluspol bilden. Die Zelle ist mit verdünnter Schwefelsäure als Elektrolyt gefüllt und liefert eine Spannung von 2 V. In einem 12-V-Akkumulator sind 6 Zellen hintereinandergeschaltet.

Beim Entladen bildet sich auf *beiden* Platten Bleisulfat ($PbSO_4$). Elektronen wandern durch den äußeren Stromkreis vom Blei zum Bleioxid. Die Reaktionsumkehr wird durch Anschluss des Akkumulators an eine Spannungsquelle (Ladegerät) erzwungen. Dabei bilden sich wieder Blei, Bleioxid und Schwefelsäure.

12-V-Akkumulator eines Pkw

$$Pb + PbO_2 + 2\,SO_4^{2-} + 4\,H^+ \underset{\text{Laden}}{\overset{\text{Entladen}}{\rightleftarrows}} 2\,PbSO_4 + 2\,H_2O$$

Neben den Bleiakkumulatoren sind heute vor allem Nickel-Cadmium-Akkumulatoren (NC-Akkus) im Gebrauch. Den Pluspol bildet ein Plattensatz aus Nickeloxid, den Minuspol ein Satz Cadmiumplatten. Als Elektrolyt wird Kaliumhydroxid (KOH) verwendet. Die Spannung beträgt etwa 1,4 V. NC-Akkus sind relativ leicht und sehr robust. Setzt man dem Elektrolyten Lithiumhydroxid zu, so erhöht sich die Lebensdauer auf etwa 3 000 Lade-Entlade-Zyklen. Solche langlebigen Akkus werden vor allem in hochwertigen elektronischen Geräten eingesetzt.

NC-Akkupack für schnurlose Telefone

Elektrolyse. Die chemische Umwandlung eines gelösten oder geschmolzenen Elektrolyten mithilfe von elektrischem Strom bezeichnet man als Elektrolyse. Bei dieser Umwandlung scheiden sich reine Stoffe an den Elektroden ab.

Die Elektrolyse wird zur Gewinnung von Elementen genutzt, die in der Natur nur in Verbindungen (z. B. in Salzen) vorkommen und kaum durch chemische Reaktionen zu isolieren sind. Beispiele hierfür sind Natrium, Kalium und Aluminium.

An der negativen Elektrode scheiden sich häufig gasförmige Stoffe ab. Auf diese Weise erhält man z. B. Chlor, das ein wichtiger Ausgangsstoff für die Kunststoffherstellung ist. Weiterhin kann man „verschmutzte" Metallverbindungen reinigen. Das wird insbesondere zur Gewinnung hochreinen Kupfers oder Silbers angewendet.

Elektrolysezellen zur Herstellung von Reinkupfer

Oberflächenveredlung – Galvanisieren. Oberflächen aus Chrom, Silber oder Gold sehen nicht nur sehr dekorativ aus, sie haben auch Eigenschaften, die von praktischem Nutzen sind, z. B. korrodieren sie nicht. Da diese Stoffe relativ teuer sind, stellt man in der Regel nicht die gesamten Werkstücke aus den edlen Metallen her, sondern beschichtet nur ihre Oberfläche, man veredelt sie.

Eine Möglichkeit hierfür ist das Galvanisieren mithilfe der Elektrolyse. Das zu beschichtende Werkstück wird als negative Elektrode in einen Elektrolyten gebracht, der das abzuscheidende Metall in Form eines gelösten oder geschmolzenen Salzes enthält. Die positive Elektrode besteht in der Regel aus dem abzuscheidenden Metall oder einem Material, das durch den Elektrolyten nicht angegriffen wird.

Galvanisierte Gegenstände

Leuchtende Gase

Herkömmliche Leuchtstofflampen. Glühlampen wandeln nur etwa 5% der zugeführten Energie in Licht um. Wird dagegen ein Gas durch einen Stromfluss zum Leuchten angeregt, beträgt dieser Anteil etwa 25%.
Leuchtstofflampen sind Glasröhren, in denen ein Unterdruck herrscht und die mit geringen Mengen Argon und Quecksilber gefüllt sind. Diese Gase senden bei Anregung durch den Stromfluss unsichtbares ultraviolettes Licht aus, das durch den Leuchtstoff auf der Innenseite der Glasröhre in sichtbares Licht umgewandelt wird. Bei den Leuchtstoffen handelt es sich um Phosphate, Silicate, Germanate oder Wolframate. Je nach Zusammensetzung des Leuchtstoffs erhält man verschiedene Lichteindrücke, von „kaltem" Weiß bis zu einem angenehmen „Warmton".
Die Schaltung einer Leuchtstofflampe erfüllt zwei Aufgaben.
- Zum „Zünden" sind bei geheizten Elektroden kurzzeitig etwa 450 V notwendig, im Betrieb reichen je nach Röhrenlänge schon etwa 135 V.
- Im Betrieb muss die Stromstärke auf einen bestimmten Wert begrenzt werden, da der Widerstand des Gases mit wachsender Stromstärke sinkt. Denn je größer die Stromstärke ist, desto mehr Ladungsträger werden durch Stoßionisation bereitgestellt.

Parallel zur Lampe wird ein Starter geschaltet. Dabei handelt es sich um eine Glimmlampe mit einer Bimetallelektrode (Bild 2). Beim Einschalten zündet zunächst das Glimmlicht im Starter, die Bimetallelektrode erwärmt sich. Sie krümmt sich und schließt nach 1 bis 2 Sekunden den Starter kurz. Das Glimmen erlischt, die Stromstärke steigt an. Die Elektroden in der Leuchtstofflampe erwärmen sich sehr stark. Sie glühen auf und senden dabei Elektronen in das Füllgas.
Da das Glimmlicht im Starter erloschen ist, kühlt sich das Bimetall ab und öffnet den Stromkreis wieder. Mit der Leuchtstofflampe und dem Starter ist eine Spule, die Drosselspule in Reihe geschaltet (siehe S. 59). Die Unterbrechung des Stromkreises führt in der Drosselspule infolge der Selbstinduktion zu einem Spannungsstoß von über 500 V, wodurch die Leuchtstofflampe zündet. Es fließt nun ein Strom durch das Füllgas.
Die Drosselspule begrenzt durch ihren Widerstand die Stromstärke und sorgt dafür, dass an der Lampe nur etwa 135 V anliegen. Diese Spannung reicht aber nicht mehr zum Zünden der Glimmlampe im Starter; der Starter bleibt nun wirkungslos.
Leuchtstoffröhren haben eine mittlere Lebensdauer von etwa 10 000 Betriebsstunden. Die Lebensdauer hängt auch von der Häufigkeit des Startens ab. Das wiederholte Aufheizen der Glühelektroden beim Starten führt zu einer allmählichen Zerstörung der Elektrodenoberfläche. Bei älteren Röhren erkennt man dies am dunklen Glasbelag in der Nähe der Elektroden. Diese Röhren flackern nur noch unregelmäßig.

Moderne Energiesparlampen. Energiesparlampen sind „kleine" Leuchtstofflampen, die in gewöhnliche Lampenfassungen passen. Zündung und Strombegrenzung erfolgen hier durch eine elektronische Schaltung, die im Inneren des Sockels untergebracht ist. Derartige Lampen zünden sofort und leuchten während ihrer gesamten Betriebszeit flackerfrei. Auch ihre Lebensdauer liegt bei etwa 10 000 Betriebsstunden. Die Vorteile solcher Leuchtstofflampen gegenüber Glühlampen bestehen in der längeren Lebensdauer und der größeren Lichtausbeute bei gleichem Energiebedarf. Die höheren Anschaffungskosten werden dadurch nach einer gewissen Zeit ausgeglichen.

Ein Blick in die Technik

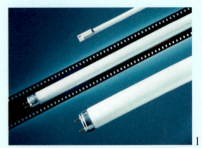

Verschiedene Leuchtstoffröhren

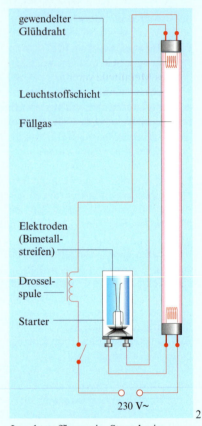

Leuchtstofflampe im Stromkreis

Geöffnete Energiesparlampe

Elektrische Leitungsvorgänge

AUFGABEN

1. a) Erläutere den Leitungsvorgang in Metallen mithilfe des Modells der Elektronenleitung!
   b) Wodurch kommt der Widerstand metallischer Leiter zustande?
   c) Warum leiten Isolatoren nicht?
2. Erläutere Zustandekommen und Merkmale der elektrischen Leitung in einer Flüssigkeit!
3. Vergleiche den Elektronenstrom in Metallen mit dem Ionenstrom in Flüssigkeiten. Nenne Gemeinsamkeiten und Unterschiede!
4. a) Beschreibe den Aufbau und erkläre die Wirkungsweise eines Bleiakkumulators!
   b) Zu welchem Zweck werden oft mehrere Zellen hintereinandergeschaltet?
   c) Was kann durch eine Vergrößerung der Bleiplatten in den einzelnen Zellen bewirkt werden?
5. Erläutere, wie man mithilfe des elektrischen Stromes Metallteile verchromen kann!
6. Welche Möglichkeiten gibt es, um ein Gas (z. B. Luft) elektrisch leitfähig zu machen?
7. Welche Unterschiede und welche Gemeinsamkeiten bestehen zwischen dem Leitungsvorgang in Flüssigkeiten und dem in Gasen?
8. Wie kommt es in Gasen zur Stoßionisation? Beschreibe eine technische Anwendung dieses Vorganges!
9. Beschreibe den glühelektrischen Effekt! Wo wird er angewendet?
10. Was versteht man unter dem lichtelektrischen Effekt?
11. Wie ist eine Fotozelle aufgebaut, wozu wird sie im Kino eingesetzt?
12. a) Beschreibe den Aufbau und erkläre das Wirkprinzip der Braun'schen Röhre!
    b) Wie kann man bei einer solchen Röhre die Helligkeit der Leuchtpunkte auf dem Leuchtschirm verändern?
    c) Womit können in Elektronenstrahlröhren Elektronen abgelenkt werden?
13. Welche Gemeinsamkeiten und Unterschiede bestehen zwischen einer Braun'schen Röhre, einer Schwarzweiß- und einer Farbbildröhre?
14. Eine Wechselspannung soll auf einem Oszilloskop dargestellt werden.
    a) An welche Ablenkplatten wird die Wechselspannungsquelle angeschlossen?
    b) Stelle den Verlauf der Spannung an dem anderen Plattenpaar in einem U-t-Diagramm dar!

ZUSAMMENFASSUNG

	Metalle	wässrige Lösungen	Gase	Vakuum
Ladungsträgerbereitstellung	wanderungsfähige Elektronen sind vorhanden	Elektrolyte (Salze, Säuren, Basen) spalten sich in Ionen auf	– Ionisation durch Energiezufuhr – Stoßionisation	Einbringen von Elektronen durch Glüh- oder Fotoemission
Teilchenstrom	Elektronenstrom	Ionenstrom	Elektronen- und Ionenstrom	Elektronenstrom
Besonderheiten	kein Stofftransport	Stofftransport; Stoffumwandlungen an den Elektroden	Gasteilchen werden zum Leuchten angeregt	Ablenkbarkeit der Elektronenbündel durch elektrische und magnetische Felder
Anwendung	Leitung in Metalldrähten	Elektrolyse, Galvanisieren	Leuchtstofflampen	Oszilloskopröhre, Fernsehbildröhre

Glühelektrischer Effekt: Vorgang, bei dem Elektronen durch Zufuhr von Wärme die Oberfläche eines Körpers verlassen.

Lichtelektrischer Effekt: Vorgang, bei dem Elektronen durch Bestrahlung mit Licht die Oberfläche eines Körpers verlassen.

Stoßionisation: Vorgang in Gasen unter geringem Druck, bei dem beschleunigte Ladungsträger durch Zusammenstöße neutrale Atome oder Moleküle ionisieren. Die Anzahl der beweglichen Ladungsträger im Gas wächst dadurch stark an.

Elektrische Leitung in Halbleitern

Die rasante Entwicklung der Computertechnik wäre ohne den Einsatz moderner Halbleiterbauelemente nicht möglich gewesen.
Was sind eigentlich Halbleiter? Welche Besonderheiten beim Leitungsvorgang in Halbleitern haben die moderne Elektronik ermöglicht?

Halbleiter

Metalle leiten den Strom sehr gut, Isolatoren dagegen fast gar nicht. Halbleiter sind Stoffe, deren Leitfähigkeit zwischen der von Metallen und Isolatoren liegt. Wichtige Halbleiter sind Kohlenstoff (Graphit), Silicium und Germanium, die im Periodensystem der Elemente in der IV. Hauptgruppe stehen. Heute wird vorwiegend Silicium als Halbleiter eingesetzt (Bild 2), das in der Natur im Quarzsand (SiO_2) und in Silicaten vorkommt.

Temperaturabhängigkeit des Widerstands. Sowohl bei Metallen als auch bei Halbleitern ändert sich der elektrische Widerstand mit der Temperatur. Im folgenden Experiment sollen die Temperaturabhängigkeiten miteinander verglichen werden.

Silicium für die Chipherstellung

EXPERIMENT 1
1. Erwärme einen metallischen Widerstandsdraht in einem Bad mit destilliertem Wasser. Miss die Stromstärke bei verschiedenen Temperaturen (U = konst.)!
2. Wiederhole die Messungen an einem Stück einer dünnen Bleistiftmine!
3. Berechne aus den Messwerten für Stromstärke und Spannung jeweils den elektrischen Widerstand!

Bei steigender Temperatur nimmt die Stromstärke in dem metallischen Leiter immer mehr ab, bei einem Halbleiter dagegen nimmt sie zu. Im Metall werden mit steigender Temperatur die Schwingungen der Atome heftiger. Dadurch wächst die Behinderung der wandernden Elektronen, der elektrische Widerstand wird größer.
Auch beim Halbleiter werden die Schwingungen der Atome mit steigender Temperatur heftiger und die Wanderung der Elektronen wird stärker behindert. Jedoch wird hier der elektrische Widerstand bei zunehmender Temperatur kleiner. Diese Temperaturabhängigkeit lässt vermuten, dass bei der Leitung im Halbleiter noch andere Vorgänge ablaufen als im Metall.

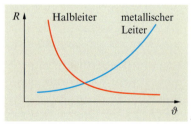
Elektrischer Widerstand in Abhängigkeit von der Temperatur

Elektrische Leitung in Halbleitern

Eigenleitung. Die chemische Bindung zwischen den Atomen in einem Siliciumkristall kann man sich folgendermaßen vorstellen: Ein Siliciumatom hat 4 Außenelektronen; jedes dieser Außenelektronen bildet mit einem Außenelektron eines benachbarten Atoms ein Elektronenpaar. Jedes Siliciumatom ist daher von 4 benachbarten Atomen umgeben (Bild 1).

Die Elektronen sind in den Paaren fest gebunden, wanderungsfähige Ladungsträger können also zunächst nicht zur Verfügung stehen. Infolge der thermischen Schwingungen im Kristall lösen sich jedoch einige Elektronen aus diesen Paarbindungen (Bild 2). Sie stehen dann für den Ladungstransport zur Verfügung. In den ehemaligen Paaren bleiben Fehlstellen, so genannte **Löcher**, zurück, die jeweils wieder ein Elektron aufnehmen können.

Während sich die Elektronen zum Pluspol der Spannungsquelle bewegen, wandern die Löcher durch den Kristall zum Minuspol. Sie verhalten sich dabei wie positive Ladungsträger. Anders als bei Metallen, wo nur ein Elektronenstrom auftritt, tragen im Halbleiter Elektronen und Löcher zum Stromfluss bei. Die Stromstärken der beiden Leitungsarten addieren sich. Die entgegengesetzte Bewegungsrichtung von Elektronen und Löchern ist dabei ohne Bedeutung.

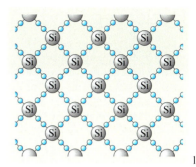

1 Vereinfachte Darstellung der Elektronenpaarbindungen im Siliciumkristall

Übrigens

Die Löcher wandern wie ein leerer Platz in einer Stuhlreihe: Wenn die Personen einzeln nach links rücken, wandert der leere Platz nach rechts.

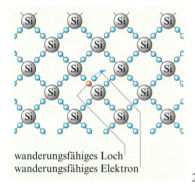
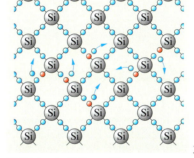

2 Halbleiter bei Zimmertemperatur   3 Halbleiter bei höherer Temperatur

4

Je höher die Temperatur ist, umso mehr Elektronen lösen sich aus den Paarbindungen, die Zahl der Löcher steigt ebenfalls. Dadurch wächst im Experiment 1 die Stromstärke stark an, wenn die Temperatur erhöht wird.

> Die Eigenleitung in einem Halbleiter ist möglich, da stets einige Elektronen aus den Paarbindungen herausgelöst sind.
> Der elektrische Strom in einem Halbleiter kommt durch die Wanderung von Elektronen und Löchern zustande.
> Die Anzahl der Elektronen und Löcher nimmt mit steigender Temperatur zu. Der Widerstand eines Halbleiterbauelements sinkt deshalb mit steigender Temperatur.

5 Thermistoren

Thermistoren. Temperaturabhängige Widerstände aus einem halbleitenden Material werden als Thermistoren bezeichnet. Sie werden vielfach als hochempfindliche Temperaturfühler eingesetzt. Ihr Vorteil gegenüber gewöhnlichen Thermometern besteht darin, dass sie sehr robust sind und auch an schwer zugänglichen Stellen eingebaut werden können, z.B. im Pkw zur Überwachung der Kühlwassertemperatur (Bild 6). Da in den Thermistoren die Stromstärke von der Temperatur abhängt, kann die Anzeige direkt in der Temperatureinheit kalibriert werden.

6 Die Temperaturmessung erfolgt mit einem Thermistor.

Dotierung von Halbleitern

Bei reiner Eigenleitung sind im Halbleiter nur geringe Stromstärken möglich, denn bei Zimmertemperatur kommt auf 10^{10} Atome nur ein Elektronen-Loch-Paar. Um die Anzahl der zur Verfügung stehenden Ladungsträger wesentlich zu erhöhen, werden in den Halbleiter, z. B. Silicium, Fremdatome eingebracht. Dieses gezielte „Verunreinigen" heißt Dotieren. Die Fremdatome im Kristallgitter des Siliciums werden als Störstellen bezeichnet. Der Leitungsvorgang, der durch sie hervorgerufen wird, heißt **Störstellenleitung**. Die Anzahl der wanderungsfähigen Ladungsträger kann im Silicium durch Dotieren ohne Weiteres um den Faktor 10 000 erhöht werden.

n-leitendes Silicium. Werden Atome mit 5 Außenelektronen eingebaut, z. B. Phosphoratome, so können nur 4 der 5 Außenelektronen des Phosphors Paarbindungen mit jeweils einem Außenelektron der 4 benachbarten Siliciumatome eingehen (Bild 1). Das nicht in eine Paarbindung eingebundene fünfte Außenelektron des Phosphors ist leicht abtrennbar und steht als wanderungsfähiger Ladungsträger zur Verfügung. Aufgrund der *negativen* Ladung dieser Elektronen spricht man kurz von n-leitendem Silicium.
Wird an n-leitendes Silicium eine Gleichspannung angelegt, so wandern die Elektronen zum Pluspol. Der Minuspol der Spannungsquelle liefert Elektronen nach, sodass es zu einer beständigen Elektronenwanderung durch den Kristall kommt. Das n-leitende Silicium leitet den Strom wesentlich besser als reines Silicium.

p-leitendes Silicium. Der Einbau von Atomen mit 3 Außenelektronen (z. B. Indium oder Gallium) führt dazu, dass ein Außenelektron von einem der 4 benachbarten Siliciumatome keine Paarbindung eingehen kann (Bild 2). In eine solche Fehlstelle kann aber ein Elektron eines benachbarten Atoms vorübergehend eingebunden werden, an diesem Siliciumatom entsteht dann ein Loch (Bild 3). Durch den Einbau der Fremdatome werden also im Halbleiter zusätzliche wanderungsfähige Löcher bereitgestellt. Da sich diese Löcher wie *positive* Ladungsträger verhalten, spricht man kurz von p-leitendem Silicium.
Wird an p-leitendes Silicium eine Gleichspannung angelegt, so wandern die Löcher zum Minuspol. Am Pluspol der Spannungsquelle werden Elektronen abgesaugt, sodass die Löcher wieder für den Leitungsvorgang zur Verfügung stehen. Auch p-leitendes Silicium leitet den Strom wesentlich besser als reines Silicium.

Das Wandern der Löcher durch den Siliciumkristall kann man sich auch mithilfe eines leeren Platzes in einer Kinositzreihe veranschaulichen. Ein Gast verlässt an einem Ende der Reihe seinen Platz. Er ist sozusagen das Elektron, das vom Pluspol abgesaugt wird. Der leere Platz wird zum Loch, die Gäste in der Sitzreihe können Platz für Platz nachrücken. Dadurch wandert der leere Platz (das Loch) durch die Reihe, bis er am anderen Ende, also am Minuspol ankommt. Dort kann ein Gast, also ein Elektron, wieder Platz nehmen und wird in das Platzrücken in Richtung Pluspol einbezogen.
Die Verhältnisse im p-leitenden Silicium werden noch besser widergespiegelt, wenn in jeder Reihe mehrere freie Plätze (Löcher) vorhanden sind. Dadurch erhöht sich die Anzahl der in einem Moment weiterrückenden Gäste, es kommen in einer bestimmten Zeit mehr freie Plätze am Reihenende, d. h. am Minuspol, an. Das bedeutet, dass mehr Ladungsträger am Stromfluss beteiligt sind und die Stromstärke größer ist.

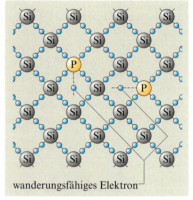

1 n-leitendes Silicium

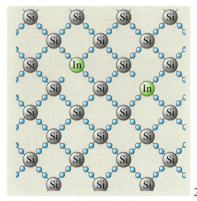

2 Indiumatome im Siliciumgitter

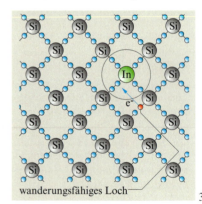

3 p-leitendes Silicium

Schon gewusst?

Fremdatome mit 5 Außenelektronen in einem Siliciumkristall werden als *Donatoren* bezeichnet (lat. *donare* = geben), solche mit 3 als *Akzeptoren* (lat. *akzeptare* = aufnehmen).

Elektrische Leitung in Halbleitern

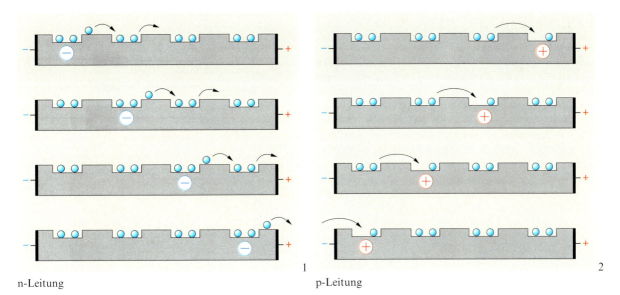

n-Leitung p-Leitung

Durch Dotieren wird die Leitfähigkeit von Halbleitern stark erhöht.
Werden Fremdatome mit 5 Außenelektronen, z. B. Phosphor, in ein Siliciumgitter eingebaut, so stehen zusätzliche Elektronen für den Leitungsvorgang zur Verfügung. Das Silicium wird n-leitend.
Werden Fremdatome mit 3 Außenelektronen, z. B. Indium, eingebaut, so stehen zusätzliche Löcher für den Leitungsvorgang zur Verfügung. Das Silicium wird p-leitend.

pn-Grenzschichten. Von großer technischer Bedeutung ist das Zusammenbringen von p- und n-leitendem Silicium. Dabei bildet sich eine Grenzschicht mit besonderen Eigenschaften aus.
Bedingt durch die thermische Bewegung im Gitter wandern die Elektronen und Löcher in das jeweils benachbarte, anders dotierte Gebiet und vereinigen sich (Bild 3b). Dadurch sinkt in der Grenzschicht die Anzahl wanderungsfähiger Ladungsträger. Das n-leitende Gebiet verarmt an Elektronen, das p-leitende verarmt an Löchern (Bild 3c).
Allerdings sind jetzt im p-Gebiet gegenüber den positiven Ladungen der Atomkerne mehr Elektronen vorhanden, im n-Gebiet fehlen dagegen Elektronen. Der zur Grenzschicht gehörende Bereich des p-Gebiets wird folglich negativ geladen, der im n-Gebiet liegende Teil der Grenzschicht dagegen positiv (Bild 3c).
Die Grenzschicht besteht also aus zwei entgegengesetzt geladenen Zonen. Sie ist insgesamt nur ca. $1\,\mu m = 10^{-6}$ m dick. Die unterschiedlichen Ladungen führen zu einer Spannung in der Grenzschicht. Sie beträgt bei Silicium 0,7 V, bei Germanium 0,1 V. Diese Spannung verhindert, dass sich weitere Elektronen bzw. Löcher in das jeweils anders leitende Gebiet bewegen. Ladungsträger können in diesem Zustand nicht von einem Ende zum anderen Ende des Halbleiters wandern.

Berühren sich ein p- und ein n-leitender Halbleiter, so bildet sich eine Grenzschicht aus, in der fast keine wanderungsfähigen Ladungsträger vorhanden sind. Dadurch wird eine Wanderung von Ladungsträgern durch den Halbleiter verhindert.

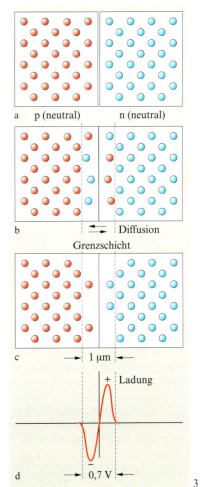

Bewegliche Ladungsträger in einer pn-Grenzschicht

Halbleiterdioden

Aufbau. Eine Halbleiterdiode besteht aus zwei Kristallbereichen mit p- bzw. n-leitendem Silicium, die einander berühren. Die Bereiche sind außen mit Kontaktelektroden versehen. Als Schutz vor Beanspruchungen wird diese Anordnung in Glas oder Kunstharz eingegossen und zur besseren Wärmeabführung manchmal mit einem Metallkühlkörper versehen.
Im Schaltsymbol veranschaulicht der Pfeil die Bewegung der Löcher. Auf dem Gehäuse wird meist das Symbol aufgedruckt, mindestens aber der zur n-Schicht gehörende Kontakt mit einem Ring versehen (Bild 1).

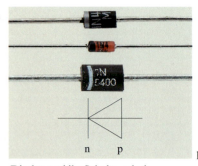

1 Dioden und ihr Schaltsymbol

Sperr- und Durchlassrichtung. Was bewirkt eine Diode, die in einen Gleichstromkreis in Reihe mit einem Strommesser und einer Glühlampe geschaltet wird?

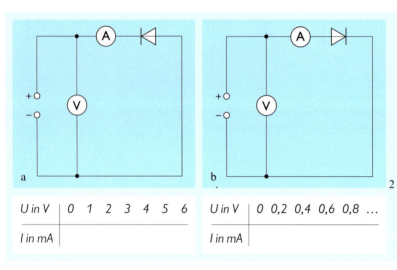

2

EXPERIMENT 2
1. Baue die Schaltung nach dem Schaltplan auf. Lege den Minuspol der Spannungsquelle an die p-Schicht und den Pluspol an die n-Schicht. Miss für Spannungen von 0 V bis 6 V die Stromstärke!
2. Wiederhole die Messungen bei umgekehrter Polung. Miss für Spannungen von 0 V bis 2 V in 0,2-V-Schritten die Stromstärke. Überprüfe, ob die Lampe bei 6 V voll leuchtet!
3. Stelle das I-U-Diagramm (die Kennlinie) für die Diode dar!

Das Verhalten der Diode hängt von der Polung der Spannungsquelle an ihren Anschlüssen ab. Bei der Polung Minus an p und Plus an n fließt so gut wie kein Strom: Die Diode ist in **Sperrrichtung** geschaltet (Bilder 3 und 4). Bei der Polung Minus an n und Plus an p fließt ab einer bestimmten Spannung ein Strom: Die Diode ist in **Durchlassrichtung** geschaltet. Wie ist dieses polungsabhängige Verhalten zu erklären?
Bei der Polung Minus an p und Plus an n werden Löcher und Elektronen aus der Grenzschicht abgesaugt. Die Grenzschicht wird breiter und verarmt noch mehr an wanderungsfähigen Ladungsträgern. Allerdings darf die maximale Sperrspannung nicht überschritten werden. Abhängig vom Typ der Diode liegt die maximale Sperrspannung zwischen 10 V und 150 V.
Bei der Polung Minus an n und Plus an p wird bei einer bestimmten Spannung (bei Silicium etwa 0,7 V) die hemmende Wirkung der Grenzschicht überwunden. Die Grenzschicht wird von Ladungsträgern „überflutet", Elektronen und Löcher können jetzt durch den gesamten Kristall wandern. Die Halbleiterdiode ist leitfähig geworden. Der Widerstand ist jetzt relativ klein, sodass die Stromstärke sehr stark anwächst.

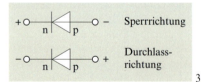

3

> Eine Halbleiterdiode lässt nur in einer Richtung einen Stromfluss zu. Der Strom fließt, wenn der n-leitende Teil mit dem Minuspol und der p-leitende Teil mit dem Pluspol der Spannungsquelle verbunden wird.

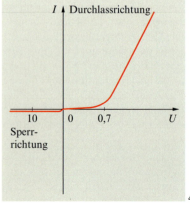

4 Kennlinie einer Siliciumdiode

Elektrische Leitung in Halbleitern

Diode als Gleichrichter. Ein Generator erzeugt auf der Grundlage der elektromagnetischen Induktion eine Wechselspannung. Vor der Einspeisung ins Leitungsnetz wird diese bis auf 380 kV hochtransformiert. Dadurch werden die Übertragungsverluste vermindert. Später wird die Wechselspannung für den Gebrauch im Haushalt heruntertransformiert. In elektronischen Geräten befinden sich Transformatoren, die die Wechselspannung weiter auf 12 V bis 3 V senken.

Die Bauelemente in den elektronischen Geräten benötigen aber in der Regel eine Gleichspannungsquelle. Im Gerät muss deshalb der Wechselstrom in einen Gleichstrom umgewandelt werden (Bild 1). Man nennt diese Umwandlung Gleichrichtung. Nach der Gleichrichtung liegt an den Bauelementen eine Spannung mit konstanter Polung wie beim Betrieb mit einer Batterie an. Wie kann man Wechselstrom gleichrichten?

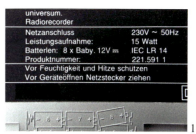

Die Bauelemente dieses Gerätes benötigen eine Gleichspannung von 12 V. Bei Netzbetrieb muss die von 230 V auf 12 V transformierte Wechselspannung gleichgerichtet werden.

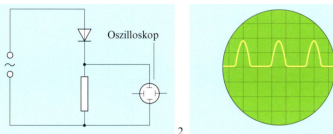

EXPERIMENT 3
Mithilfe eines Oszilloskops wird der zeitliche Verlauf der Wechselspannung, die an einem Widerstand anliegt, dargestellt.
Danach wird eine Diode vorgeschaltet und wieder der zeitliche Verlauf der Spannung dargestellt.

Schaltet man eine Diode in einen Wechselstromkreis, so ermöglicht sie einen Stromfluss nur in eine Richtung, es fließt ein *pulsierender Gleichstrom*. Die Diode wirkt als Stromgleichrichter. Infolge der Wechselspannung wechselt die Polung an den Anschlüssen der Diode periodisch. Dadurch ist die Diode wechselnd in Durchlass- bzw. in Sperrrichtung geschaltet. Strom kann nur dann fließen, wenn die Diode in Durchlassrichtung geschaltet ist.

Allerdings ist diese einfache Methode nicht sehr effektiv, da der Stromfluss immer wieder unterbrochen wird. Zudem würden die Geräte einen Brummton erzeugen. Für den Betrieb elektronischer Geräte muss der pulsierende Strom so verändert werden, dass er dem einer Batterie gleicht, also mit möglichst konstanter Stärke in eine Richtung fließt.

Brückenschaltung. Eine wesentliche Verbesserung erreicht man durch eine Brückenschaltung mit 4 Dioden. In der Brückenschaltung sind stets zwei Dioden in Durchlass- und zwei in Sperrrichtung geschaltet (Bilder 4 und 5). Das Oszilloskopbild zeigt, dass jetzt trotz wechselnder Polungen immer Strom fließt (Bild 6).

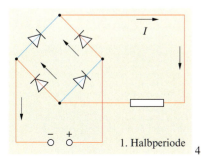
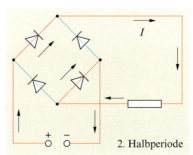
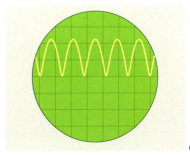

Transistoren

Vor hundert Jahren waren Großkonzerte in Stadien undenkbar, da es noch keine elektronischen Verstärker gab. Die Besucher hätten kaum etwas gehört. Verstärker enthalten Bauteile, die Stromschwankungen verstärken. Diese verstärkten Stromschwankungen werden im Lautsprecher in Schall umgesetzt. Von 1920 bis 1960 wurden zur Verstärkung vorwiegend Röhren verwendet (vgl. S. 70). Danach setzte sich der bipolare Transistor durch, der 1948 von den Amerikanern WILLIAM SHOCKLEY, JOHN BARDEEN und WALTER H. BRATTAIN erfunden worden war.

Transistoren

Aufbau des bipolaren Transistors. Dieser Transistor besteht aus drei Schichten, die jeweils einen Anschluss tragen. Die Schichten heißen
Emitter – stark dotiert, Abkürzung E,
Basis – sehr dünn und schwach dotiert, Abkürzung B und
Kollektor – schwächer als der Emitter dotiert, Abkürzung C.
Die heute verwendeten Transistoren sind oft vom Typ npn. Emitter und Kollektor sind beide n-leitend, die Basis ist p-leitend.

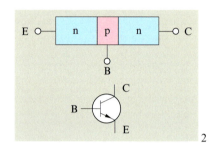

Wirkprinzip und I_C-I_B-Kennlinie. Die Wirkung eines Transistors im Stromkreis wird mit folgendem Experiment untersucht.

 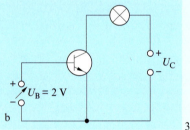

EXPERIMENT 4
1. Schalte gemäß Schaltplan a den Transistor in Reihe zu einer Lampe. Die Basis bleibt frei. Beobachte die Lampe!
2. Schalte gemäß Schaltplan b zusätzlich eine Spannungsquelle zwischen Emitter und Basis. Beobachte erneut die Lampe!

Im ersten Teil des Experiments leuchtet die Lampe nicht. Der Transistor unterbricht den Stromkreis, er „sperrt". Liegt jedoch eine zusätzliche Spannung zwischen Emitter und Basis an (Minuspol am Emitter, Pluspol an der Basis), so leuchtet die Lampe. Der Stromkreis zwischen Emitter und Kollektor ist geschlossen.

Wodurch kommt diese **Schalterwirkung** des Transistors zustande?
Der pn-Übergang zwischen Basis und Kollektor ist in Sperrrichtung geschaltet (Bild 4a). Durch den Transistor kann zwischen Emitter und Kollektor kein Strom fließen, die Lampe leuchtet nicht.
Wird jedoch die Basis mit dem Pluspol einer Spannungsquelle verbunden, so kann zwischen Emitter und Basis ein Strom fließen, denn der pn-Übergang zwischen Emitter und Basis ist in Durchlassrichtung geschaltet (Bild 4). Bei diesem Stromfluss wird die Basis mit Elektronen aus dem Emitter „überflutet". Die vom Emitter her eindringenden Elektronen verhindern, dass Elektronen aus der Kollektorschicht in die dünne Basisschicht eindringen. Dadurch kann sich keine, den Stromfluss behindernde, Ladungsverteilung in der Grenzschicht zwischen Basis und Kollektor ausbilden. Die Elektronen können deshalb vom Emitter durch die sehr dünne Basis zum Kollektor wandern, der mit dem Pluspol der anderen Spannungsquelle verbunden ist. Der Emitter-Kollektor-Stromkreis ist nun geschlossen. Der Basisstrom hat den Kollektorstrom „eingeschaltet".

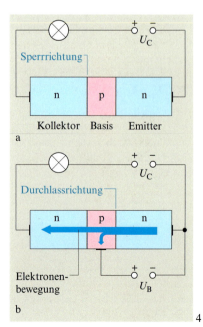

Elektronenbewegung im Transistor

Elektrische Leitung in Halbleitern

Welche Größenordnungen haben Basis- und Kollektorstrom?

EXPERIMENT 5
1. Baue den Stromkreis nach dem Schaltplan auf!
2. Ändere die Basisstromstärke I_B von 0 in Schritten von 0,05 mA und miss jeweils die Kollektorstromstärke I_C!
3. Stelle die Kollektorstromstärke I_C in Abhängigkeit von der Basisstromstärke I_B grafisch dar!

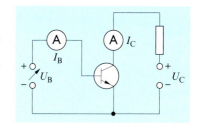

Wie im Experiment 4 fließt auch hier ein Kollektorstrom I_C nur, wenn ein Basisstrom I_B fließt. Außerdem stellt man fest, dass eine kleine Änderung des Basisstromes zu einer großen Änderung des Kollektorstromes führt. Dies wird als **Verstärkerwirkung** bezeichnet. Die I_C-I_B-Kennlinie in Bild 2 zeigt Messwerte für einen Transistor, bei dem eine Änderung des Basisstromes um 0,1 mA stets zu einer Änderung des Kollektorstromes um 14 mA führt. Der Stromverstärkungsfaktor beträgt hier 140.

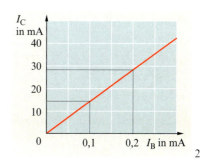

I_C-I_B-Kennlinie eines Transistors

> Ein npn-Transistor besteht aus drei unterschiedlich dotierten Halbleiterschichten, dem Emitter (n), der Basis (p) und dem Kollektor (n).
> Schalterwirkung: Erst ein Basisstrom ermöglicht einen Kollektorstrom.
> Verstärkerwirkung: Kleine Änderungen des Basistromes bewirken große Änderungen des Kollektorstromes.

Anwendungen des Transistors. In der Praxis wird die Emitter-Basis-Spannungsquelle ersetzt: Man schaltet die Basis über einen geeigneten Widerstand an den Pluspol der Emitter-Kollektor-Spannungsquelle. Dadurch kann der Basisstrom fließen.
Ersetzt man diesen Widerstand durch einen Sensor, dessen elektrischer Widerstand von äußeren Einflüssen abhängt, hat man einen Schalter, der z. B. für Alarmanlagen verwendet werden kann.
Um eine Verstärkung zu erreichen, wird das zu verstärkende Signal der an der Basis anliegenden Gleichspannung überlagert. Dadurch ändert sich der Basisstrom geringfügig, der Kollektorstrom entsprechend dem Stromverstärkungsfaktor um ein Vielfaches.

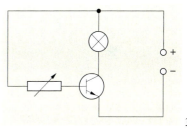

Betrieb eines Transistors mit nur einer Spannungsquelle

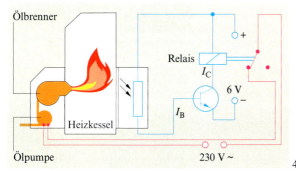

Flammenwächter einer Heizungsanlage: Durch den Fotowiderstand fließt ein kleiner Strom I_B. Der größere Strom I_C fließt durch ein Relais, das den Stromkreis der Ölpumpe geschlossen hält. Erlischt die Flamme, wird der Basisstrom vom Fotowiderstand ausgeschaltet und die Ölzufuhr gestoppt.

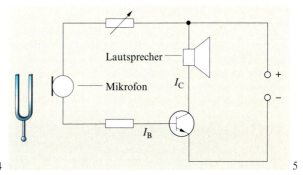

Einfacher Mikrofonverstärker: Der Widerstand des Kohlekörnermikrofons ändert sich im Rhythmus der Schallschwingungen, die von der Stimmgabel ausgehen. Die Stromstärke I_B ändert sich entsprechend und bewirkt eine Änderung von I_C im selben Rhythmus.

Solar- und Brennstoffzellen

Solarzellen. Unsere Stromversorgung beruht zu einem großen Teil auf der Verbrennung fossiler Brennstoffe wie Steinkohle, Braunkohle, Erdöl und Erdgas. Dabei wandeln wir die in Jahrmillionen von den Pflanzen durch Fotosynthese gespeicherte Energie des Sonnenlichts in elektrische Energie um. Der Wirkungsgrad bei der Fotosynthese liegt bei nur 2%, bei Wärmekraftwerken bei etwa 40%. Es liegt nahe, nach Möglichkeiten zu suchen, die Energie des Sonnenlichts direkt in elektrische Energie umzuwandeln. Dies ermöglichen spezielle Halbleiterbauelemente, die Solarzellen.

Solarzellen sind Halbleiterdioden. Sie bestehen aus einer p-leitenden Trägerschicht aus Silicium, auf die eine extrem dünne n-leitende Siliciumschicht (ca. 1 µm dick) aufgedampft ist. Die Kontakte an der Oberfläche sind ein dünnes Metallnetz, sodass viel Licht auf den pn-Übergang fällt. Durch die Energie des absorbierten Lichts wird eine Trennung von Elektronenpaaren bewirkt: Elektronen und Löcher entstehen. Die Elektronen bewegen sich im elektrischen Feld der Grenzschicht am pn-Übergang zur n-Schicht, die Löcher zur p-Schicht. Zwischen der n- und der p-Schicht entsteht eine Spannung von etwa 0,7 V. Im Kurzschluss kann eine Fläche von 1 dm^2 unter optimalen Bedingungen eine Stromstärke von etwa 3 A liefern. Der Wirkungsgrad für die direkte Umwandlung von Licht in elektrische Energie liegt derzeit für großtechnisch produzierte Solarzellen bei 15%, im Labor wurden auch schon 24% erreicht.

Um höhere Spannungen zu erreichen, schaltet man die Zellen in Reihe, für höhere Stromstärken schaltet man sie parallel. Solarzellen eignen sich gut für die Stromversorgung abgelegener Objekte bei geringer Leistung. Für größere Leistungen braucht man eine große Fläche von Solarzellen. In Deutschland kalkuliert man 15 m^2 für 1 kW (bei Sonneneinstrahlung).

Die größte Schwierigkeit jedoch ist die Speicherung der Elektroenergie für Zeiten, an denen die Sonne kaum bzw. gar nicht scheint. Zudem bereitet die Einspeisung des Stromes in das Leitungsnetz Probleme, da der erzeugte Gleichstrom in Wechselstrom umgewandelt werden muss und Spannungsschwankungen infolge unterschiedlicher Helligkeit auszugleichen sind.

Auch wenn die Solarkraftwerke in Deutschland den gewöhnlichen Kraftwerken noch keine Konkurrenz machen können, sind Solaranlagen für südlich gelegene Länder mit schwacher Infrastruktur sehr interessant. Dort kann der Strom in unmittelbarer Nähe von Haushalten und Bewässerungsanlagen bereitgestellt werden (Bild 3).

Brennstoffzellen. Für die Speicherung der elektrischen Energie kann man den elektrischen Strom aus den Solarzellen zur Elektrolyse von Wasser verwenden. Dann wird die elektrische Energie in chemische Energie umgewandelt, der entstehende Wasserstoff kann einfach gespeichert werden.

In so genannten Brennstoffzellen kann die chemische Energie direkt wieder in elektrische umgewandelt werden. Bei einer PEMFC (*Proton Exchange Membrane Fuel Cell*) geben Wasserstoffmoleküle an der Platinelektrode Elektronen ab, es entstehen wanderungsfähige Protonen. Die Platinelektrode nimmt die Elektronen auf, wird also zum Minuspol. Die Protonen diffundieren durch die Membran zur anderen Elektrode und reagieren dort mit Sauerstoff zu Wasser.

Die Spannung zwischen den Polen einer solchen Brennstoffzelle liegt bei 0,6 V bis 0,9 V, der Wirkungsgrad zwischen 40% und 50%. Brennstoffzellen werden zu Testzwecken auch in Pkw eingebaut. Die „Abgase" solcher Autos bestehen aus reinem Wasserdampf, der zu Wasser kondensiert.

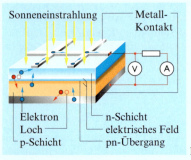

Aufbau einer Solarzelle

Stromversorgung von Scheinwerfern an einer Baustelle

Wasserpumpenstation in Indien

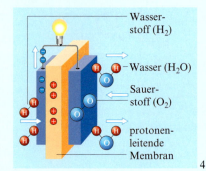

Aufbau einer Brennstoffzelle

Elektrische Leitung in Halbleitern

Projekt

Schaltungen mit Transistoren

Schalt- und Verstärkerwirkung eines Transistors ermöglichen viele unterschiedliche Anwendungen. Die zugehörigen Schaltungen sehen auf den ersten Blick oft recht kompliziert aus. Die folgenden Aufträge können aber helfen, die Wirkungsweise solcher Schaltungen zu verstehen.

AUFTRAG 1
1. Analysiert den Schaltplan, baut die Schaltung auf und erkundet die Wirkungsweise!
2. Informiert euch über weitere Anwendungen zur Schalterwirkung eines Transistors und vergleicht die zugehörigen Schaltpläne. Findet Gemeinsamkeiten und Unterschiede!

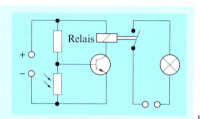

Will man einen bipolaren Siliciumtransistor als Verstärker nutzen, so muss die Basisspannung U_{BE} (Spannung zwischen Basis und Emitter) um den Wert von 0,7 V schwanken. Dies erreicht man, indem man die Betriebsspannung über einen Spannungsteiler aufteilt. Eine kleine Signalspannung wird dann der Basisspannung von 0,7 V überlagert.

AUFTRAG 2
1. Verändert die Spannungsaufteilung mit verschiedenen Kombinationen fester Widerstände. Messt die Spannungen U_{BE} und U_{CB}. Beobachtet, ob die Diode (LED) leuchtet!
2. Setzt für R_1 einen veränderlichen Widerstand ein. Wiederholt die Messungen für verschiedene Einstellungen von R_1!
3. Setzt für R_2 einen veränderlichen Widerstand ein. Wiederholt die Messungen für verschiedene Einstellungen von R_2!

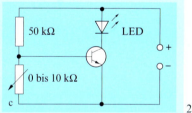

4. Beschreibt eure Beobachtungen und erklärt die Auswirkungen der Widerstandsänderungen!

AUFTRAG 3
1. Baut nach dem Schaltplan eine Schaltung mit zwei Transistoren auf. Die Kontakte A und B werden mit der Hand eines Schülers überbrückt. Erläutert die Funktionsweise der Schaltung. Schätzt ab, wie groß der Strom durch die Hand bei leuchtender Glühlampe ist (der Stromverstärkungsfaktor eines Transistors liegt etwa bei 100)!
2. Entwerft Schaltpläne
   a) für die Überwachung der Temperatur eines Aquariums mithilfe eines Kontaktthermometers,
   b) für einen Feuchtigkeitsmelder im Frühbeet.
   Informiert euch über die notwendigen Sensoren. Entwerft einfache Möglichkeiten zur Realisierung der notwendigen Sensoren!

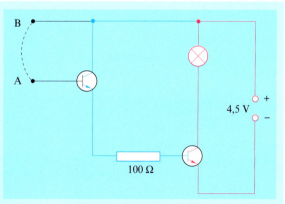

AUFGABEN

1. Vergleiche die Temperaturabhängigkeit des elektrischen Widerstands von Metallen und Halbleitern. Erläutere den Unterschied!
2. An ein Halbleiterbauelement wird eine zunehmende Spannung angelegt. Begründe, dass die Messwerte für die Stromstärke im I-U-Diagramm nicht auf einer Geraden liegen!
3. Erläutere die Arbeitsweise eines Halbleiter-Temperatursensors!
4. a) In welche Richtung wandern die Ladungsträger beim Stromfluss durch einen Halbleiter?
   b) Begründe die Gleichung $I_{ges} = I_{Elektronen} + I_{Löcher}$!
5. a) Welche Auswirkungen hat das Dotieren auf die Leitfähigkeit eines Halbleiterkristalls?
   b) Nenne Atomsorten, mit denen Silicium dotiert wird, um einen p-leitenden bzw. einen n-leitenden Halbleiter zu erzeugen!
   c) Erkläre, warum ein Halbleiterkristall auch bei einer Dotierung elektrisch neutral bleibt!
6. a) Erkläre, warum an einem pn-Übergang der Stromfluss nur in eine Richtung möglich ist!
   b) Erläutere anhand einer Skizze, dass durch die Verteilung der Ladungsträger innerhalb der Grenzschicht eine Spannung auftritt!
7. a) Erkläre, wie man mithilfe einer Diode einen Wechselstrom gleichrichten kann!
   b) Welche Vorteile bietet eine Brückenschaltung?
8. a) Begründe, dass zwischen Emitter und Kollektor eines Transistors ein Strom fließen kann, sobald ein Strom zwischen Emitter und Basis fließt. Gib auch an, warum die Basis des Transistors sehr dünn sein muss!
   b) Auf welche Weise lässt sich der Strom durch einen Transistor steuern? Wie ändert sich dabei der elektrische Widerstand des Transistors?
   c) Wie groß ist (im Idealfall) der Widerstand eines Transistors, wenn er als Schalter eingesetzt wird?
9. a) Wodurch entsteht in einer Solarzelle die elektrische Spannung? Wodurch wird die maximale Stromstärke begrenzt?
   b) Nenne Vorteile und Probleme beim Einsatz von Solarzellen!

ZUSAMMENFASSUNG

Halbleiter
Je höher ihre Temperatur ist, umso kleiner wird ihr elektrischer Widerstand.
Wanderungsfähige Ladungsträger sind sowohl Elektronen als auch Löcher. Sie sind vorhanden, wenn
- Elektronen aus Elektronenpaaren herausgelöst (Eigenleitung) oder
- zusätzliche wanderungsfähige Ladungsträger durch Dotieren eingebracht werden (Störstellenleitung).

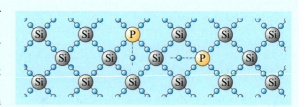

Halbleiterdiode
An einem pn-Übergang kann der Strom nur in eine Richtung fließen.
Sperrrichtung: Der Pluspol liegt an der n-Schicht, der Minuspol an der p-Schicht an. Die Grenzschicht verarmt an Ladungsträgern.
Durchlassrichtung: Der Pluspol liegt an der p-Schicht, der Minuspol an der n-Schicht an. Die Grenzschicht wird von Ladungsträgern überflutet.

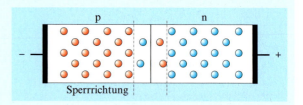

Halbleitertransistor
Ein npn-Transistor besteht aus drei Halbleiterschichten: n (Emitter), p (Basis), n (Kollektor). Ohne Basisstrom fließt kein Kollektorstrom. Fließt ein Basisstrom, so wird auch die Grenzschicht zwischen Basis und Kollektor von Elektronen überflutet. Der Basisstrom steuert den Kollektorstrom.

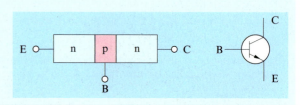

Mechanik

Die Untersuchung von Bewegungen aller Art sowie der Wirkung von Kräften ist Gegenstand der Mechanik.
Man kann die Bewegung fallender Körper, geworfener Bälle, anfahrender Züge oder bremsender Autos mathematisch beschreiben und vorhersagen. Geschwindigkeiten, Beschleunigungen, Massen und Kräfte hängen miteinander zusammen. Isaac Newton hat diese Größen genauer untersucht und in drei Gesetzen zusammengefasst.

Gleichförmige Bewegungen

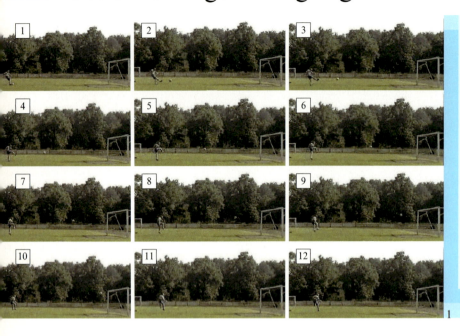

In dieser Videoaufnahme sieht man einen Fußball beim Elfmeterschuss vom Fuß des Schützen an die Torlatte fliegen. Wie lässt sich seine Geschwindigkeit messen? Wird der Ball langsamer oder schneller? Oder bleibt der Betrag der Geschwindigkeit während des Fluges konstant?

Gleichförmige geradlinige Bewegung

Ein Videofilm besteht aus 25 Bildern pro Sekunde. Das bedeutet, dass das Zeitintervall zwischen zwei Bildern 1/25 s = 0,04 s = 40 ms beträgt: Alle 0,04 s entsteht ein neues Bild.

Beim Elfmeterschuss handelt es sich um eine nahezu geradlinige Bewegung. Die Abweichungen von einer geraden Flugstrecke sind sehr klein.

Um die Durchschnittsgeschwindigkeit des Balls zu berechnen, wird die Gesamtflugstrecke vom Elfmeterpunkt bis zur Torlatte durch die benötigte Zeit dividiert. Mit dem Satz des PYTHAGORAS lässt sich die Länge der Strecke ermitteln (die Torhöhe beträgt 2,4 m): Es ergibt sich $s = 11{,}3$ m. Im ersten Bild hat der Ball bereits etwa 30 cm zurückgelegt; daher fliegt er zwischen Bild 1 und Bild 11 eine Strecke von 11 m. (Bild 12 zeigt den von der Latte zurückprallenden Ball.) Die Gesamtflugzeit ist dann die Zeit, in der die folgenden 10 Bilder aufgenommen wurden: $t = 10 \cdot 0{,}04$ s $= 0{,}4$ s. Damit lässt sich die Durchschnittsgeschwindigkeit berechnen:

$$v = \frac{s}{t} = \frac{11 \text{ m}}{0{,}4 \text{ s}} = 27{,}5 \, \frac{\text{m}}{\text{s}} \text{ oder umgerechnet: } v = 99 \, \frac{\text{km}}{\text{h}}.$$

Um eine gleichförmige Bewegung handelt es sich nur, wenn die Geschwindigkeit während der gesamten Flugzeit konstant bleibt. Dann wird in jedem Zeitintervall die gleiche Strecke zurückgelegt, und im Weg-Zeit-Diagramm liegen alle Messpunkte auf einer Geraden.

> Bei einer gleichförmigen Bewegung ist der Betrag der Geschwindigkeit konstant. In gleichen Zeiten werden gleiche Wege zurückgelegt.

Der Filmsequenz kann man die Weg- und die zugehörigen Zeitangaben entnehmen, es ergibt sich das Diagramm in Bild 3. Die Geschwindigkeit des Balls ist nahezu konstant. Die Messwerte weichen jedoch leicht von einer Geraden ab, da der Ball mit der Zeit etwas langsamer wird. Ursache dafür ist der Luftwiderstand.

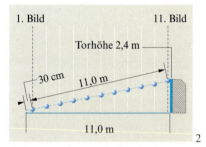

Anfangspunkt und Endpunkt der Bewegung

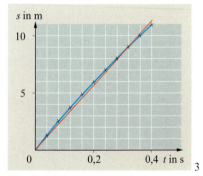

Weg-Zeit-Diagramm für die Bewegung des Fußballs

Gleichförmige Bewegungen

In einem Experiment sollen weitere Bewegungen daraufhin untersucht werden, ob sie gleichförmig verlaufen.

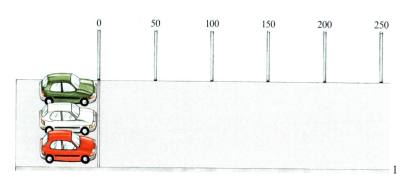

EXPERIMENT 1
Ermittelt für drei elektrisch betriebene Spielzeugautos bzw. -eisenbahnen die Geschwindigkeiten!
1. Messt für jedes Fahrzeug die Zeiten bei den Wegmarken: 0; 50 cm; 100 cm; 150 cm; 200 cm; 250 cm.
2. Tragt die Ergebnisse für die drei Messreihen in ein Weg-Zeit-Diagramm ein.
3. Berechnet die Geschwindigkeiten.

Die Fahrzeuge legen jeweils in gleichen Zeiten gleiche Strecken zurück. Ihre Bewegungen sind gleichförmig. Allerdings sind die Geschwindigkeiten der Fahrzeuge unterschiedlich groß. Je schneller die Bewegung ist, desto steiler verläuft die Gerade im Weg-Zeit-Diagramm (Bild 2).

Die Gleichung $v = s/t$ kann umgeformt werden zu $s = v \cdot t$. Diese Gleichung wird auch als Weg-Zeit-Gesetz für die gleichförmige geradlinge Bewegung bezeichnet. Das Gesetz gibt an, wie groß der Weg s ist, der in der Zeit t zurückgelegt wird. Im Weg-Zeit-Diagramm der gleichförmigen geradlinigen Bewegung stellt die Geschwindigkeit v die Steigung der Geraden dar.

> Das Weg-Zeit-Gesetz für gleichförmige geradlinige Bewegungen lautet:
> $s = v \cdot t$.

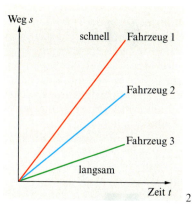

Weg-Zeit-Diagramm für drei unterschiedliche gleichförmige geradlinige Bewegungen

Geschwindigkeit-Zeit-Diagramm. Trägt man für eine gleichförmige geradlinige Bewegung die Geschwindigkeit v über die Zeit t auf, so ist der Graph eine Gerade parallel zur Zeitachse. Bild 3 zeigt das Geschwindigkeit-Zeit-Diagramm eines Körpers, der sich in der Zeit von 0 bis t_1 mit der Geschwindigkeit v_1 bewegt. Die Fläche unter dem Graphen stellt ein Rechteck dar. Für den Flächeninhalt des Rechtecks gilt $A = v_1 \cdot t_1$. Nach dem Weg-Zeit-Gesetz gilt $s_1 = v_1 \cdot t_1$; also ist der Flächeninhalt ein Maß für den Weg s_1, den der Körper zurückgelegt hat.

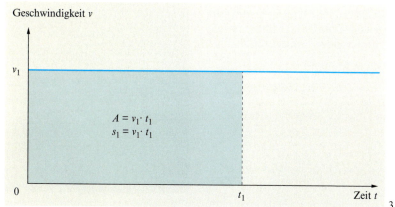

Geschwindigkeit-Zeit-Diagramm für eine Bewegung mit der Geschwindigkeit v_1

Gleichförmige Kreisbewegung

Bisher wurden ausschließlich geradlinige Bewegungen betrachtet, weil sie besonders einfach zu untersuchen und zu beschreiben sind. Wie aber geht man physikalisch mit Fahrten in Kurven um?

Der Betrag der Geschwindigkeit eines Pkw wird vom Tachometer angezeigt. Manche Autos haben eine Digitalanzeige wie die Fahrradtachometer, bei denen man zu jedem Augenblick die Geschwindigkeit besonders genau ablesen kann. Viele US-amerikanische Autos haben einen Tempomat. Für lange Fahrten stellt man ihn auf 65 mph (miles per hour) ein, also 105 km/h – das ist die zulässige Höchstgeschwindigkeit auf vielen Highways. So bleibt der Betrag der Geschwindigkeit des Autos konstant. Das gilt auch für alle Kurvenfahrten. Zwar ändert sich die Richtung der Bewegung, aber die Tachometeranzeige bleibt immer gleich.

Die Richtung der Bewegung ändert sich, der Betrag der Geschwindigkeit bleibt konstant.

Ein spezieller Fall von nicht geradlinigen Bewegungen ist die Kreisbewegung. Bei einem Kinderkarussell bewegen sich alle Körper auf Kreisbahnen. Die Scheibe des Karussells in Bild 2 dreht sich in 10 Sekunden einmal herum. Die Fahrzeuge auf dem Karussell führen jeweils eine gleichförmige Kreisbewegung aus: Der Betrag ihrer Geschwindigkeit bleibt dabei gleich, aber die Bewegung ändert ständig die Richtung.

Die Bahngeschwindigkeit der einzelnen Fahrzeuge lässt sich berechnen, wenn die Länge des zurückgelegten Weges und die dafür benötigte Zeit bekannt sind. Die Messung der Weglänge ist allerdings schwierig, denn die Bahn stellt bei dieser Bewegung einen Kreisbogen dar. Einfacher ist es, den Radius r der Kreisbahn zu messen und daraus den Weg zu berechnen, der bei einer vollen Umdrehung des Karussells zurückgelegt wird: $s = 2\pi \cdot r$. Die Zeit, die ein Fahrzeug auf dem Karussell für eine volle Kreisbahn benötigt, wird Umlaufzeit T genannt. Für die Bahngeschwindigkeit bei der gleichförmigen Kreisbewegung gilt also $v = \dfrac{s}{t} = \dfrac{2\pi \cdot r}{T}$.

Die Bahngeschwindigkeit hängt vom Radius der Kreisbahn ab.

Daraus lassen sich nun die Bahngeschwindigkeiten der Fahrzeuge berechnen, die z. B. in den Abständen $r_A = 2$ m und $r_B = 4$ m um die Achse des Karussells kreisen:

$$v_A = \frac{2\pi \cdot 2\,\text{m}}{10\,\text{s}} = 1{,}26\,\frac{\text{m}}{\text{s}} \qquad v_B = \frac{2\pi \cdot 4\,\text{m}}{10\,\text{s}} = 2{,}51\,\frac{\text{m}}{\text{s}}.$$

Bei gleicher Umlaufzeit verdoppelt sich die Bahngeschwindigkeit, wenn der Abstand verdoppelt wird.

Beispiel
Die Bahn der Erde um die Sonne ist annähernd eine Kreisbahn mit dem Radius $r = 150\,000\,000$ km. Die Umlaufzeit der Erde beträgt 1 Jahr. Welche Strecke legt die Erde auf ihrem Weg um die Sonne in 1 min zurück?

Gesucht: s (in 1 min)
Gegeben: $r = 150\,000\,000$ km
$T = 365\,\text{d} = 365 \cdot 24 \cdot 3600\,\text{s}$
$= 31\,536\,000\,\text{s}$

Lösung: $v = \dfrac{2\pi \cdot r}{T}$

$v = 2\pi \cdot \dfrac{150\,000\,000\,\text{km}}{31\,536\,000\,\text{s}}$

$v = 29{,}9\,\dfrac{\text{km}}{\text{s}}$

$s = v \cdot t$

$s = 29{,}9\,\dfrac{\text{km}}{\text{s}} \cdot 60\,\text{s} = \underline{\underline{1794\,\text{km}}}$

Ergebnis: Die Erde bewegt sich in jeder Minute um etwa 1800 km weiter.

Kreisbahnen mit extrem großem Radius

Gleichförmige Bewegungen

AUFGABEN

1. Überprüfe die Umrechnungsgleichung
   1 m/s = 3,6 km/h!
2. Tachometer zeigen oft Abweichungen vom exakten Wert. Um seinen Tachometer zu überprüfen, fährt ein Fahrer auf der Autobahn einen Weg von 500 m (zwischen zwei Markierungspfosten) in 18,2 s. Der Tacho zeigt dabei 100 km/h an.
   a) Vergleiche die tatsächliche Geschwindigkeit mit der Tachoanzeige!
   b) Äußere dich zu möglichen Messfehlern, die bei dieser Art der Geschwindigkeitsbestimmung auftreten können!
3. Zwei 5 000-m-Läufer laufen mit gleich bleibender Geschwindigkeit. Läufer A erreicht nach 20 min das Ziel und hat dabei 100 m Vorsprung vor Läufer B.
   a) Berechne die Geschwindigkeit der beiden Läufer!
   b) Nach welcher Zeit ist Läufer B im Ziel?
4. Berechne die drei Geschwindigkeiten v_1, v_2 und v_3!

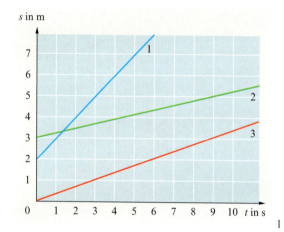

5. Beim Experiment mit einem Spielzeugauto wurden folgende Werte gemessen:

s in m	0	0,3	0,6	0,9	1,2	1,5
t in s	0	1,0	2,1	2,9	4,2	5,1

   a) Zeichne ein s-t-Diagramm für die Bewegung!
   b) Handelt es sich um eine gleichförmige Bewegung?
   c) Zeichne ein v-t-Diagramm!
   d) Ermittle aus dem s-t-Diagramm die Zeit für $s = 1$ m und den Weg für $t = 2,5$ s!
6. Berechne die zurückgelegten Wege s_1, s_2 und s_3!

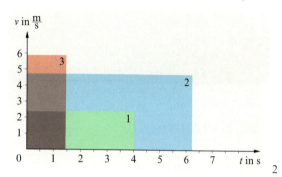

7. Wie groß ist die Geschwindigkeit eines Körpers am Äquator bei der Kreisbewegung, die durch die Erdrotation hervorgerufen wird? (Erdradius: 6 370 km)
8. Ein Satellit befindet sich in 36 000 km Höhe fest über einem Punkt der Erde.
   a) Welchen Weg legt er an einem Tag zurück?
   b) Mit welcher Geschwindigkeit bewegt er sich dabei?

ZUSAMMENFASSUNG

Eine Bewegung mit konstantem Betrag der Geschwindigkeit heißt gleichförmige Bewegung.

Weg-Zeit-Gesetz für gleichförmige Bewegungen: $s = v \cdot t$

Die Geschwindigkeit einer gleichförmigen Bewegung entspricht im Weg-Zeit-Diagramm der Steigung einer Geraden.

Für die Bahngeschwindigkeit bei einer gleichförmigen Kreisbewegung gilt:

$v = \dfrac{s}{t} = \dfrac{2\pi \cdot r}{T}$. r Radius der Kreisbahn

T Umlaufzeit (Zeit für einen vollständigen Umlauf um die Drehachse)

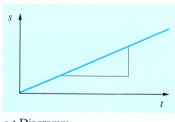

s-t-Diagramm

Gleichmäßig beschleunigte Bewegungen

Bei einem Formel-1-Rennen zählt der Start zu den entscheidenden Momenten. Die Wagen stehen in Zweierreihen, ganz vorn der Trainingsschnellste in der Poleposition. Sobald die Ampeln umgeschaltet sind, versuchen die Fahrer, ihre Wagen maximal zu beschleunigen. Gelingt dem Fahrer in der Poleposition ein guter Start, hat er Chancen seine Führung bis zum Ziel zu verteidigen.
Die Geschwindigkeit der Wagen beim Start des Autorennens nimmt sehr schnell zu. Schon nach 4 Sekunden haben sie 200 km/h erreicht.

Beschleunigung

Für eine Untersuchung im Labor sind solch schnelle Bewegungen wie die der Rennwagen nicht geeignet. Das Schnellerwerden eines Körpers kann aber im folgenden Experiment beobachtet werden:

EXPERIMENT 1
Eine Kugel soll eine schwach geneigte Laufrinne hinabrollen.
1. Schaltet eine Uhr ein, die im 1-s-Takt ein akustisches Signal gibt!
2. Lasst die Kugel beim Ertönen eines Signaltons los!
3. Stellt Stativstäbe so auf, dass sie jeweils beim Ertönen des Signals den Ort der Kugel kennzeichnen!
4. Wiederholt den Vorgang mehrmals!
5. Notiert die Wertepaare für Weg und Zeit in einer Messwertetabelle!
6. Ändert die Neigung der Laufrinne und wiederholt die Messungen!

Mögliche Ergebnisse zeigen die folgende Tabelle und das s-t-Diagramm:

Messwertetabelle		
t in s	Neigung 1 s in m	Neigung 2 s in m
0	0	0
1	0,05	0,08
2	0,20	0,31
3	0,45	0,71
4	0,81	1,25

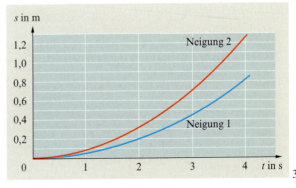

Gleichmäßig beschleunigte Bewegungen

Die Kugel im Experiment 1 wird immer schneller: Die Wege, die sie in gleichen Zeiten zurücklegt, werden immer größer. In jedem Moment hat die Kugel eine andere Geschwindigkeit. Die Geschwindigkeit, die ein Körper in einem Moment besitzt, heißt Augenblicksgeschwindigkeit. Sie lässt sich nicht direkt aus der Messung von s und t bestimmen. Man kann sie jedoch ungefähr ermitteln, indem man die Zeit Δt misst, die der Körper für die kleine Strecke Δs benötigt. Für die Augenblicksgeschwindigkeit gilt dann: $v \approx \Delta s / \Delta t$.

> Bei einer beschleunigten Bewegung ändert sich ständig die Augenblicksgeschwindigkeit.

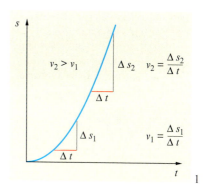

Die Veränderung der Augenblicksgeschwindigkeit soll für die Kugel bei der Neigung 1 genauer untersucht werden:

t in s	s in m	Δs in m	Δt in s	v in m/s
0	0			
		0,05	1	0,05
1	0,05			
		0,15	1	0,15
2	0,20			
		0,25	1	0,25
3	0,45			
		0,36	1	0,36
4	0,81			

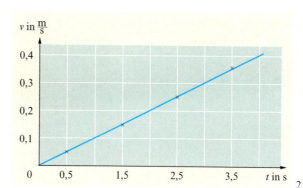

Im v-t-Diagramm ergibt sich eine Gerade. Die Geschwindigkeitsänderung ist in jedem Zeitintervall gleich groß. Man spricht in einem solchen Fall von einer gleichmäßig beschleunigten Bewegung.
Die physikalische Größe, die angibt, wie schnell sich die Geschwindigkeit ändert, heißt Beschleunigung, ihr Formelzeichen ist a.

> Die Beschleunigung gibt an, wie schnell sich die Geschwindigkeit eines Körpers ändert. Das Formelzeichen der Beschleunigung ist a.

Das v-t-Diagramm der gleichmäßig beschleunigten Bewegung in Bild 2 zeigt, dass hier die erreichte Geschwindigkeit der verstrichenen Zeit proportional ist. Die Beschleunigung entspricht der Steigung im v-t-Diagramm.

> Das Geschwindigkeit-Zeit-Gesetz für die gleichmäßig beschleunigte Bewegung lautet: $v = a \cdot t$.

Aus dieser Gleichung lässt sich auch erkennen, welche Einheit die Beschleunigung haben muss: Umformen ergibt $a = v/t$. Setzt man nun für die Geschwindigkeit die Einheit m/s und für die Zeit die Einheit s ein, so ergibt sich als Einheit für die Beschleunigung m/s².

> Die Einheit der Beschleunigung ist $\frac{m}{s^2}$.

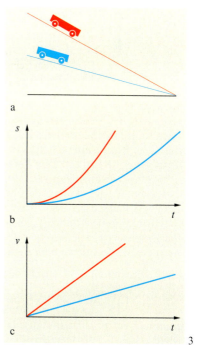

Zwei gleichmäßig beschleunigte Bewegungen mit unterschiedlichem Betrag der Beschleunigung

Um das Weg-Zeit-Gesetz für die gleichmäßig beschleunigte Bewegung zu ermitteln, soll ähnlich wie bei der gleichförmigen Bewegung (S. 89) das v-t-Diagramm betrachtet werden. Der zu einer bestimmten Zeit t_1 zurückgelegte Weg s_1 entspricht auch hier dem Flächeninhalt unter dem Graphen. Der Flächeninhalt s_1 des Dreiecks in Bild 1 lässt sich berechnen als $s_1 = \frac{1}{2} v_1 \cdot t_1$. Setzt man $v_1 = a \cdot t_1$, so erhält man $s_1 = \frac{1}{2} a \cdot t_1^2$.

Allgemein gilt das

> **Weg-Zeit-Gesetz für die gleichmäßig beschleunigte Bewegung:**
> $s = \frac{1}{2} a \cdot t^2$.

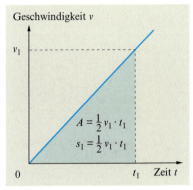

Die Fläche unter dem Graphen im v-t-Diagramm ist ein Dreieck.

Der zurückgelegte Weg ist bei einer gleichmäßig beschleunigten Bewegung proportional zum Quadrat der Zeit: $s \sim t^2$. Der Graph im s-t-Diagramm entspricht daher einer Parabel (siehe Bild 1 auf S. 93).

Beispiel für die Berechnung einer Beschleunigung
Ein Motorradfahrer beschleunigt gleichmäßig aus dem Stand heraus und hat nach 6 Sekunden eine Geschwindigkeit von 108 km/h erreicht. Welchen Weg hat er dann zurückgelegt und wie groß ist seine Beschleunigung?

Gesucht: s, a *Gegeben:* $t = 6$ s; $v = 108$ km/h $= 30$ m/s
Lösung:

1. Berechnung von a:

$a = \frac{v}{t}$

$a = \frac{30 \text{ m}}{\text{s} \cdot 6 \text{ s}} = \underline{\underline{5 \frac{\text{m}}{\text{s}^2}}}$

2. Berechnung von s:

$s = \frac{1}{2} a \cdot t^2$

$s = \frac{1 \cdot 5 \text{ m} \cdot (6 \text{ s})^2}{2 \text{ s}^2} = \underline{\underline{90 \text{ m}}}$

Beispiele für Beschleunigungen (in m/s²)	
Personenzug	0,2 bis 0,3
U-Bahn	0,5 bis 0,8
Pkw	2 bis 5
Motorrad	3 bis 8
Rennwagen	7 bis 10

Ergebnis: Nach 6 Sekunden hat der Motorradfahrer 90 Meter zurückgelegt. Seine Beschleunigung beträgt 5 m/s².

Bremsvorgänge. Bisher wurden nur solche beschleunigten Bewegungen betrachtet, bei denen die Körper immer schneller werden. Aber auch wenn ein Körper langsamer wird, ändert sich seine Geschwindigkeit. Statt von einer Beschleunigung spricht man bei einem langsamer werdenden Körper in der Regel von einer **Verzögerung**. Bild 3 zeigt das v-t-Diagramm eines Bremsvorgangs: Zur Zeit $t = 0$ hat das Fahrzeug die Geschwindigkeit $v_0 = 20$ m/s. Nach 5 s kommt es zum Stillstand. Auch hier ist der Graph eine Gerade, es handelt sich also um eine *gleichmäßig* verzögerte Bewegung: Die Geschwindigkeit vermindert sich in jeder Sekunde um den gleichen Betrag. Der Bremsweg s_B einer solchen Bewegung lässt sich so berechnen wie der Weg bei einer Beschleunigung aus dem Stand. Im v-t-Diagramm ist er durch den Flächeninhalt des Dreiecks gegeben: $s_B = \frac{1}{2} v_0 \cdot t_B = \frac{1}{2} a \cdot t_B^2$.

Das Geschwindigkeit-Zeit-Gesetz lautet bei der verzögerten Bewegung $v = v_0 - a \cdot t$. Dieses Gesetz beschreibt den Verlauf des Graphen im v-t-Diagramm: v_0 entspricht dem Achsenabschnitt auf der v-Achse, der Faktor $-a$ gibt die Steigung der Geraden an.

Die Bremszeit t_B lässt sich berechnen nach $t_B = \frac{v_0}{a}$. Für den Bremsweg ergibt sich daraus $s_B = \frac{v_0^2}{2a}$.

Übrigens

Die Beschleunigung eines Pkw ist in der Regel nicht gleichmäßig. Sie wird bei größeren Geschwindigkeiten immer geringer. Auch das Schalten in einen höheren Gang macht sich im v-t-Diagramm bemerkbar:

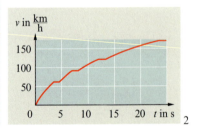

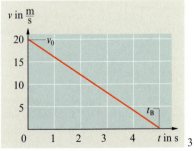

v-t-Diagramm eines Bremsvorgangs mit gleichmäßiger Verzögerung

Freier Fall

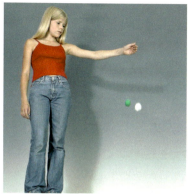

Fallexperiment

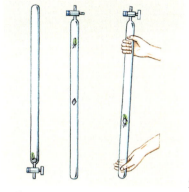

Fallröhre mit Feder und Bleiplättchen

Lässt man Steine, Metallkugeln und kompakte Holzstücke etwa gleicher Größe fallen und beobachtet deren Weg zum Erdboden, so stellt man fest: Alle genannten Körper benötigen für eine gleich lange Fallstrecke etwa die gleiche Zeit – unabhängig von Größe und Material.

Die Geschwindigkeit beim Aufprall ist umso größer, je größer die Fallstrecke ist. Die Geschwindigkeit nimmt während des Fallens ständig zu. Das merkt man an der Heftigkeit, mit der die Gegenstände aufprallen. Man kennt es aber auch vom Springen: Ein Sprung aus 0,5 m Höhe macht in der Regel gar nichts aus, einen Sprung aus 1 m Höhe überlegt man sich schon eher, und aus 1,5 m Höhe kann es schon unangenehm werden.

Lässt man eine Holzkugel, einen Tischtennisball, Papierstückchen oder Vogelfedern aus gleicher Höhe fallen, so erkennt man, dass diese Gegenstände nicht gleichzeitig unten ankommen.

Ursache für diese Unterschiede ist der Luftwiderstand, der bei einer Vogelfeder eine viel größere Wirkung hat als bei einem Bleiplättchen gleicher Masse. Dies kann man auch mithilfe einer so genannten Fallröhre zeigen, in der sich eine Feder und ein Bleiplättchen befinden (Bild 2). Die Röhre wird umgedreht, sodass beide Körper nach unten fallen. Dabei wird das Bleiplättchen immer schneller, während die Feder wegen ihres großen Luftwiderstandes nur langsam nach unten sinkt.

Wird nun die Luft aus der Röhre herausgepumpt und das Experiment wiederholt, fällt die Feder tatsächlich so schnell wie das Bleiplättchen nach unten. Eine solche Bewegung, bei der ein Körper ohne Luftwiderstand nach unten fällt, wird als freier Fall bezeichnet.

Der Luftwiderstand spielt bei kompakten Körpern wie Metallkugeln und bei kleinen Geschwindigkeiten – also etwa beim Fall aus 1 m Höhe – kaum eine Rolle. Daher kann zur Untersuchung des freien Falls ein Experiment wie das folgende durchgeführt werden.

EXPERIMENT 2

Die Fallzeit einer Stahlkugel wird folgendermaßen bestimmt: Die Kugel hängt zunächst an einem Elektromagneten. Zum Starten der Fallbewegung wird der Magnet ausgeschaltet; dies wird von einer elektronischen Uhr registriert. Nach dem Durchfallen der Strecke s trifft die Kugel auf einen Kontakt, der die Uhr stoppt. Die Messung wird für unterschiedliche Fallhöhen durchgeführt.
Die Ergebnisse werden in eine Tabelle eingetragen.

Schon gewusst?

Fallschirmspringer können beim Sprung aus großer Höhe das Öffnen der Schirme eine Weile hinauszögern. Dann werden sie immer schneller, bis sie eine Endgeschwindigkeit von etwa 200 km/h erreicht haben. Bei dieser Geschwindigkeit ist die Luftwiderstandskraft genauso groß wie die Gewichtskraft der Fallschirmspringer. Sie bewegen sich dann gleichförmig nach unten, bis der Schirm geöffnet wird. Dabei wird die Luftwiderstandskraft größer, die Bewegung wird langsamer.

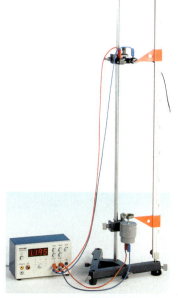

Eine Messreihe aus dem Experiment 2 könnte folgendermaßen aussehen:

s in m	0	0,1	0,2	0,3	0,4	0,5	0,6	0,7	0,8	0,9	1,0
t in s	0	0,14	0,20	0,25	0,28	0,32	0,35	0,38	0,41	0,43	0,45
a in $\frac{m}{s^2}$		10,2	10,0	9,6	10,2	9,8	9,8	9,7	9,5	9,7	9,9

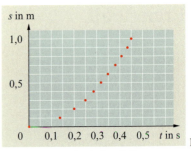

s-t-Diagramm des freien Falls

Bild 1 zeigt das zugehörige s-t-Diagramm. Aus den Messwerten lässt sich erkennen:
- Bei doppelter Fallzeit ist der Fallweg viermal so groß.
- Bei dreifacher Fallzeit ist der Fallweg neunmal so groß.

Der Fallweg s ist proportional zum Quadrat der Fallzeit t: $s \sim t^2$, der Graph im s-t-Diagramm ist eine Parabel. Das ist ein Merkmal einer gleichmäßig beschleunigten Bewegung.

Die Werte für die Beschleunigung a können daher nach dem Weg-Zeit-Gesetz für die gleichmäßig beschleunigte Bewegung berechnet werden. Dazu wird $s = \frac{1}{2} a \cdot t^2$ umgeformt zu $a = \frac{2s}{t^2}$.

Für die Beschleunigung a ergibt sich also beim freien Fall ein Wert von etwa 9,8 m/s² (siehe Tabelle oben). Dieser Wert wird **Fallbeschleunigung g** genannt. Genauere Messungen ergeben für g in Mitteleuropa einen Wert von 9,81 m/s².

> Der freie Fall ist eine gleichmäßig beschleunigte Bewegung. Für den freien Fall gelten die folgenden Gesetze:
>
> Weg-Zeit-Gesetz $\qquad s = \frac{1}{2} g \cdot t^2; \qquad g = 9{,}81 \frac{m}{s^2}$
>
> Geschwindigkeit-Zeit-Gesetz $\qquad v = g \cdot t$

Beispiel: Berechnung der Endgeschwindigkeit
Bei Meisterschaften im Klippenspringen (Bild 2) werden Sprünge aus großen Höhen ausgeführt. Wie groß ist die Geschwindigkeit, mit der ein Springer bei einem Sprung aus 30 m Höhe auf dem Wasser auftrifft? Der Luftwiderstand soll vernachlässigt werden.

Gesucht: v_{End} *Gegeben:* $s = 30$ m

Lösung: Die Geschwindigkeit am Ende der Fallbewegung ist $v_{End} = g \cdot t_{End}$. Die Fallzeit t_{End} lässt sich nach dem Weg-Zeit-Gesetz berechnen:

$t_{End} = \sqrt{\frac{2s}{g}}$, wobei s die gesamte Fallhöhe ist.

Daher gilt: $v_{End} = g \cdot t_{End} = g \cdot \sqrt{\frac{2s}{g}} = \sqrt{2g \cdot s}$.

$v_{End} = \sqrt{2 \cdot 9{,}81 \frac{m}{s^2} \cdot 30 \, m} = 24{,}3 \, \frac{m}{s} = 87{,}5 \, \frac{km}{h}$

Ergebnis: Bei Vernachlässigung des Luftwiderstandes beträgt die Endgeschwindigkeit etwa 88 km/h.
So lässt sich nun für jeden Wert s die Endgeschwindigkeit v (Aufprallgeschwindigkeit) berechnen: $v = 4{,}43 \cdot \sqrt{s}$ mit v in m/s und s in m.

Klippenspringen: Ein Aufprall mit 80 km/h ist nicht ungefährlich.

Untersuchung von fallenden Körpern

Fallende Wassertropfen. Bei Fallexperimenten sind genaue Zeit- und Längenmessungen oft von entscheidender Bedeutung.

AUFTRAG 1
Lasst aus einer Bürette Wassertropfen auf eine Blechdose fallen.
Wählt die Aufeinanderfolge der Tropfen so, dass sich der nachfolgende Tropfen gerade dann von der Bürette ablöst, wenn der vorangehende auf die Dose auftrifft.
Bestimmt mit einer Stoppuhr die Fallzeit eines Tropfens (Ratschlag: Messt die Zeit für 10 Tropfen und dividiert durch 10!).
Messt die Fallhöhe.
Bestimmt die Fallbeschleunigung nach der Gleichung: $g = 2s/t^2$!

Atwood'sche Fallmaschine. Oft fallen die Körper so schnell, dass es schwierig ist, den Beschleunigungsvorgang direkt zu beobachten. Mit der Fallmaschine nach ATWOOD lässt sich ein Fallvorgang verlangsamen und damit besser untersuchen.

AUFTRAG 2
Legt über eine feste Rolle einen Faden mit zwei Wägestücken an jedem Ende, die einander das Gleichgewicht halten. Bringt auf einer Seite ein zusätzliches Plättchen von wenigen Gramm an.
Stellt ein Metronom auf den Zeittakt 1 s. Ermittelt für etwa 10 Zeitintervalle von 1 s den jeweils zurückgelegten Weg.
Überprüft, ob die Beschleunigung $a = 2s/t^2$ konstant ist. Nennt mögliche Fehlerquellen!

Fallschnur. Eine einfache Möglichkeit, die Proportionalität von s und t^2 bei der Fallbewegung nachzuweisen, ist durch eine Fallschnur gegeben.

AUFTRAG 3
Befestigt an einer etwa 3 m langen Schnur kleine Gegenstände in einem solchen Abstand, dass nach dem Loslassen des Fadens die Gegenstände in gleicher zeitlicher Distanz (also in einem festen hörbaren Rhythmus) auf dem Boden auftreffen. Verwendet durchbohrte Kugeln oder Schrauben mit Muttern!
Das Experiment ist umso eindrucksvoller, je länger die Schnur ist. Vielleicht könnt ihr eine lange Schnur im Treppenhaus eurer Schule fallen lassen.

Luftwiderstand beim Fallen. Meist vernachlässigt man den Luftwiderstand bei der Untersuchung von Fallbewegungen. Mit kleinen Körpern aus Papier, die leicht sind und eine große Oberfläche haben, erreicht man einen großen Luftwiderstand. Dann lässt sich die Phase der Beschleunigung von der Phase der gleichförmigen Bewegung unterscheiden.

AUFTRAG 4
Lasst von einer Leiter einen Fallkegel mit der Spitze nach unten fallen und beobachtet die beiden Phasen der Bewegung.
Steckt 2, 3 oder 4 Kegel ineinander und vergleicht jeweils die Längen der ersten Phase und die Geschwindigkeiten in der zweiten Phase.
Vergleicht die Fallbewegung des normalen Kegels mit der eines zusammengeknüllten Kegels!

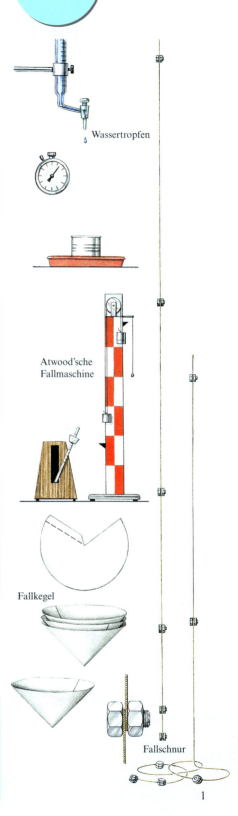

GALILEO GALILEI
(*15. 2. 1564 in Pisa, † 8. 1. 1642 bei Florenz)

GALILEO GALILEI studierte von 1581 bis 1585 in Pisa Medizin, Philosophie und Mathematik. Im Alter von 25 Jahren wurde er Professor für Mathematik an der Universität Pisa und hielt dort Vorlesungen über Planetensysteme. Man vertrat seinerzeit noch die Lehre von PTOLEMÄUS, wonach die Erde und nicht die Sonne im Mittelpunkt steht.

GALILEIs besonderes Forschungsinteresse galt jedoch fallenden Körpern. Allgemein wurde damals die Bewegungslehre von ARISTOTELES anerkannt, nach der schwerere Körper schneller fallen als leichtere. GALILEI konnte nachweisen, dass das Gewicht bzw. die Masse der Körper beim freien Fall keine Rolle spielt. Es ist allerdings eine Legende, dass er hierzu Experimente am schiefen Turm von Pisa durchgeführt hat.

Noch 1590 war GALILEI der Meinung, dass die Geschwindigkeit des fallenden Körpers durch die Differenz der „spezifischen Gewichte" des Körpers und des Mediums, in der Regel Luft, bestimmt würde. Erst 20 Jahre später stellte er Überlegungen an, die ihn zur richtigen Gleichung führten. Der Luftwiderstand war ein wesentliches Problem bei der Erforschung der physikalischen Zusammenhänge. GALILEI schrieb:

„In Quecksilber fällt nur das Gold, während das Blei steigt, im Wasser fallen beide, aber das Gold deutlich voraus, beim freien Fall in Luft sind die Unterschiede minimal. Angesichts dessen glaube ich, dass, wenn man den Widerstand der Luft ganz aufhöbe, alle Körper gleich schnell fallen würden."

So entwickelte GALILEI in seinem berühmten Werk „Discorsi" die Vorstellung von einem Vakuum, wo es keinen Luftwiderstand gibt und die Fallgesetze exakt gelten. GALILEI suchte nach Gleichungen, die die Zunahme der Geschwindigkeit und der zurückgelegten Strecke angeben. Aus dem falschen Gesetz $v \sim s$ leitete GALILEI 1604 durch eine lange Rechnung mit mehreren Fehlern die richtige Gleichung $s \sim t^2$ her. Später erkannte er dann, dass $v \sim t$ gelten muss.

GALILEO GALILEI

GALILEI untersucht die „verlangsamte Fallbewegung" einer Kugel, indem er sie eine schwach geneigte Ebene hinabrollen lässt.

Gleichmäßig beschleunigte Bewegungen

Messungen zu den Fallbewegungen. Erst nach diesen langen theoretischen Überlegungen versuchte GALILEI, seine Gesetze experimentell zu bestätigen. Da Fallbewegungen sehr schnell ablaufen und es noch keine genauen Stoppuhren gab, untersuchte er auf Rinnen herabrollende Kugeln. Er schrieb:
„Auf einem Holzbrett von 12 Ellen (6,7 m) Länge, einer halben Elle Breite und drei Zoll (7,5 cm) Dicke war auf dieser letzten schmalen Seite eine Rinne von etwas mehr als einem Zoll Breite eingegraben. Dieselbe war sehr gerade gezogen, und um die Fläche recht glatt zu haben, war inwendig ein sehr glattes und reines Pergament aufgeklebt. In dieser Rinne ließen wir eine harte, völlig runde und glatt polierte Messingkugel laufen. Nach Aufstellung des Brettes wurde dasselbe auf der einen Seite etwas angehoben, bald eine, bald zwei Ellen hoch; dann ließen wir die Kugel durch die Rinne laufen."
GALILEI maß den Weg, den die Kugel nach 1, 2, 3, 4 Zeiteinheiten zurückgelegt hatte. Als Zeitmaß galt der Pulsschlag oder die Menge Wasser, die aus dem Loch eines Eimers ausfloss. Die Wassermenge wurde genau gewogen. Zum Ergebnis der Messungen schrieb GALILEI: „Bei wohl hundertfacher Wiederholung fanden wir stets, dass die Strecken sich verhielten wie die Quadrate der Zeiten, und dies galt für jede beliebige Neigung der Rinne, in der die Kugel lief." GALILEI hat also erkannt, dass für die Bewegung der Kugel längs der geneigten Ebene wie für den freien Fall gilt: $s \sim t^2$.

Titelbild von GALILEIS „Dialogo"

Astronomische Entdeckungen. Im Sommer 1609 erfuhr GALILEI, der seit 1592 an der venezianischen Universität Padua als Professor für Mathematik tätig war, von der Erfindung eines Fernrohrs in den Niederlanden. Er ließ es mit einigen Verbesserungen nachbauen. Bei seinen Himmelsbeobachtungen machte er einige Entdeckungen: Venusphasen, Mondgebirge, Jupitermonde, Sterne der Milchstraße.

Konflikt mit der Kirche. Von 1610 bis 1633 war GALILEI als Hofmathematiker in Florenz tätig. Er fand viele Belege für das kopernikanische Weltsystem, wonach die Sonne im Mittelpunkt steht und von Planeten umkreist wird. Das widersprach der von der Kirche in Rom vertretenen Lehre vom geozentrischen Weltbild, wonach die Erde im Mittelpunkt steht.
Das Werk „Dialogo" (Dialog über die beiden hauptsächlichen Weltsysteme, das ptolemäische und das kopernikanische) wurde unmittelbar nach seinem Erscheinen vom Papst verboten. 1633 wurde gegen GALILEI ein Inquisitionsprozess angestrengt. Unter Androhung von Folter schwor GALILEI der kopernikanischen Lehre ab, blieb aber unter der Aufsicht der Heiligen Inquisition. Er verfasste die „Discorsi" (Unterredungen und mathematische Darlegungen über zwei neue Wissenschaften, Festigkeit und Bewegtheit), die 1638 erschienen.

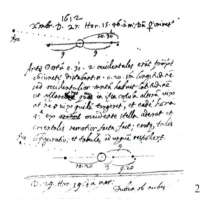

Handschriftliche Aufzeichnungen zu den Jupiterbeobachtungen

Die „Discorsi" sind gleichzusetzen mit dem Beginn der neuzeitlichen klassischen Physik. GALILEIS Physik war die Kinematik. Zur Dynamik fehlte ihm ein geeigneter Kraftbegriff. Auch zur allgemeinen Formulierung des Trägheitsprinzips kam er nicht. Die sollte NEWTON vorbehalten bleiben.
In seinem Schauspiel „Leben des Galilei" hat der deutsche Dichter BERTOLT BRECHT (1898–1956) die Auseinandersetzung GALILEIS mit der Kirche in Rom über die Weltsysteme auf die Bühne gebracht. Das Stück beginnt mit dem Text: „In dem Jahr sechzehnhundert und neun schien das Licht des Wissens hell zu Padua aus einem kleinen Haus. GALILEO GALILEI rechnete aus: Die Sonn steht still, die Erd kommt von der Stell."
GALILEI wurde erst 1992 – 350 Jahre nach seinem Tod – durch den Papst vom Vorwurf der Ketzerei freigesprochen.

Die galileischen Monde des Jupiter

Bewegungsvorgänge in Bildern

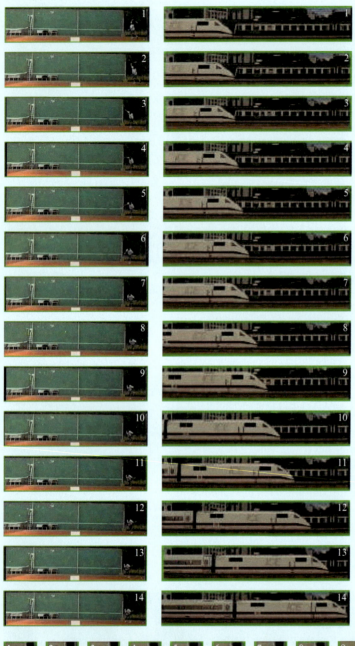

AUFTRAG

Die einzelnen Bilder der Videosequenzen wurden mit unterschiedlichen Zeitabständen Δt aufgenommen. Arbeitet in Gruppen!
1. Messt für jedes Bild den vom Startpunkt aus zurückgelegten Weg. Ermittelt hierzu aus der tatsächlichen Größe der Objekte den Maßstab der Bilder!
2. Fertigt Weg-Zeit-Diagramme an!
3. Beschreibt die Art der Bewegung und berechnet v bzw. a!

Gruppe A:
Tennisaufschlag
$\Delta t = 0{,}04$ s
Abstand Grundlinie–Netz: 11,9 m

Gruppe B:
Anfahren eines ICE
$\Delta t = 0{,}20$ s
Länge des Triebkopfes: 26,7 m

Gruppe C:
Sturz eines Computers
$\Delta t = 0{,}08$ s
Fensterhöhe: 1,46 m
Berechne hier die Fallhöhe!

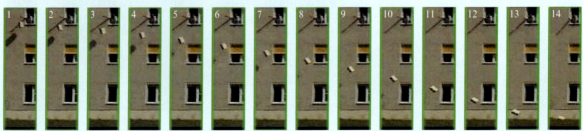

Gleichmäßig beschleunigte Bewegungen

AUFGABEN

1. Berechne die Beschleunigung der Formel-1-Wagen aus den Angaben auf Seite 92. Nimm an, dass es sich um eine gleichmäßige Beschleunigung handelt!
2. Werte das Experiment 1 auf S. 92 für die Neigung 2 aus: Erstelle ein v-t-Diagramm und berechne die Beschleunigung der Kugel!
3. Ein Flugzeug wird beim Start mit $5\ m/s^2$ beschleunigt. Wie lang muss die Startbahn mindestens sein, wenn das Flugzeug nach 20 s abhebt? Mit welcher Geschwindigkeit hebt es ab?
4. Die Raumfähre Endeavour erreicht nach 3 Minuten eine Geschwindigkeit von 5 600 km/h. Wie groß ist ihre (als konstant angenommene) Beschleunigung und welche Strecke hat sie nach 1 min, 2 min und 3 min zurückgelegt?
5. a) Beschreibe die drei Bewegungsvorgänge, die hier als Diagramm dargestellt sind!
   b) Berechne den zurückgelegten Weg für Bewegung A und gib an, ob die Wege bei B und C länger oder kürzer sind als bei A!
6. Erläutere den Unterschied zwischen Durchschnittsgeschwindigkeit und Augenblicksgeschwindigkeit!
7. Ein Motorrad erreicht aus dem Stand nach 6 s die Geschwindigkeit 80 km/h. Ein anderes braucht nur 4 s.
   a) Vergleiche die beiden Beschleunigungen (nimm an, dass die Beschleunigungen gleichmäßig sind)!
   b) Wie viel Meter Vorsprung hat das schnellere Motorrad nach 4 s?
8. Ein Stein fällt in einen tiefen Brunnen. Er schlägt nach 5 Sekunden auf. Wie tief ist der Brunnen?
9. Mit welcher Geschwindigkeit trifft ein Springer vom 10-m-Turm auf der Wasseroberfläche auf?
10. a) Angenommen, ein Fallschirmspringer fällt ohne Luftwiderstand nach unten. Welche Geschwindigkeit hätte er dann nach 2 000 m Fall erreicht?
    b) Welche Geschwindigkeit erreicht er tatsächlich?
    c) Wie kann ein Fallschirmspringer vor dem Öffnen des Schirms seine Sinkgeschwindigkeit erhöhen bzw. verringern?
    d) Skizziere das v-t-Diagramm für einen vollständigen Fallschirmsprung!
11. Stelle den Zusammenhang zwischen der Endgeschwindigkeit beim freien Fall v_{End} und der Fallhöhe s in einem Diagramm dar. Erläutere den Verlauf des Graphen!
12. a) Beschreibe, wie GALILEO GALILEI auf das Weg-Zeit-Gesetz der gleichmäßig beschleunigten Bewegung gekommen ist!
    b) Nenne weitere wichtige Beiträge GALILEIS zur Weiterentwicklung der Physik!

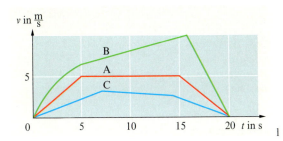

ZUSAMMENFASSUNG

Beschleunigung
Bei einer beschleunigten Bewegung ändert sich ständig die Augenblicksgeschwindigkeit. Die Beschleunigung gibt an, wie schnell sich die Geschwindigkeit eines Körpers ändert.

Formelzeichen der Beschleunigung: a

Einheit der Beschleunigung: $\frac{m}{s^2}$

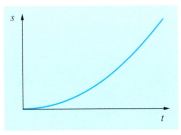

s-t-Diagramm

Gleichmäßig beschleunigte Bewegung
Geschwindigkeit-Zeit-Gesetz: $v = a \cdot t$

Weg-Zeit-Gesetz: $s = \frac{1}{2} a \cdot t^2$

Auch der freie Fall ist eine gleichmäßig beschleunigte Bewegung.
Hier gilt $v = g \cdot t$ und
$$s = \frac{1}{2} g \cdot t^2$$
Fallbeschleunigung: $g = 9{,}81\ \frac{m}{s^2}$

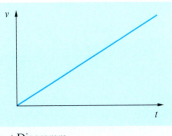

v-t-Diagramm

Zusammengesetzte Bewegungen

In Container-Terminals großer Häfen sorgen Krananlagen dafür, dass das Be- und Entladen effektiv und reibungslos verläuft. Solche Anlagen ermöglichen unterschiedliche Bewegungen.
Der Kran selbst bewegt sich auf Schienen längs des Kais.
Die Laufkatze am Kran bewegt sich quer zum Kai. Außerdem ermöglicht ein Seilzug, der an der Laufkatze angebracht ist, eine vertikale Bewegung zum Heben und Senken von Lasten.

Überlagerung von Bewegungen

Um einen Container vom Lagerplatz zur Schiffsluke zu befördern, gibt es verschiedene Möglichkeiten (Bild 2): Man kann ihn zunächst durch eine Fahrt auf den Schienen am Kai entlang bewegen und ihn dann mithilfe des Laufkatzenmotors an das Schiff heranbefördern. Die Reihenfolge der Bewegungen könnte auch umgekehrt sein: erst quer zum Kai und dann den Kai entlang.
Der kürzeste Weg ist eine Gerade, die man durch gleichzeitigen Betrieb beider Motoren erreicht. Daneben sind viele weitere Wege möglich.

> Die Bewegung eines Körpers kann man sich zusammengesetzt denken aus mehreren Teilbewegungen. Die Bewegungen überlagern sich zu einer resultierenden Bewegung.

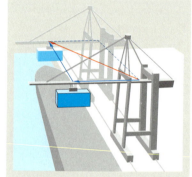

Möglichkeiten zur Transport eines Containers

Welche Bewegung führt ein Paddler aus, der mit seinem Boot einen Fluss überqueren will und sich auf dem strömenden Wasser senkrecht zur Strömungsrichtung bewegt?
Das Boot bewege sich mit der gleich bleibenden Geschwindigkeit v_1 quer zur Strömung. Dann erreicht er das gegenüberliegende Ufer nach der Zeit $t = \frac{s_1}{v_1}$, wobei s_1 die Breite des Flusses ist.

Bei seiner Bewegung senkrecht zur Strömung wird er jedoch flussabwärts getrieben, und zwar mit der Strömungsgeschwindigkeit des Wassers v_2. Nach der Zeit t legt er dabei den Weg $s_2 = v_2 \cdot t$ flussabwärts zurück.
Wenn der Paddler auf das Wasser schaut, nimmt er nur seine Bewegung senkrecht zur Strömung wahr. Es könnte ihn am Ende der Fahrt wundern, dass er nicht im Punkt Z, sondern in Z' ankommt. Ein Beobachter, der die Bewegung von oben betrachtet, sieht dagegen, wie sich der Paddler auf direktem Weg von P nach Z' bewegt.

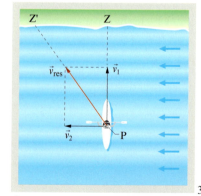

Überquerung eines strömenden Flusses

Wie groß ist bei der tatsächlichen Bewegung die Geschwindigkeit? Da sich das Boot auf dem geraden Weg von P nach Z' bewegt, legt es während der Überfahrt den Weg s_{res} zurück. Also gilt:

$v_{res} = \dfrac{s_{res}}{t}$.

Die Geschwindigkeit ist eine gerichtete physikalische Größe. Man kann sie, ähnlich wie die Kraft, mithilfe eines Pfeils darstellen. Die Länge des Pfeils gibt dann den Betrag der Geschwindigkeit an, die Richtung des Pfeils stimmt mit der Richtung der Bewegung überein.

Bild 1 zeigt, wie man die resultierende Geschwindigkeit des Bootes aus den beiden Geschwindigkeiten $\vec{v}_1$ und $\vec{v}_2$ zusammengesetzt darstellen kann. Der Pfeil für $\vec{v}_{res}$ entspricht der Diagonalen in einem Rechteck. $\vec{v}_1$ und $\vec{v}_2$ stehen in diesem Beispiel senkrecht aufeinander. Daher kann man den Betrag der Geschwindigkeit v_{res} mit dem Satz des PYTHAGORAS berechnen.

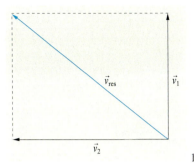

1 Resultierende Geschwindigkeit bei zueinander senkrechten Bewegungen

Die Berechnung der resultierenden Geschwindigkeit ist nicht ganz so einfach, wenn $\vec{v}_1$ und $\vec{v}_2$ nicht senkrecht aufeinander stehen. Dies ist z. B. der Fall, wenn sich ein Flugzeug bei schrägem Rückenwind durch die Luft bewegt. Die resultierende Geschwindigkeit der Einzelbewegungen lässt sich als Diagonale in einem Parallelogramm ermitteln, das man durch Parallelverschiebung der Pfeile für die Einzelgeschwindigkeiten erhält (Bild 2).

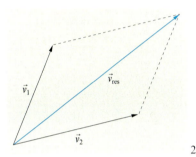

> Die Geschwindigkeit einer Bewegung, die aus zwei Bewegungen mit $\vec{v}_1$ und $\vec{v}_2$ zusammengesetzt ist, kann als Diagonale des von $\vec{v}_1$ und $\vec{v}_2$ aufgespannten Parallelogramms dargestellt werden.

2 Resultierende Geschwindigkeit bei Bewegungen, die nicht senkrecht aufeinander stehen

Besonders einfach lässt sich die Geschwindigkeit einer zusammengesetzten Bewegung bestimmen, wenn die beiden Einzelbewegungen die gleiche Richtung haben oder einander genau entgegengesetzt gerichtet sind. Dies ist der Fall, wenn ein Boot mit der Geschwindigkeit $\vec{v}_1$ relativ zum Wasser stromabwärts oder stromaufwärts fährt. Der Betrag der resultierenden Geschwindigkeit ergibt sich dann als Summe bzw. als Differenz der Einzelgeschwindigkeiten (Bild 3).

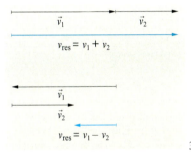

3 Resultierende Geschwindigkeit bei gleich bzw. entgegengesetzt gerichteten Bewegungen

Beispiel
Ein Paddler will einen 50 m breiten Fluss *senkrecht* zur Strömung überqueren. Seine Geschwindigkeit gegenüber dem Wasser beträgt 2 m/s, die Strömungsgeschwindigkeit des Wassers 1 m/s. Nach welcher Zeit erreicht der Paddler sein Ziel?

Gesucht: t *Gegeben:* $v_1 = 2$ m/s
$v_2 = 1$ m/s

Lösung:
Der Paddler muss sich schräg zum strömenden Wasser bewegen. Seine Geschwindigkeit gegenüber dem Wasser muss so gerichtet sein, dass die Strömungsgeschwindigkeit von 1 m/s ausgeglichen wird.

$v_{res} = \sqrt{v_1^2 - v_2^2} = \sqrt{(2\text{ m/s})^2 - (1\text{ m/s})^2} = \sqrt{3}\text{ m/s} = 1{,}73\text{ m/s}$

$t = \dfrac{s}{v_{res}} = \dfrac{50\text{ m}}{1{,}73\text{ m/s}} = \underline{\underline{28{,}9\text{ s}}}$

Ergebnis: Der Paddler benötigt etwa 29 s zur Überquerung des Flusses.

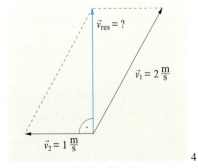

4 v_{res} lässt sich mit dem Satz des PYTHAGORAS berechnen.

Senkrechter Wurf

Wirft man einen Körper, etwa einen Ball, senkrecht nach oben, erreicht er eine bestimmte Höhe (Bild 1). Beim Verlassen der Hand hat der Ball eine Geschwindigkeit $\vec{v_0}$ senkrecht nach oben. Mit dieser Geschwindigkeit würde der Ball seine Bewegung aufgrund der Trägheit fortsetzen, wenn die Schwerkraft nicht vorhanden wäre.

Die Schwerkraft bewirkt eine gleichmäßig beschleunigte Bewegung nach unten (siehe S. 96). Die Geschwindigkeit des Balls wird ständig kleiner, bis zum höchsten Punkt, wo sie null ist.

> Der senkrechte Wurf kann als Überlagerung zweier Bewegungen betrachtet werden: der nach oben gerichteten gleichförmigen Bewegung und der nach unten gerichteten gleichmäßig beschleunigten Fallbewegung.

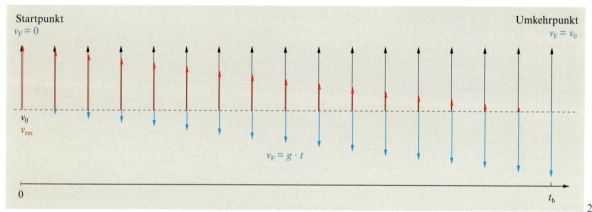

Die resultierende Geschwindigkeit zu verschiedenen Zeitpunkten während des senkrechten Wurfes

Die Geschwindigkeitspfeile beider Teilbewegungen sind einander entgegengesetzt gerichtet (Bild 2). Während v_0 zu jedem Zeitpunkt den gleichen Betrag hat, wird die Geschwindigkeit der Fallbewegung v_F immer größer: $v_F = g \cdot t$. Die resultierende Geschwindigkeit v_{res} zur Zeit t ergibt sich als Differenz der Einzelgeschwindigkeiten: $v_{res} = v_0 - g \cdot t$.

Wenn die Fallgeschwindigkeit v_F so groß ist wie v_0, ist die resultierende Geschwindigkeit null, der Körper befindet sich in Ruhe und fällt gleich darauf wieder nach unten.

Im Umkehrpunkt der Bewegung ist $v_{res} = 0$, also gilt $g \cdot t = v_0$. Damit lässt sich die Steigzeit t_h berechnen: $t_h = \dfrac{v_0}{g}$.

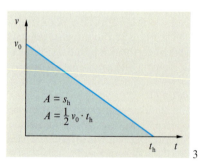

Geschwindigkeit-Zeit-Diagramm des senkrechten Wurfs nach oben

Das Geschwindigkeit-Zeit-Diagramm gleicht dem eines Bremsvorgangs (vgl. S. 94), die Fläche unter dem Graphen entspricht der Steighöhe s_h des geworfenen Körpers (Bild 3).

Also gilt für die Steighöhe: $s_h = \dfrac{1}{2} v_0 \cdot t_h = \dfrac{1}{2} \cdot \dfrac{v_0^2}{g}$.

Beim senkrechten Wurf nach unten überlagern sich ebenfalls zwei Bewegungen, allerdings haben hier beide dieselbe Richtung. Daher gilt für die resultierende Geschwindigkeit: $v_{res} = v_0 + g \cdot t$. Die Fallgeschwindigkeit ist also stets um v_0 größer, als beim Fall aus der Ruhelage.

Übrigens

Nach Erreichen der Steighöhe fällt der Körper (bei Vernachlässigung des Luftwiderstandes) frei nach unten. Der freie Fall kann als zeitliche Umkehrung der Steigbewegung betrachtet werden. Nach der Zeit $t = \sqrt{\dfrac{2 s_h}{g}}$ kommt der Körper wieder bei der Abwurfhöhe an.

Waagerechter Wurf

Beim waagerechten Wurf ist die Abwurfrichtung horizontal. Der geworfene Gegenstand lässt sich jedoch mit bloßem Auge nur schwer in seiner Bahn verfolgen. Mithilfe eines Wasserstrahls lässt sich der Wurf simulieren (Bild 1). Alle Wassertröpfchen verhalten sich wie geworfene Bälle. Wenn man den Wasserstrahl entlang einer Tafel streifen lässt, kann man die Bahn der „geworfenen Tropfen" festhalten (Bild 2).

Die Bewegung lässt sich wie der senkrechte Wurf als Überlagerung zweier Einzelbewegungen betrachten: einer gleichförmigen horizontalen Bewegung und der nach unten gerichteten gleichmäßig beschleunigten Fallbewegung.

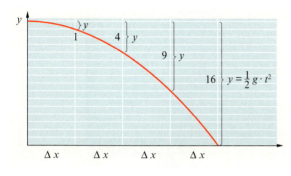

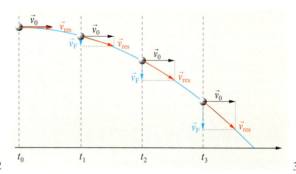

Wie lässt sich die Wurfbahn mathematisch beschreiben?

Für den in horizontaler Richtung zurückgelegten Weg gilt: $x = v_0 \cdot t$.

Für den in vertikaler Richtung zurückgelegten Weg gilt: $y = \frac{1}{2} g \cdot t^2$.

Mit $t = \frac{x}{v_0}$ ergibt sich $y = \frac{1}{2} \cdot \frac{g}{v_0^2} \cdot x^2$, also $y \sim x^2$.

| Die Wurfbahn beim horizontalen Wurf entspricht einer Parabel.

Zur Zeit $t = 0$ ist die Bewegung noch horizontal, v_F ist null (Bild 3). v_F wird dann immer größer gemäß der Gleichung $v_F = g \cdot t$. Dadurch ändern sich ständig Betrag und Richtung von v_{res}.

Die Unabhängigkeit der beiden Bewegungen lässt sich auch durch zwei Experimente mit rollenden Kugeln zeigen:

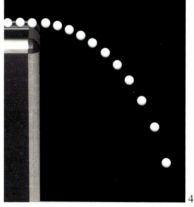

Mit einer Stroboskopaufnahme lässt sich die Wurfparabel sichtbar machen.

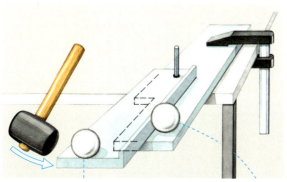

Das Fallen wird durch das Werfen nicht gestört: Beide Kugeln kommen gleichzeitig am Boden an.

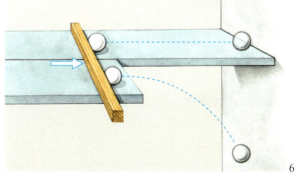

Das Werfen wird durch das Fallen nicht gestört: Beide Kugeln kommen gleichzeitig an der Wand an.

Schräger Wurf

Basketball ist ein athletisches und schnelles Spiel. Die Varianten der Korbwürfe sind sehr vielfältig. Am spektakulärsten sind Treffer mit Sprüngen direkt zum Ring, die Dunkings. Aber in der Regel wird von unterschiedlichen Positionen aus dem Feld auf den Korbring gezielt.

Um beim Basketball einen Korb zu erzielen, muss man sehr exakt werfen. Mit viel Training gelingt es den Spielerinnen und Spielern fast intuitiv, selbst aus großen Distanzen erfolgreich zu sein. Dazu müssen sie eine geeignete Kombination aus Abwurfwinkel und Anfangsgeschwindigkeit wählen.

Wurfweite. Die Wurfweite hängt beim schrägen Wurf, wie beim waagerechten, von der Anfangsgeschwindigkeit ab. Im folgenden Experiment soll untersucht werden, welchen Einfluss der Abwurfwinkel auf die Wurfweite hat. Dabei soll der Endpunkt der Bewegung stets in derselben Höhe wie der Abwurfpunkt sein.

EXPERIMENT 1
Neben einem Wurfgerät wird eine horizontale Platte in Höhe der Mündung aufgestellt. Auf der Platte werden eine Schicht Papier und eine Schicht Kohlepapier ausgelegt, sodass beim Aufschlag einer Kugel eine schwarze Markierung zurückbleibt.
Die Wurfweite wird für verschiedene Abwurfwinkel gemessen.

Ein solches Experiment lässt sich auch im Garten mit einem Wasserschlauch wiederholen. Hier sind die Abwurfgeschwindigkeiten und die Wurfweiten des Wassers deutlich größer.

Die maximale Wurfweite wird im Experiment 1 bei einem Abwurfwinkel von $\alpha = 45°$ erzielt. Außerdem stellt man fest, dass die Wurfweite bei 30° genauso groß ist wie die bei 60°, ebenso gleichen sich die Wurfweiten bei 75° und 15°.

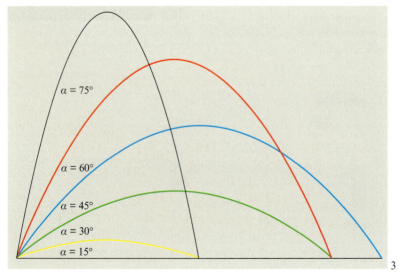

Wurfbahnen bei gleicher Abwurfgeschwindigkeit und unterschiedlichen Abwurfwinkeln α.
Die Wurfweiten bei $\alpha = 45° + x$ sind gleich denen bei $45° - x$.

Schräger Wurf als zusammengesetzte Bewegung. Sowohl der senkrechte als auch der waagerechte Wurf können als zusammengesetzte Bewegungen verstanden werden. In beiden Fällen gibt es eine gleichförmige Bewegung mit der Anfangsgeschwindigkeit $\vec{v}_0$, der eine beschleunigte Fallbewegung mit der Geschwindigkeit $\vec{v}_F$ überlagert wird. Der Betrag von $\vec{v}_F$ wird mit der Zeit größer: $v_F = g \cdot t$.

Beim schrägen Wurf kann man sich die *gleichförmige* Bewegung zusammengesetzt denken aus einem Anteil in horizontaler Richtung mit der Geschwindigkeit $\vec{v}_{0x}$ und einem Anteil in vertikaler Richtung mit der Geschwindigkeit $\vec{v}_{0y}$.

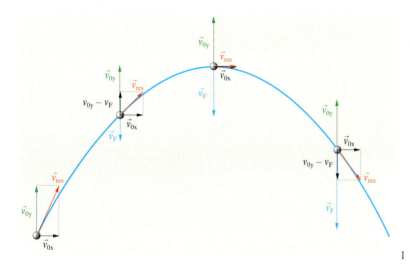

v_{0x} und v_{0y} bleiben konstant, v_F nimmt immer mehr zu.
Die resultierende Geschwindigkeit $\vec{v}_{res}$ verläuft stets tangential zur Wurfbahn.

1

Einfluss des Luftwiderstands auf die Wurfbahn. Der Luftwiderstand hemmt die Bewegung der geworfenen Körper. Er beeinflusst beim schrägen Wurf nicht nur den Betrag der Geschwindigkeit, sondern auch die Form der Wurfbahn. Der Einfluss ist umso größer, je größer die Abwurfgeschwindigkeit ist. Die Bahn des Wasserstrahls aus einem Feuerwehrschlauch verläuft im zweiten Teil der Bewegung steiler als im ersten (Bild 3); der Luftwiderstand vermindert die Wurfweite. Eine solche Bahn wird auch als ballistische Kurve bezeichnet (Bild 2).

Einen anderen Effekt gibt es beim Werfen von Diskus- oder Frisbeescheiben. Hier bewirkt der Auftrieb eine Verlängerung der Flugbahn gegenüber der Wurfparabel. Die Scheiben werden übrigens in Rotation versetzt, um die Schräglage zu stabilisieren (Bild 4).

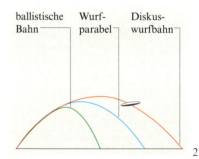

2

3 Das Wasser kommt mit großer Geschwindigkeit aus der Spritze, die Wurfbahn verläuft asymmetrisch.

4 Der Diskus wird in Schräglage abgeworfen und erhält dadurch Auftrieb.

Große Sprünge

1 Känguru

2 Frosch

3 Floh

Zu den bekanntesten Weitspringern unter den Tieren zählen Kängurus, Frösche und Flöhe. Manche Kängurus springen mühelos 10 m weit und erreichen bei ihrer Art der Fortbewegung Geschwindigkeiten bis zu 80 km/h. Heuschrecken und Springfrösche übertreffen mit Sprüngen von 2 m ihre eigene Körperlänge um das 30fache. Ungeschlagen in dieser Disziplin bleibt jedoch der Floh, der sich mit einem Sprung von 0,6 m um das 200fache seiner Körperlänge fortbewegen kann (aus dem „Stand"!). Die Leistungen des Menschen sind vergleichsweise bescheiden: Der Weltrekord im Weitsprung liegt seit langem bei etwa 9 m, genauer: 1968 bei 8,90 m und seit 1991 bei 8,95 m. Der Mensch bewältigt also maximal das 5fache seiner Körperlänge.

Sprungweiten einiger Tiere	
Antilope	10 m
Floh	0,6 m
Gibbon	12 m
Känguru	10 m
Rothirsch	11 m
Springfrosch	2 m
Tiger	5 m

Technik des Weitsprungs. Um eine große Weite zu erreichen, braucht man eine hohe Geschwindigkeit beim Absprung. Sie allein führt jedoch noch nicht zum Erfolg. Man muss auch dafür sorgen, möglichst lange in der Luft zu bleiben, erst dann wird die Sprungweite $w = v_{0x} \cdot t$ optimal. Daher muss man versuchen, im Absprung auch möglichst weit nach oben zu springen, also die Arme nach oben zu reißen. Die Kunst besteht darin, bei dieser Sprungbewegung nach oben die Vorwärtsbewegung nicht zu verlangsamen.

Beim Weitsprung handelt es sich um einen schiefen Wurf; der Schwerpunkt der Körpers folgt etwa einer Wurfparabel. Allerdings liegt die Höhe des Schwerpunktes beim Landen tiefer als beim Absprung. Daher ist der optimale Absprungwinkel kleiner als 45°. Außerdem wird die Flugbahn dadurch verlängert, dass beim Landen die Beine nach vorn gestreckt werden.

4 Der legendäre Weltrekord-Sprung von BOB BEAMON bei der Olympiade 1968

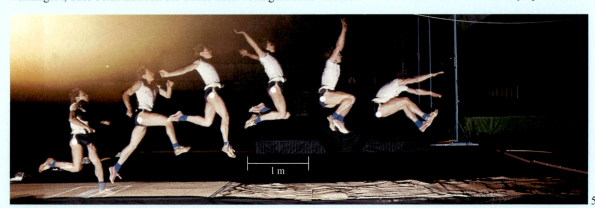
5 Stroboskop-Aufnahme eines Weitsprungs; $\Delta t = 0{,}12$ s.

Zusammengesetzte Bewegungen

AUFGABEN

1. In einem Zug, der mit 72 km/h fährt, geht ein Passagier vom letzten zum ersten Wagen (120 m in 2 min). Mit welcher Geschwindigkeit bewegt sich der Reisende relativ zum Zug bzw. relativ zur Umgebung?
2. Ein Flugzeug benötigt für eine geradlinige 10 km lange Strecke 1,5 min. Bei starkem Gegenwind benötigt es 2 min. Wie groß ist dann die Windgeschwindigkeit?
3. Ein Schwimmer kann in ruhendem Gewässer eine Geschwindigkeit von 0,8 m/s längere Zeit durchhalten. In einem Fluss mit einer Strömungsgeschwindigkeit von 0,3 m/s schwimmt er einmal mit der Strömung, einmal gegen sie und einmal senkrecht zu ihr. Berechne die jeweilige Geschwindigkeit über Grund!
4. Eine Kugel rollt mit $v = 3$ m/s über das Ende einer 1 m hohen Tischplatte.
   a) Wann schlägt sie auf dem Boden auf?
   b) Wo schlägt sie auf?
5. Mit welcher Geschwindigkeit muss man senkrecht nach oben springen, um eine Höhe von 1 m bzw. 1,50 m zu erreichen?
6. Wie groß muss die Geschwindigkeit eines Tennisballs sein, der waagerecht als *Drive* über das Netz fliegt und die Grundlinie berühren soll (Netzhöhe: 0,915 m, Entfernung Netz–Grundlinie: 11,9 m)? Gilt das auch für *Topspin* und *Slice*?
   Hinweis: Berechne zunächst die Flugdauer von der Netzhöhe zum Boden!
7. Ein Eiskunstläufer ist während eines Sprungs 0,7 s in der Luft. Welche Absprunggeschwindigkeit ist notwendig? Welche Sprunghöhe wird erreicht?
8. Beim vertikalen Wurf nach oben ist die Fallzeit gleich der Steigzeit. Wie kann man das erklären?
9. Formt aus einem Blatt Papier einen luftigen Ball. Werft ihn mit großer Geschwindigkeit schräg nach oben ab, beobachtet seine Flugbahn von der Seite und beschreibt sie!
10. Begründe, dass die Wurfbahnen von Tischtennisball und Diskus keine Wurfparabeln darstellen!
11. a) Erläutere die einzelnen Bewegungsabläufe beim Weitsprung!
    b) Werte das Bild 5 auf S. 108 aus. Bestimme die Geschwindigkeit der Vorwärtsbewegung, die Sprunghöhe (bezogen auf den Schwerpunkt) und den Absprungwinkel!
12. Ein Stein wird unter einem Winkel von 45° mit einer Geschwindigkeit von 10 m/s abgeworfen. Wurfhöhe und Wurfweite sollen bestimmt werden. Berechne dazu der Reihe nach:
    a) die Geschwindigkeit v_{0x} nach vorn und die Geschwindigkeit v_{0y} senkrecht nach oben,
    b) die Steigzeit t_h und die Fallzeit t_F,
    c) die Steighöhe s_h,
    d) die Wurfweite w!
13. a) Zeichne das Geschwindigkeit-Zeit-Diagramm für einen Stein, der mit 5 m/s senkrecht nach *unten* geworfen wird!
    b) Berechne die Geschwindigkeit nach 3 s (bei Vernachlässigung des Luftwiderstandes)!
    c) Ermittle aus dem v-t-Diagramm den nach 3 s zurückgelegten Weg. Ordne die unterschiedlichen überlagerten Bewegungen den Flächen im v-t-Diagramm zu!

ZUSAMMENFASSUNG

Die Bewegung eines Körpers kann man sich zusammengesetzt denken aus mehreren Teilbewegungen.

Wurfbewegungen kann man als Überlagerung zweier Bewegungen betrachten: einer gleichförmigen Bewegung mit der Geschwindigkeit v_0 und der gleichmäßig beschleunigten Fallbewegung, deren Geschwindigkeit v_F ständig zunimmt: $v_F = g \cdot t$.

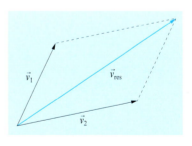

Senkrechter Wurf nach oben
$\vec{v}_0$ ist nach oben gerichtet, die Zunahme des Betrages von $\vec{v}_F$ bewirkt, dass die resultierende Geschwindigkeit immer kleiner wird. $t_h = \dfrac{v_0}{g}$

Waagerechter und schräger Wurf
$\vec{v}_0$ ist horizontal bzw. schräg gerichtet, die Zunahme des Betrages von $\vec{v}_F$ bewirkt, dass die Wurfbahn bei Vernachlässigung des Luftwiderstandes eine Parabel ist.

Kräfte – Newton'sche Gesetze

Eine Kraft hat einen Angriffspunkt, eine Richtung und einen Betrag. Wirken zwei Kräfte in der gleichen oder entgegengesetzten Richtung, kann man ihre Beträge addieren oder subtrahieren. Wie aber kann man die Wirkung von Kräften bestimmen, die unter beliebigen Winkeln an einem Punkt angreifen? Welcher Belastung muss das Seil dieses Skilifts standhalten, dessen Kabinen jeweils mit einer Gewichtskraft von 5 kN senkrecht nach unten ziehen?

Kräfteparallelogramm

Um Halogenlampen aufzuhängen, werden oft Drahtseile quer durch den Raum gespannt. Die Seile werden mit Haken an der Wand befestigt, sie werden straff gespannt und können die Lampen halten, ohne dabei stark durchzuhängen (Bild 2). Beim Versuch, einen Vorhang an solchen Seilen aufzuhängen, reißen jedoch manchmal die Haken samt Dübel aus der Wand: Obwohl der Stoff gar nicht so schwer ist, scheinen hier große Kräfte zu wirken.
Hält man in ähnlicher Weise einen bestimmten Gegenstand an einem gespannten Seil, so hängt die Kraft vom Winkel an der Knickstelle ab:

EXPERIMENT 1
Befestige einen schweren Körper (z. B. mit der Masse 2 kg) an einem etwa 1 m langen Seil. Fasse das Seil an den beiden Enden an und hebe den Körper von seiner Unterlage ab.
Ziehe nun die beiden Enden des Seils auseinander und versuche, den Winkel zwischen den Seilstücken möglichst groß zu machen.
Schaffst du es bei einem leichteren Körper, das Seil gerade zu spannen?

Je größer der Winkel zwischen den beiden Seilstücken ist, umso größer ist die Kraft, mit der das Seil gespannt werden muss. Auch bei leichteren Körpern gelingt es nicht, das Seil völlig gerade zu spannen.
Bild 1 auf S. 111 zeigt eine Anordnung, mit der die Kräfte gemessen werden können, die notwendig sind, um einen Körper der Masse 102 g zu halten. Die Haltekraft, die seiner Gewichtskraft entgegenwirkt, beträgt genau 1 N. Die Kräfte, die in den Seilstücken bei unterschiedlichen Winkeln β wirken, lassen sich an den Federkraftmessern ablesen. Die Tabelle enthält Messwerte für die von beiden Federkraftmessern jeweils angezeigte Kraft.

Kräfte – Newton'sche Gesetze

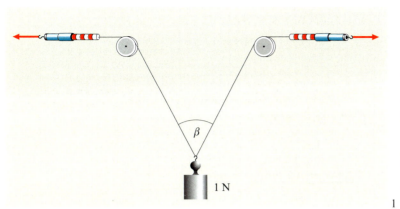

Winkel β	Anzeige eines Kraftmessers
0°	0,50 N
30°	0,52 N
60°	0,58 N
90°	0,71 N
120°	1,00 N
150°	1,93 N
160°	2,88 N
170°	5,74 N
175°	11,5 N
178°	28,6 N
179°	57,3 N

1

Zerlegung von Kräften. Die Haltekraft „verteilt" sich auf die beiden Seilstücke. Entlang der Seile wirken die Teilkräfte $\vec{F}_1$ und $\vec{F}_2$.
Die Beträge der beiden Teilkräfte, kann man auch ermitteln, indem man ein Kräfteparallelogramm konstruiert (Bild 2). Die bekannte Kraft $\vec{F}_H$ wird „zerlegt": Zu den Halteseilen werden Parallelen gezeichnet, die durch die Spitze des Kraftpfeiles von $\vec{F}_H$ verlaufen. Daraus ergeben sich die Kraftpfeile für $\vec{F}_1$ und $\vec{F}_2$.
Auch an dieser Konstruktion erkennt man: Je größer der Winkel zwischen den Seilstücken ist, desto größer müssen die Kräfte in den Seilen sein, um eine bestimmte Haltekraft aufzubringen.

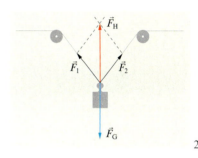

2

Zusammensetzen von Kräften. Kennt man die Kräfte zweier Schlepper, die ein Schiff ziehen, so kann man die resultierende Kraft auf das Schiff ebenfalls mithilfe des Kräfteparallelogramms konstruieren: Die resultierende Kraft $\vec{F}_{res}$ ergibt sich als Diagonale im Parallelogramm.

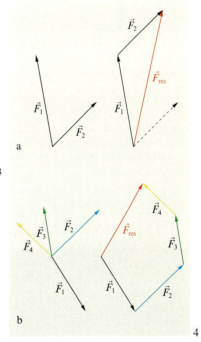

3

Greifen zwei Kräfte $\vec{F}_1$ und $\vec{F}_2$ in einem Punkt an, so kann die resultierende Kraft $\vec{F}_{res}$ als Diagonale des von $\vec{F}_1$ und $\vec{F}_2$ aufgespannten Parallelogramms dargestellt werden.

Eine andere, gleichwertige Möglichkeit zum Ermitteln der resultierenden Kraft besteht darin, den Fußpunkt des Kraftpfeils $\vec{F}_2$ durch Parallelverschiebung an die Spitze von $\vec{F}_1$ zu setzen. Die resultierende Kraft wird dann durch einen Pfeil dargestellt, der vom Fußpunkt von $\vec{F}_1$ zur Spitze von $\vec{F}_2$ verläuft (Bild 4). Auf diese Weise kann auch leicht die resultierende Kraft für den Fall gefunden werden, dass mehr als zwei Kräfte in einem Punkt angreifen.

4

Aneinanderfügen mehrerer Kraftpfeile

Trägheitsgesetz (1. Newton'sches Gesetz)

Ein Ball, der auf dem Boden liegt, bleibt in Ruhe, solange keine Kraft auf ihn einwirkt. Diese Erfahrung ist uns gut vertraut. Wir würden uns auch sehr wundern, wenn es anders wäre und sich ein Körper plötzlich ohne Ursache in Bewegung setzte.

Jeder rollende Ball bleibt irgendwann liegen, Reibungskräfte bewirken, dass er immer langsamer wird. Je geringer die Reibung ist, umso weiter rollt der Ball. Eine fast völlig reibungsfreie Bewegung kann auf einer Luftkissenbahn erreicht werden (Bild 1). Die Gleiter bewegen sich lange Zeit mit nahezu konstanter Geschwindigkeit zwischen den Fahrbahnenden hin und her. Zum Aufrechterhalten dieses Bewegungszustandes bedarf es keiner Kraft.

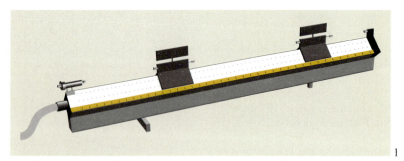

Der Gleiter bewegt sich nahezu reibungsfrei zwischen den Umkehrpunkten auf der Luftkissenfahrbahn.

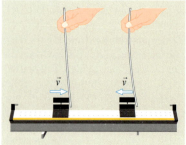

Abbremsen und Beschleunigen erfordert Kraft.

Der Gleiter bewegt sich gleichförmig geradlinig; wenn seine Geschwindigkeit vergrößert oder verringert werden soll, muss eine Kraft wirken. Man kann den Gleiter mit einem Lineal, an dem sich die Kraftwirkung durch Verformung zeigt, abbremsen und beschleunigen (Bild 2).

Damit lässt sich das Trägheitsgesetz formulieren:

> **Trägheitsgesetz (1. Newton'sches Gesetz)**
> Jeder Körper verharrt im Zustand der Ruhe oder gleichförmiger geradliniger Bewegung, solange keine äußeren Kräfte auf ihn einwirken.

Die Gültigkeit dieses Gesetzes zeigt sich auch bei der Kurvenfahrt: Aufgrund ihrer Trägheit bewegt sich die Kugel in Bild 3 geradeaus weiter. In der Rechtskurve fällt sie vom linken Wagenrand. Der Fahrer im Bild 4 wird dagegen durch eine Kraft, die die Seitenwand auf ihn ausübt, von der geradlinigen Bahn abgebracht. Diese Kraft ist auf den Kreismittelpunkt der Kurve gerichtet.

Schon gewusst?

Lange Zeit hat man angenommen, dass zum Aufrechterhalten einer Bewegung immer eine Kraft notwendig ist. Daraus wurde gefolgert, dass die Ruhe der „natürliche Zustand" aller Körper sei und die Körper diesem Zustand immer wieder zustrebten. Erst GALILEI kam in einem Gedankenexperiment zu dem Ergebnis, dass eine reibungsfreie Bewegung ewig fortdauern müsste.

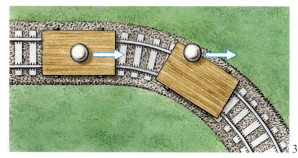

Geradlinige Bewegung einer Kugel

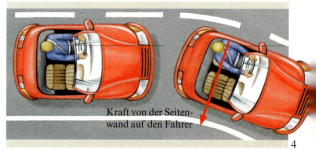

Kurvenfahrt im Auto

Grundgesetz der Mechanik (2. Newton'sches Gesetz)

Eine Kraft kann einen Körper aus der Ruhe in Bewegung versetzen, sie kann seine Bewegung schneller oder langsamer machen: Ein Körper kann durch die Wirkung einer Kraft beschleunigt werden.
Wenn man Fahrrad fährt und schneller werden will, ändert man die Geschwindigkeit um einen bestimmten Betrag in einer bestimmten Zeit. Die Geschwindigkeitsänderung, d.h. die Beschleunigung, ist umso größer, je kräftiger man in die Pedale tritt, je größer also die wirkende Kraft ist.

Bei gleicher Kraftwirkung wird die Beschleunigung umso kleiner sein, je größer die Masse von Rad plus Fahrer und Gepäck ist (Bild 1). Diese Erfahrung über den Zusammenhang von Kraft, Beschleunigung und Masse soll nun genauer untersucht werden:

Zum Beschleunigen braucht man Kraft.

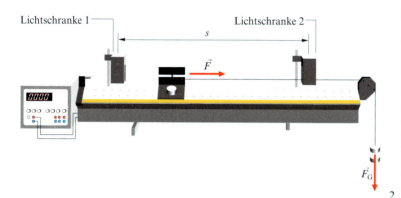
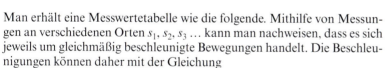

EXPERIMENT 2
Auf dem Gleiter einer Luftkissenbahn befinden sich einige Wägestücke. Ein kleines Wägestück wird heruntergenommen und an einen Faden gehängt. Der Gleiter wird dadurch beschleunigt. Beim Start wird eine Uhr eingeschaltet, nach Durchlaufen der Messstrecke wird sie ausgeschaltet. Nach und nach werden weitere Wägestücke vom Gleiter genommen und an den Faden gehängt. Die beschleunigende Kraft wird dadurch größer, die Masse bleibt jedoch konstant.

Man erhält eine Messwertetabelle wie die folgende. Mithilfe von Messungen an verschiedenen Orten s_1, s_2, s_3 … kann man nachweisen, dass es sich jeweils um gleichmäßig beschleunigte Bewegungen handelt. Die Beschleunigungen können daher mit der Gleichung

$a = \dfrac{2s}{t^2}$ berechnet werden.

Messwertetabelle				
F in N	m in kg	s in m	t in s	a in $\frac{m}{s^2}$
0,02	0,190	0,80	4,0	0,10
0,03	0,190	0,80	3,3	0,15
0,04	0,190	0,80	2,9	0,19
0,05	0,190	0,80	2,5	0,26
0,06	0,190	0,80	2,3	0,30

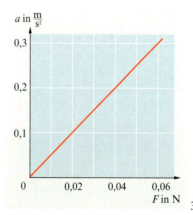

Beschleunigung in Abhängigkeit von der Kraft (bei konstanter Masse)

Stellt man in einem Diagramm die Beschleunigung in Abhängigkeit von der Kraft dar, so erkennt man, dass Kraft und Beschleunigung einander proportional sind (Bild 3): $F \sim a$.
Ohne Kraft ($F = 0$) gibt es auch keine Beschleunigung: $a = 0$.

In einem weiteren Experiment mit der Luftkissenbahn soll die zu beschleunigende Masse verändert, die Kraft jedoch konstant gehalten werden. Die zugehörigen Beschleunigungen werden aus den gemessenen Zeiten ermittelt und in eine Tabelle eingetragen.

Messwertetabelle				
m in kg	s in m	t in s	a in $\frac{m}{s^2}$	$m \cdot a$ in kg $\cdot \frac{m}{s^2}$
0,090	0,80	2,0	0,40	0,036
0,140	0,80	2,4	0,28	0,039
0,190	0,80	2,8	0,20	0,038
0,240	0,80	3,2	0,16	0,038
0,290	0,80	3,6	0,13	0,038

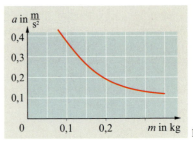

Beschleunigung in Abhängigkeit von der Masse (bei konstanter Kraft)

Mit zunehmender Masse wird die Beschleunigung geringer. Aus der Tabelle lässt sich ablesen, dass das Produkt aus Masse und Beschleunigung konstant ist: Die Beschleunigung ist umgekehrt proportional zur Masse, $a \sim \frac{1}{m}$.

Die beiden Zusammenhänge $a \sim 1/m$ und $F \sim a$ hat der englische Physiker ISAAC NEWTON vor über 300 Jahren in einer Gleichung zusammengefasst:

$a = \frac{F}{m}$ bzw. $F = m \cdot a$.

Weil das eine fundamentale Beziehung zwischen Kraft, Masse und Beschleunigung ist, nennt man sie auch das Grundgesetz der Mechanik.

> **Grundgesetz der Mechanik (2. Newton'sches Gesetz)**
> Wirkt auf einen beweglichen Körper der Masse m die Kraft F, so wird er beschleunigt. Es gilt dabei: $F = m \cdot a$.

Die Einheit Newton. Anhand der Gleichung $F = m \cdot a$ wird deutlich, dass die Einheit der Kraft sich auf die so genannten Basiseinheiten Kilogramm, Meter und Sekunde zurückführen lässt. Die abgeleitete Einheit Newton (N) wurde folgendermaßen festgelegt:

$1\,N = 1\,kg \cdot \frac{m}{s^2}$

1 N ist also die Kraft, die bei einem Körper der Masse 1 kg eine Beschleunigung von 1 m/s² bewirkt.

Schwere und träge Masse. Die Masse charakterisiert zwei Eigenschaften eines Körpers: Je größer die Masse eines Körpers ist,
– umso größer ist seine Trägheit, d. h., umso mehr Kraft ist erforderlich, um ihn zu beschleunigen, und
– umso größer ist die Kraft, mit der er von der Erde angezogen wird.

Ein Körper A mit der Masse 2 kg wird von der Erde mit der Kraft 19,62 N angezogen, ein Körper B mit der Masse 1 kg wird nur mit 9,81 N angezogen (Bild 2). Nun ist Körper A doppelt so träge wie der Körper B: Um die gleiche Beschleunigung zu erreichen, muss auf ihn die doppelte Kraft wirken. Das Verhältnis aus Gewichtskraft und Masse ist bei beiden Körpern gleich. Im freien Fall haben sie die gleiche Beschleunigung: $g = 9{,}81\,\frac{N}{kg} = 9{,}81\,\frac{m}{s^2}$.

Schon gewusst?

Angenommen, ein Gleiter mit $m_1 = 90$ g wird durch ein Wägestück mit $m_2 = 10$ g beschleunigt. Dann wirkt im Ruhezustand eine Kraft von 0,1 N auf den Gleiter. Lässt man den Gleiter los, so beträgt die Beschleunigung

$a = \frac{0{,}1\,N}{0{,}1\,kg} = 1\,\frac{m}{s^2}$.

Daraus kann man die Kraft berechnen, mit der der Gleiter beschleunigt wird:
$F = m_1 \cdot a = 0{,}09\,kg \cdot 1\,m/s^2 = 0{,}09\,N$.
Diese Kraft ist also kleiner als die Kraft im Ruhezustand.
Denselben Effekt kennt man aus dem Fahrstuhl: Wird die Kabine nach unten beschleunigt, fühlt man sich leichter. Eine Personenwaage zeigt in diesem Moment tatsächlich weniger an als im ruhenden Fahrstuhl.

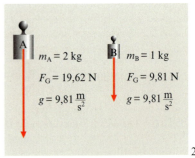

Beide Körper fallen gleich schnell.

Wechselwirkungsgesetz (3. Newton'sches Gesetz)

Zwei Personen stehen auf Skateboards und ziehen an einem Seil. Haben beide die gleiche Masse, so treffen sie sich in der Mitte. Aber auch wenn nur einer zieht und der andere sich das Seil um die Taille bindet, treffen sie sich in der Mitte. Die beiden Personen üben Kräfte aufeinander aus, die jeweils denselben Betrag haben, aber entgegengesetzt gerichtet sind.

Kraft und Gegenkraft treten stets gleichzeitig auf. Dabei kommt es nicht darauf an, ob die Körper direkt aufeinander einwirken, oder ob z. B. elektrische Kräfte, magnetische Kräfte oder die Kräfte einer gespannten Feder zwischen ihnen wirken.

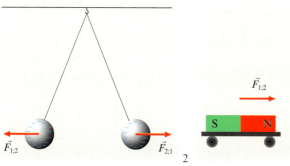

Elektrische Kräfte

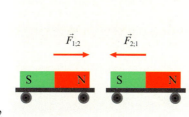

Magnetische Kräfte

> **Wechselwirkungsgesetz (3. Newton'sches Gesetz)**
> Übt ein Körper A auf einen zweiten Körper B eine Kraft aus, so übt auch B eine Kraft auf A aus. Beide Kräfte sind gleich groß, sie sind einander entgegengesetzt gerichtet.
> Kraft und Gegenkraft greifen an verschiedenen Körpern an.

Rückstoß beim Raketenantrieb

Die Aussage dieses Gesetzes wird auch kurz mit *actio = reactio* bezeichnet. Das Wechselwirkungsgesetz lässt sich vielfältig ausnutzen, zum Beispiel beim Rückstoß: Wie kann man sich mit einem Skateboard auf ebener Unterlage fortbewegen, ohne den Boden zu berühren? – Indem man Ballast nach hinten abwirft, z. B. eine schwere Tasche.

Beim Raketenantrieb (Bild 4) werden die Treibgase im Raketenmotor durch Verbrennung in ihrem Volumen vergrößert und beschleunigt; sie wirken dann mit einer Gegenkraft auf die Rakete zurück. Das ermöglicht einen Antrieb auch im luftleeren Weltraum.
Auch Flugzeugpropeller und Schiffsschrauben funktionieren nach dem Rückstoßprinzip: Sie beschleunigen Luft bzw. Wasser nach hinten. Die jeweiligen Gegenkräfte bewirken den Vortrieb (Bild 5).

Rückstoß beim Schiffsantrieb

Rückstrahlantrieb

Das Wechselwirkungsgesetz ist die Grundlage vieler Bewegungsvorgänge. Die Reaktionskräfte bewirken, dass Fahrzeuge beschleunigt werden. Bei Luft- und manchen Wasserfahrzeugen, aber auch bei speziellen Hochgeschwindigkeitsautos wird der Rückstrahlantrieb eingesetzt.

Raketenwagen. Lässt man einen aufgeblasenen Luftballon los, so schwirrt er durch den Raum. Wegen des Überdrucks strömt die Luft aus. Der Ballon erfährt einen Rückstoß oder „Schub". Dieses Prinzip kann man zum Bau eines Raketenwagens verwenden.

AUFTRAG 1
Montiert Luftballons auf gut rollende, leichte Spielzeugfahrzeuge, sodass ein Strahl nach hinten erzeugt werden kann. Variiert dabei Größe, Anzahl und Anordnung der „Düsen".
Versucht herauszufinden, unter welchen Bedingungen eure Fahrzeuge am weitesten fahren können!

Wasserrakete. Am einfachsten ist die Verwendung eines käuflichen Bausatzes. Allerdings kann man mit 1,5-l-Kunststoffflaschen und entsprechendem Zubehör auch einen Eigenbau versuchen. Bei einem Druck von bis zu 4 bar (400 kPa) sollte man allerdings vorsichtig arbeiten. Immerhin steigen die Wasserraketen bis zu 20 m hoch.

AUFTRAG 2
Ermittelt die Flughöhe einer Wasserrakete in Abhängigkeit von der eingefüllten Wassermenge. Hersteller geben die optimale Wassermenge mit 1/4 bis 1/3 des Füllvolumens an. Überprüft diese Angaben durch eine Messreihe und fertigt ein Diagramm dazu an!

Mit viel Wasser und somit wenig Luft kommt die Rakete nicht sehr hoch. Die Startmasse ist zu groß, das nutzbare Luftvolumen zu klein. Mit wenig Wasser und viel Luft kommt die Rakete auch nicht sehr hoch. Die Masse des Wassers zum Antrieb ist zu klein.

Kräfte – Newton'sche Gesetze

Sir Isaac Newton
Mathematiker und Physiker, 1642–1727

Ein Blick in die Geschichte

Lebenslauf
- 1642 am 25. 12. geboren in Woolsthoorpe, der wohlhabende Vater stirbt noch vor Isaacs Geburt
- 1661 Studium in Cambridge
- 1669 Professor für Naturwissenschaften in Cambridge
- 1672 Mitglied der *Royal Society* (aufgrund seiner Beiträge zur Konstruktion von Spiegelteleskopen)
- 1699 Direktor des Londoner Münzamtes
- 1703 Präsident der *Royal Society*
- 1705 Erhebung in den Adelsstand (aufgrund seiner Verdienste um das Münzamt)
- 1727 am 20. 3. gestorben in Kensington (Westlondon). Isaac Newton erhielt als einer der ersten Naturforscher ein Staatsbegräbnis mit Beisetzung in der Westminster Abbey.

Zu seinen großen Leistungen zählen
- die Formulierung grundlegender Gesetze der Mechanik,
- die Entdeckung des Gravitationsgesetzes und Aufklärung der Dynamik der Planetenbewegung,
- die Zerlegung des Lichts in Spektralfarben sowie eine Hypothese über die Teilchenvorstellung vom Licht,
- die Entwicklung eines Spiegelteleskops und Vorschläge zur Konstruktion eines Sextanten,
- wesentliche Beiträge zur so genannten Differenzialrechnung,
- die Erklärung von weiteren Naturphänomenen, z. B. Gezeiten, Strömungen, Schwingungen.

Die Bücher, durch die Newton schon zu Lebzeiten Berühmtheit erlangte, sind die „Philosophiae naturalis principia mathematica" (Naturphilosophie nach mathematischen Prinzipien, 1686) und die „Opticks" (1704). Bereits im Alter von 24 Jahren hatte Newton viele seiner grundlegenden Forschungsergebnisse formuliert, veröffentlicht hat er sie jedoch – in abgewandelter Form – erst später. Da auch andere Forscher an ähnlichen Fragestellungen arbeiteten, kam es danach oft zu erbitterten Streitigkeiten darüber, wer als der eigentliche Urheber der jeweiligen Erkenntnisse gelten dürfe.

Newtons Forschungen richteten sich auf eine Vereinheitlichung der Mechanik: Alle Bewegungen und Kräfte sowie deren Zusammenhänge können mithilfe der drei grundlegenden Newton'schen Gesetze beschrieben werden. Diese Gesetze lassen sich übrigens nicht „beweisen", deswegen werden sie auch „Newton'sche Axiome" (Grundannahmen) genannt.
Quellen der Naturerkenntnis waren für Newton, in der Tradition Galileis, Beobachtung und Experiment. Die Beobachtungsdaten und die experimentellen Befunde führen mithilfe der Mathematik zur Formulierung von Naturgesetzen. So lassen sich Naturvorgänge nicht nur erklären, sondern auch im Ablauf vorhersagen.
Über zwei Jahrhunderte war die Newton'sche Physik gleichsam ein Vorbild für alle Naturwissenschaften. Inzwischen hat die „moderne Physik", also die Quantenphysik und die Relativitätstheorie, die begrenzte Gültigkeit der Newton'schen Physik aufgezeigt: Sie ist nicht anwendbar auf sehr kleine Teilchen und bei sehr großen Geschwindigkeiten.

Aus dem Titelblatt der „Principia"

Ein-Pfund-Note, die bis 1990 im Umlauf war. Sie zeigt Isaac Newton mit Prisma, Fernrohr und elliptischen Planetenbahnen.

Übrigens

Das Geburtsjahr Newtons wird manchmal auch mit 1643 angegeben. In England galt aber damals, anders als auf dem europäischen Kontinent, noch der julianische Kalender, nach dem das neue Jahr noch nicht begonnen hatte. Und nach diesem Kalender fällt dann Newtons Geburtsjahr mit dem Todesjahr von Galilei zusammen: 1642.

Crashtest

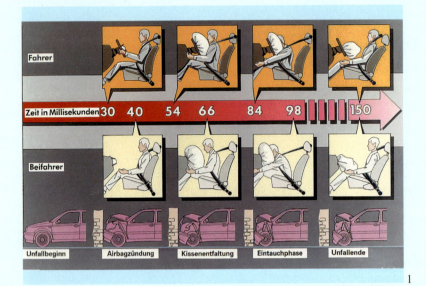

Das Trägheitsgesetz ist die physikalische Begründung dafür, dass sich Fahrzeuginsassen bei Vollbremsungen oder Unfällen zunächst geradlinig mit der ursprünglichen Geschwindigkeit weiterbewegen. Beim Aufprall auf die Frontscheibe oder andere Teile des Fahrzeuginnenraums treten dann enorme Kräfte auf, die zu schwerwiegenden Verletzungen führen können. Zur Vermeidung von Personenschäden sind im Auto spezielle Vorrichtungen vorhanden: Knautschzone, Sicherheitsgurt und Airbag (Bild 1).

Die verformbare Knautschzone im Frontbereich eines Pkw soll die kinetische Energie des Fahrzeuges so umwandeln, dass die Insassen möglichst unversehrt bleiben. Die auftretenden Kräfte werden bei Crashtests exakt in Abhängigkeit von der Geschwindigkeit und dem Fahrzeugtyp gemessen (Bild 2). Sie lassen sich aber auch einfach abschätzen:
Die Fahrzeuggeschwindigkeit werde gleichmäßig von 50 km/h (= 14 m/s) auf 0 gesenkt. Dabei verkürzt sich die Fahrzeugfront um etwa 0,5 m.
Aus der Gleichung $s = \frac{1}{2} v \cdot t$ ergibt sich dann als „Bremszeit" $t = 0{,}07$ s.

Crashtest in einer Versuchsanlage

Die Beschleunigung beträgt $a = v/t = 200$ m/s². Das ist das 20fache der Fallbeschleunigung. Auf den Fahrer wirkt also während dieses Vorgangs eine Kraft, die 20-mal so groß ist, wie seine Gewichtskraft. Es ist unmöglich, diese Kraft mit Armen oder Beinen abzufangen: Kein Fahrer ($m \approx 75$ kg) kann eine Masse von 1,5 Tonnen stemmen. Abgesehen davon treten beim Aufschlag auf das Armaturenbrett noch etwa 10-mal größere Kräfte auf als bei dieser als gleichmäßig angenommenen Beschleunigung.

Die Sicherheitsgurte dehnen sich bis zu 20 cm aus, was den Bremsweg für die Insassen verlängert. Sie müssen immer straff anliegen, sonst brechen die Rippen vom „Aufprall" in die Gurte.
Einen möglichen Aufprall auf Lenkrad und Armaturenbrett trotz anliegender Gurte soll der Airbag verhindern (Bild 3). Die abbremsenden Kräfte werden dabei gleichmäßig „verteilt".

Airbag

Kräfte – Newton'sche Gesetze

AUFGABEN

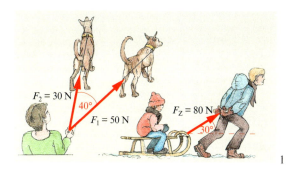

1. a) Zwei Hunde ziehen an ihren Leinen. Ermittle die resultierende Kraft auf die Hand mithilfe einer Konstruktion!
   b) Zerlege die Zugkraft beim Ziehen des Schlittens in eine Kraft senkrecht nach oben und eine Kraft in Bewegungsrichtung!
2. a) Beschreibe und erkläre, was mit der Ladung eines Pkw-Dachgepäckträgers bei Vollbremsung passiert!
   b) Julia behauptet: „In der Linkskurve wird man im Auto nach rechts gedrückt." Simone entgegnet: „In der Linkskurve wird man vom Auto nach links gedrückt." Wie würdest du hier argumentieren?
3. Bei gleicher Motorkraft kann ein Motorrad schneller beschleunigen als ein Pkw. Gib eine Begründung!
4. Wie groß ist die Antriebskraft eines Pkw der Masse 1 000 kg, wenn er mit einer Beschleunigung von 1,5 m/s² anfährt?
5. Eine Lok mit der Masse 200 t bewirkt eine Zugkraft von 200 kN. 8 Wagons haben je eine Masse von 40 t.
   a) Wie groß ist die Beschleunigung des Zuges?
   b) Welche Geschwindigkeit erreicht der Zug nach 1 Minute?
   c) Welche Geschwindigkeit erreicht er nach 1 min, wenn man weitere 6 Wagons ankoppelt?
6. Ein Fußball der Masse 500 g wird innerhalb von 0,2 s auf eine Geschwindigkeit von 20 m/s beschleunigt. Berechne die Kraft auf den Ball; nimm dabei an, dass er gleichmäßig beschleunigt wird!
7. Warum konnte sich Münchhausen nicht selbst an den Haaren aus dem Sumpf ziehen?
8. Wie kann man sich auf einem Wagen sitzend fortbewegen ohne den Boden zu berühren?
9. Bei einem Crashtest stößt ein Pkw mit einer Geschwindigkeit von 80 km/h frontal gegen eine Mauer. Nach Deformation der Knautschzone um 25 cm kommt der Wagen zum Stillstand. Mit welcher Kraft müssen die Sicherheitsgurte einen Fahrer der Masse 80 kg halten (bei Annahme einer gleichmäßigen Bremsbeschleunigung)?
10. Auf einer waagerechten Luftkissenbahn wird ein Gleiter der Masse $m_1 = 100$ g mithilfe eines Wägestücks der Masse $m_2 = 10$ g beschleunigt.
    a) Begründe anhand des 2. Newton'schen Gesetzes, dass es sich hierbei – wie beim freien Fall – um eine gleichmäßig beschleunigte Bewegung handelt!
    b) Berechne die Beschleunigung des Gleiters!
    c) Berechne die Geschwindigkeit des Gleiters nach 0,5 Sekunden!
    d) Gib an, welche Kraft auf den Gleiter im Ruhezustand wirkt!
    e) Berechne aus der Beschleunigung des Gleiters die Kraft, die während der Bewegung auf ihn wirkt!

ZUSAMMENFASSUNG

Die Newton'schen Gesetze

Trägheitsgesetz
Jeder Körper verharrt im Zustand der Ruhe oder gleichförmiger geradliniger Bewegung, solange keine äußeren Kräfte auf ihn einwirken.

Grundgesetz der Mechanik
Wirkt auf einen beweglichen Körper der Masse m die Kraft F, so wird er beschleunigt. Es gilt dabei: $F = m \cdot a$.

Wechselwirkungsgesetz
Übt ein Körper A auf einen zweiten Körper B eine Kraft aus, so übt auch B eine Kraft auf A aus. Beide Kräfte sind gleich groß, sie sind einander entgegengesetzt gerichtet.
Kraft und Gegenkraft greifen an verschiedenen Körpern an.

Mechanische Arbeit und Energie

Bewegungen lassen sich durch Angabe von Größen wie Geschwindigkeit und Beschleunigung beschreiben. Mithilfe der drei Newton'schen Gesetze kann man erkennen, wie Kräfte und Bewegungen miteinander zusammenhängen.
Oft stellt es sich jedoch heraus, dass es einfacher ist, die Energieumwandlungen der Vorgänge zu untersuchen und dadurch Bewegungen zu beschreiben oder vorherzusagen.
Beide Sichtweisen hängen eng miteinander zusammen.

Potenzielle Energie

Um die Messinggewichte der Pendeluhr in Bild 2 hochzukurbeln, muss Hubarbeit verrichtet werden. Die Gewichte erhalten dabei potenzielle Energie. Die Energie reicht aus, um das Uhrwerk eine Woche lang anzutreiben.
Beim Hochkurbeln wird die mechanische Arbeit $W = F \cdot s$ verrichtet. Dabei ist F die Kraft, die in Wegrichtung wirkt. Sie ist so groß wie die Gewichtskraft F_G der Messinggewichte.
Für die potenzielle Energie der gehobenen Körper gilt: $E_{pot} = F_G \cdot h$. Dabei ist h die Höhe der Gewichte – also die Strecke, um die sie sich während des einwöchigen Betriebs senken werden. Die potenzielle Energie gibt an, wie viel Arbeit ein Körper verrichten kann.
Durch die Hubarbeit wird der *Prozess* des Hochhebens charakterisiert, durch die Energie der *Zustand* des Körpers. Die Energie des Körpers kann verändert werden, indem Arbeit an ihm verrichtet wird. Ebenso ändert sich die Energie des Körpers, wenn er selbst Arbeit verrichtet.
Beim Verrichten der Arbeit ist die Strecke s eindeutig festgelegt, bei der Angabe der potenziellen Energie muss man jedoch berücksichtigen, auf welches Niveau der Körper absinken kann: Der Radfahrer in Bild 4 hat in Bezug auf das linke Tal eine geringere Energie als in Bezug auf das rechte.

Die potenzielle Energie der Gewichte wird zum Antrieb der Uhr eingesetzt.

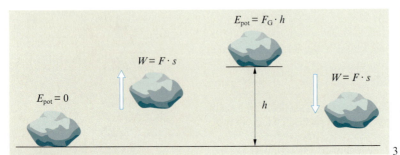

Zusammenhang zwischen mechanischer Arbeit und potenzieller Energie

Abhängigkeit der Energie von der Höhe

Kinetische Energie

Beim Anschieben eines Fahrradfahrers muss man solange mitlaufen, bis er seine geplante Endgeschwindigkeit v erreicht hat (Bild 1). Rad mit Radfahrer werden beschleunigt. Auch dabei wird mechanische Arbeit verrichtet, und der Radfahrer erhält kinetische Energie. Wie lassen sich Arbeit und Energie hier berechnen?

Während der Beschleunigung wird die Kraft F längs des Weges s ausgeübt. Wenn F konstant ist, gilt für die Arbeit: $W = F \cdot s$.

Für die Kraft gilt gemäß des Newton'schen Grundgesetzes $F = m \cdot a$. Damit kann man für die Beschleunigungsarbeit schreiben: $W = m \cdot a \cdot s$.

Wenn man mit gleich bleibender Kraft schiebt, verläuft die Beschleunigung gleichmäßig, sodass die Gleichung

$s = \frac{1}{2} a \cdot t^2$ gilt. Damit ergibt sich: $W = m \cdot a \cdot \frac{1}{2} a \cdot t^2 = \frac{1}{2} m \cdot (a \cdot t)^2$.

Mit $v = a \cdot t$ erhält man hieraus $W = \frac{1}{2} m \cdot v^2$.

Das ist die Arbeit, die man verrichten muss, um einen Körper der Masse m aus der Ruhe auf die Geschwindigkeit v zu bringen. Der Körper hat dann die kinetische Energie

$E_{kin} = \frac{1}{2} m \cdot v^2$.

Verrichten von Beschleunigungsarbeit: Erhöhung der kinetischen Energie

> Für die kinetische Energie (Bewegungsenergie) eines Körpers mit der Masse m und der Geschwindigkeit v gilt: $E_{kin} = \frac{1}{2} m \cdot v^2$.

Energieerhaltungssatz

Im Folgenden soll die Energie eines Körpers betrachtet werden, der sich von einer Höhe h über einem festgelegten Niveau im freien Fall nach unten bewegt. In der Höhe h hat er die potenzielle Energie $E_{pot} = F_G \cdot h = m \cdot g \cdot h$. Seine kinetische Energie ist am Anfang null. Im freien Fall wird die potenzielle Energie des Körpers kleiner, jedoch wird er immer schneller, d.h., seine kinetische Energie nimmt zu.

Am Ende der Fallbewegung gilt für die potenzielle Energie:
$E_{pot} = m \cdot g \cdot h = 0$, da nun die Höhe h null ist. Die kinetische Energie E_{kin} ist maximal. Die potenzielle Energie wird während des freien Falls vollständig in kinetische Energie umgewandelt:

Nach Durchfallen der Strecke h lässt sich die Geschwindigkeit berechnen als $v = g \cdot t = \sqrt{2g \cdot h}$ (vgl. S. 96). Die kinetische Energie beträgt also

$E_{kin} = \frac{1}{2} m \cdot v^2 = \frac{1}{2} m \cdot 2g \cdot h = m \cdot g \cdot h$.

Da die potenzielle Energie vollständig in kinetische Energie umgewandelt wird, bleibt die Summe aus beiden Energieformen während der gesamten Bewegung konstant.

Diese Summe wird auch als mechanische Energie E_{mech} bezeichnet.

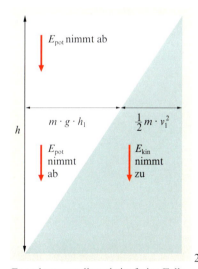

Energieumwandlung beim freien Fall: Zu jedem Zeitpunkt ist die Summe aus E_{pot} und E_{kin} gleich.

> Satz von der Erhaltung der mechanischen Energie
> Wenn keine Umwandlung in eine andere Energieform erfolgt, ist bei einem Körper die Summe seiner potenziellen und seiner kinetischen Energie konstant: $E_{mech} = E_{pot} + E_{kin} =$ konstant.

Gültigkeit des Satzes von der Erhaltung der mechanischen Energie. Dieser Satz bezieht sich auf Körper, bei denen keine Umwandlung der Energie in eine andere Energieform stattfindet. Dies trifft auf solche Körper zu, die sich reibungsfrei bewegen, also z. B. frei fallen.

Wenn aber Reibung auftritt, beispielsweise durch Luftwiderstand, so gibt der Körper während seiner Bewegung Energie an die Umgebung ab. Die Summe aus E_{kin} und E_{pot} ist dann nicht mehr konstant, sondern sie wird immer kleiner (Bild 1).

Insgesamt bleibt aber auch bei einem Prozess mit Reibung die Energie erhalten, nur wird ein Teil der mechanischen Energie in thermische Energie der Umgebung umgewandelt.

Energie einer gespannten Feder. Mithilfe einer gespannten Feder kann ein Körper in Bewegung gesetzt werden, in der Feder ist Energie gespeichert. Diese Energie wird ebenfalls als potenzielle Energie bezeichnet; für die reibungsfreie („ungedämpfte") Bewegung des Körpers in Bild 2 gilt dann auch der Energieerhaltungssatz: $E_{mech} = E_{kin} + E_{pot}$.

Der Körper schwingt zwischen den Umkehrpunkten A und C hin und her. In den Punkten A und C befindet er sich in Ruhe: Die kinetische Energie ist null. Im Punkt B erreicht der Körper seine größte Geschwindigkeit und damit die größte kinetische Energie.

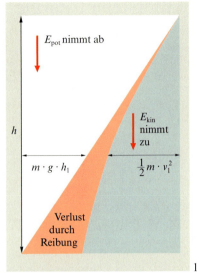

Energie eines fallenden Körpers mit Luftreibung

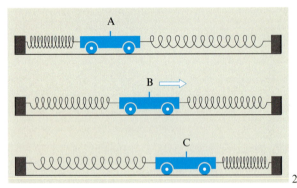

Der Federschwinger bewegt sich hin und her.

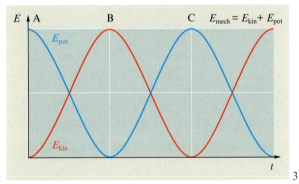

Die Energieformen werden ständig ineinander umgewandelt.

Energie beim Pendel. Auch bei einer Schaukel oder einem Pendel werden ständig potenzielle und kinetische Energie ineinander umgewandelt.

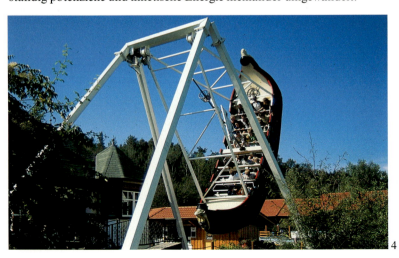

Eine Schiffsschaukel auf dem Jahrmarkt stellt ein Pendel dar. Bei maximaler Auslenkung des Schiffes ist die potenzielle Energie der Passagiere maximal, ihre kinetische Energie ist null. Beim Herabschwingen nimmt ihre kinetische Energie immer mehr zu. Auf großen Schaukeln können die Passagiere dabei große Geschwindigkeiten erreichen.

Mechanische Arbeit und Energie

Berechnungen mit dem Satz von der Erhaltung der mechanischen Energie.
Wie kann man die Geschwindigkeit einer Schaukel oder eines Pendels im tiefsten Punkt der Bewegung berechnen? Angenommen, das Pendel in Bild 1 befindet sich zu Anfang im Punkt A.
Dann sind zur Berechnung der Geschwindigkeit zwei Wege denkbar:
- Man berechnet aus der wirkenden Kraft die Beschleunigung und daraus die Geschwindigkeit, oder
- man berechnet die Geschwindigkeit aus einer Energiebetrachtung.

Der erste Weg ist sehr kompliziert: Zunächst muss durch eine Kräftezerlegung die Kraft F_{res} bestimmt werden, die den Körper längs der Kreisbahn beschleunigt. Diese Kraft ändert jedoch ständig ihre Richtung und ihren Betrag. Sie müsste in jedem Punkt der Bewegung neu bestimmt werden.
Der zweite Weg ist deutlich einfacher: Im Punkt A hat der Körper die potenzielle Energie $E_{pot} = m \cdot g \cdot h$. Diese Energie wird bei einer reibungsfreien Bewegung vollständig umgewandelt in die kinetische Energie $E_{kin} = \frac{1}{2} m \cdot v^2$.

Also gilt im Punkt B: $\frac{1}{2} m \cdot v^2 = m \cdot g \cdot h$.
Daraus ergibt sich $v^2 = 2 g \cdot h$, also $v = \sqrt{2 g \cdot h}$.

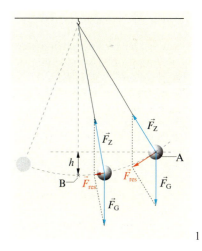

1

In gleicher Weise könnte man die Geschwindigkeit des Schanzenspringers (Bild 1, S. 120) berechnen. Auch hier braucht man keine Kräftezerlegung durchzuführen. Allerdings wird die Geschwindigkeit des Springers schon nach wenigen Metern so groß, dass der Luftwiderstand nicht mehr vernachlässigt werden kann.
Sofern nur die Schwerkraft und keine zusätzlichen Kräfte wirken, gilt die Gleichung $v = \sqrt{2g \cdot h}$ für alle Körper, die sich reibungsfrei aus der Ruhelage um die Höhe h hinabbewegen. Die Form der Bahn spielt dabei keine Rolle (Bild 2).

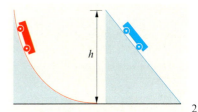

2

Am Boden haben beide Körper die gleiche kinetische Energie, also die gleiche Geschwindigkeit.

Perpetuum mobile. Es hat in der Geschichte immer wieder Menschen gegeben, die behaupteten, ein Perpetuum mobile erfunden zu haben, eine Maschine also, die sich von ganz allein ständig bewegt und ohne Energiezufuhr Arbeit verrichtet.
Bild 3 zeigt ein recht bekanntes Modell, bei dem angeblich die Kugeln in der rechten Hälfte stets ein größeres Drehmoment bewirken als die Kugeln in der linken: Im Einfluss der Schwerkraft würden die Kugeln immer wieder von der Achse an den rechten Rand des Rades rollen und auf diese Weise die Kugeln links nach oben befördern. Denn die Kugeln rechts haben einen längeren Hebel als die Kugeln links.
Auch hier wäre es möglich, die Kräfte und die Hebelarme für jede Stellung des Rades zu berechnen, um nachzuweisen, dass eine solche Maschine nicht funktionieren kann. Einfacher ist es aber, die Energie zu betrachten, die bei einer solchen Maschine umgewandelt würde: Jede Kugel hätte am oberen Punkt P der Bewegung die maximale potenzielle Energie $E_{pot} = m \cdot g \cdot h$. h ist hierbei die Höhe des Punktes P über dem Tiefpunkt der Bewegung Q. Auf ihrem Weg nach unten kann die Kugel also maximal die Arbeit $W = m \cdot g \cdot h$ verrichten. Dies wäre aber gerade die Hubarbeit, die erforderlich ist, um eine Kugel wieder von Q nach P zu befördern.
Im Idealfall, d. h. ohne Reibung, könnte ein solches Rad sich also ständig drehen – wie ein gewöhnliches Rad auch. Da aber stets Reibung auftritt, bleibt es bald stehen. Dass das Rad von sich aus auch noch dauerhaft Energie abgibt, ist völlig ausgeschlossen.

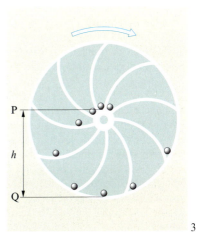

3

Eine von vielen Maschinen, die nicht als Perpetuum mobile funktionieren.

Verkehrssicherheit

Bremsbeschleunigung und Bremsweg. Jeder Verkehrsteilnehmer muss darauf achten, dass seine Geschwindigkeit klein genug ist, um in Gefahrensituationen rechtzeitig zum Stehen zu kommen. Der Bremsweg seines Fahrzeugs hängt von der Kraft ab, die zwischen den gebremsten Rädern und dem Straßenbelag wirkt. Für die Reibungskraft gilt auf waagerechter Strecke und bei nicht blockierenden Rädern: $F_R = \mu_{HR} \cdot F_G$. Die Haftreibungszahl μ_{HR} beträgt auf trockenem Asphalt etwa 0,8; unter schlechteren Bedingungen wie Nässe, Schnee oder Eis geht sie bis auf 0,1 zurück.
Die maximale Beschleunigung a_B beim Bremsen entspricht also dem 0,8fachen der Fallbeschleunigung: $a_B = 0{,}8 \cdot 9{,}81\ \text{m/s}^2 \approx 8\ \text{m/s}^2$. Auf vereister Fahrbahn beträgt a_B nur etwa $1\ \text{m/s}^2$.
Aus solchen Bremsbeschleunigungen lassen sich die Bremswege für verschiedene Geschwindigkeiten und Straßenbeläge berechnen. Es muss jedoch beachtet werden, dass hierbei noch nicht die Reaktionszeiten der Fahrer berücksichtigt sind. Das Diagramm in Bild 1 gibt einen Eindruck von der Gefahr, die schnelle Fahrzeuge darstellen. Diese Gefahr betrifft nicht nur die Fahrzeuginsassen, sondern auch Radfahrer und Fußgänger, die sich darauf verlassen: „Der sieht mich doch und kann ja bremsen."

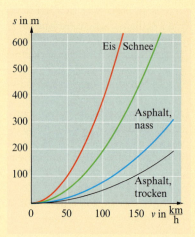

Bremswege bei unterschiedlichen Bedingungen (Luftwiderstand vernachlässigt)

Beschleunigung beim Überholen. Zu schweren Unfällen kommt es leider häufig, wenn ein Fahrer bei hoher Geschwindigkeit zum Überholvorgang ansetzt und dabei das Beschleunigungsvermögen seines Autos falsch einschätzt. Eine einfache Rechnung zeigt, dass zum Beschleunigen von 50 km/h auf 100 km/h dreimal so viel Energie erforderlich ist wie beim Beschleunigen von 0 auf 50 km/h.
Angenommen das Fahrzeug hat eine Masse von 1000 kg und die Reibung ist zu vernachlässigen:
Energie für das Beschleunigen von 0 auf 50 km/h (= 14 m/s):
$$E_1 = \frac{1}{2} \cdot 1000\ \text{kg} \cdot (14\ \tfrac{\text{m}}{\text{s}})^2 = 98\ \text{kJ}.$$

Energie für das Beschleunigen von 0 auf 100 km/h (= 28 m/s):
$$E_2 = \frac{1}{2} \cdot 1000\ \text{kg} \cdot (28\ \tfrac{\text{m}}{\text{s}})^2 = 392\ \text{kJ}.$$

Für das Beschleunigen von 50 km/h auf 100 km/h ist dann die Energie $E_2 - E_1 = 294\ \text{kJ}$ erforderlich. Da die Leistung des Motors ungefähr gleich bleibt, wird die Beschleunigung des Fahrzeuges bei größeren Geschwindigkeiten immer kleiner. Dies muss bei Überholmanövern unbedingt berücksichtigt werden.

Energie für die Geschwindigkeitserhöhung um 20 km/h bei einem Auto der Masse 1000 kg

Intervall	Energie
von 0 km/h auf 20 km/h	15 kJ
von 20 km/h auf 40 km/h	46 kJ
von 40 km/h auf 60 km/h	77 kJ
von 60 km/h auf 80 km/h	108 kJ
von 80 km/h auf 100 km/h	139 kJ
von 100 km/h auf 120 km/h	170 kJ
von 120 km/h auf 140 km/h	201 kJ
von 140 km/h auf 160 km/h	231 kJ

Kinetische Energie und Bremsen. Beim Abbremsen eines schnellen Fahrzeuges werden die Bremsbeläge und Bremsscheiben extrem beansprucht. Die kinetische Energie des Fahrzeugs wird dabei in thermische Energie umgewandelt. Damit sich die Bremsscheiben nicht zu stark erhitzen, werden sie in der Regel durch ein besonderes Belüftungssystem gekühlt.
Mithilfe der Gleichung $Q = c \cdot m \cdot \Delta T$ und der spezifischen Wärmekapazität von Stahl, $c = 0{,}47\ \text{kJ}/(\text{kg} \cdot \text{K})$, kann man ausrechnen: Ein Fahrzeug der Masse 1,5 t werde von 150 km/h auf 100 km/h abgebremst. Die Bremsen erhalten dabei eine Energie von 720 kJ. Die Temperatur von 10 kg Stahl kann damit um 150 K erhöht werden. Durch wiederholtes heftiges Bremsen kann man tatsächlich seine Bremsscheiben zum Glühen bringen und dadurch gefährlich schädigen.

Glühende Bremsscheibe

Mechanische Arbeit und Energie

Aktive und passive Sicherheit. Fachleute unterscheiden zwischen aktiver und passiver Sicherheit. Maßnahmen für die aktive Sicherheit sollen verhindern, dass es zu einem Unfall kommt. Maßnahmen zur passiven Sicherheit sollen verhindern, dass es allzu schlimm wird, wenn es dennoch zu einem Unfall kommt. Der Helm ist hauptsächlich für die passive Sicherheit gedacht. Aber er darf auch die Sicht des Fahrers nicht behindern und er soll Farben haben, die sowohl bei Tag als auch bei Nacht gut auffallen. Außerdem darf der Fahrtwind nicht zuviel Lärm machen.

Für Motorradfahrer ist der Helm lebenswichtig.

Was der Helm können muss. Bei einem harten Aufprall muss der Helm den Kopf des Fahrers möglichst sanft abbremsen. Die Bremsbeschleunigung a_B hängt von der Aufprallgeschwindigkeit v und vom Anhalteweg s ab, $a_B = v^2/(2s)$. Der Anhalteweg des Kopfes ist sehr kurz, er ist höchstens so lang wie die Polsterung im Helm dick ist. Daraus ergibt sich eine große Bremskraft beim Aufprall.

Welche Beschleunigung hält ein Kopf aus? Den Helmkonstrukteuren stehen aus der Unfallforschung viele Daten zur Verfügung. Sie stammen aus Laboruntersuchungen und aus der nachträglichen Analyse von Unfällen. Für die Belastung des Kopfes gilt, dass die Beschleunigung nicht viel größer als $80 \cdot g$, also das 80fache der Erdbeschleunigung g sein soll. Der Grenzwert ist also $80 \cdot 10 \text{ m/s}^2 = 800 \text{ m/s}^2$. Auch soll die Beschleunigung bei einer solchen Belastung nicht länger als 0,008 s dauern. Werden diese Werte stark überschritten, kann das Gehirn dauerhaft geschädigt werden.

Bei typischen Helm-Tests fällt der Helm mitsamt einem künstlichen Prüfkopf aus zweieinhalb Meter Höhe auf einen Stahlsockel; die Aufprallgeschwindigkeit beträgt dabei etwa 25 km/h (= 7 m/s). Messfühler im Prüfkopf erfassen beim Crash die Beschleunigungswerte.

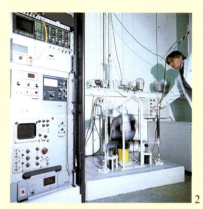

Ein Helm auf dem Prüfstand

Angenommen, die Schutzpolsterung im Helm kann bei dem Zusammenstoß 3 cm nachgeben, dann ist der Bremsweg für den Kopf $s = 0{,}03$ m. Wird der Kopf gleichmäßig abgebremst, so erhält man daraus die Bremsbeschleunigung:

$$a_B = \frac{v^2}{2s} = \frac{(7\text{m/s})^2}{2 \cdot 0{,}03 \text{ m}} = 817 \frac{\text{m}}{\text{s}^2}.$$ Das ist knapp oberhalb des Erlaubten.

Für die Bremsdauer t ergibt sich mit $v = a_B \cdot t$

$$t = \frac{7 \text{ m/s}}{817 \text{ m/s}^2} = 0{,}008\,6 \text{ s}.$$

Auch dieser Wert liegt knapp über dem genannten Grenzwert. Bei einem Aufprall des Kopfes mit 25 km/h kann also nach dieser Abschätzung ein guter Helm das Schlimmste gerade noch verhindern. Umgekehrt zeigt diese Rechnung, wie wichtig der Helm auch für Fahrradfahrer ist: Nicht nur bei der Kollision mit anderen Verkehrsteilnehmern, sondern schon aufgrund ihrer eigenen Geschwindigkeit sind sie stark gefährdet.

Nicht nur Kinder sollten beim Rad fahren einen Helm tragen.

AUFGABEN

1. a) Gib drei physikalische Gründe dafür an, dass das Fahren immer gefährlicher wird, je höher die Geschwindigkeit ist!
   b) Äußere dich zu der Behauptung „Bei Tempo 100 ist das Fahren 2-mal so gefährlich wie bei Tempo 50"!
2. Begründe, dass ein Helm sowohl zur aktiven als auch zur passiven Sicherheit beiträgt!
3. Erkläre, weshalb für einen Radfahrer ein Aufprall auf ein Hindernis mit 20 km/h eine größere Gefahr darstellen kann als ein Sturz in den Straßengraben bei 40 km/h!
4. Wie dick müsste die Polsterung eines Helms sein, damit auch bei einem Aufprall mit 60 km/h die Beschleunigung des Kopfes „nur" 800 m/s² beträgt?

Gehen

Bewegt sich ein Körper mit konstanter Geschwindigkeit reibungsfrei auf einer horizontalen Ebene, so ist dazu nach dem 1. Newton'schem Gesetz keine Kraft erforderlich. Man müsste also dem System keine Energie zuführen und es würde auch keine Arbeit verrichtet. Aber das ist im Widerspruch zur Realität, denn wir werden selbst bei langsamem Gehen auf ebener Straße müde. Wozu und wie wird die Energie eingesetzt?
– Es wird Beschleunigungsarbeit verrichtet, um die Beine nach vorn zu bewegen.
– Es wird Hubarbeit verrichtet, denn der Körper wird ständig gehoben und gesenkt.

AUFTRAG 1
1. Ermittle die Hubhöhe der vertikalen Körperbewegung beim Gehen, indem du mit nach unten gestrecktem Arm und einem Stück Kreide in der Hand dicht entlang einer Wand gehst (Bild 2).
2. Vergleiche die gezeichneten Wellenlinien mehrerer Personen. Gibt es individuelle Unterschiede und solche zwischen großen und kleinen Personen sowie zwischen Jungen und Mädchen?
3. Berechne mit den ermittelten Hubhöhen die jeweilige Hubarbeit W pro Schritt.
4. Zähle die Anzahl der Schritte N in der Zeit t und berechne daraus die Schrittfrequenz $f = N/t$.
5. Berechne die Hubleistung für die entsprechende Gehgeschwindigkeit. ($P = W/t = W \cdot f$)
6. Bestimme die Schrittlänge L_s und berechne die Hubarbeit für einen Weg beim Gehen auf ebener Straße.

Beim Gehen als Sportart (Bild 1) muss zu jedem Zeitpunkt ein Teil des Fußes den Boden berühren. Gehen ist eine stetige Auf- und Abwärtsbewegung des Körpers. Für die Abwärtsbewegung gilt das Gesetz vom freien Fall. Für die Aufwärtsbewegung darf die vom Geher erzeugte Beschleunigung nicht größer sein als die Fallbeschleunigung g. Ansonsten würde der Körper vom Boden abheben, was eine Disqualifikation zur Folge hätte. Die Zeit, die ein Geher für eine Auf- und Abwärtsbewegung benötigt, beträgt: $t = 2\sqrt{2h/g}$. Die Auf- und Abwärtsbewegung geschieht während der Länge eines Schrittes L_s. So lässt sich die Geschwindigkeit v des Gehers berechnen: $v = L_s/t = L_s \cdot (\sqrt{g/2h})/2$.

Man kann beim Gehen die Geschwindigkeit durch Vergrößern der Schritte und Vermindern der Hubhöhe erhöhen. Das ist die physikalische Erklärung für den „Watschelgang".

AUFTRAG 2
1. Berechne die Geschwindigkeit für eine Schrittlänge von 0,7 m und eine Hubhöhe von 5 cm.
2. Berechne die Hubhöhen bei den 20 km Weltrekorden der Frauen ($L_s = 0,7$ m) und Männer ($L_s = 0,8$ m) (Annahmen!).
3. Vergleiche die Geschwindigkeiten für Strecken von 10 km bis 50 km (Frauen/Männer).
4. Vergleiche mit entsprechenden Laufgeschwindigkeiten. Warum kann man schneller Laufen als Gehen – physikalisch betrachtet?

Übrigens

Die Leistung beim Gehen beträgt etwa 350 W. Die Hubleistung von 40 W stellt also nur etwa ein Zehntel der Gesamtleistung dar. Ca. 80 W sind beim Erwachsenen der Grundumsatz zur Aufrechterhaltung der Lebensfunktionen der Organe. Nur etwa 50 W werden in Energie der Muskeln umgewandelt. Von dieser Muskelleistung werden also 80 % als Hubleistung erbracht und nur 20 % zum Beschleunigen der Beine.

Weltrekorde im Gehen
Männer
20 km: 1:17:25,6 Segura (Mex.)
50 km: 3:37:41 Perlow (Rus.)
Frauen
10 km: 41:04 Nikolajewa (Rus.)
20 km: 1:24:50 Iwanowa (Rus.)

Zum Vergleich – Laufen 10 km
Männer: 26:22,75 Gebrselassie (Äth.)
Frauen: 29:31,78 Wang (China)

Mechanische Arbeit und Energie

AUFGABEN

1. Beschreibe den Unterschied zwischen den beiden Größen „mechanische Arbeit" und „mechanische Energie"!
2. a) In einem Pumpspeicherwerk beträgt der mittlere Höhenunterschied 200 m. Wie groß ist die potenzielle Energie der 1 000 000 m³ Wasser im oberen Becken?
   b) Angenommen, in einem Haushalt werden 8 kW·h elektrische Energie pro Tag benötigt. Wie viele Haushalte lassen sich dann mit Energie des gespeicherten Wassers versorgen? Nimm bei der Rechnung an, dass die Generatoren einen Wirkungsgrad von 90% haben!
3. Ein Wagen der Masse 3 kg soll eine geneigte Ebene hinaufgezogen werden. Die Ebene ist 2 m lang, der Höhenunterschied beträgt 1 m.
   a) Fertige eine Skizze an und bestimme mithilfe einer Kräftezerlegung die Kraft, die zum Hinaufziehen des Wagens erforderlich ist. Berechne daraus die zu verrichtende Arbeit!
   b) Berechne die Arbeit für das Anheben des Körpers mithilfe der Gleichung für die Hubarbeit!
4. Berechne die kinetische Energie und vergleiche: Sprinter $m = 70$ kg, $v = 10$ m/s; Fußball $m = 0,5$ kg, $v = 90$ km/h; Golfball $m = 46$ g, $v = 200$ km/h; Tennisball $m = 50$ g, $v = 140$ km/h; Baseball $m = 150$ g, $v = 160$ km/h; Tischtennisball $m = 2$ g, $v = 120$ km/h!
5. Wie ändert sich die kinetische Energie eines Körpers, wenn sich seine Geschwindigkeit halbiert, verdoppelt, verdreifacht bzw. verzehnfacht?
6. Erläutere die Gleichung $E_{mech} = E_{pot} + E_{kin}$. Gib an, unter welchen Bedingungen sie gilt!
7. Wie hoch steigt ein Pfeil, der mit einer Geschwindigkeit von 30 m/s senkrecht nach oben geschossen wird? Warum spielt bei der Rechnung die Masse keine Rolle?
8. Gib an, welche Idee den beiden folgenden „Perpetua mobilia" zugrunde liegt. Erkläre jeweils, weshalb sie nicht funktionieren können!

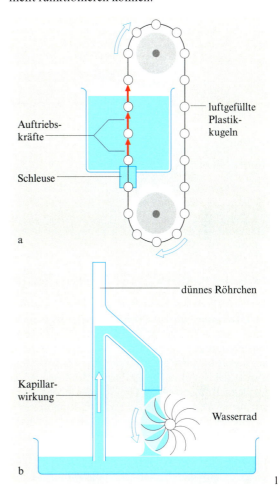

ZUSAMMENFASSUNG

Potenzielle Energie
$E_{pot} = m \cdot g \cdot h$

Kinetische Energie (Bewegungsenergie)
$E_{kin} = \frac{1}{2} m \cdot v^2$

Satz von der Erhaltung der mechanischen Energie
Wenn keine Umwandlung in eine andere Energieform erfolgt, ist bei einem Körper die Summe seiner potenziellen und seiner kinetischen Energie konstant:
$E_{mech} = E_{pot} + E_{kin} =$ konstant.

Impuls und Stoß

Beim Billard überträgt die stoßende Kugel ihre gesamte kinetische Energie auf die gestoßenen Kugeln. Nach dem Stoß ist sie in Ruhe oder bewegt sich allenfalls nur noch langsam.
Stöße, bei denen die kinetische Energie der beteiligten Stoßpartner vor dem Stoß genau so groß ist wie nach dem Stoß, nennt man elastische Stöße.
Ein nahezu elastischer Stoß tritt beim Billard auch dann auf, wenn eine Kugel auf die Bande trifft. Sie verlässt dann die Bande mit fast der gleichen kinetischen Energie, mit der sie auf diese getroffen ist. Es ändert sich nur die Richtung, nicht der Betrag der Geschwindigkeit.

Zentrale elastische und unelastische Stöße

Der zentrale elastische Stoß. Elastische Stöße beobachtet man auch, wenn ein Tischtennisball auf die Platte aufschlägt, ein Fußball auf eine Betonwand trifft oder eine Stahlkugel auf eine dicke Glasplatte fällt (Bild 2). Natürlich nimmt bei all diesen Vorgängen die mechanische Energie immer ein kleines bisschen ab. Man sagt, der Stoß ist nicht vollelastisch. Deshalb kommt die Stahlkugel irgendwann zur Ruhe. Elastische Stöße kann man gut beim Rangieren von Güterwagen beobachten. Hier bewegt sich der gestoßene Wagen in der gleichen Richtung weiter wie der stoßende. Einen solchen Stoß nennt man einen „zentralen" elastischen Stoß.
Zentrale elastische Stöße lassen sich mit der Luftkissenbahn untersuchen.

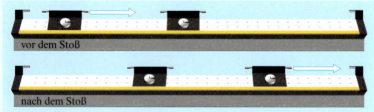

EXPERIMENT 1
Man bringt einen Schlitten an den Anfang der Luftkissenbahn, den anderen mit gleicher Masse in die Mitte. An den Schlitten sind Magnete so angebracht, dass zwischen ihnen abstoßende Kräfte auftreten. Man stößt den ersten Schlitten an, sodass er auf den zweiten prallt.

Trifft der stoßende Schlitten auf den ruhenden mit gleicher Masse, so kommt er zur Ruhe und überträgt seine gesamte kinetische Energie auf den zweiten Schlitten. Dieser bewegt sich nach dem Stoß mit der Geschwindigkeit des ersten weiter.

> Stößt ein Körper 1 auf einen ruhenden Körper 2 gleicher Masse, dann überträgt der Körper 1 beim zentralen elastischen Stoß seine gesamte kinetische Energie auf den Körper 2.

Impuls und Stoß

Besitzen die beiden Stoßpartner unterschiedliche Massen, kann man Folgendes beobachten:
1. Die Masse des stoßenden Schlittens 1 ist größer als die Masse des gestoßenen Schlittens 2.
   Nach dem Stoß bewegt sich Schlitten 2 mit der gleichen Geschwindigkeit, mit der Schlitten 1 aufgeprallt ist. Schlitten 1 bewegt sich langsam hinter dem gestoßenen Schlitten her (Bild 1).
2. Die Masse des stoßenden Schlittens 1 ist kleiner als die Masse des gestoßenen Schlittens 2.
   Nach dem Stoß bewegt sich Schlitten 2 mit einer kleineren Geschwindigkeit als Schlitten 1 vor dem Stoß. Schlitten 1 prallt von Schlitten 2 zurück und bewegt sich mit einer kleineren Geschwindigkeit als vor dem Stoß (Bild 2).

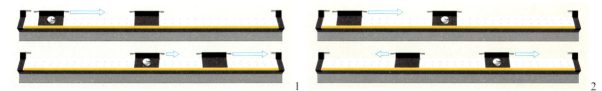

Beim zentralen elastischen Stoß von Körpern unterschiedlicher Masse wird nur ein Teil der kinetischen Energie auf den zweiten Stoßpartner übertragen. Die Summe der gesamten kinetischen Energie bleibt konstant.

Je größer die Masse des 2. Stoßpartners ist, desto weniger Energie kann der 1. Stoßpartner übertragen. Ist sie sehr groß, so prallt der 1. Stoßpartner mit der gesamten kinetischen Energie zurück.
Dieser Fall liegt beim Stoß eines Balls mit einer Wand vor, z. B. beim Squashspielen (Bild 3). Bei einem solchen Stoß ändert sich nur die Richtung, nicht aber der Betrag der Geschwindigkeit.

Für den zentralen elastischen Stoß mit einem ruhenden Stoßpartner gilt für die Geschwindigkeiten nach dem zentralen elastischen Stoß:

$$u_1 = \frac{m_1 - m_2}{m_1 + m_2} \cdot v_1 \qquad u_2 = \frac{2 m_1}{m_1 + m_2} \cdot v_1$$

Dabei sind u_1 und u_2 die Geschwindigkeiten des 1. bzw. 2. Stoßpartners nach dem Stoß. v_1 ist die Geschwindigkeit des stoßenden Körpers vor dem Stoß. m_1 und m_2 sind die Massen der beiden Stoßpartner.

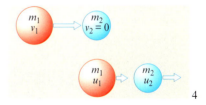

Der zentrale unelastische Stoß. Die meisten Stöße, die in der Technik und im Alltag auftreten, sind unelastische Stöße. Man erkennt sie daran, dass sich beide aufeinander prallende Körper nach dem Stoß mit der gleichen Geschwindigkeit weiterbewegen. Solche Stöße treten bei Verkehrsunfällen auf, wenn z. B. ein fahrendes Fahrzeug auf ein ruhendes auftrifft. Welche Gesetze gelten bei unelastischen Stößen?

Schon gewusst?

Für $m_1 < m_2$ ergibt sich ein negativer Wert für u_1. In diesem Fall kehrt sich also die Bewegungsrichtung des Körpers 1 nach dem Stoß um.

EXPERIMENT 2
Die experimentelle Anordnung entspricht der in Experiment 1. Anstelle der Magnete werden zwischen den Schlitten kleine Plastilinakugeln angebracht. Der erste Schlitten wird angestoßen, sodass er in der Mitte der Luftkissenbahn auf den ruhenden zweiten trifft, der die gleiche Masse besitzt.

Nach dem Stoß bewegen sich beide Schlitten mit der gleichen Geschwindigkeit u weiter. Sie ist halb so groß wie die Geschwindigkeit des aufprallenden Schlittens (Bild 1).

Beim unelastischen Stoß nimmt die kinetische Energie ab. Ein Teil dieser Energie wird in thermische Energie umgewandelt. Im Experiment erwärmt sich die Plastilina zwischen den Schlitten.

Beim zentralen unelastischen Stoß gilt für Stoßpartner unterschiedlicher Masse und Geschwindigkeit für die Geschwindigkeit nach dem Stoß:

$$u = \frac{m_1 \cdot v_1 + m_2 \cdot v_2}{m_1 + m_2}$$

Übrigens

Haben beide Stoßpartner beim zentralen unelastischen Stoß die gleiche Masse, so vereinfacht sich die Gleichung für die Geschwindigkeit nach dem Stoß:

$$u = \frac{m \cdot v_1 + m \cdot v_2}{m + m} = \frac{v_1 + v_2}{2}$$

Die physikalische Größe Impuls

Aus der Gleichung für die Geschwindigkeit nach dem zentralen unelastischen Stoß folgt noch eine weitere Erkenntnis. Durch Multiplizieren mit $(m_1 + m_2)$ ergibt sich: $m_1 \cdot u + m_2 \cdot u = m_1 \cdot v_1 + m_2 \cdot v_2$.

D.h., dass vor und nach dem zentralen unelastischen Stoß die Summe der Produkte aus den Massen und den Geschwindigkeiten gleich groß sind.

Berechnet man in entsprechender Weise für den elastischen Stoß die Produkte $m \cdot v$ und $m \cdot u$, so ergibt sich ebenfalls, dass die Summe der Produkte vor dem Stoß gleich der Summe der Produkte nach dem Stoß ist.

Diese Ergebnisse deuten darauf hin, dass dem Produkt aus Masse und Geschwindigkeit in der Physik eine besondere Bedeutung zukommt.

Diese Aussage wird durch Experimente mit dem so genannten Kugelstoßapparat bestätigt. Ein Kugelstoßapparat besteht aus einer Reihe aufgehängter Stahlkugeln, die sich berühren (Bild 2). Beim Aufeinanderprallen treten elastische Stöße auf. Wird die Kugel am Anfang der Reihe angestoßen, so pflanzt sich der Stoß durch die ganze Kugelreihe fort. Das führt zu verblüffenden Erscheinungen.

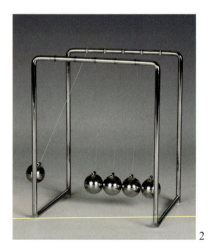

EXPERIMENT 3
Die erste Kugel an einem Kugelstoßapparat wird ausgelenkt und losgelassen. Die Kugel prallt gegen die Reihe der übrigen Kugeln. Aber nur die letzte Kugel bewegt sich von den übrigen weg. Sie schlägt genau so weit aus, wie man die erste ausgelenkt hatte. Dann stößt sie von der anderen Seite gegen die Kugelreihe. Jetzt wird wieder die erste Kugel zurückgeschleudert usw. (Bild 3).

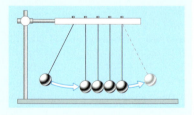

Wenn man gleichzeitig 2 Kugeln gegen die Kugelreihe prallen lässt, entfernen sich auch wieder 2 Kugeln auf der gegenüberliegenden Seite der Kugelreihe (Bild 4).

Dieses Prinzip gilt sogar, wenn die Anzahl der ruhenden Kugeln kleiner als die Anzahl der stoßenden ist. Dann bewegen sich die ersten der stoßenden Kugeln einfach weiter. Da alle stoßenden und gestoßenen Kugeln die gleiche Masse und auch die gleiche Geschwindigkeit besitzen, sind in jedem Falle die Produkte aus Masse und Geschwindigkeit vor dem Stoß gleich den Produkten aus Masse und Geschwindigkeit nach dem Stoß.

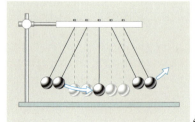

Impuls und Stoß

Das bestätigt die Aussage, dass dem Produkt aus Masse und Geschwindigkeit in der Physik eine große Bedeutung zukommt. Dieses Produkt kennzeichnet den Bewegungszustand eines Körpers. Man nennt es den Impuls p.

> Der Impuls kennzeichnet den Bewegungszustand eines Körpers.
> Für den Impuls eines Körpers gilt die Gleichung $p = m \cdot v$.

Die Einheit des Impulses ist kg · m/s.
Der Impuls eines Körpers ist umso größer, je größer seine Masse und seine Geschwindigkeit ist. Der Impuls ist eine vektorielle Größe.
Er besitzt dieselbe Richtung wie die Geschwindigkeit des Körpers.

Kinetische Energie und Impuls. Kinetische Energie und Impuls kennzeichnen beide die Bewegung eines Körpers. Für die kinetische Energie gilt die Gleichung $E = \frac{1}{2} m \cdot v^2$. Die Gleichung für den Impuls lautet $p = m \cdot v$.
Beide Gleichungen enthalten die physikalischen Größen Masse und Geschwindigkeit. Kinetische Energie und Impuls sind geeignet, Stoßprozesse zu beschreiben. Während die kinetische Energie nur beim elastischen Stoß erhalten bleibt, bleibt der Impuls sowohl beim elastischen als auch beim unelastischen Stoß erhalten.

Energieerhaltungssatz und Impulserhaltungssatz. Der Energieerhaltungssatz gilt für alle Vorgänge. Die Gesamtenergie in einem abgeschlossenen System bleibt konstant. Der Energieerhaltungssatz gilt sowohl für den elastischen als auch für den unelastischen Stoß. Beim elastischen Stoß bleibt die Summe der kinetischen Energien beider Stoßpartner unverändert. Beim unelastischen Stoß wird ein Teil der kinetischen Energie in thermische Energie umgewandelt. Wie sich der Impuls eines Systems ändert, soll im nächsten Experiment untersucht werden.

EXPERIMENT 4
Zwei kleine Wagen gleicher Masse werden auf die horizontale Tischplatte gestellt und mit einem dünnen Faden aneinander befestigt. Zwischen die Wagen klemmt man eine gespannte Blattfeder.
Man brennt den Faden durch und beobachtet die Bewegung der Wagen.

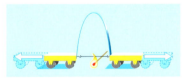

1

Beide Wagen bewegen sich mit gleichem Betrag der Geschwindigkeit auseinander. Da ihre Massen gleich groß sind, ist auch der Betrag ihrer Impulse gleich groß. Zu Beginn war die Summe der Impulse null, da beide Wagen in Ruhe waren. Nach dem Experiment hatten beide gleiche Impulse, jedoch mit entgegengesetzter Richtung. Dadurch war die Summe ebenfalls null.
Wiederholt man das Experiment mit Wagen unterschiedlicher Masse, so bewegen sich beide Wagen mit unterschiedlichen und einander entgegengesetzt gerichteten Geschwindigkeiten. Hat der eine Wagen z. B. eine doppelt so große Masse wie der andere, dann bewegt er sich mit dem halben Betrag der Geschwindigkeit des anderen Wagens (Bild 2).
Aus solchen Experimenten ist zu erkennen, dass sich bei den Vorgängen die Summe der Impulse nicht ändert. Es gilt der Impulserhaltungssatz.

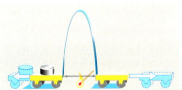

2

> Impulserhaltungssatz: In einem abgeschlossenen System bleibt die Summe aller Impulse unverändert.

Kraftstoß und Impuls

Ein Raumschiff bewegt sich mit einem bestimmten Betrag des Impulses mit einem fernen Ziel durch das Weltall. Wenn es früher ankommen soll, muss es sich mit größerer Geschwindigkeit bewegen. Dazu muss der Impuls des Raumschiffes vergrößert werden. Das erfolgt durch das Zünden der Raketentriebwerke (Bild 1). Dadurch wirkt auf das Raumschiff eine beschleunigende Kraft. Die Vergrößerung des Impulses hängt davon ab, wie lange die Triebwerke arbeiten. Die Impulsänderung des Raumschiffes ist umso größer, je länger sie wirkt. Außerdem hängt sie vom Betrag der Kraft ab. Je größer die Kraft ist, desto größer ist die Impulsänderung. Das Produkt aus Kraft und Zeit nennt man Kraftstoß. Der Kraftstoß bewirkt eine Änderung des Impulses des Raumschiffes.

> Der Kraftstoß kennzeichnet den Prozess der Impulsänderung eines Körpers. Für den Kraftstoß gilt die Gleichung $S = F \cdot t$.

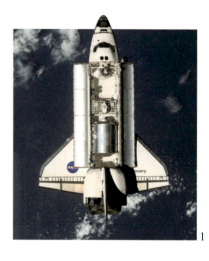

Der Kraftstoß wird wie der Impuls in der Einheit N · s oder kg · m/s gemessen.

Die Vergrößerung des Impulses durch einen Kraftstoß kann leicht in einem Experiment untersucht werden.

EXPERIMENT 5
Eine Kugel befindet sich auf einer horizontalen Bahn. Sie besitzt den Impuls null. Am Anfang der Bahn ist eine Fallrinne befestigt. Durch Probieren ermittelt man, von welcher Stelle die Kugel starten muss, damit sie genau 1 s lang auf der Fallrinne rollt, bis sie die horizontale Bahn erreicht. Danach bestimmt man den Weg, den die Kugel in der nächsten Sekunde auf der horizontalen Bahn zurücklegt. Ihre Geschwindigkeit wird berechnet ($v = s/t$).
Danach lässt man die Kugel 2 s lang auf der Fallrinne rollen und bestimmt wieder ihre Endgeschwindigkeit. Man wiederholt das Experiment für 3 s. Schließlich ermittelt man die Masse der Kugel und die Kraft, die auf der Fallrinne auf die Kugel wirkt. Alle Messergebnisse werden in eine Tabelle eingetragen.

Messwertetabelle

s in m	v in m/s	m in kg	$p = m \cdot v$ in kg · m/s	F in N	t in s	$S = F \cdot t$ in N · s
0,0	0,0	0,1	0,0	0,02	0	0,0
0,2	0,2	0,1	0,02	0,02	1	0,02
0,4	0,4	0,1	0,04	0,02	2	0,04
0,6	0,6	0,1	0,06	0,02	3	0,06

Man bildet die Produkte $p = m \cdot v$ und $S = F \cdot t$. Zwischen den Einheiten kg · m/s und N · s besteht die Beziehung 1 kg · m/s = 1 N · s. Es ergibt sich, dass der Kraftstoß gleich der Zunahme des Impulses ist.

Entsprechende Bedingungen liegen beim Anfahren eines Kraftfahrzeuges an einer Ampelkreuzung vor. Beim Anfahren wirkt die Kraft F des Motors. Je länger sie wirkt, umso größer ist der Kraftstoß. Ein großer Kraftstoß bewirkt eine große Geschwindigkeit des Autos und damit einen großen Impuls.

Impuls und Stoß

AUFGABEN

1. Schnippe auf einer glatten Unterlage mit dem Finger gegen eine Münze, sodass diese zentral auf eine zweite aufprallt. Wiederhole das Experiment und verwende dabei Münzen unterschiedlicher Masse. Sage jeweils die Bewegung beider Münzen nach dem Stoß voraus!
2. Lege auf eine glatte Unterlage zwei große Münzen so nebeneinander, dass sie sich berühren. Lege eine dritte gleiche Münze in einigen Zentimetern Abstand so hin, dass die Mittelpunkte aller Münzen eine Gerade bilden. Schnippe die dritte Münze mit dem Finger gegen die beiden ersten! Was beobachtest du?
3. Wie groß sind Impuls und kinetische Energie eines Pkw, der bei einer Masse von 1000 kg eine Geschwindigkeit von 100 km/h besitzt?
Wie groß sind kinetische Energie und Impuls nach dem Abbremsen auf 50 km/h und schließlich auf 25 km/h?
4. Beim 11-Meter-Schießen muss der Torwart in erster Linie sehr schnell reagieren. Außerdem muss er sich auf den großen Impuls des ankommenden Balls einstellen. Wie tut er das?
5. Beim Aufspringen auf ein Skateboard setzt sich dieses etwa mit der Geschwindigkeit des Skaters in Bewegung. Beim Abspringen schnellt es jedoch oft rasch davon und der Skater kommt zur Ruhe. Begründe diese Beobachtung!
6. Erkläre mithilfe des Impulserhaltungssatzes die Wirkungsweise eines Raketentriebwerks!
7. Drei Eisenbahnwaggons von je 25 t stehen zusammengekoppelt auf einem horizontalen Gleis. Ein vierter Waggon gleicher Masse fährt mit einer Geschwindigkeit von 5 m/s auf, wobei die Kupplung automatisch einrastet. Mit welcher Geschwindigkeit bewegen sich die vier Waggons weiter?
8. Ein Auto mit der Masse 1500 kg fährt mit einer Geschwindigkeit von 150 km/h von hinten auf ein in gleicher Richtung fahrendes kleineres Auto mit einer Masse von 900 kg, das sich mit einer Geschwindigkeit von 90 km/h bewegt. Wie groß ist die Geschwindigkeit beider unmittelbar nach dem Aufprall?
Wie groß ist die Endgeschwindigkeit der Autos, wenn das Auto mit der kleineren Masse unter gleichen Bedingungen von hinten auf das mit der größeren Masse auffährt?
9. In der Tabelle sind die Messergebnisse von Stoßexperimenten mit Körpern gleicher Masse dargestellt. Überprüfe, ob der Impulserhaltungssatz und der Satz von der Erhaltung der mechanischen Energie erfüllt ist! Welche Messergebnisse sind nicht möglich?

Experiment Nr.	v_1 in m/s	v_2 in m/s	u_1 in m/s	u_2 in m/s
1	5	0	3	4
2	5	0	2,5	2,5
3	5	0	0	5
4	5	0	2	3
5	5	0	4	4

ZUSAMMENFASSUNG

Impuls
Der Impuls p kennzeichnet den Bewegungszustand eines Körpers.
$p = m \cdot v$

Raumschiff mit konstanter Geschwindigkeit. Der Impuls des Raumschiffes ist konstant.

Kraftstoß
Der Kraftstoß S kennzeichnet den Prozess der Impulsänderung eines Körpers.
$S = F \cdot t$

Die Rakete wird gezündet. Der Impuls des Raumschiffes nimmt zu.

Impulserhaltungssatz: In einem abgeschlossenen System bleibt die Summe aller Impulse unverändert.

Zentraler unelastischer Stoß
Die Endgeschwindigkeit beträgt:
$$u = \frac{m_1 \cdot v_1 + m_2 \cdot v_2}{m_1 + m_2}$$

Zentraler elastischer Stoß
Beim Stoß mit einem ruhenden Stoßpartner betragen die Endgeschwindigkeiten:
$$u_1 = \frac{m_1 - m_2}{m_1 + m_2} \cdot v_1 \qquad u_2 = \frac{2 m_1}{m_1 + m_2} \cdot v_1$$

Kreisbewegung

Damit das Wurfgerät eines Hammerwerfers eine große Geschwindigkeit erreicht, muss sich der Werfer sehr schnell um seine eigene Achse drehen. Das Gerät bewegt sich dabei auf einer Kreisbahn um den Werfer. Da es nicht vorzeitig davon fliegen darf, muss dieser mit beiden Händen eine große Kraft aufwenden. Wovon hängt diese Kraft ab mit der er das Wurfgerät auf der Kreisbahn hält.

Gleichförmige Kreisbewegung

Wie bei jeder anderen Bewegung bewegt sich auch ein Körper auf einer Kreisbahn mit einer bestimmten Geschwindigkeit. Sie kann mit der Gleichung $v = s/t$ bestimmt werden und wird in der Einheit m/s gemessen. Man nennt diese Geschwindigkeit v die Bahngeschwindigkeit.
Bei einem Hammerwerfer nimmt die Bahngeschwindigkeit durch die immer schnellere Drehbewegung des Werfers zu.
Das Gleiche geschieht beim Anfahren eines Karussells. Hat das Karussell die Höchstgeschwindigkeit erreicht (Bild 2), so ändert sich die Bahngeschwindigkeit des Fahrgastes nicht mehr. In diesem Falle nennt man seine Bewegung eine gleichförmige Kreisbewegung.

> Bewegt sich ein Körper mit konstantem Betrag der Geschwindigkeit auf einer Kreisbahn, so nennt man diese Bewegung eine gleichförmige Kreisbewegung.

Gleichförmige Kreisbewegungen treten im täglichen Leben, in der Technik und der Natur häufig auf. Wenn z. B. das Rad eines Pkw während der Fahrt in rasche Drehung versetzt ist, so führt das Ventil eine gleichförmige Kreisbewegung aus (Bild 3). Das trifft auch für eine Flügelspitze einer Windturbine zu (Bild 4). Der Mond umkreist die Erde in Form einer gleichförmigen Kreisbewegung.

Kreisbewegung

Kräfte bei der gleichförmigen Kreisbewegung

Eine gleichförmige Kreisbewegung kann man sehr einfach erzeugen, indem man einen Ball im Netz über dem Kopf kreisen lässt (Bild 1). Dabei spürt man – wie der Hammerwerfer – dass eine Kraft erforderlich ist, um den Ball auf der Kreisbahn zu halten.

Nach dem 1. Newton'schen Gesetz verharrt ein Körper in Ruhe oder in geradlinig gleichförmiger Bewegung, solange keine Kraft auf ihn einwirkt. Wenn er anstelle der geradlinigen Bewegung eine Kreisbewegung ausführen soll, so ist dazu eine Kraft notwendig.

Diese Aussage lässt sich dadurch nachprüfen, indem man den Ball loslässt. In dem Moment, wenn der Ball losgelassen wird, bewegt er sich tangential weiter, weil auf ihn keine Kraft mehr wirkt, die ihn auf der Kreisbahn hält.

Diese tangentiale Bewegung kann man gut an einem Schleifstein beobachten, mit dem ein Werkstück angeschliffen wird (Bild 2). Die infolge der Reibung mit dem Schleifstein glühend gewordenen Teilchen bewegen sich tangential geradlinig.

Die Kraft, die der Hammerwerfer kurz vor dem Wurf aufwendet oder die beim Schleudern des Balles mit konstanter Geschwindigkeit über dem Kopf auftritt, wird senkrecht zur Bewegungsrichtung ausgeübt. Im Fall des Hammerwerfers geschieht dies durch die Spannung des Seils. Die Kraft verändert nur die Richtung, nicht aber den Betrag der Geschwindigkeit (Bild 3). Die Kraft wirkt in Richtung des Radius, man nennt sie Radialkraft. Da sie zum Zentrum der Bewegung gerichtet ist, heißt sie auch Zentralkraft.

> Damit ein Körper eine Kreisbewegung ausführt, muss auf ihn eine Kraft ausgeübt werden. Bei einer gleichförmigen Kreisbewegung ist sie senkrecht zur Bewegung des Körpers gerichtet. Diese Kraft nennt man Radialkraft oder Zentralkraft.

Auf die Kugel des Hammerwerfers wirkt die Radialkraft (Bild 3). Nach dem 3. Newton'schen Gesetz greift am Hammerwerfer eine gleich große Kraft an, die entgegengesetzt gerichtet ist.

Gleichung für die Radialkraft

Die Radialkraft (oder Zentralkraft), die erforderlich ist, um den Ball, den man an einem Netz über dem Kopf schleudert, auf eine Kreisbahn zu zwingen, hängt von verschiedenen physikalischen Größen ab. Diese Abhängigkeiten sollen nachfolgend untersucht werden. Am einfachsten lässt sich die Abhängigkeit von der Masse nachweisen.

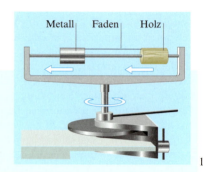

EXPERIMENT 1
Ein Holzzylinder und ein Metallzylinder sind auf einem horizontalen, drehbar gelagerten Stab leicht verschiebbar angeordnet. Sie sind durch einen Faden miteinander verbunden. Mit einem Experimentiermotor wird die Anordnung in eine Drehbewegung versetzt.
Die Bewegung der beiden Zylinder wird beobachtet.

Der Metallzylinder besitzt eine größere Masse als der Holzzylinder. Um ihn auf der Kreisbahn zu halten, wäre eine größere Radialkraft als beim Holzzylinder erforderlich. Diese kann der rotierende Holzzylinder jedoch nicht aufbringen. Da der Metallzylinder die größere Masse hat, wird er nach außen geschleudert und zieht den Holzzylinder mit auf seine Seite.

> Die Radialkraft ist der Masse direkt proportional $F_r \sim m$.

Den Zusammenhang zwischen Radialkraft und Masse kann man vielfach beobachten. Das Wurfgerät des Hammerwerfers besitzt eine größere Masse als der über dem Kopf geschleuderte Ball. Deshalb muss der Hammerwerfer eine größere Radialkraft aufwenden. Und wenn ein Lkw in eine Kurve fährt, so müssen seine Reifen eine größere Radialkraft aufbringen als die eines Pkw, der mit der gleichen Geschwindigkeit in die Kurve fährt.
Beim Motorrad-Rennen kann man gut beobachten, dass die Radialkraft nicht nur von der Masse abhängt. Je schneller ein Fahrer fährt, umso mehr muss er sich in die Kurve hineinlegen. Die Radialkraft muss also auch von der Geschwindigkeit abhängen. Dieser Zusammenhang soll in einem Experiment untersucht werden.

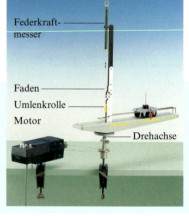

EXPERIMENT 2
Der Radialkraftmesser wird zunächst in eine langsame Drehbewegung versetzt. Am Federkraftmesser wird die Radialkraft abgelesen. Die Drehzahl wird verdoppelt. Bevor man die Radialkraft erneut abliest, muss man dafür sorgen, dass der Radius der Kreisbahn genau so groß ist wie beim ersten Experiment. Dazu zieht man den Federkraftmesser etwas nach oben. Schließlich wird die Drehzahl des Radialkraftmessers gegenüber dem ersten Experiment verdreifacht. Wieder wird der gleiche Bahnradius eingestellt, indem man den Federkraftmesser nach oben zieht.

Bei der Verdoppelung der Drehzahl ergibt sich eine 4-mal so große Radialkraft, bei Verdreifachung eine 9-mal so große.
Aus dem Experiment ist zu erkennen, dass die Radialkraft dem Quadrat der Bahngeschwindigkeit proportional ist $F_r \sim v^2$.

> Die Radialkraft ist dem Quadrat der Bahngeschwindigkeit direkt proportional $F_r \sim v^2$.

Kreisbewegung

Beim Fahrrad fahren kann man noch einen anderen Zusammenhang beobachten: Je enger der Bogen ist, den man mit einer bestimmten Geschwindigkeit durchfährt, umso größer ist die erforderliche Radialkraft. Dieser Zusammenhang lässt sich leicht mit einem einfachen Experiment erkennen.

EXPERIMENT 3
Man hält einen Arm vertikal nach oben und schleudert einen kleine Ball im Netz auf einer Kreisbahn über dem Kopf. Der Faden soll ca. 1,50 m lang sein. Dann hält man den Arm still. Der Faden wickelt sich nun immer mehr auf den Arm auf. Dabei wird die Bahn des Balls enger.

Die Bahngeschwindigkeit des Balls bleibt unverändert. Die Zeit, die der Ball für einen Umlauf benötigt, wird immer kürzer, der Ball rotiert zunehmend schneller um den Arm. Dabei wird der Faden immer straffer, d.h. die Radialkraft nimmt zu.
Genaue Messungen ergeben, dass die Radialkraft bei gleicher Bahngeschwindigkeit dem Bahnradius umgekehrt proportional ist $F_r \sim 1/r$.

Die Radialkraft ist dem Bahnradius umgekehrt proportional $F_r \sim 1/r$.

Beim Motorrad-Rennen dürfen die Fahrer die Kurven nicht zu scharf nehmen. Auch wenn sie sich stark in die Kurve legen, können die Reifen die große Radialkraft nicht aufbringen. Die Motorräder rutschen dann aus der Kurve heraus.

Die experimentell untersuchten Zusammenhänge der Radialkraft werden durch folgende Gleichung beschrieben:

Gleichung für die Radialkraft: $F_r = m \cdot \dfrac{v^2}{r}$.

Aus dieser Gleichung lassen sich alle Zusammenhänge ablesen, die vorangehend untersucht wurden:
– Sind Bahngeschwindigkeit und Radius konstant, so gilt $F_r \sim m$.
– Sind Masse und Bahnradius konstant, so gilt $F_r \sim v^2$.
– Bei konstanter Masse und Bahngeschwindigkeit ist $F_r \sim 1/r$.

Die Gleichung für die Radialkraft als Sonderfall des Newton'schen Grundgesetzes. Vergleicht man die Gleichung für die Radialkraft mit dem Newton'schen Grundgesetz $F = m \cdot a$, so erkennt man, dass beide Gleichungen den gleichen Aufbau besitzen. In beiden Gleichungen steht links vom Gleichheitszeichen eine Kraft und rechts davon die Masse m. Ganz rechts steht im Newton'schen Grundgesetz die Beschleunigung a und in der Gleichung für die Radialkraft v^2/r.
Stellt dieser Quotient wie a eine Beschleunigung dar?
Die physikalische Größe Geschwindigkeit ist durch Betrag und Richtung gekennzeichnet. Der Betrag der Bahngeschwindigkeit ändert sich bei der gleichförmigen Kreisbewegung nicht. Die Richtung der Geschwindigkeit ändert sich jedoch ständig. Es handelt sich also um eine beschleunigte Bewegung. Der Quotient v^2/r stellt eine Beschleunigung dar, man bezeichnet ihn als Radialbeschleunigung a_r.

Auch die Beschleunigung ist eine gerichtete physikalische Größe und durch Betrag und Richtung gekennzeichnet. Sie ist zum Kreismittelpunkt gerichtet. Dadurch bleibt der Betrag der Geschwindigkeit gleich und nur die Richtung der Bewegung ändert sich.

> Bewegt sich ein Körper mit konstanter Bahngeschwindigkeit auf einer Kreisbahn, so tritt eine Radialbeschleunigung $a_r = \dfrac{v^2}{r}$ auf. Sie ist zum Kreismittelpunkt gerichtet.

Vergleicht man die Gleichung für die Radialkraft mit dem Newton'schen Grundgesetz, so stellt man fest, dass die Gleichung für die Radialkraft ein Sonderfall des Newton'schen Grundgesetzes ist. Das Newton'sche Grundgesetz gilt für jede Art von Bewegungen. Die Veränderung des Betrages der Geschwindigkeit oder die Veränderung der Richtung der Geschwindigkeit oder beides ruft eine Beschleunigung hervor.

> Die Gleichung für die Radialkraft ist ein Sonderfall des Newton'schen Grundgesetzes.

Bewegungen von Satelliten um Himmelskörper

Kreisbewegungen treten nicht nur in der Technik auf. Auch natürliche und künstliche Himmelskörper (Satelliten) bewegen sich auf kreisähnlichen Bahnen. So umlaufen die Planeten auf solchen Bahnen die Sonne. Auch der Mond bewegt sich annähernd auf einer Kreisbahn um die Erde. Seine Bahn hat einen mittleren Radius von 384 400 km.
Raumschiffe, in denen sich die Astronauten lange aufhalten, umkreisen die Erde mit geringem Abstand. Die Raumstation ISS (Bild 1) bewegt sich in einer Höhe von etwa 400 km um die Erde. Der Bahnradius beträgt also etwa 6 770 km.

Raketen und Raketenantriebe. Um ein Raumschiff auf eine Umlaufbahn um die Erde zu bringen, benötigt man Raketen. Aus den Düsen dieser Raketen treten heiße Verbrennungsgase mit großer Geschwindigkeit aus. Nach dem 3. Newton'schen Gesetz wirkt auf die Rakete eine Kraft, die den gleichen Betrag hat wie die Kraft mit der die Gase ausgestoßen werden. Diese Kräfte sind entgegengesetzt gerichtet und die Rakete wird vorwärts getrieben. Dabei wird ihre Bahngeschwindigkeit immer größer.
Damit ein Raumschiff die Erde umkreisen kann, muss es eine Bahngeschwindigkeit von mindestens 7,9 km/s aufweisen. Diese Geschwindigkeit nennt man **1. kosmische Geschwindigkeit**. Bei ihr ist die Radialkraft so groß, dass das Raumschiff nicht mehr auf die Erde zurück fällt (Bild 2).

> Nach dem 3. Newton'schen Gesetz wirkt auf eine Rakete eine Kraft, die genau so groß ist wie die, mit der die Verbrennungsgase ausgestoßen werden. Sie hat jedoch die entgegengesetzte Richtung. Ein Raumschiff kann die Erde umkreisen, wenn seine Bahngeschwindigkeit mindestens 7,9 km/s beträgt.

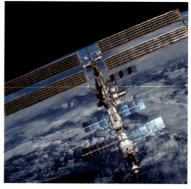

Internationale Weltraumstation ISS

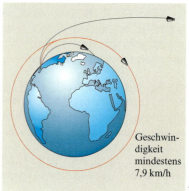

Geschwindigkeit mindestens 7,9 km/h

Das Gravitationsgesetz

Lässt man einen Stein fallen, so bewegt er sich immer schneller auf die Erde zu. Die Ursache dafür ist, dass der Stein von der Erde angezogen wird. Die Kraft, die den Stein nach unten zieht, nennt man Erdanziehungskraft oder Gravitationskraft. Nach dem 3. Newton'schen Gesetz *actio = reactio* kann man auch sagen, dass der Stein die Erde anzieht.
Wovon hängt diese Anziehungskraft ab?
Einerseits hängt diese Kraft von der Masse M der Erde ab, andererseits von der Masse m des Steins. Ist die Masse m des Steins z. B. 10-mal so groß, so tritt auch eine 10-mal so große Kraft auf.
Und würde sich der Stein auf einem Himmelskörper befinden, der genau so groß wie die Erde ist, aber eine 10-mal so große Masse hätte, dann würde die Anziehungskraft ebenfalls 10-mal so groß sein.

> Die Gravitationskraft ist den Massen der sich gegenseitig anziehenden Körper direkt proportional $F \sim M \cdot m$.

Andererseits hängt die Anziehungskraft zwischen zwei Körpern auch vom Abstand ihrer Massenmittelpunkte ab. Vergrößert man den Abstand zwischen der Erde und dem Stein, so wird die Anziehungskraft zwischen beiden kleiner.
Ein Stein mit einer Masse von 1 kg wird an der Erdoberfläche, also in einem Abstand von 6 370 km vom Erdmittelpunkt, mit einer Kraft von 10 N angezogen. Würde er mit einer Rakete in eine Höhe von 12 740 km transportiert werden, dann verringerte sich die Kraft auf 2,5 N.
Wird also der Abstand zwischen zwei Körpern verdoppelt, so beträgt die Anziehungskraft nur noch ein Viertel. Ist der Abstand 3-mal so groß, so sinkt die Kraft auf ein Neuntel.

> Die Gravitationskraft ist dem Quadrat des Abstandes der Massenmittelpunkte der Körper umgekehrt proportional $F \sim 1/r^2$.

Diese Zusammenhänge hat 1687 der englische Physiker ISAAC NEWTON in Form einer Gleichung als Gravitationsgesetz formuliert.

> Gravitationsgesetz: $F = \gamma \cdot \dfrac{M \cdot m}{r^2}$

Dieses Gesetz gilt für beliebige Körper. M und m sind die Massen der beiden sich anziehenden Körper und r ist der Abstand der Massenmittelpunkte. γ ist die Gravitationskonstante. Sie ist eine universelle Naturkonstante und hat den Wert $\gamma = 6{,}67 \cdot 10^{-11} \; N \cdot m^2 \cdot kg^{-2}$.

Für einen Satelliten mit der Masse m, der einen Himmelskörper mit der Masse M im Abstand r umkreist, kann man mit dem Gravitationsgesetz die Gravitationskraft berechnen. Diese Gravitationskraft wirkt als Radialkraft, die den Satelliten auf die Kreisbahn zwingt.

> Bei der kreisförmigen Bewegung von Satelliten um Himmelskörper ist die Gravitationskraft als Radialkraft wirksam.

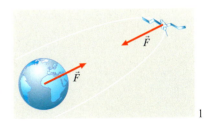

Die Bewegung der Himmelskörper

Vor Tausenden von Jahren wurde angenommen, dass die Erde im Mittelpunkt des Weltalls ruht und die Planeten, unsere Sonne sowie alle anderen Sterne sich um die Erde herum auf teilweise sehr komplizierten Bahnen bewegen. Der griechische Astronom PTOLEMÄUS (etwa 90–160 n. Chr.) hat die Erkenntnisse seiner Zeit über dieses geozentrische Weltbild um 150 n. Chr. in einem Buch zusammengefasst.

Seine Lehren haben sich lange behauptet, erst viel später traten Gelehrte auf, die Zweifel daran anmeldeten. Zu ihnen gehörte auch NIKOLAUS KOPERNIKUS (1473–1543). Bei seinen astronomischen Beobachtungen und langwierigen Messungen und Berechnungen stellte er Widersprüche zur Theorie des PTOLEMÄUS fest. Er vertrat die Ansicht, dass die Sonne im Mittelpunkt des Weltalls steht und die Erde und die anderen Planeten sie umkreisen. Die Erde dreht sich in diesem heliozentrischen Weltbild täglich einmal um ihre Achse. KOPERNIKUS hat lange gezögert, seine Lehren zu veröffentlichen. Zum einen standen seine neuen Erkenntnisse im Gegensatz zu den Lehren der Kirche und zum anderen war er mit den Ergebnissen nicht zufrieden. Auch er musste feststellen, dass seine Beobachtungen und Berechnungen noch Unstimmigkeiten aufwiesen. KOPERNIKUS gab erst in seinem Todesjahr die Zustimmung zur Veröffentlichung seines Werkes. Dieses Buch erregte Aufsehen, denn es enthielt bahnbrechende Gedanken.

GALILEO GALILEI (1564–1642) wertete die Entdeckung der Jupitermonde und ihrer Bewegung um den Planeten (siehe S. 99) als Argument dafür, dass das heliozentrische Weltbild den Bau des Sonnensystems richtig beschreibt. In der Bewegung der kleinen Körper um einen größeren sah er ein verkleinertes Abbild des Sonnensystems. Die Kräfte, die die Körper auf ihren Bahnen halten, konnte er jedoch noch nicht benennen.

JOHANNES KEPLER (1571–1630) hat das heliozentrische Weltbild des KOPERNIKUS schließlich im Ergebnis exakter Messungen und Berechnungen verfeinert. Er erkannte u. a., dass die Bahnen der Planeten um die Sonne die Form von Ellipsen haben (Kepler'sche Gesetze).

ISAAC NEWTON (1643–1727) verallgemeinerte die Gesetze für die Bewegungen der Körper auf der Erde auf die Bewegungen der Himmelskörper.

1 NIKOLAUS KOPERNIKUS

2 JOHANNES KEPLER

3 GALILEO GALILEI

4 ISAAC NEWTON

5

Kreisbewegung

AUFGABEN

1. Erkläre, warum in einer Looping-Bahn Wagen und Fahrgäste nicht herunterfallen! Welche Kräfte wirken auf sie ein?
2. Wenn ein Bob eine Kurve mit großer Geschwindigkeit durchfährt, kann er an der vertikalen Eiswand nach oben aufsteigen. Wie ist das möglich?
3. Eine Spielzeugautobahn enthält einen Looping. Sein Durchmesser ist 60 cm. Wie groß muss die Geschwindigkeit des Autos im oberen Punkt der Bahn mindestens sein, damit es nicht herunterfällt?
4. Ein Hammerwerfer bewegt die Stahlkugel mit der Masse von 7,0 kg kurz vor dem Loslassen mit einer Geschwindigkeit von 20 m/s auf einer Kreisbahn. Der Bahnradius beträgt 2,2 m.
   a) Welche Radialkraft muss der Hammerwerfer aufbringen? Zeichne die Radialkraft in die Skizze ein!
   b) In welchem Punkt muss der Hammerwerfer das Wurfgerät loslassen, damit es zum Ziel Z gelangt (Bild 1)?

5. Zwei Körper mit unterschiedlichen Massen bewegen sich auf der gleichen Kreisbahn und mit der gleichen Umlaufzeit. Was kannst du über die Radialkräfte aussagen?
6. Berechne die Radialkraft, die auf den Waggon eines Zuges wirkt, der eine Kurve mit dem Radius 490 m durchfährt! Der Zug hat eine Geschwindigkeit von 45 km/h und der Waggon eine Masse von 25 t.
7. Warum sind Bahngleise und Autobahnen in den Kurven außen „überhöht"?
8. Man kann einen Eimer, der halb mit Wasser gefüllt ist, vertikal im Kreis herumschleudern. Erkläre, warum das möglich ist!
9. Ein Körper mit der Masse von 3,5 kg ist an einem 1,2 m langen Faden befestigt. Er führt eine in der horizontalen Ebene liegende gleichförmige Kreisbewegung aus.
   Wie groß ist die Radialkraft, wenn die Umlaufzeit 0,5 s beträgt?
10. Zwei Wäscheschleudern stehen zur Auswahl. Die eine hat einen Radius r = 30 cm und dreht sich mit 1000 Umdrehungen pro Minute. Die andere hat zwar nur 20 cm Radius, dafür schafft sie aber 1500 Umdrehungen in der Minute. Welche Schleuder trocknet besser?
11. Wird die Radialkraft, die einen Körper auf seine Kreisbahn zwingt, null, so bewegt sich der Körper tangential weiter. Welche Maßnahmen zum Gesundheitsschutz sind dir bei schnell rotierenden Maschinen bekannt?
12. Hunde schütteln sich, wenn sie ein nasses Fell haben. Erkläre physikalisch, warum sich dabei das Wasser vom Fell trennt!
13. Im Mittelalter stieß die Vorstellung, dass die Erde eine rotierende Kugel sei, auf starke Kritik. Als Argument wurde angeführt, dass dann alle Gegenstände und Menschen davonfliegen würden. Wie würdest du diese Auffassung widerlegen?
14. Warum stürzen nicht Erde und Mond aufgrund der Gravitation aufeinander?
15. Wie groß ist die Gravitationskraft, die auf zwei Personen (m_1 = 70 kg, m_2 = 60 kg) wirkt, die sich in einem Abstand von 1 m befinden?

ZUSAMMENFASSUNG

Bei der gleichförmigen Kreisbewegung bewegt sich ein Körper mit konstantem Betrag der Geschwindigkeit auf einer Kreisbahn.

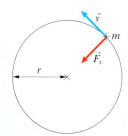

Die Kraft, die den Körper auf die Kreisbahn zwingt, nennt man Radialkraft oder Zentralkraft F_r.

Radialkraft $F_r = m \cdot \dfrac{v^2}{r}$.

Die Gleichung für die Radialkraft ist ein Sonderfall des Newton'schen Grundgesetzes $F = m \cdot a$.

Gravitationsgesetz

$F = \gamma \cdot \dfrac{M \cdot m}{r^2}$

$\gamma = 6{,}67 \cdot 10^{-11}\,\text{N} \cdot \text{m}^2 \cdot \text{kg}^{-2}$

Bei der kreisförmigen Bewegung von Satelliten um Himmelskörper ist die Gravitationskraft als Radialkraft wirksam.

Mechanische Schwingungen

Beim Gitarrespielen bewegen sich die Saiten sichtbar hin und her. Die Ähren eines Getreidefeldes und die Wipfel der Bäume wiegen sich im Wind.
An einem Moped zittert der Rückspiegel bei einer bestimmten Motordrehzahl besonders heftig.
Beim Sprechen vibrieren im menschlichen Kehlkopf die Stimmbänder.
Wie entstehen diese besonderen Bewegungen und wie lassen sie sich beschreiben?

Was versteht man unter einer mechanischen Schwingung?

Auf einer Schaukel bewegt man sich in einem festen Rhythmus vor und zurück, auf und ab. An den Umkehrpunkten der Bewegung, also ganz vorn und ganz hinten, kommt man kurz zum Stillstand (Bild 2). Dann kehrt sich die Richtung der Bewegung um und man wird wieder schneller.
Die Bewegung auf der Schaukel wird durch Reibung und Luftwiderstand gehemmt. Um die Bewegung dauerhaft aufrecht zu erhalten, muss man stets ein wenig Energie aufbringen. Lässt man sich aber „auspendeln", so kommt man in einer bestimmten Position zur Ruhe. Diese Position wird als *Gleichgewichtslage* bezeichnet.

Die Figur in Bild 3 ist an einer langen Feder aufgehängt. Sie befindet sich zunächst in ihrer Gleichgewichtslage. Wenn man an der Feder zieht und anschließend loslässt, wird die Figur nach oben beschleunigt. Sie bewegt sich durch die Gleichgewichtslage hindurch bis zum oberen Umkehrpunkt und von dort wieder nach unten.

Die Person auf der Schaukel und die Figur an der Feder führen mechanische Schwingungen aus. Eine vollständige Hin- und Herbewegung bezeichnet man als Periode.
Diese beiden Beispiele zeigen folgende Gemeinsamkeiten, durch die eine Schwingung charakterisiert wird:
– Ein schwingender Körper bewegt sich periodisch zwischen zwei Umkehrpunkten.
– Die Bewegung des Körpers erfolgt um seine Gleichgewichtslage.

> Eine mechanische Schwingung ist die periodische Bewegung eines Körpers um seine Gleichgewichtslage.

Aufzeichnung und Beschreibung einer Schwingung

In Wissenschaft und Technik ist es oft notwendig, Schwingungen genauer zu untersuchen. Dabei ist es hilfreich, ein Bild vom Ablauf der Bewegung aufzuzeichnen. Die folgenden Experimente zeigen, wie man die periodische Bewegung eines schwingenden Körpers direkt aufzeichnen kann.

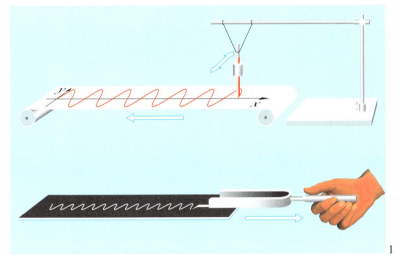

EXPERIMENT 1
1. An einem Pendelkörper ist ein Faserstift befestigt. Unter dem Stift wird Papier mit konstanter Geschwindigkeit senkrecht zur Schwingungsrichtung bewegt.
2. Eine schwingende Stimmgabel mit einer Schreibspitze aus Metall wird geradlinig gleichförmig über eine berußte Glasplatte gezogen.

Die Aufzeichnungen wandeln das *zeitliche Nacheinander* in ein *örtliches Nebeneinander* um. Da die Geschwindigkeit der Bewegung in x-Richtung konstant ist, lässt sich das y-x-Diagramm in ein y-t-Diagramm umwandeln (Bild 2). Jedem Zeitpunkt lässt sich eindeutig ein Abstand des schwingenden Körpers von der Gleichgewichtslage zuordnen.
Der momentane Abstand des schwingenden Körpers von der Gleichgewichtslage wird als Auslenkung y bezeichnet.

> Die Auslenkung y gibt an, wie weit der schwingende Körper zu einem bestimmten Zeitpunkt von seiner Gleichgewichtslage entfernt ist.

Im Experiment 1 führen das Pendel und die Spitze der Stimmgabel jeweils eine *harmonische* Schwingung aus: Die Aufzeichnungsbilder entsprechen der grafischen Darstellung einer Sinus- bzw. Kosinusfunktion.

Fahrzeugteile, die Saiten einer Violine oder unsere Stimmbänder zeigen ein anderes Schwingungsverhalten (Bild 3). Ihre Schwingungsbilder sind nicht sinusförmig, die Schwingungen sind nicht harmonisch.

Darstellung einer Schwingung mit dem Oszilloskop. Es gibt in Natur und Technik viele schnell ablaufende mechanische Schwingungsvorgänge, die nur mit einem Oszilloskop oder einem Computer ausreichend genau erfasst werden können. Bei einer solchen Auswertung ordnet ein Messwandler der Auslenkung y in jedem Moment eine entsprechende elektrische Spannung zu. Der Ablauf der Bewegung wird dann auf einem Bildschirm sichtbar gemacht.

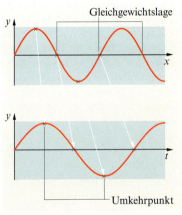

Übertragung einer Kurve aus Experiment 1 in ein y-t-Diagramm.

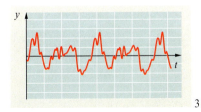

y-t-Diagramm der nicht harmonischen Schwingung einer Saite

Amplitude. Die maximale Auslenkung, in der sich ein schwingender Körper während einer Periode befindet, entspricht dem Abstand zwischen Umkehrpunkt und der Gleichgewichtslage des Körpers. Dieser Abstand heißt Amplitude y_{max}.

> Die Amplitude y_{max} ist der größte Abstand des schwingenden Körpers von der Gleichgewichtslage.

Periodendauer. Bei unterschiedlichen schwingenden Körpern vergehen während einer Periode unterschiedlich lange Zeiten. Die Hin- und Herbewegung des Pendelkörpers in Experiment 1 dauert länger als die der Stimmgabelspitze.
Die physikalische Größe Periodendauer T charakterisiert die Schwingung. Sie gibt die Zeit an, die ein schwingender Körper für eine Hin- und Herbewegung benötigt.

> Die Periodendauer T gibt an, wie lange ein schwingender Körper für eine Hin- und Herbewegung benötigt.

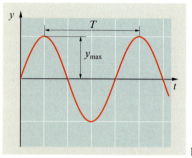

Periodendauer und Amplitude im y-t-Diagramm

Die Periodendauer von vielen Schwingungsvorgängen ist so klein, dass man sie mit gewöhnlichen Stoppuhren nicht genau messen kann. Die Messgenauigkeit lässt sich jedoch erhöhen, indem man die Zeit t für eine größere Anzahl n von Perioden bestimmt. Die Periodendauer T wird dann mithilfe der Gleichung

$T = \dfrac{t}{n}$ berechnet.

Frequenz. An der Periodendauer erkennt man, wie oft ein Körper in einer bestimmten Zeit hin und her schwingt. Je kürzer die Periodendauer ist, desto häufiger schwingt der Körper hin und her. Für viele Zwecke ist es praktisch, nicht die Periodendauer selbst, sondern ihren Kehrwert anzugeben. Dieser Kehrwert wird als Frequenz f bezeichnet.
Je höher die Frequenz einer Schwingung ist, desto häufiger schwingt der Körper in einer bestimmten Zeit hin und her.

> Die Frequenz f gibt an, wie oft ein Körper in einer bestimmten Zeit hin und her schwingt. Es gilt: $f = \dfrac{1}{T}$.

Beispiele für Frequenzen mechanischer Schwingungen	
Kinderschaukel	0,5 Hz
Unruh einer Uhr	2 Hz
Meißel im Drucklufthammer	10 Hz
Spitze einer Stimmgabel	440 Hz

Aus der Definitionsgleichung der Frequenz ergibt sich ihre Einheit $\dfrac{1}{s}$ 1 s^{-1}.

Diese Einheit bezeichnet man als ein Hertz (1 Hz). Damit werden die Leistungen des deutschen Physikers HEINRICH HERTZ (1857–1894) auf dem Gebiet der elektromagnetischen Schwingungen gewürdigt (siehe S. 50).
Häufig werden auch Vielfache dieser Einheit verwendet:
Kilohertz: 1 kHz = 10^3 Hz
Megahertz: 1 MHz = 10^6 Hz
Gigahertz: 1 GHz = 10^9 Hz

> Die Einheit der Frequenz ist Hertz.
> Es gilt: 1 Hz = 1 s^{-1}.

Schon gewusst?

Aus dem y-t-Diagramm einer Schwingung lässt sich die Geschwindigkeit des Körpers in den verschiedenen Phasen der Bewegung ablesen: Je steiler der Graph verläuft, desto größer ist die Geschwindigkeit in dem zugehörigen Zeitpunkt.
Bei der harmonischen Schwingung erkennt man: In den Umkehrpunkten ist die Geschwindigkeit null, bei der Bewegung durch die Gleichgewichtslage ist sie maximal.

Periodendauer von Federschwinger und Fadenpendel

Periodendauer eines Federschwingers. Die Tabelle auf Seite 8 macht deutlich, dass mechanische Schwingungen mit sehr unterschiedlichen Periodendauern bzw. Frequenzen ablaufen können. Mit einem kleinen Trampolin kann man feststellen, dass die Periodendauer von der Masse des schwingenden Körpers abhängt (Bild 1). Dazu steigt eine Person auf das Trampolin und versucht, gleichmäßig auf und ab zu schwingen, ohne dabei von der Sprungmatte abzuheben. Wenn zunächst der leichteste und dann der schwerste Schüler der Klasse diese Übung durchführen, wird ein deutlicher Unterschied erkennbar.

In einem Experiment soll untersucht werden, wie die Periodendauer eines Federschwingers von der Masse des schwingenden Körpers abhängt:

Bestimmung der Periodendauer auf dem Trampolin

EXPERIMENT 2
1. Hänge an eine vertikale Feder nacheinander unterschiedliche Wägestücke. Miss jeweils die Zeit für 10 Schwingungen und bestimme daraus die Periodendauer!
2. Trage die Messwerte in eine Tabelle ein und stelle die Abhängigkeit der Periodendauer von der Masse in einem Diagramm dar!

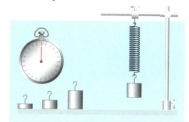

Mögliche Messwerte für die Masse und die Periodendauer sind in der folgenden Tabelle zusammengestellt:

Messwertetabelle		
m in kg	T in s	$\frac{T}{\sqrt{m}}$ in $s \cdot kg^{-\frac{1}{2}}$
0,050	0,40	1,8
0,100	0,60	1,9
0,150	0,75	1,9
0,200	0,82	1,8
0,250	0,95	1,9
0,300	1,05	1,9

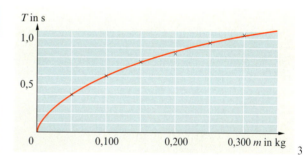

Je größer die Masse, also die Trägheit, des schwingenden Körpers ist, desto größer ist die Periodendauer des Federschwingers. Der grafischen Darstellung kann man entnehmen, dass die beiden Größen nicht proportional zueinander sind.
Es zeigt sich jedoch, dass der Quotient der Messwerte von T und $\sqrt{m}$ konstant ist.
Es gilt daher: $T \sim \sqrt{m}$.
Im Experiment 2 wurde stets dieselbe Feder verwendet. Man kann vermuten, dass die Periodendauer einer Schwingung auch von der Beschaffenheit der Feder abhängt (Bild 4). Zur Charakterisierung der Härte einer Feder dient die **Federkonstante D**. Die Federkonstante gibt an, welche Kraft F notwendig ist, um die Länge einer Feder um einen bestimmten Betrag s zu ändern.
Für viele Federn ist F proportional zu s; dann gilt die Gleichung $D = \frac{F}{s}$, die auch als **Hooke'sches Gesetz** bezeichnet wird.

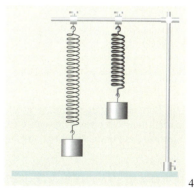

Welcher Federschwinger wird die größere Schwingungsdauer haben?

Mit der gleichen Anordnung wie in Experiment 2 kann man untersuchen, welcher Zusammenhang zwischen der Periodendauer T eines Federschwingers und der Federkonstanten D besteht. Dazu werden Federn mit unterschiedlichen Federkonstanten verwendet. Die Masse des schwingenden Körpers bleibt jeweils gleich. Mögliche Messwerte zeigt die folgende Tabelle:

Messwertetabelle

D in $\frac{N}{m}$	T in s	$T \cdot \sqrt{D}$ in $s \cdot N^{\frac{1}{2}} \cdot m^{-\frac{1}{2}}$
5,4	1,22	2,8
12	0,84	2,9
22	0,60	2,8
45	0,43	2,9
100	0,30	3,0

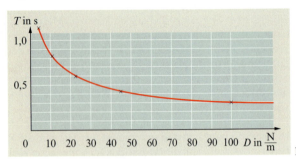

Je größer die Federkonstante ist, desto kleiner ist die Periodendauer. Die Periodendauer ist jedoch nicht umgekehrt proportional zur Federkonstanten. Denn dann müsste das Produkt $T \cdot D$ konstant sein. Stattdessen ist das Produkt $T \cdot \sqrt{D}$ konstant, es gilt also $T \sim \frac{1}{\sqrt{D}}$.

Genauere Untersuchungen zeigen, dass die Abhängigkeit der Periodendauer von der Masse und der Federkonstanten durch folgende Gleichung beschrieben werden kann:

> Periodendauer eines Federschwingers: $T = 2\pi \cdot \sqrt{\frac{m}{D}}$

Diese Gleichung gilt auch für horizontale Federschwinger.

Periodendauer eines Fadenpendels. Auch beim Fadenpendel kann man vermuten, dass die Periodendauer von zwei Größen abhängt: der Länge l des Pendels und der Masse m des angehängten Körpers.

EXPERIMENT 3
1. Hängt ein Wägestück an einen 2 m langen Faden und beobachtet die Schwingung dieses Fadenpendels!
2. Verkürzt die Pendellänge durch Abgreifen am Faden auf 0,5 m!
3. Hängt den Faden an einem Stativ oder einem Deckenhaken auf und messt die Periodendauer T bei unterschiedlichen Pendellängen!
4. Wiederholt die Messungen bei konstanter Pendellänge mit Wägestücken anderer Masse!
5. Tragt eure Messwerte in eine Tabelle ein und stellt Vermutungen über den Zusammenhang von T und l auf!

Übrigens

In der Gleichung $T = 2\pi \cdot \sqrt{\frac{m}{D}}$ wird nur die Masse m des angehängten Körpers berücksichtigt. Die Masse der Feder wird vernachlässigt. Verwendet man eine Feder mit relativ großer Masse, so stellt man fest, dass die Periodendauer etwas größer ist, als der nach der Gleichung berechnete Wert.

Die Periodendauer ist umso größer, je länger das Pendel ist. Sie hängt jedoch nicht von der Masse des angehängten Körpers ab. Wenn die Auslenkung des Pendels nicht zu groß ist, gilt folgende Gleichung:

> Periodendauer eines Fadenpendels: $T = 2\pi \cdot \sqrt{\frac{l}{g}}$
> Dabei ist g die Fallbeschleunigung.

Bedingungen für eine Schwingung

Warum kehrt der schwingende Körper immer wieder zur Gleichgewichtslage zurück und warum kommt er dort nicht zur Ruhe?
Am Federschwinger und am Fadenpendel lassen sich Bedingungen erkennen, unter denen Körper mechanische Schwingungen ausführen, sich also periodisch um eine Gleichgewichtslage bewegen. Dazu sollen die Kräfte betrachtet werden, die jeweils auf den schwingenden Körper wirken.

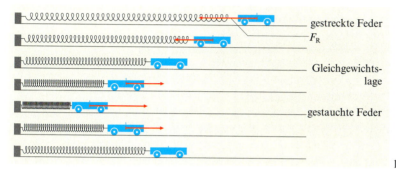

1 Kräfte von der Feder auf den Körper bei einem horizontalen Federschwinger

Lenkt man den Körper aus seiner Gleichgewichtslage aus, so wirkt die Feder auf ihn mit der **rücktreibenden Kraft F_R**. Sie ist umso größer, je größer die Auslenkung y ist. In der Gleichgewichtslage ist die Kraft null, die Feder ist entspannt.
Der Körper bewegt sich aufgrund seiner Trägheit über die Gleichgewichtslage hinaus. Die rücktreibende Kraft bremst ihn, bis er im Umkehrpunkt seine Bewegungsrichtung ändert.

Beim Federschwinger ist die rücktreibende Kraft stets hin zur Gleichgewichtslage gerichtet. Beim Fadenpendel ist dies anders, die Kraft auf den Pendelkörper ändert ständig ihre Richtung. Der Pendelkörper im Bild 2 ist gerade maximal ausgelenkt, er befindet sich in Ruhe. An ihm greifen die Gewichtskraft F_G und die Fadenkraft F_F an. Die resultierende dieser beiden Kräfte F_R wirkt hier tangential zur Kreisbahn des Pendelkörpers.

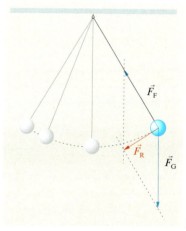

2 Kräfte auf den Pendelkörper bei einem Fadenpendel im Umkehrpunkt

> Ursachen mechanischer Schwingungen sind die zur Gleichgewichtslage rücktreibende Kraft und die Trägheit des schwingenden Körpers.

Energie einer Schwingung. Beim Auslenken eines Federschwingers erhält die Feder potenzielle Energie; entsprechend wird dem Pendelkörper eines Fadenpendels potenzielle Energie zugeführt. Für den Fall, dass die Körper reibungsfrei schwingen, bleibt die mechanische Energie von Federschwinger bzw. Fadenpendel erhalten. Es findet kein Energieaustausch mit der Umgebung statt. Jedoch wandeln sich ständig potenzielle Energie in kinetische Energie ineinander um (Bild 3).
In den Umkehrpunkten ist die Geschwindigkeit und damit die kinetische Energie null. Die potenzielle Energie erreicht hier ihr Maximum. Beim Durchgang durch die Gleichgewichtslage hat die kinetische Energie ihren maximalen Wert und die potenzielle Energie ist null.

> Bei einer mechanischen Schwingung werden ständig potenzielle und kinetische Energie ineinander umgewandelt.

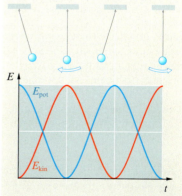

3 Energieumwandlung am Fadenpendel

Gedämpfte Schwingungen

1 Beim Öffnen einer Schwingtür wird eine im Türscharnier eingebaute Feder gespannt. Nach dem Loslassen führt die Tür eine Schwingung aus. Die Amplitude nimmt jedoch schnell ab.

Bei jeder mechanischen Schwingung wird durch Reibung mechanische Energie in thermische Energie umgewandelt. Dadurch kommt der Körper nach einiger Zeit zur Ruhe. Man sagt die Schwingung wird gedämpft. Wovon ist die Dämpfung abhängig?

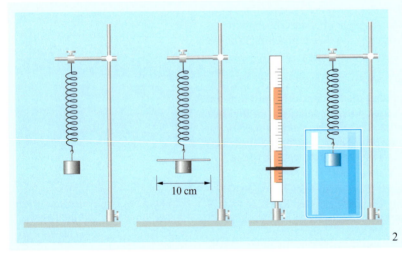

2

EXPERIMENT 4
1. Ein Federschwinger mit einem 50-g-Wägestück wird an einem Stativ befestigt und zum Schwingen angeregt. Die Abnahme der Amplitude wird beobachtet.
2. An demselben Federschwinger wird eine Pappscheibe von etwa 10 cm Durchmesser befestigt. Es wird die Zeit bestimmt, in der die Amplitude auf die Hälfte zurückgeht.
3. Der Federschwinger wird so in einen Behälter mit Wasser getaucht, dass das Wägestück vollständig im Wasser schwingt.

Die Pappscheibe am schwingenden Körper bewirkt, dass die Amplitude der Schwingung deutlich schneller abnimmt. Ursache ist die Luftreibung. Bei der Bewegung im Wasser ist die Reibung so stark, dass die Schwingung des Wägestücks bereits nach wenigen Perioden zum Erliegen kommt.
Während bei einer idealen ungedämpften Schwingung lediglich potenzielle und kinetische Energie ineinander umgewandelt werden, wird bei einer gedämpften Schwingung stets ein Teil der Energie in thermische Energie umgewandelt.

> Bei jeder mechanischen Schwingung tritt durch Reibung eine Dämpfung auf. Wird der schwingenden Anordnung keine Energie von außen zugeführt, so nimmt die Amplitude der Schwingung mit der Zeit ab.

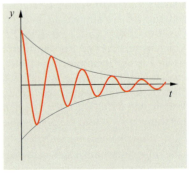

3 Abnahme der Amplitude mit der Zeit

Eigenschwingungen, erzwungene Schwingungen und Resonanz

Eine angeregte Stimmgabel schwingt ständig mit der gleichen Frequenz. Auch Fadenpendel und Federschwinger führen nach einmaliger Energiezufuhr Schwingungen mit einer typischen Frequenz aus. Die Frequenz dieser Schwingungen hängt von den Eigenschaften des jeweils schwingenden Systems ab, z. B. der Masse und der Federkonstanten beim Federschwinger. Sie wird als **Eigenfrequenz f_0** bezeichnet.

Ein System, das nach einmaliger Anregung mit der Eigenfrequenz schwingt, führt eine **Eigenschwingung** aus. Wird ein schwingungsfähiges System aber periodisch zum Schwingen angeregt, so führt es eine **erzwungene Schwingung** aus. Die Frequenz dieser erzwungenen Schwingung stimmt mit der **Erregerfrequenz f_E** überein.

An einem Schlüsselbund, das an einem Gummiband schwingt (Bild 1), stellt man fest, dass die Amplitude stark von der Erregerfrequenz abhängt. Unter welchen Bedingungen es zu einer besonders wirkungsvollen Energieübertragung kommt, lässt sich in einem Experiment untersuchen.

Erzwungene Schwingung bei ständiger Anregung

EXPERIMENT 5
1. Zunächst wird die Eigenfrequenz eines Federschwingers ermittelt.
2. Der Exzenter eines Motors wird über eine Rolle mit dem Federschwinger verbunden.
3. Der Federschwinger wird zu erzwungenen Schwingungen angeregt. Die Amplitude wird gemessen.
4. Die Erregerfrequenz f_E wird dabei langsam erhöht. Die zu einer bestimmten Erregerfrequenz gehörende Amplitude wird jeweils gemessen.

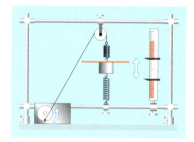

Bei kleinen Frequenzen folgt der Federschwinger der Erregung durch den Exzenter, die Amplitude ist jedoch klein. Je mehr sich die Erregerfrequenz f_E der Eigenfrequenz f_0 nähert, desto größer wird die Amplitude. Bei höheren Frequenzen f_E nimmt die Amplitude der erzwungenen Schwingung wieder ab.

Das besonders heftige Mitschwingen eines Körpers bei einer bestimmten Frequenz bezeichnet man als **Resonanz**. Resonanz tritt unter der Bedingung ein, dass die Erregerfrequenz und die Eigenfrequenz des schwingenden Körpers übereinstimmen.

Die Energiezufuhr im Rhythmus der Eigenschwingung ist im Resonanzfall besonders wirkungsvoll. Das heißt, hier kann mit geringstem Energieaufwand der Dämpfung entgegengewirkt, also eine Schwingung angeregt bzw. aufrecht erhalten werden.

Stellt man die Amplitude des Federschwingers in Abhängigkeit von der Erregerfrequenz grafisch dar, so erhält man die Resonanzkurve. Das Maximum bei der Resonanzfrequenz ist je nach Dämpfung mehr oder weniger stark ausgeprägt (Bild 3). Ist die Dämpfung zu schwach, so kann es zur Resonanzkatastrophe, d.h. zur Zerstörung des schwingenden Systems kommen.

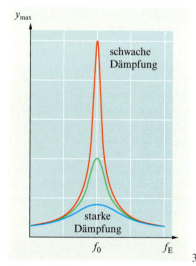

Resonanzkurven

Resonanz ist das besonders heftige Mitschwingen eines Körpers bei Übereinstimmung von Erregerfrequenz und Eigenfrequenz.
Resonanzbedingung: $f_E = f_0$

Gefahren der Resonanz

Im November des Jahres 1940 kam es im amerikanischen Bundesstaat Washington zu einem spektakulären Brückeneinsturz, bei dem zum Glück niemand verletzt wurde. Die *Tacoma Narrows Bridge*, die erst 5 Monate zuvor fertiggestellt worden war, geriet bei einer Windgeschwindigkeit von 68 km/h (Windstärke 8) in heftige Schwingungen. Sie wurde für den Verkehr gesperrt und zerbrach etwa eine Stunde später, nachdem sich die Schwingungen immer mehr aufgeschaukelt hatten.

Obwohl der Wind kontinuierlich aus einer Richtung blies, wurde die Brücke periodisch zum Schwingen angeregt. Denn bei großer Windgeschwindigkeit treten an Hindernissen häufig Verwirbelungen auf (Bild 4). Löst sich eine Wirbelzone vom Hindernis, so ändern sich dort die Strömungsverhältnisse und es kommt zu einem kleinen Stoß.

Die Tacoma Narrows Bridge geriet durch die regelmäßigen Wirbelabrisse in Resonanz, denn die Stöße erfolgten in einer Frequenz, die der Eigenfrequenz der Brücke entsprach. Dass die Amplitude der Schwingung so groß werden konnte, lag zum einen in der mangelhaften Aussteifung der Brücke und zum anderen in der unzureichenden Dämpfung auftretender Schwingungen.

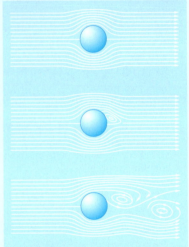
Wirbelbildung und Wirbelabriss

Schwingungsdämpfer an Fahrzeugen. Zwischen den Rädern und der Karosserie eines Kraftfahrzeugs sind starke Federn angebracht, um Erschütterungen von Fahrzeug, Fahrzeuginsassen und Ladung auf holpriger Straße klein zu halten. Damit sich die Schwingungen des Fahrzeugs nicht gefährlich aufschaukeln, werden besondere Schwingungsdämpfer in die Fahrzeuge eingebaut, die eine freie Schwingung des Fahrzeugs bereits nach kurzer Zeit zum Erliegen bringen. Diese Schwingungsdämpfer werden auch als „Stoßdämpfer" bezeichnet.

In einem Schwingungsdämpfer kann sich ein Kolben in einem mit Spezialöl gefüllten Zylinder bewegen. Dabei strömt das Öl durch enge Kanäle innerhalb des Kolbens und behindert durch die auftretende Reibung dessen Bewegung. Die Auf- und Abbewegung des schwingenden Rades kommt dadurch schnell zum Stillstand.

Schwingungsdämpfer

Defekte Schwingungsdämpfer können nicht nur dazu führen, dass das Auto stärker schwingt. Ist z.B. ein einzelner Schwingungsdämpfer defekt, so können sich am entsprechenden Reifen nach einiger Zeit gefährliche ungleichmäßige Abnutzungen zeigen (Bild 6). Denn nach dem Überfahren einer Bodenunebenheit gerät das Rad in Schwingungen und es verliert periodisch den Kontakt zur Straße. Besonders bei Kurvenfahrten nutzt sich am Reifen dann stellenweise das Profil ab, auch kann das Fahrzeug ins Rutschen oder ins Schleudern geraten.

Ungleichmäßige Reifenabnutzung

AUFGABEN

1. a) Begründe, dass die periodische Bewegung eines Fahrstuhls zwischen Erdgeschoss und Keller keine Schwingung darstellt!
   b) Nenne weitere Beispiele für periodische Bewegungen und gib jeweils an, ob es sich um eine Schwingung handelt!

2. a) Bild 1 zeigt das y-t-Diagramm einer Schwingung. Wie groß sind Amplitude, Periodendauer und Frequenz?
   b) Schildere ein Verfahren, um das y-t-Diagramm einer Schwingung aufzuzeichnen!

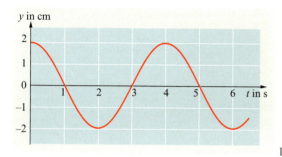

1

3. Ein Körper der Masse 200 g hängt an einer Schraubenfeder. Er dehnt sie um 3 cm aus.
   Wie groß sind die Federkonstante und die Periodendauer dieses Federschwingers?

4. a) Wie muss die Länge eines Fadenpendels verändert werden, damit sich die Frequenz des Pendels verdreifacht?
   b) Berechne die Länge eines Pendels mit der Periodendauer $T = 2$ s!

5. Beschreibe die Energieumwandlungen, die an einer Schaukel bzw. an einem horizontalen Federschwinger auftreten, wenn diese jeweils nur einmal angestoßen werden!

6. a) Erläutere den Begriff Resonanz!
   b) Nenne Beispiele, bei denen Resonanz erwünscht ist und solche, bei denen sie unerwünscht ist!
   c) Welche Möglichkeiten gibt es, um die Amplitude resonanter Schwingungen klein zu halten?

7. a) Begründe, dass die Bezeichnung „Stoßdämpfer" irreführend ist!
   b) Welche Bedeutung haben Schwingungsdämpfer für die Sicherheit eines Fahrzeugs?

ZUSAMMENFASSUNG

Mechanische Schwingungen

– Periodische Bewegung eines Körpers um seine Gleichgewichtslage. Eine Periode ist eine vollständige Hin- und Herbewegung des Körpers.
– Voraussetzungen für eine Schwingung: eine zur Gleichgewichtslage zurücktreibende Kraft sowie die Trägheit des schwingenden Körpers.

Größe	Bedeutung	Formelzeichen	Einheit
Amplitude	größter Abstand des schwingenden Körpers von der Gleichgewichtslage	y_{max}	m
Periodendauer	Dauer einer Hin- und Herbewegung	T	s
Frequenz	Sie gibt an, wie oft ein Körper in einer bestimmten Zeit hin und her schwingt. $f = \frac{1}{T}$	f	Hz

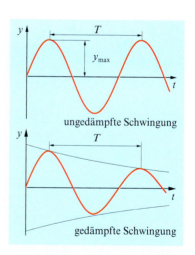

ungedämpfte Schwingung

gedämpfte Schwingung

Erzwungene Schwingungen

– Ein Schwinger führt nach einmaliger Energiezufuhr Eigenschwingungen mit der Eigenfrequenz f_0 aus.
– Eine erzwungene Schwingung tritt bei periodischer Energiezufuhr auf. Die Schwingung hat die Erregerfrequenz f_E.
– Bei Resonanz stimmen Eigenfrequenz und Erregerfrequenz überein. Die Amplitude der erzwungenen Schwingung erreicht ihren Maximalwert.

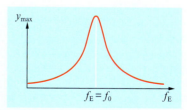

Mechanische Wellen

Mächtige Bewegungen an der Wasseroberfläche am Meeresstrand sind ein faszinierendes Naturschauspiel. Wer im Meer badet, wird regelmäßig auf und ab bewegt, auch Boote und Bojen tanzen auf dem Wasser.
Auf hoher See aber können die Wellen ernste Gefahren für die Schifffahrt darstellen, nicht selten geraten große Schiffe durch Wellenberge von über 20 m Höhe in Seenot.
Die Meereswellen können jedoch auch für die Stromversorgung genutzt werden: Mit einer besonderen Technik gelingt es in Wellenkraftwerken, den Meereswellen Energie zu entnehmen.

Was versteht man unter einer mechanischen Welle?

Kreisförmige Ausbreitung einer einzelnen Erregung

Kreisförmige Ausbreitung einer periodischen Erregung

Wellenfronten bei einer periodischen Erregung mit einem Brett

An einer zunächst glatten Wasseroberfläche lässt sich gut beobachten, wie Wasserwellen entstehen. Wirft man einen Stein ins Wasser, so breitet sich ein kurzer Wellenzug mit wenigen Wellentälern und Wellenbergen kreisförmig aus. Ähnlich ist es, wenn ein Stab einmal eingetaucht und wieder herausgezogen wird (Bild 2).
Taucht man den Stab jedoch periodisch ein, so geht von der Eintauchstelle eine Kreiswelle mit vielen Wellentälern und Wellenbergen aus (Bild 3). Eine Wasserwelle lässt sich auch mit einem waagerecht eintauchenden Brett erregen. In einem solchen Fall beobachtet man streckenweise geradlinige Wellenfronten (Bild 4).
Wenn man sieht, wie eine Wasserwelle über eine Wasseroberfläche „läuft", könnte man vermuten, dass sich das Wasser mit der Welle fortbewegt. Ein kleines Stück Holz, das auf dem Wasser schwimmt, bewegt sich jedoch nicht vorwärts, sondern es schwingt lediglich an einem bestimmten Ort auf und ab (Bild 5).

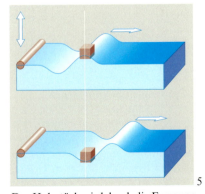

Das Holzstück wird durch die Erregung nicht vorwärts bewegt.

Mechanische Wellen

Die Bewegung des Holzstückchens auf der Wasseroberfläche entspricht ungefähr der Bewegung der Wasserteilchen. Auch sie werden bei der Ausbreitung der Welle nicht vorwärts bewegt; eine Welle transportiert keinen Stoff. Durch Wellen wird aber Energie übertragen: Brandungswellen und Flutwellen können an Uferbauten große Schäden anrichten, und in Wellenkraftwerken werden durch die mechanische Energie des Wassers Generatoren angetrieben (Bild 1).

> Eine mechanische Welle ist die Ausbreitung einer Schwingung, bei der Energie übertragen, jedoch kein Stoff transportiert wird.

Prinzip eines Wellenkraftwerks

Entstehen einer Welle. Stößt man bei einer Anordnung aus zwei gekoppelten Fadenpendeln das eine Pendel an, so gerät auch das andere Pendel in eine Schwingung (Bild 2). Seine Amplitude nimmt mit der Zeit zu, während die Amplitude des Erregerpendels abnimmt. Von dem einen Pendel wird Energie auf das andere übertragen. Danach wiederholt sich der Vorgang in umgekehrter Richtung.

Die Anordnung lässt sich zu einer Kette gekoppelter Pendel erweitern. Dann wird die Energie von einem Schwinger zum nächsten weitergegeben. In einer Wellenmaschine ist eine große Anzahl von Pendeln gekoppelt (Bild 3). An ihnen kann man die Ausbreitung von Schwingungen beobachten. Sobald das erste Pendel angestoßen wird, führt es eine Schwingung aus. Durch die Kopplung wird die Schwingung von einem Pendel zum jeweils nächsten übertragen. Die Pendel beginnen nacheinander zu schwingen, es entsteht eine mechanische Welle.

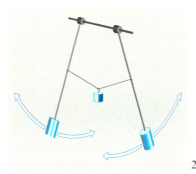

Durch die Kopplung wird Energie von einem Pendel auf das andere übertragen.

In dieser Wellenmaschine sind die Pendel mit elastischen Seilen gekoppelt.

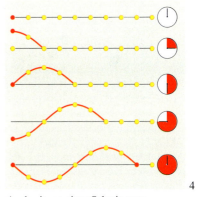

Ausbreitung einer Schwingung

Die Ausbreitung einer Schwingung lässt sich auch an einer Schraubenfeder beobachten. Die einzelnen Windungen der Feder stellen dann Schwinger dar, die mit ihren jeweiligen Nachbarn gekoppelt sind.

EXPERIMENT 1
Eine lange, weiche Schraubenfeder aus Stahl liegt auf einer glatten Tischplatte.
1. Ein Ende der Feder wird einmal kurz seitlich ausgelenkt.
2. Ein Ende der Feder wird periodisch hin und her bewegt.

Beschreibung mechanischer Wellen

Eine Wasserwelle lässt sich in einem Wellenkanal erzeugen. Bild 1 zeigt die Momentaufnahme einer Welle mit deutlich erkennbaren Wellenbergen und -tälern. Dieses Foto kann in ein y-s-Diagramm übertragen werden (Bild 2).

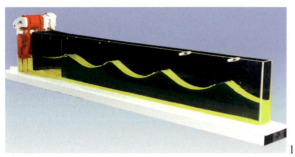

1 Welle in einem Wellenkanal

2 y-s-Diagramm einer Welle

Ein Wellenberg (und ebenso ein Wellental) ist dadurch charakterisiert, dass sich der betreffende Schwinger gerade in seiner maximalen Auslenkung befindet. Den Abstand von zwei benachbarten Wellenbergen nennt man Wellenlänge. Das Formelzeichen der Wellenlänge ist λ (lambda).
Ein Wellenberg (bzw. ein Wellental) bewegt sich mit einer bestimmten Geschwindigkeit. Diese wird als Ausbreitungsgeschwindigkeit v der Welle bezeichnet.

> Die Wellenlänge λ ist der Abstand zweier benachbarter Wellenberge.
> Die Ausbreitungsgeschwindigkeit v einer Welle ist die Geschwindigkeit, mit der sich ein Wellenberg in Ausbreitungsrichtung bewegt.

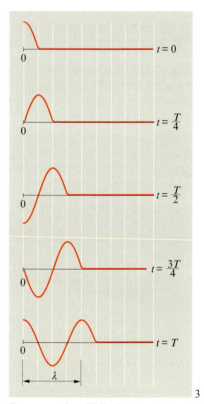

Die Ausbreitungsgeschwindigkeit hängt mit der Wellenlänge und der Frequenz f der einzelnen Schwingungen zusammen. Dies soll am Beispiel einer Seilwelle dargestellt werden, die dadurch entsteht, dass das eine Ende eines Seils regelmäßig auf und ab bewegt wird. Verwendet man in einem Experiment ein besonders schweres Seil, so erkennt man gut, wie sich die Wellenberge langsam weiterbewegen.
Als Schwinger kann man bei einer Seilwelle einzelne kurze Seilstücke betrachten. Der Schwinger am Ort $s = 0$ befindet sich zur Zeit $t = 0$ in maximaler Auslenkung. Während er sich zurückbewegt, kommt der Nachbarschwinger ins Maximum und so fort.
In dem Moment, in dem der Schwinger am Ort $s = 0$ erneut die maximale Auslenkung erreicht, befindet sich auch der Schwinger in der Entfernung Δs im Maximum. Diese Entfernung entspricht gerade der Wellenlänge (Bild 3). Der Wellenberg hat sich also in der Zeit T um die Entfernung λ weiterbewegt.

3 Bewegung eines Wellenbergs

Die Geschwindigkeit kann als Quotient aus zurückgelegtem Weg und benötigter Zeit berechnet werden. Es gilt also $v = \dfrac{\lambda}{T}$. Für die Frequenz der Schwingungen gilt: $f = \dfrac{1}{T}$. Daraus ergibt sich die Gleichung für die Ausbreitungsgeschwindigkeit einer Welle.

> Ausbreitungsgeschwindigkeit einer Welle: $v = \lambda \cdot f$.

Mechanische Wellen

Schallwellen

Erzeugung von Schall. Schlägt man eine Stimmgabel an, so schwingen ihre beiden Zinken mit einer bestimmten Frequenz hin und her. Diese Schwingung lässt sich aufzeichnen (siehe S. 141) – man kann sie aber auch direkt spüren, indem man mit der Stimmgabel beispielsweise seine Nase berührt. Auch eine Gitarrensaite, ein Gong oder eine Lautsprechermembran schwingen spürbar, solange sie Schall aussenden.

> An jeder Schallquelle gibt es Teile, die eine Schwingung ausführen.

Die Kerzenflamme schwingt mit.

Schallübertragung. Die Luft in der Umgebung einer Schallquelle wird zum Mitschwingen angeregt. Eine Kerze vor einem stark schwingenden Basslautsprecher flackert (Bild 1).
Dass die Luft für die Übertragung von Schall zu unserem Ohr wichtig ist, zeigt auch das folgende Experiment.

EXPERIMENT 2
Unter einer Glasglocke läutet eine Klingel. Sie ist deutlich zu hören. Nach und nach wird die Luft mithilfe einer Pumpe aus der Glocke herausgepumpt.

Das Klingeln wird immer leiser, bis es schließlich nicht mehr zu hören ist. An der Bewegung des Klöppels erkennt man aber, dass die Klingel noch läutet. Offenbar kann der Schall im luftleeren Raum nicht übertragen werden. Die Ausbreitung von Schall in Luft kann man sich folgendermaßen vorstellen:
Bewegt sich beispielsweise die Membran eines Lautsprechers nach vorn, so kommt es in einem kleinen Bereich zu einer Verdichtung der Luftmoleküle, d. h. zu einer Erhöhung des Luftdrucks (Bild 3). Entsprechend verringert sich der Luftdruck, wenn sich die Membran nach hinten bewegt. Die Schwingungen der Membran werden also auf die Luft übertragen. Die schnell aufeinanderfolgenden Luftdruckschwankungen stellen eine Welle dar.

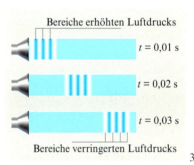

Die schwingende Membran erzeugt kleine Bereiche mit erhöhtem und vermindertem Luftdruck.

> Eine Schallwelle in Luft ist eine Aufeinanderfolge von Luftdruckschwankungen.

Schallgeschwindigkeit. Bei einem Gewitter wird die Luft entlang des Blitzkanals sehr schnell erhitzt, sie dehnt sich schnell aus, und dadurch entsteht ein Knall. Es dauert jedoch ein paar Sekunden, bis wir den Knall als Donner hören. Schallwellen breiten sich nicht nur in Luft aus, sondern auch in Flüssigkeiten: Beim Tauchen in einem Schwimmbecken hört man viele Geräusche, die unter Wasser entstehen; auch verständigen sich Wale und Delfine unter Wasser über große Entfernungen durch akustische Signale.
Dass der Schall sich in festen Körpern gut ausbreiten kann, merkt man, wenn irgendwo in einem Haus jemand auf die Heizungsrohre schlägt: Die Schwingungen werden auf alle Heizkörper übertragen.
Die Schallgeschwindigkeit in einem Stoff hängt von vielen Faktoren ab, so z. B. von der Kopplung der Schwinger untereinander. Je stärker die Kopplung zwischen den Teilchen ist – und das heißt in der Regel: je härter das Material ist –, desto größer ist die Schallgeschwindigkeit.

Einige Schallgeschwindigkeiten	
Stoff	c in m/s
Gummi	40
Kohlenstoffdioxid	260
Luft bei 0 °C	331
Luft bei 20 °C	343
Blei	1 200
Wasser	1 450
Beton	3 800
Kupfer	3 900
Stahl	5 100

Tonhöhe und Frequenz. Mithilfe einer Lochsirene können auf einfache Weise Töne erzeugt werden. Strömt Luft für kurze Zeit durch ein Loch, erhält die Luft hinter der Scheibe einen Stoß. Durch schnelle Wiederholung solcher Stöße entsteht eine Schallschwingung.

> **EXPERIMENT 3**
> 1. Blase durch ein Trinkröhrchen gegen die rotierende Scheibe einer Lochsirene!
> 2. Wiederhole das Experiment bei höherer Drehzahl!
> 3. Versuche die Drehzahl der Lochsirene so einzustellen, dass die Tonhöhe derjenigen einer Stimmgabel gleicht. Bestimme aus der Drehzahl und der Anzahl der Unterbrechungen pro Umdrehung die Frequenz dieses Tones!

Je höher die Drehzahl der Scheibe ist, umso größer ist die Frequenz der Schwingung und umso höher ist der entstehende Ton.

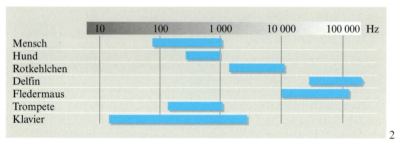

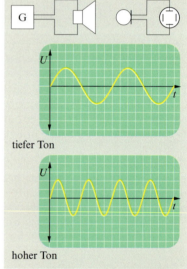

tiefer Ton

hoher Ton

Um einen Ton zu erzeugen, der so hoch klingt wie eine Stimmgabel, die auf den Kammerton a' gestimmt ist, muss 440-mal in der Sekunde sich ein Loch vor dem Trinkröhrchen vorbeibewegen. Die Frequenz des Tones ist also 440 Hz. Sie liegt etwa in der Mitte zwischen dem höchsten und dem tiefsten Ton, den wir mit unserer Stimme erzeugen können (Bild 2).
Mit einem Tongenerator lassen sich Töne unterschiedlicher Höhe erzeugen. Ein Mikrofon kann die akustischen Signale in elektrische umwandeln. Leitet man diese Signale auf ein Oszilloskop, so erscheinen die y-t-Diagramme der Schallschwingungen auf dem Bildschirm (Bild 3).

> Je höher die Frequenz einer Schallschwingung ist, desto höher ist der ausgesandte Ton.

Lautstärke und Amplitude. Das kräftige Zupfen einer Saite erzeugt einen lauten Ton. Zupft man die Saite sanft, so ist der entstehende Ton leiser. Eine Lautsprechermembran schwingt umso stärker, je größer die Lautstärke ist; bei großer Lautstärke kann man die Schwingung eines Basslautsprechers mit bloßem Auge erkennen.
Auch mit einem Tongenerator lassen sich Töne unterschiedlicher Lautstärke erzeugen. Auf dem Bildschirm erkennt man, dass die Amplitude der Schallschwingung zunimmt, wenn der Ton lauter wird (Bild 4).

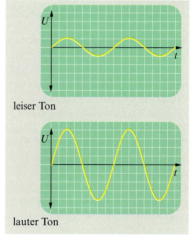

leiser Ton

lauter Ton

> Je größer die Amplitude einer Schallschwingung ist, desto lauter ist der ausgesandte Ton.

Mechanische Wellen

Stimmen von Mensch und Tier

Menschliche Stimme. In Höhe des Kehlkopfes kann die Luftröhre des Menschen durch zwei horizontale Muskeln fast völlig geschlossen werden. Den Rand des entstehenden Spaltes, der Stimmritze, bilden die Stimmbänder. Die Schallerzeugung kann man mit einfachen Mitteln nachvollziehen: Eine Papprohr wird mit zwei Teilen eines Luftballons fast verschlossen. Mit gespitzten Lippen wird von außen gegen den Spalt geblasen (Bild 1).
Wie die Ränder der Gummihaut in Schwingung geraten, wenn Luft durch den Spalt strömt, so versetzt die aus der Lunge kommende Atemluft die Stimmbänder in Schwingung; je straffer die Stimmbänder durch den Stimmbandmuskel gespannt sind, desto größer ist die Frequenz. Solche Schwingungen allein kann man nicht hören. Aber ähnlich wie beim Papprohr schwingt die Luft oberhalb des Kehlkopfes im Hals- und Rachenraum mit. Dadurch entsteht ein hörbarer Klang.

Wir Menschen können diesen Klang vielfältig verändern. Wenn bei gleich bleibender Tonhöhe der Vokal *a* gesungen und in den Vokal *e* und dann zu *i*, *o* und *u* umgeformt wird, kann man die Veränderungen im eigenen Rachenraum wahrnehmen: Es ist vor allem die Stellung der Zunge, welche die Gestalt des Rachenraumes verändert. Wenn die Vokale auf gleicher Tonhöhe gebildet werden können, unterscheiden sich die Klänge der Vokale aber nur in ihrer Zusammensetzung aus einzelnen Tönen, also in ihrer Schwingungsform (Bild 4).

1

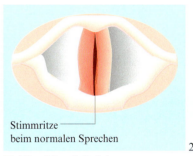
Stimmritze beim normalen Sprechen
Kehlkopf (vereinfacht)
2

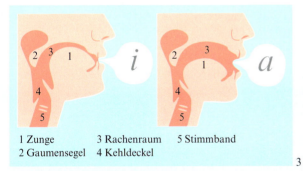
1 Zunge 3 Rachenraum 5 Stimmband
2 Gaumensegel 4 Kehldeckel
Veränderung des Rachenraumes
3

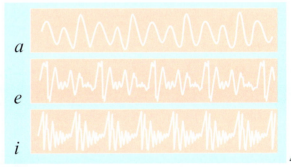
Schwingungsformen für verschiedene Vokale
4

Tierstimmen. Die meisten Laute der Säugetiere werden beim Ausatmen erzeugt. Ausnahmen bilden das Wiehern des Pferdes, das Miauen der Katze, das Winseln des Hundes und das „I-A" des Esels. Diese Laute werden beim Einatmen erzeugt.
Das Stimmorgan der Vögel sitzt nicht im Kehlkopf, sondern viel tiefer, dort, wo sich die Luftröhre in die beiden Bronchien gabelt. An der Innenseite der Gabelung sitzt bei den Singvögeln auf jeder Seite eine ovale dünnhäutige Membran. Die an der Membran vorbeiströmende Luft versetzt diese in Schwingung und dadurch gerät die Luft in der Luftröhre in Schwingung. Weil beide Membranen unabhängig voneinander angeregt werden, können viele Vögel zweistimmig singen.

Fische sind nicht stumm, denn sie erzeugen Laute unter Wasser. Sie besitzen keinen Kehlkopf, ihr Stimmapparat ist die Schwimmblase. Zwischen Schädel und Schwimmblase ist ein Paar Trommelmuskeln gespannt, mit denen der Luftraum in der Schwimmblase in Schwingung versetzt wird.

Schon gewusst?

Babys können stundenlang schreien ohne zu ermüden, weil sie „richtig" atmen. Sie atmen mithilfe des Zwerchfells, eines großen flachen Muskels im unteren Bauchraum. Wird dieser Muskel gespannt, vergrößert sich der untere Brustkorb und es entsteht der größtmögliche Raum zum Einatmen. Ein Sänger muss die Zwerchfellatmung erst wieder lernen, denn wir nutzen meist die Bauch- oder Brustatmung.

Lärmvermeidung und Lärmschutz

In dicht besiedelten und industrialisierten Regionen leidet ein großer Teil der Bevölkerung unter dem Lärm, der in der Umwelt entsteht. Hauptverursacher des Lärms ist in der Regel der Verkehr von Autos, Bahnen und Flugzeugen, auch ländliche Regionen sind hiervon zum Teil stark betroffen. Um die Lärmbelastung so niedrig wie möglich zu halten, gibt es im Prinzip zwei Möglichkeiten:
– Die *Lärmvermeidung* setzt an der Schallquelle an,
– beim *Lärmschutz* versucht man, sich vor dem Lärm bestehender Quellen individuell zu schützen.

Die Lärmvermeidung sollte stets Vorrang vor dem Lärmschutz bekommen, denn z. B. ist es effektiver, Flugzeuge mit leisen Triebwerken auszustatten, als in die Häuser in sämtlichen Einflugschneisen Schallschutzfenster einzusetzen.

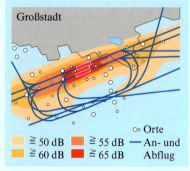

Lärmbelastung durch einen Flughafen

Schalldämmung und Schalldämpfung. Bei der Lärmbekämpfung werden unterschiedliche Eigenschaften der Schallwellen genutzt: Schallwellen werden an harten, glatten Oberflächen gut reflektiert. Die Ausbreitung der Wellen kann also z. B. durch gute Fenster begrenzt (eingedämmt) werden. Dann spricht man von *Schalldämmung*. Andererseits wird die Energie der Schallwellen von weichen oder porösen Materialien gut absorbiert und dann in thermische Energie umgewandelt. Dieser Prozess heißt *Schalldämpfung*. Häufig werden beide Methoden miteinander kombiniert angewendet.

Verringerung des Verkehrslärms. Bei Kraftfahrzeugen kann durch Kapselung des Motors (Bild 3) die Schallabstrahlung verringert werden. Dabei wird der Motor auf elastischem Material, das den Schall schlecht leitet, gelagert, z. B. auf Gummi. Die Innenseite der Kapsel ist mit schalldämpfendem Material beschichtet. An der harten äußeren Schicht der Kapsel wird ein großer Teil der nicht absorbierten Schallenergie nach innen zurückgeworfen.

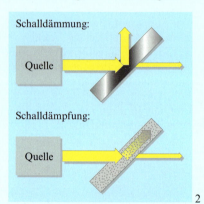

Schalldämmung und Schalldämpfung

Für alle Kraftfahrzeuge gibt es gesetzlich festgelegte Grenzwerte für die maximale Schallabstrahlung. Außerdem ist es verboten, unnötig Lärm mit Kraftfahrzeugen zu verursachen, etwa durch das Laufenlassen von Motoren oder unnötiges Hin- und Herfahren in Ortschaften.

Bei Kraftfahrzeugen ist der abgestrahlte Lärm umso größer, je höher die Drehzahl des Motors ist und je höher die Geschwindigkeit ist. Beispielsweise erzeugt ein Auto mit einer Motordrehzahl von 4 000 Umdrehungen je Minute den gleichen Lärm wie 32 Autos mit 2 000 Umdrehungen je Minute. Zur Verringerung des Verkehrslärms können neben besonders glatten Straßenbelägen auch Schallschutzwände beitragen. Hierbei gibt es unterschiedliche Ausführungen, die den Schall entweder absorbieren oder reflektieren sollen.

Kapselung eines Automotors

Lärmschutz in Gebäuden. In ältere, nicht sanierte Gebäude dringt der Schall vor allem durch die Fenster ein; die Hauswände absorbieren den Schall recht gut. Mehrfachverglasungen mit speziellen Dichtungen und getrennten Rahmen können jedoch den Schallintensitätspegel um 50 dB senken und damit den Schallschutz einer gemauerten Außenwand erreichen.

Decken und Zwischenwände sind oft relativ gute Schallleiter. Um möglichst wenig Schallenergie auf den Fußboden zu übertragen, stellt man daher Schallquellen wie Küchengeräte und Lautsprecherboxen auf weiche Füße.

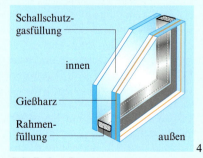

Schallschutzfenster

Mechanische Wellen

Schalldämmung

Untersucht die Schalldämmung unterschiedlicher Stoffe. Baut eine geeignete Experimentieranordnung zur Messung des Reflexions- und Absorptionsvermögens auf!

Als schalldämmender Raum dient entweder ein geeigneter Kasten aus Styropor oder ein Thermosgefäß. Es können Tonfrequenzgeneratoren mit Lautsprecher, kleine Radios, elektrische Klingeln oder Piezofone als Schallquellen verwendet werden. Bei der Verwendung eines kleinen Piezofons eignet sich das Thermosgefäß als schalldämmender Raum besonders gut.

Eine der Schallquellen wird in den zunächst oben offenen schalldämmenden Raum gelegt.

AUFTRAG 1
1. Haltet nacheinander Platten ungefähr gleicher Dicke schräg über den oben offenen schalldämmenden Raum. Verwendet z. B. Pappe, Pappe mit Watte beklebt, Pappe mit Stoff bespannt, Hartgummi, Holz, Metall, Plastik, Styropor und Glas. Messt in stets gleicher Entfernung die Lautstärke, indem ihr die Schallwellen mithilfe eines Mikrofons und eines Oszilloskops registriert und deren Amplituden auswertet.
Das Oszilloskop kann durch einen Computer mit Messinterface und dazugehöriger Software ersetzt werden, das Mikrofon durch einen Lautsprecher mit hohem Eingangswiderstand.
2. Klassifiziert die verwendeten Stoffe in gute und schlechte Schallreflektoren.
3. Untersucht außerdem, ob die Dicke der Materialien Einfluss auf deren Reflexionsvermögen hat.
4. Stellt die Messdaten grafisch dar. Formuliert eure Ergebnisse in Worten!

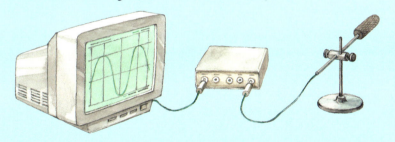
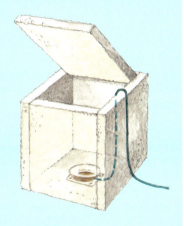

AUFTRAG 2
1. Schließt den schalldämmenden Raum nacheinander mit den im Auftrag 1 verwendeten Platten und messt in gleich bleibender Entfernung die Lautstärke.
2. Klassifiziert die verwendeten Stoffe in gute und schlechte „Schallschlucker".
3. Untersucht den Einfluss, den die Dicke der Materialien auf deren Absorptionsvermögen hat.
4. Stellt die Messdaten grafisch dar. Formuliert eure Ergebnisse in Worten!

AUFTRAG 3
Baut das Modell eines Schalldämpfers. Findet selbst die optimale Anordnung von gut reflektierenden und gut absorbierenden Teilen in einer Röhre aus Pappe oder Kunststoff. Zur Befestigung der Teile im Inneren der Röhre können von außen Schlitze angebracht werden, die sich anschließend wieder verkleben lassen. Berücksichtigt, dass der Schall auf dem Weg durch die Röhre auch mehrfach reflektiert und absorbiert werden kann. Testet die Schalldämmung mit einer geeigneten Schallquelle!

Ohr und Gehör

1

So würde eine Firma für die Vorzüge des menschlichen Ohres werben:

Arbeitsbereich (Schalldruck):	0,001 Pa … 5 Pa
Schwellenwert:	$2 \cdot 10^{-5}$ Pa (bei 1 kHz)
kurzzeitig erlaubte Überlastung:	200 Pa
Auflösungsvermögen:	
Intensität:	8 %
Frequenz:	2 %
Zeit (frequenzabh.):	0,055 s
Richtung:	4°

Fast alle Tiere besitzen ein Organ, mit dem sie das Gleichgewicht halten und die Lage ihres Körpers im Raum feststellen können. Bei einigen Tiergruppen übernimmt dieses Organ bereits Hörfunktionen.

Das am höchsten entwickelte Ohr besitzen die Säugetiere, also auch die Menschen. Es wird von den Biologen gegliedert in das Außenohr, das bei den meisten Tieren aus Ohrmuschel und Gehörgang bis zum Trommelfell besteht, das Mittelohr – Paukenhöhle mit den Gehörknöchelchen – und das Innenohr, in dem das Labyrinth dem Gleichgewichtssinn dient und die Schnecke die Schallwellen schließlich in Nervensignale umwandelt (Bild 2).

Außenohr. Form und Größe der Ohrmuschel beeinflussen sehr stark den Höreindruck. Sie filtern und verstärken bzw. schwächen einige Frequenzen des Schalls, sodass bei verschiedenen Personen im Innenohr unterschiedliche Signale ankommen können (vgl. Aufgabe 1, S. 161).

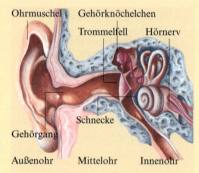

2

Mittelohr. Das Trommelfell trennt die Außenwelt vom Inneren des Kopfes. Hier wird der durch die Luft ankommende Schall in Bewegung umgewandelt: Das locker gespannte Trommelfell (beim Menschen etwa halb so groß wie der Nagel des kleinen Fingers) schwingt mit den ankommenden Schallwellen mit. Die Gehörknöchelchen Hammer, Amboss und Steigbügel übertragen diese Schwingungen auf das *ovale Fenster*, das den Übergang zum Innenohr bildet. Weil Hammer, Amboss und Steigbügel einen Hebelmechanismus bilden, wird die Bewegung des Trommelfells verstärkt. Und weil das ovale Fenster viel kleiner als das Trommelfell ist, wird die Intensität der Schallwellen noch einmal verstärkt.

Innenohr. Das eigentliche Hörorgan sitzt in der nur 5 mm großen Schnecke, die mit einer Flüssigkeit gefüllt ist und vom ovalen Fenster verschlossen wird: Im knöchernen Schneckengang ist die weiche Basilarmembran aufgespannt, die zur Spitze der Schnecke hin immer schmaler wird (Bild 1, folgende Seite). Sie trägt beim Menschen etwa 30 000 Haarzellen. Jede Schwingung des ovalen Fensters führt zu einer „Wanderwelle" auf der Membran. Anders als eine Störung auf einem festgehaltenen Seil nimmt die Amplitude jedoch immer mehr zu und führt je nach Frequenz an einer bestimmten Stelle zu einer besonders großen Auslenkung (Bild 3). Dahinter nimmt die Amplitude wieder stark ab. Je tiefer der Ton, desto weiter vom ovalen Fenster entfernt hat die Schwingung der Membran ihren maximalen Ausschlag. Der ankommende Schall wird also in die Frequenzen, die er enthält, zerlegt: Je nachdem, von welchen Haarzellen das Gehirn Signale empfängt, ordnet es dem Reiz einen höheren oder niedrigeren Ton zu.

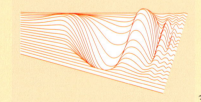

3

Wanderwelle durch die Basilarmembran

Übrigens

Erreicht das Innenohr ein zu lautes Geräusch, werden blitzschnell zwei winzige Muskeln angespannt, die über den Hammer das Trommelfell spannen und über den Steigbügel die Verbindung zum ovalen Fenster lockern: Die Schallübertragung wird vermindert.

Mechanische Wellen

Hörempfindung. Die Basilarmembran und unser ganzes Gehör einschließlich der Signalverarbeitung im Gehirn sind nicht für alle Frequenzen gleich empfindlich: Extrem hohe Töne und sehr tiefe Töne müssen mit großer Schallintensität das Ohr erreichen, um überhaupt gehört zu werden. Am empfindlichsten ist das menschliche Ohr in dem Frequenzbereich, der der normalen Sprache entspricht, von etwa 400 Hz bis 2000 Hz.

Die subjektiv empfundene Stärke des Schalls wird als Lautstärkepegel bezeichnet; sie wird durch Vergleich mit einem 1-kHz-Ton gemessen, der gleich laut erscheint. Der Lautstärkepegel wird in dB(A) angegeben. 0 dB(A) entspricht der Hörschwelle eines Tones von 1 kHz und 100 dB(A) entspricht der Lautstärke eines 1-kHz-Tones mit dem Schallintensitätspegel 100 dB.

In Bild 2 sind gleich laut empfundene Töne unterschiedlicher Frequenz durch eine Linie verbunden. So erkennt man, mit welcher Schallstärke Töne unterschiedlicher Tonhöhe (Frequenz) das Ohr erreichen müssen, damit sie gleich laut empfunden werden.

Räumliches Hören. Weil wir zwei Ohren haben, können wir räumlich hören. Wenn der Schall nicht genau von vorn oder hinten kommt, erreicht er die beiden Ohren nämlich nicht genau gleichzeitig. Und aus dem zeitlichen Abstand der sonst gleichen Signale schließt das Gehirn auf die Richtung, aus welcher der Schall kommt.

Schon eine Laufzeitdifferenz von 1/34 000 s kann unser Gehirn registrieren; die Schallwege müssen sich also nur um 1 cm unterscheiden (vgl. Aufgabe 2). Bei einem Ohrenabstand von etwa 20 cm können wir daher schon unterscheiden, ob der Schall genau von vorn oder unter einem Winkel von 3° zu uns kommt.

Schädigungen durch Lärm. Nicht nur laute Geräusche von Maschinen und Straßenverkehr, sondern auch etwa das Summen einer Mücke kann als störend und unangenehm empfunden werden. Jeder Schall, der als störend empfunden wird, wird als Lärm bezeichnet.

Geräusche mit einem Lautstärkepegel von dauerhaft mehr als 80 dB(A) können organische Schäden im Innenohr verursachen; in Discos und lauten Konzerten wird das Gehör oft mit mehr als 100 dB(A) belastet. Bei solchen Dauerbelastungen verkümmern zuerst die Haarzellen, die für hohe Frequenzen zuständig sind: Hohe Töne werden nicht mehr wahrgenommen. Bei extremer Belastung können praktisch alle Haarzellen verletzt werden; dann droht völlige Taubheit, denn die Haarzellen werden nicht neu gebildet. Nicht nur laute Geräusche, auch Lärm geringer Lautstärke kann gesundheitliche Schäden verursachen: Werden wir dauerhaft durch unangenehme Geräusche abgelenkt, werden größere Bereiche des Gehirns durch diese Wahrnehmungen für andere Tätigkeiten blockiert. Dies kann Konzentrationsstörungen, Müdigkeit und sogar Angstzustände auslösen, die langfristig zu Bluthochdruck, Magengeschwüren und Depressionen führen können.

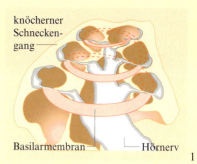

Gehörschnecke mit Basilarmembran

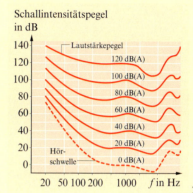

Lautstärkepegel

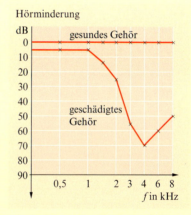

Ein Audiogramm gibt Auskunft über die Hörschädigungen bei unterschiedlichen Frequenzen.

AUFGABEN

1. Besorgt euch zwei große Trichter oder bastelt aus Pappe riesige Ohrmuscheln unterschiedlicher Form. Haltet die kleine Öffnung direkt an die Ohren. Wie hören sich jetzt der Straßenlärm und andere Geräusche an? Probiert auch andere „Ohrmuscheln", z. B. Gießkannen, Schlauchstücken oder Rohrabschnitte!

2. Halte die Enden eines mindestens 1 m langen Schlauches, der hinter deinem Kopf liegt, an je ein Ohr. Lass jemand auf den Schlauch klopfen und lausche auf den Schlag. Wie weit neben der Mitte des Schlauches kann man klopfen, bis du die Signale gerade getrennt wahrnimmst? Berechne die Laufzeitdifferenz der Signale!

AUFGABEN

1. Eine Schülergruppe will die Schallgeschwindigkeit bestimmen. Ein Schüler schlägt große, weit sichtbare Latten im Sekundentakt eines Metronoms aufeinander. Die anderen entfernen sich von ihm.
   a) Was beobachten sie bei 170 m bzw. 340 m Entfernung?
   b) Wie können sie daraus die Schallgeschwindigkeit bestimmen?
   c) Welche Idealisierung machen sie dabei bezüglich der Lichtausbreitung? Begründe, dass diese Idealisierung berechtigt ist!

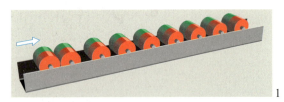

2. Die magnetischen Rollen auf einer Schiene sind so gepolt, dass sie einander jeweils abstoßen.
   a) Beschreibe, was geschieht, wenn die erste Rolle kurzzeitig in Richtung der zweiten ausgelenkt wird!
   b) Vergleiche diesen Vorgang mit der Schallausbreitung in Luft!
   c) Welche Auswirkungen hätte es auf die „Schallgeschwindigkeit", wenn stärkere Magnete gleicher Masse verwendet würden?
   d) Begründe, dass die Schallgeschwindigkeit in Metallen größer ist als in Gasen!

3. Plane ein Experiment, mit dem sich nachweisen lässt, dass eine mechanische Welle Energie, aber keinen Stoff transportiert. Realisiere eine einfache Experimentieranordnung und führe das Experiment durch!

4. Gleichzeitig mit einem Blitz wird eine Schallwelle erzeugt. Zwischen dem Wahrnehmen des Blitzes und des Donners vergehen 12 Sekunden. Wie weit war der Blitz entfernt?

5. Das menschliche Ohr kann zehn Schallereignisse in einer Sekunde getrennt wahrnehmen.
   Wie weit muss man von einer reflektierenden Wand mindestens entfernt sein, um ein Echo zu hören?

6. a) Zähle Maßnahmen zur Bekämpfung von Fahrzeuglärm auf!
   b) Unterscheide diese Maßnahmen nach Lärmvermeidung und Lärmschutz!
   c) An welchen Stellen wird Schalldämmung und an welchen wird Schalldämpfung betrieben?
   d) Begründe, dass die Lärmvermeidung stets Vorrang vor dem Lärmschutz haben sollte!

ZUSAMMENFASSUNG

Mechanische Welle
Ausbreitung einer mechanischen Schwingung, bei der Energie, jedoch kein Stoff transportiert wird.

Wellenlänge λ
Abstand zweier benachbarter Wellenberge.

Ausbreitungsgeschwindigkeit v
Geschwindigkeit, mit der sich ein Wellenberg in Ausbreitungsrichtung der Welle bewegt: $v = \lambda \cdot f$.

Schallwellen
Ausbreitung hörbarer Schwingungen in einem Frequenzbereich von 16 Hz bis 20 kHz.
Je höher die Frequenz der Schwingung ist, desto höher ist der Ton. Je größer die Amplitude der Schwingung ist, desto lauter ist der Ton.
Schallschwingungen mit einer Frequenz von mehr als 20 kHz werden als Ultraschall bezeichnet.

Lärm: Schall, der als störend empfunden wird oder gesundheitliche Schäden hervorruft.

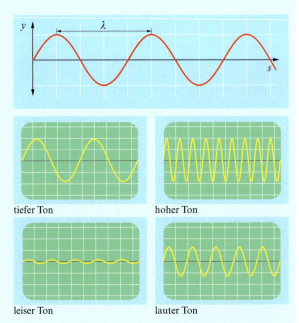

Kernphysik

Eine alte Schriftrolle wurde in einer Höhle nahe dem Toten Meer gefunden. Es wird vermutet, dass diese Schriftrolle ungefähr 2 000 Jahre alt ist. Wie kann man prüfen, ob das wirklich stimmt? Sind hier Fälscher am Werk? Mit Kenntnissen über kernphysikalische Vorgänge kommt man einer Antwort auf diese Frage auf die Spur. Die Kernphysik beschäftigt sich mit Eigenschaften der Atomkerne, mit der Möglichkeit, deren Energie zu nutzen, und auch mit den Gefahren, die von der Radioaktivität ausgehen.

Aufbau der Atomkerne

Schon lange machen sich die Menschen darüber Gedanken, aus welchen Einzelteilen die Stoffe in unserer Umwelt und auch wir selbst bestehen. Der griechische Philosoph DEMOKRIT (460 – 371 v. Chr.) glaubte, dass alle Materie aus kleinsten Bausteinen besteht. Nach seiner Auffassung sind diese kleinsten Bausteine ewig und unzerstörbar. Daher nannte man diese Bausteine Atome (griechisch: *atomos* – das Unzerteilbare). Mit großen Teilchenbeschleunigern wird auch noch heute die innere Struktur der Stoffe untersucht.

Das Atom

Die Chemiker des 19. Jahrhunderts konnten mit ihrer Vorstellung von den kleinsten Bausteinen des Universums Stoffe und chemische Verbindungen zufriedenstellend beschreiben und erklären: Jedes Element wie Wasserstoff, Kohlenstoff oder Eisen besteht aus einer bestimmten Atomsorte. Als die kleinsten, unzerteilbaren Bausteine galten Wasserstoffatome, Kohlenstoffatome bzw. Eisenatome usw.

Mittlerweile weiß man jedoch, dass die Bausteine, die man zunächst Atome genannt hat, selbst aus Einzelteilen bestehen.

Der englische Physiker ERNEST RUTHERFORD hat zur Entwicklung unserer heutigen Vorstellung vom Aufbau eines Atoms einen großen Beitrag geleistet. In seinem Labor hat man im Jahre 1909 dünne Goldfolien mit positiv geladenen Teilchen, den so genannten α-Teilchen, beschossen. Dabei stellte sich heraus, dass fast alle diese Teilchen ungehindert die Folie durchdrangen, also beim Durchgang durch die Folie ihre Richtung nicht änderten (Bild 3). Einige der α-Teilchen wurden jedoch stark abgelenkt oder sogar zurückgeworfen.

Dieses Ergebnis war zunächst schwer zu verstehen. Denn wenn man annimmt, dass eine Metallfolie aus dicht gepackten Atomen besteht, die wie massive Billardkugeln aneinander liegen, dann müssten Teilchen, die man darauf schießt, entweder zurückprallen oder stark abgelenkt werden (Bild 1, folgende Seite). In jedem Fall müssten alle Teilchen, die die Folie durchdringen, stark abgebremst werden.

Dass aber die meisten Teilchen ungehindert hindurchkommen und einige fast zurückprallen, zwang RUTHERFORD zu folgendem Schluss: Die Atome der Folie müssen zum größten Teil aus fast leerem Raum bestehen. Die Masse jedes Atoms muss auf sehr kleinem Raum konzentriert sein. Diesen Bereich nannte RUTHERFORD Atomkern. Die meisten α-Teilchen durchdringen also die Folie, ohne mit einem Kern zusammenzustoßen. Trifft aber ein α-Teilchen auf einen Kern, kann es stark abgelenkt werden (Bild 2, folgende Seite).

ERNEST RUTHERFORD (1871 – 1937)

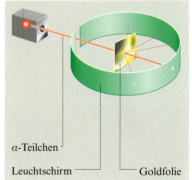

Ergebnis des Rutherford-Experiments

Aufbau der Atomkerne

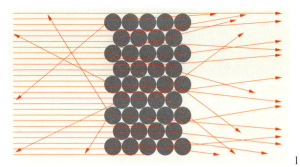

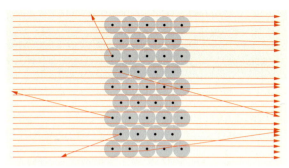

Annahme massiver Atome: Die Richtung der eingeschossenen Teilchen ändert sich stark.

Atome aus einem Kern und einer fast leeren Hülle: Die meisten Teilchen werden gar nicht abgelenkt, einige jedoch stark.

Schon einige Jahre vor dem Experiment von RUTHERFORD war bekannt, dass Atome Elektronen enthalten müssen.

RUTHERFORD gelangte aufgrund seiner experimentellen Ergebnisse zu folgendem Atommodell: Die Elektronen bewegen sich ständig um den Atomkern (Bild 3). Der Raum, in dem sich die Elektronen eines Atoms bewegen, wird als Atomhülle bezeichnet. Die Atomhülle trägt daher insgesamt negative Ladung. Der Betrag der positiven Ladung im Kern stimmt mit dem Betrag der negativen Ladung in der Hülle überein. Somit ist das gesamte Atom nach außen hin elektrisch neutral.

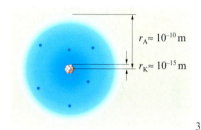

Der Atomradius beträgt ungefähr 10^{-10} m. Erst 5 Millionen Atome aneinander gereiht ergeben eine Kette von 1 Millimeter Länge. Der Durchmesser des Atomkerns beträgt nur etwa 1/100 000 des Atomdurchmessers.

> Ein einfaches Atommodell:
> Ein Atom besteht aus einem Kern und einer Hülle. Um den Kern, d.h. in der Atomhülle, bewegen sich die Elektronen. Der Kern nimmt nur einen sehr kleinen Anteil des Gesamtvolumens eines Atoms ein.

Der Atomkern

Etwa 20 Jahre nach dem Experiment von RUTHERFORD stellte sich heraus, dass auch Atomkerne aus Einzelbausteinen zusammengesetzt sind. Man kann zwei Arten von *Nukleonen* (Kernbausteinen) unterscheiden: die positiv geladenen *Protonen* p und die elektrisch neutralen *Neutronen* n.

Die Atome verschiedener chemischer Elemente unterscheiden sich in der Anzahl der Protonen im Kern. So hat z. B. das Heliumatom zwei Protonen im Kern. Kohlenstoffatome haben sechs Protonen im Kern.

Unterschiedliche Wechselwirkungen. Gleichnamig geladene Körper stoßen einander ab. Also müssen auch die Protonen in den Atomkernen einander abstoßen. Weil aber die Kerne zusammenhalten, muss es neben der elektrischen Abstoßung noch eine anziehende Wechselwirkung zwischen den Kernbausteinen geben. Dies ist nicht die Gravitationswechselwirkung zwischen den Kernbausteinen. Sie wäre viel zu schwach.

Wenn zwei Protonen sehr nahe beieinander sind, dann ist die *Kernkraft*, mit der die beiden einander anziehen, um ein Vielfaches größer als die abstoßende Kraft, die durch die elektrische Wechselwirkung hervorgerufen wird.

> Im Atomkern befinden sich Kernbausteine: Protonen und Neutronen. Sie werden durch starke Kernkräfte zusammengehalten.

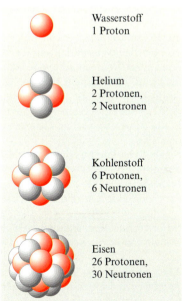

Zusammensetzung einiger Kerne

Periodensystem der Elemente. Protonen sind elektrisch positiv geladen. Der Betrag ihrer Ladung ist genau so groß wie der Betrag der Ladung eines Elektrons. Diese Ladung wird als Elementarladung e bezeichnet: $e = 1{,}602 \cdot 10^{-19}$ C. In einem neutralen Atom ist die Anzahl der Elektronen mit der Anzahl der Protonen identisch.

Sämtliche bisher bekannten chemischen Elemente können in einer Übersicht, dem Periodensystem der Elemente, dargestellt werden. Die Elemente sind dabei nach aufsteigender Protonenanzahl (Ordnungszahl) geordnet. Die Protonenanzahl wird auch als Kernladungszahl bezeichnet. Den Anfang machen Wasserstoff, Helium und Lithium mit ein, zwei und drei Protonen im Atomkern, also den Kernladungszahlen 1, 2 und 3.

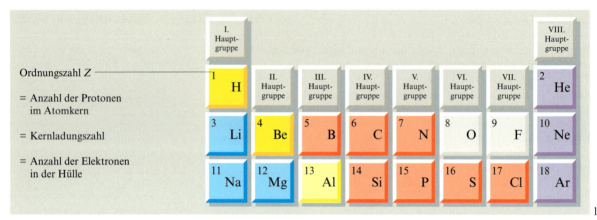

Ausschnitt aus dem Periodensystem der Elemente

Nuklide und Isotope. Atomkerne werden durch die Anzahl der Protonen Z und die Anzahl der Neutronen N gekennzeichnet. Als „Nuklid" bezeichnet man eine Sorte von Atomkernen, die durch eine feste Protonenanzahl Z und eine Neutronenanzahl N bestimmt ist. Für die Anzahl der Kernbausteine gilt: $A = Z + N$. Da die Massen von Protonen und Neutronen ungefähr gleich groß sind, bezeichnet man A auch als Massenzahl des Nuklids. Atome, die zu einem Element gehören, haben immer dieselbe Protonenanzahl, sie können aber eine unterschiedliche Anzahl von Neutronen besitzen: Beispielsweise enthält ein Wasserstoffkern immer genau ein Proton. Die Anzahl der Neutronen kann jedoch bei Wasserstoff null oder eins oder zwei betragen. Man spricht hier von unterschiedlichen Isotopen des Wasserstoffs (griech.: *iso* für „gleich" und *topos* für „Stelle").

Alle Isotope eines Elements stehen im Periodensystem an der gleichen Stelle, auch ihre chemischen Eigenschaften sind (fast) identisch.

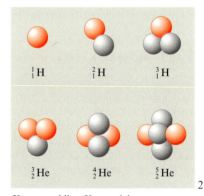

Kerne und ihre Kennzeichnung

Symbolschreibweise. Zur Kennzeichnung der Kernladungszahl und Massenzahl eines Nuklids des Elements X verwendet man die Schreibweise ^A_ZX. Dabei bezeichnet A die Gesamtanzahl der Nukleonen und Z die Anzahl der Protonen. Für X wird das Symbol des Elements eingesetzt.

So bezeichnet zum Beispiel $^{56}_{26}$Fe einen Eisenkern mit der Massenzahl 56. Von den 56 Kernteilchen sind 26 Protonen und 30 Neutronen.

Massenverhältnisse in Atomen. Der weitaus größte Teil der Masse eines Atoms befindet sich in seinem Kern. Die Masse von Protonen und Neutronen beträgt jeweils rund $1{,}67 \cdot 10^{-27}$ kg. Die Masse des Elektrons beträgt nur 1/1836 dieses Wertes: $9{,}11 \cdot 10^{-31}$ kg.

Übrigens

Manchmal wird in der Symbolschreibweise auch die Protonenanzahl weggelassen. z. B.: ^{14}C. Denn durch das Symbol C des Elements ist die Protonenanzahl ja eindeutig festgelegt: Jeder Kohlenstoffkern hat 6 Protonen.

Weitere gängige Schreibweisen sind Kohlenstoff-14 oder C-14 für das Nuklid $^{14}_6$C.

Aufbau der Atomkerne

AUFGABEN

1. Ein Cowboy soll zwei gleich schwere Säcke auf ihren Inhalt prüfen (Bild 1).
   In einem Sack befindet sich feiner Sand, im anderen Sack ist Stroh, in dem gleichmäßig Stahlkugeln verteilt sind.
   a) Skizziere die Bahnen der Geschosse für die beiden Fälle!
   b) Welchen Einfluss hätte es auf die Bahnen der Kugeln, wenn Stahl nicht eine Dichte von etwa 8 g/cm³ hätte, sondern eine 100fach höhere?
2. Warum unterscheidet sich die Masse eines Stickstoffatoms nur unwesentlich von der Masse eines Stickstoffkerns?
3. Bestimme mithilfe des Periodensystems die Kernladungszahl von Wasserstoff, Beryllium, Kohlenstoff, Cobalt, Nickel, Zinn und Platin!
4. Beschreibe den Aufbau eines Atomkerns mithilfe von Kernladungs- und Massenzahl!
5. Der Radius eines Heliumkerns beträgt etwa $2 \cdot 10^{-15}$ m, seine Masse etwa $6{,}6 \cdot 10^{-27}$ kg.
   a) Berechne die Dichte des Kerns!
   b) Welche Masse hätte ein Würfel der Kantenlänge 1 mm, der aus einem Material der gleichen Dichte bestünde?
   c) Wie groß wäre die Erde, wenn sie bei gleicher Masse aus einem solchen Material bestünde? ($m_E = 6 \cdot 10^{24}$ kg)
6. Aus wie vielen Protonen, Neutronen und Elektronen besteht ein neutrales Aluminiumatom, dessen Kern durch das Symbol $^{27}_{13}$Al gekennzeichnet ist? Wie lauten die entsprechenden Zahlen für $^{208}_{82}$Pb, $^{209}_{83}$Bi und $^{235}_{92}$U?

ZUSAMMENFASSUNG

Einfaches Atommodell:
Ein Atom besteht aus einem Kern und einer Hülle. Im Kern ist fast die gesamte Masse des Atoms konzentriert.
In der Hülle bewegen sich die Elektronen.

Im Atomkern befinden sich Protonen und Neutronen. Diese Kernbausteine werden durch starke Kernkräfte zusammengehalten.
Elektron: elektrisch negativ geladen; $-1{,}602 \cdot 10^{-19}$ C
Proton: elektrisch positiv geladen; $1{,}602 \cdot 10^{-19}$ C
Neutron: elektrisch neutral

Zur Kennzeichnung der unterschiedlichen Nuklide wird folgende symbolische Schreibweise verwendet: ^A_ZX.
Dabei ist A die Gesamtanzahl der Kernbausteine (Nukleonen) und Z die Anzahl der Protonen. Für X wird das Symbol des Elementes eingesetzt.

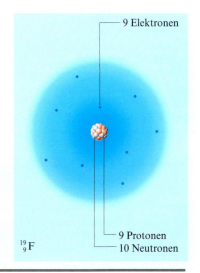

$^{19}_{9}$F — 9 Elektronen, 9 Protonen, 10 Neutronen

168 Zerfall von Atomkernen – ionisierende Strahlung

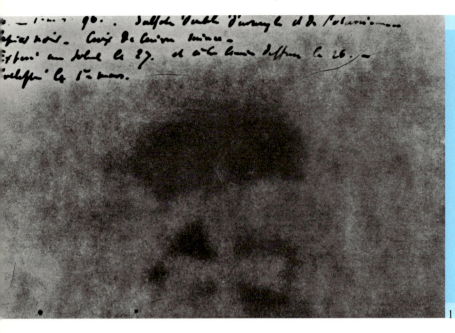

Der Physiker WILHELM CONRAD RÖNTGEN entdeckte 1895 eine neue Art von unsichtbarer Strahlung, die viele Gegenstände fast ungehindert durchdringt. Diese Strahlung kann Fotoplatten schwärzen und Fluoreszenzschirme zum Leuchten anregen. Unmittelbar nach RÖNTGENS Entdeckung, die sich wie ein Lauffeuer verbreitete, begannen Physiker und Chemiker in aller Welt diese Strahlung genauer zu untersuchen. Ganz unverhofft stieß dabei der Franzose HENRI BECQUEREL auf eine weitere unbekannte Art von Strahlung.
Das Bild zeigt die Fotoplatte von BECQUEREL, die zur Entdeckung der Radioaktivität führte.

Die Entdeckung der Strahlung von Uran

Manche Materialien „leuchten im Dunkeln nach", wenn sie vorher einige Zeit dem Licht ausgesetzt worden sind. Diese Erscheinung war bereits im 19. Jahrhundert bekannt, man nennt sie Phosphoreszenz. Der französische Physiker HENRI BECQUEREL vermutete, dass Röntgenstrahlung im Zusammenhang mit der Phosphoreszenz steht.
Zu den phosphoreszierenden Materialien gehören auch bestimmte chemische Verbindungen des Elements Uran, z. B. das Uranyl. Daher nahm BECQUEREL sich vor, einen Uranylkristall daraufhin zu untersuchen, ob er neben der bekannten Phosphoreszenz gleichzeitig auch Röntgenstrahlung aussendet. Er wickelte dazu eine Fotoplatte so in schwarzes Papier ein, dass sie von Licht nicht geschwärzt werden konnte. Er hatte vor, den Kristall mit Sonnenlicht zum Phosphoreszieren zu bringen und dann die eingewickelte Fotoplatte damit zu „belichten".
Leider war an diesem Tag schlechtes Wetter, und BECQUEREL legte alles in einen Schrank: die eingewickelte Fotoplatte und darauf den Uranylkristall, der ja ohne Beleuchtung durch die Sonne nicht phosphoreszieren konnte. Als er die Fotoplatte später aus dem Schrank nahm und probehalber doch entwickelte, stellte BECQUEREL fest, dass die Fotoplatte „belichtet" worden war, obwohl kein Licht sie erreichen konnte. Die Fotoplatte zeigte andeutungsweise die Umrisse des Kristalls. Wiederholungen mit anders geformten Uranylkristallen führten zu ähnlichen Ergebnissen.

HENRI BECQUEREL (1852–1908)

Damit hatte BECQUEREL, ohne es zu wissen, eine neue Art von Strahlung entdeckt, die „Kernstrahlung". Sie wird vom Uran ausgesandt und hat ähnliche Eigenschaften wie die Röntgenstrahlung. Deshalb konnte sie auch das schwarze Papier durchdringen und die Fotoplatte schwärzen. Mit der Entstehung von Phosphoreszenz, wie BECQUEREL zunächst angenommen hatte, hängt die Kernstrahlung jedoch nicht zusammen. Später stellte man fest, dass auch nicht phosphoreszierende Stoffe dieselbe Art von Strahlung aussenden können.

Zerfall von Atomkernen – ionisierende Strahlung

Erforschung der Kernstrahlung durch Marie Curie. Angeregt durch die Arbeiten von Becquerel hat die Physikerin Marie Curie systematisch nach weiteren Substanzen gesucht, die Kernstrahlung aussenden. Sie entwickelte dazu eine Apparatur, mit der sie die Stärke der Strahlung bestimmen konnte. Insbesondere untersuchte sie den Ausgangsstoff für die Urangewinnung, die so genannte Pechblende. Dabei stellte sie fest, dass die Strahlung der Pechblende erheblich stärker war, als aufgrund der darin enthaltenen Menge an Uran zu erwarten gewesen wäre. Marie Curie schloss daraus, dass Pechblende eine weitere, noch unbekannte Substanz enthalten muss, die stärker strahlt als das Uran.

Sie nutzte ihre umfangreichen Chemiekenntnisse, um Pechblendeproben in ihre chemischen Bestandteile zu zerlegen, und entdeckte dabei zwei strahlende Elemente, die bis zu diesem Zeitpunkt noch völlig unbekannt waren. Sie nannte das erste Element Polonium (nach ihrem Heimatland Polen) und das zweite Radium (das Strahlende).

Curie bezeichnete die Strahlungserscheinung der untersuchten Elemente als „Radioaktivität" bzw. „radioaktive Strahlung".

Marie Curie (1867–1934)

Radioaktive Atomkerne. Heute ist bekannt, dass Radioaktivität ihren Ursprung in den Atomkernen hat. Bei der Umwandlung radioaktiver Kerne werden Teilchen abgestrahlt, deren Eigenschaften später genauer beschrieben werden.
Wenn die radioaktiven Kerne Strahlung aussenden, wandeln sie sich in andere Kerne um, die auch wieder radioaktiv sein können:
Beispielsweise kann sich das Nuklid $^{226}_{88}$Ra (Radium) bei Aussendung von Strahlung in ein Nuklid des Edelgases Radon, $^{222}_{86}$Rn, umwandeln. Dieser Vorgang wird als radioaktiver Zerfall des Radiums bezeichnet.
Alle Atomkerne, die mehr als 82 Protonen enthalten, deren Ordnungszahl also über 82 liegt, sind radioaktiv.

Einige radioaktive Kerne

$^{12}_{5}$B	Bor
$^{32}_{15}$P	Phosphor
$^{65}_{30}$Zn	Zink
$^{90}_{38}$Sr	Strontium
$^{195}_{77}$Ir	Iridium
$^{211}_{82}$Pb	Blei
$^{226}_{86}$Ra	Radium
$^{229}_{90}$Th	Thorium
$^{238}_{92}$U	Uran
$^{239}_{94}$Pu	Plutonium

> Es gibt Atomkerne, die ohne Einwirkung von außen Strahlung aussenden. Man nennt diese Kerne radioaktiv. Beim Aussenden der Strahlung wandeln sich die Atomkerne in andere Atomkerne um. Dieser Vorgang heißt radioaktiver Zerfall.

Registrieren von Kernstrahlung

Kernstrahlung können wir mit keinem unserer Sinnesorgane direkt wahrnehmen. So hat es auch einige Zeit gedauert, bis man sich der schädigenden Wirkung radioaktiver Substanzen bewusst wurde. Viele Bergleute und Experimentatoren sind zu Beginn des Jahrhunderts über lange Zeit einer starken Strahlung ausgesetzt gewesen – zum Teil ohne es zu wissen.
Im Laufe der Zeit wurden immer genauere Methoden entwickelt, mit denen man die Kernstrahlung registrieren und ihre Intensität messen kann. Dies ermöglicht unter anderem einen besseren Schutz vor der Strahlung. Fast alle Methoden nutzen die ionisierende Wirkung der Kernstrahlung aus.

Ionisation. Trifft Kernstrahlung auf einen beliebigen Körper, so können sich aus den Hüllen von dessen Atomen Elektronen lösen. Dabei entstehen dann positiv geladene Ionen. Weil dieser Prozess für den Charakter von Kernstrahlung so grundlegend ist, wird Kernstrahlung auch allgemein als **ionisierende Strahlung** bezeichnet.

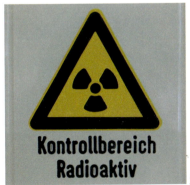
Die Kernstrahlung kann man weder sehen noch riechen. Daher ist hier ein Zutritt ohne Registriergeräte verboten.

Fotoplatte und Film. In den Untersuchungen zur Radioaktivität war die Fotoplatte das früheste Nachweismittel. Auf der Fotoplatte befindet sich, wie auf einem fotografischen Film, eine lichtempfindliche Schicht mit Silberbromid-Kristallen. Trifft Licht oder Kernstrahlung auf diese Schicht, so werden Elektronen aus dem Kristallverband gelöst, und es kommt zu chemischen Veränderungen in den Kristallen. Bei der Entwicklung der Platte bzw. des Films werden diese Veränderungen als Schwärzung sichtbar.

Geiger-Müller-Zählrohr. Das Geiger-Müller-Zählrohr besteht im Wesentlichen aus einem zylinderförmigen Mantel, in dessen Achse ein dünner Draht angebracht ist. Mantel und Draht sind elektrisch leitend und gegeneinander isoliert. Der Mantel wird mit dem Minuspol und der Draht über einen ohmschen Widerstand mit dem Pluspol einer Spannungsquelle verbunden. Das Rohr ist mit einem Edelgas unter geringem Druck gefüllt.

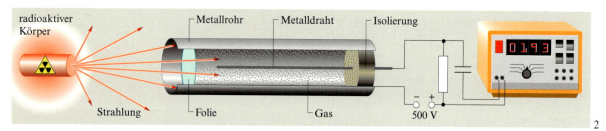

Dringt durch die dünne Folie Kernstrahlung in den Innenraum des Zählrohrs ein, so werden dort einzelne Gasatome ionisiert. Die aus den Atomhüllen herausgelösten Elektronen werden zum Draht hin beschleunigt und ionisieren dabei weitere Gasatome; es entsteht eine Lawine elektrisch geladener Teilchen. Das Gas wird also elektrisch leitfähig und es fließt ein Strom durch den Widerstand.

An dem Widerstand können also kurze Spannungsimpulse registriert werden, die sich verstärken und über einen Lautsprecher als „Knacksignale" hörbar machen lassen. Jedes Knacksignal entspricht einem Ionisationsprozess, der eine Lawine elektrisch geladener Teilchen im Zählrohr ausgelöst hat.

Dringen sehr viele Strahlungsteilchen in einer Sekunde in das Rohr ein, steigern sich die einzelnen Knacksignale zu einem Prasseln oder sogar zu einem Rauschen. Um die Stärke der Strahlung genau zu ermitteln, kann die Anzahl der pro Sekunde registrierten Teilchen auch elektronisch angezeigt werden.

Übrigens

Während das Gas leitfähig ist, ist das Zählrohr für Kernstrahlung unempfindlich. Denn eine einzelne zusätzliche Ionisation spielt in der Zeit, in der sich eine Ladungsträgerlawine aufbaut, keine Rolle. Die Dauer, die ein Zählrohr benötigt, um wieder Strahlung registrieren zu können, heißt auch **Totzeit**. Totzeiten üblicher Geiger-Müller-Zählrohre liegen zwischen 10^{-2} und 10^{-6} Sekunden.

EXPERIMENT 1
Die Strahlung einer radioaktiven Probe soll mit dem Geiger-Müller-Zählrohr untersucht werden.
1. Beobachte die Abfolge der Impulse! Auf welche Eigenschaft der Strahlung muss man rückschließen?
2. Miss mehrfach hintereinander die Anzahl der Impulse in Zeitintervallen von je 5 s.
Wiederhole die Messungen mit Zeitintervallen von 20 s und 60 s. Fertige dazu eine Tabelle an!

Zerfall von Atomkernen – ionisierende Strahlung

Das Experiment zeigt, dass die Impulse im Zählrohr unregelmäßig erzeugt werden. Das lässt auf einen Zufallsprozess in der radioaktiven Probe schließen. In kurzen Zeitintervallen schwankt die jeweilige Anzahl der Impulse stark. Bei längeren Messzeiten bleibt die Anzahl der Impulse für gleiche Zeiträume in etwa konstant. Als gemessene *Impulsrate* wird die Anzahl der Impulse pro Zeit bezeichnet.

Nullrate. Beim Experimentieren bemerkt man, dass das Zählrohr auch einige Impulse zählt, wenn die radioaktive Probe nicht in der Nähe ist. Tatsächlich können wir in unserer Umgebung Kernstrahlung nachweisen. Diese Strahlung kann aus den verschiedensten Quellen stammen, z. B. von radioaktiven Teilchen in der Luft, von schwach strahlenden Materialien im Raum oder aus dem Gestein.

Wenn man also die Impulsrate messen will, die durch eine bestimmte radioaktive Quelle verursacht wird, muss man diese Strahlung bei der Auswertung berücksichtigen. Dazu wird für die entsprechende Messzeit zunächst die Nullrate bestimmt, also die Impulsrate ohne radioaktive Probe. Ihr Betrag muss anschließend vom Messwert abgezogen werden.

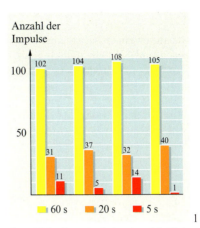

Anzahl der Impulse bei unterschiedlich langen Messzeiten für 4 Messungen

Nebelkammer. Die ionisierende Wirkung der Kernstrahlung wird auch in der Nebelkammer genutzt. Die Nebelkammer ist ein Behälter, in dem sich Luft befindet, der mit Wasserdampf übersättigt ist.

Befindet sich ein radioaktiver Strahler in der Nebelkammer, müssen sich die Strahlungsteilchen durch das Wasserdampf-Luft-Gemisch bewegen. Dabei werden die Luftmoleküle entlang der Flugbahn ionisiert. Die ionisierten Luftmoleküle wirken als Kondensationskeime, an denen sich feine Wassertröpfchen bilden. Diese Linien sind mit den Kondensstreifen, die Flugzeuge am Himmel erzeugen, vergleichbar.

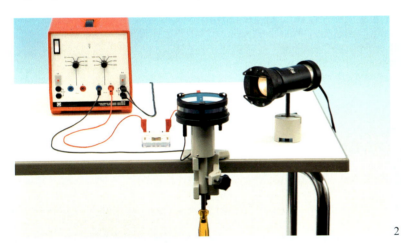

EXPERIMENT 2
In einer Nebelkammer befindet sich ein Radium-Strahler. Erzeuge mit der Luftpumpe einen Unterdruck, sodass übersättigter Wasserdampf entsteht.
Beobachte die entstehenden Nebelbahnen.
Beschreibe und erkläre ihre Form!

Die Nebelbahnen sind geradlinig, das heißt, die Strahlungsteilchen bewegen sich geradlinig von der Probe weg.

> In Nachweisgeräten wird die ionisierende Wirkung der Kernstrahlung genutzt:
> In Filmen bzw. Fotoplatten löst sie chemische Reaktionen aus,
> in Zählrohren erzeugt sie bewegliche Ladungsträger,
> in Nebelkammern bilden sich Kondensationskeime für Wassertröpfchen.

Eigenschaften von Kernstrahlung

In zahlreichen Experimenten, unter anderem von ERNEST RUTHERFORD und MARIE CURIE, wurden die Eigenschaften der Kernstrahlung untersucht. Typische Fragestellungen waren:
– Lässt sich die Strahlung durch bestimmte Materialien abschwächen oder stoppen?
– Lässt sich die Strahlung durch elektrische oder magnetische Felder beeinflussen?

Die Experimente verliefen *im Prinzip* folgendermaßen:

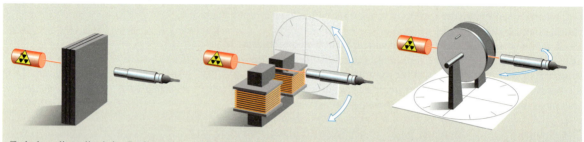

Zwischen die radioaktive Probe und das Zählrohr werden unterschiedlich dicke Platten aus verschiedenen Materialien gebracht.
Beobachtung:
Kernstrahlung kann mit unterschiedlichen Materialien unterschiedlich stark abgeschwächt werden.

Ein starker Magnet wird in die Nähe der radioaktiven Probe gebracht. Die Bahn der Strahlungsteilchen wird verfolgt.
Beobachtung:
Die Strahlung wird senkrecht zu den magnetischen Feldlinien abgelenkt oder gar nicht beeinflusst.

Ein geladener Kondensator wird in die Nähe der radioaktiven Probe gebracht. Die Bahn der Strahlungsteilchen wird verfolgt.
Beobachtung:
Die Strahlung wird in Richtung einer Kondensatorplatte abgelenkt oder gar nicht beeinflusst.

Aufgrund solcher Experimente lassen sich drei Strahlungsarten unterscheiden, die mit den Buchstaben α, β und γ gekennzeichnet werden.

Alphastrahlung. Im Falle der Alphastrahlung (α-Strahlung) sendet ein radioaktiver Atomkern Teilchen aus, die selbst wieder ganze Atomkerne sind, nämlich Heliumkerne.

Beispiel: $^{210}_{84}\text{Po} \rightarrow {}^{206}_{82}\text{Pb} + {}^{4}_{2}\text{He}$
Polonium → Blei + Heliumkern

Da die abgestrahlten Heliumkerne zwei Protonen und zwei Neutronen enthalten, verringert sich bei einem Nuklid, das Alphastrahlung aussendet, die Kernladungszahl um den Wert 2 und die Massenzahl um den Wert 4. Im genannten Beispiel wird also aus Polonium Blei.

Heliumkerne sind positiv geladen. Alphastrahlung wird daher in einem Kondensator in Richtung der negativ geladenen Platte abgelenkt. Im Magnetfeld wirkt auf die bewegten geladenen Teilchen die Lorentzkraft, die Teilchen werden senkrecht zu ihrer Bewegungsrichtung und senkrecht zu den Feldlinien abgelenkt.

Das Durchdringungsvermögen von Alphastrahlung ist gering. Die Strahlung wird bereits durch ein Blatt Papier absorbiert. Selbst in Luft beträgt die Reichweite der Alphastrahlung nur wenige Zentimeter.

> Alphastrahlung besteht aus Heliumkernen (${}^{4}_{2}\text{He}$). Sie wird im elektrischen und magnetischen Feld abgelenkt. Ihr Durchdringungsvermögen ist sehr gering.

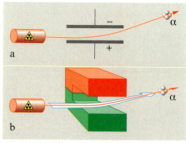

Ablenkung von Alphastrahlung

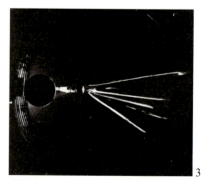

Alphastrahlung in der Nebelkammer

Zerfall von Atomkernen – ionisierende Strahlung

Betastrahlung. Mit Betastrahlung (β-Strahlung) wird die Abstrahlung von Elektronen aus einem Atomkern bezeichnet. Es handelt sich bei den abgestrahlten Elektronen keineswegs um Elektronen, die aus der Atomhülle stammen. Vielmehr kann man sich vorstellen, dass ein Neutron des Atomkerns in ein Elektron und ein Proton zerfällt. Das Elektron wird abgestrahlt, während das Proton im Kern zurückbleibt. Folglich nimmt die Protonenanzahl um den Wert 1 zu: Die Ordnungszahl des entstehenden Nuklids ist um den Wert 1 höher als die Ordnungszahl des Nuklids vor dem Zerfall. Ein Beispiel für einen Betastrahler ist das Cobalt-Nuklid $^{60}_{27}$Co. Durch Betastrahlung wandelt es sich in das Nuklid $^{60}_{28}$Ni um.

Die bewegten Elektronen der Betastrahlung lassen sich durch elektrische und magnetische Felder ablenken. Wegen ihrer negativen Ladung werden sie jedoch in beiden Fällen entgegengesetzt zur Alphastrahlung abgelenkt. Betastrahlung wird von einer Papierschicht längst nicht so stark abgeschwächt wie Alphastrahlung. Das Durchdringungsvermögen von Betastrahlung ist 100-mal so groß. Aluminiumplatten von einigen Millimeter Dicke absorbieren jedoch auch die Betastrahlung fast vollständig.

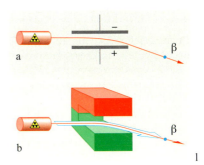

Ablenkung von Betastrahlung

> Betastrahlung besteht aus Elektronen, die von Atomkernen ausgesendet werden. Sie wird im elektrischen und magnetischen Feld abgelenkt. Ihr Durchdringungsvermögen ist etwa um den Faktor 100 höher als das der Alphastrahlung.

Gammastrahlung. Die Gammastrahlung (γ-Strahlung) tritt häufig gleichzeitig mit der Alpha- und der Betastrahlung auf. Es zeigt sich, dass Gammastrahlung weder durch elektrische noch durch magnetische Felder abgelenkt wird. Daraus kann man schließen, dass Gammastrahlung keine elektrisch geladenen Teilchen enthält. Gammastrahlung zählt wie Licht und Röntgenstrahlung zu den elektromagnetischen Strahlungsarten.

Gammastrahlung wird beim Durchdringen von Materie viel weniger abgeschwächt als die beiden anderen Strahlungsarten. Das Durchdringsvermögen der Gammastrahlung lässt sich beispielsweise durch die Dicke der Bleiplatte charakterisieren, die die Intensität der Strahlung gerade halbiert. Setzt man eine weitere, gleich dicke Bleischicht dahinter, halbiert sich die Intensität der Strahlung erneut (Bild 3).

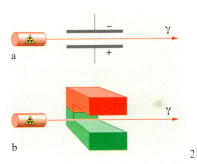

Gammastrahlung wird nicht abgelenkt.

> Gammastrahlung ist eine elektromagnetische Strahlungsart. Sie wird im elektrischen und magnetischen Feld nicht abgelenkt. Ihr Durchdringungsvermögen ist sehr hoch.

Kernstrahlung und Energie. Die geladenen Teilchen der Alpha- und Betastrahlung bewegen sich zunächst sehr schnell, sie haben eine große Bewegungsenergie. Treffen diese Teilchen auf Materie, so geben sie durch Wechselwirkung mit den Atomen nach und nach ihre Bewegungsenergie ab, sie werden langsamer und nach einer bestimmten Strecke vollends „gestoppt". Die maximale Eindringtiefe hängt von der Energie der Teilchen und vom absorbierenden Material ab.

Auch die Gammastrahlung lässt sich als Teilchenstrom auffassen, die Strahlungsteilchen werden dann als Photonen bezeichnet. Je größer die Energie der Photonen ist, umso dicker muss die Schicht sein, mit der sich die Intensität der Strahlung auf die Hälfte reduzieren lässt.

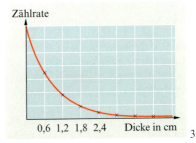

Abschwächung der Gammastrahlung des Isotops $^{137}_{55}$Cs in Blei.

Zerfallsreihen und Halbwertszeiten

Beim Zerfall eines Atomkerns entsteht unter Abgabe von Kernstrahlung ein neuer Atomkern. Dieser kann stabil sein, er kann aber selbst auch wieder radioaktiv sein, also weiter zerfallen. Wenn er radioaktiv ist, zerfällt er nach einer gewissen Zeit unter Abgabe von Kernstrahlung. Wieder entsteht ein neuer Atomkern. So kann sich der Prozess über eine Reihe von radioaktiven Kernen fortsetzen. Eine solche Abfolge von Kernumwandlungen heißt Zerfallsreihe. Eine schon lange bekannte Zerfallsreihe ist die, die von $^{238}_{92}$U ausgeht und bei dem stabilen Bleinuklid $^{206}_{82}$Pb endet:

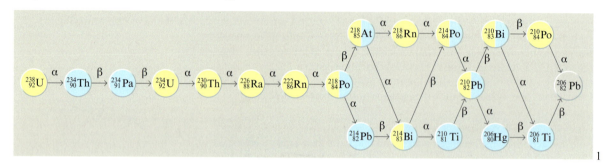

Halbwertszeit. Der Zeitpunkt des radioaktiven Zerfalls von einem einzelnen radioaktiven Atomkern ist völlig unvorhersehbar. Man kann ihn nicht durch äußere Bedingungen wie Luftdruck oder Temperatur beeinflussen. Deshalb spricht man auch vom *spontanen* radioaktiven Zerfall.

Betrachtet man als Gedankenexperiment zwei Atomkerne A und B des gleichen Nuklids (übereinstimmende Protonen- und Neutronenanzahl), so kann es passieren, dass Kern A innerhalb der nächsten Sekunde zerfällt, während Kern B die nächsten 10 000 Jahre übersteht. Zuvor gab es jedoch keinerlei Anzeichen dafür, dass Kern A seinem Ende so viel näher war als B. Die Zufälligkeit des Zerfalls einzelner Kerne lässt sich durch das folgende Modellexperiment verdeutlichen:

EXPERIMENT 3
1. Füllt eine größere Schachtel mit Deckel mit 100 Würfeln, schüttelt sie gut durch und sortiert nach dem Öffnen alle Würfel aus, die die 1 zeigen. Notiert die Anzahl der noch in der Schachtel vorhandenen Würfel. Wiederholt diese Prozedur so lange, bis alle Würfel aussortiert („zerfallen") sind!
2. Erstellt ein Diagramm, in dem die Anzahl der noch vorhandenen Würfel über der Anzahl der Versuchsdurchgänge aufgetragen wird. Untersucht, wie viele Durchgänge jeweils benötigt werden, bis sich die Anzahl der Würfel in der Schachtel halbiert hat!

Die Anzahl der noch in der Schachtel vorhandenen Würfel nimmt im Laufe der Zeit in typischer Weise ab: Nach durchschnittlich 4 Durchgängen, befindet sich jeweils etwa noch die Hälfte der zuvor vorhandenen Würfel in der Schachtel. Nach den ersten 4 Durchgängen sind es noch etwa 50 Würfel, nach den nächsten 4 Durchgängen 25, dann ca. 12, dann 6 usw. Je mehr Würfel zu Beginn vorhanden sind, desto glatter verläuft die Kurve im Bild 3. Genau wie beim radioaktiven Zerfall ist das „Ausscheiden" eines einzelnen Würfels unvorhersehbar. Eine Gesamtheit von vielen Würfeln nimmt jedoch nach einem typischen Gesetz ab.

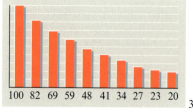

Abnahme der Würfelanzahl

Zerfall von Atomkernen – ionisierende Strahlung

Die Abnahme der Anzahl radioaktiver Kerne in einer Probe lässt sich auch mit der zeitlichen Entwicklung von Bierschaum in einem Glas vergleichen: Bild 1 zeigt einen Standzylinder, der unter guter Schaumentwicklung mit Bier vollgeschenkt wurde. Misst man die Höhe der Schaumkrone in regelmäßigen Abständen, so stellt man fest, dass sich auch hier eine bestimmte Zeit für die Halbierung der Messwerte angeben lässt.

Hat man es mit einer großen Anzahl einer bekannten Sorte von radioaktiven Atomkernen zu tun, so kann man ziemlich genau vorhersagen, wann die Hälfte der Atomkerne zerfallen sein wird. Die Zeit, in der dies stattfindet, nennt man die Halbwertszeit $T_{1/2}$ des Nuklids.
So hat z. B. das Nuklid $^{60}_{27}\text{Co}$ eine Halbwertszeit von 5 Jahren. Sind zu Beginn der Beobachtung 100 g des Nuklids vorhanden, so sind es nach 5 Jahren noch 50 g, nach 10 Jahren noch 25 g, nach 15 Jahren 12,5 g usw. Mit jedem 5-Jahres-Schritt halbiert sich die Masse (Bild 2).

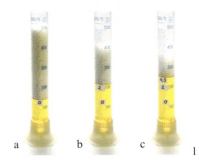

Experiment mit Bierschaum

> Die Anzahl der Kerne eines radioaktiven Nuklids halbiert sich in immer derselben Zeit.
> Diese Zeit heißt Halbwertszeit $T_{1/2}$, sie ist eine charakteristische Größe des radioaktiven Nuklids.

Zerfallsgesetz. Kennt man die Anzahl der Kerne N_0 eines bestimmten radioaktiven Nuklids zu einem festen Zeitpunkt, so lässt sich mithilfe der Halbwertszeit des Nuklids die Anzahl der Kerne berechnen:

$$N(t) = N_0 \cdot \left(\frac{1}{2}\right)^{\frac{t}{T_{1/2}}}$$

$N(t)$ Anzahl der Kerne zu Zeit t
N_0 Anzahl der Kerne zu Beginn
$T_{1/2}$ Halbwertszeit des Nuklids

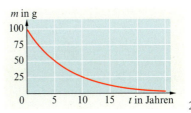

Zerfallskurve von $^{60}_{27}\text{Co}$

Weil die Variable t in dieser Gleichung im Exponenten steht, spricht man auch vom Exponentialgesetz des radioaktiven Zerfalls.

Aktivität. Eine radioaktive Probe sendet Strahlung nach allen Richtungen aus. Um die Anzahl der Kerne zu messen, die dabei in einer bestimmten Zeit zerfallen, müsste man die Probe allseitig mit Nachweisinstrumenten umgeben, die jedes ausgesandte Strahlungsteilchen registrieren.
Auf diese Weise ließe sich die „Stärke" einer radioaktiven Strahlungsquelle bestimmen. Die physikalische Größe zur Beschreibung dieser „Stärke" der Strahlung einer radioaktiven Probe ist die Aktivität. Sie gibt an, wie viele Kerne einer Probe innerhalb einer bestimmten Zeit zerfallen. Die Einheit der Aktivität eines Strahlers ist Becquerel (Bq).
Beträgt die Aktivität einer Probe 1 Bq, so findet in dieser Probe durchschnittlich ein radioaktiver Zerfall innerhalb einer Sekunde statt. Es gilt also: $1\text{ Bq} = 1\text{ s}^{-1}$.
Die Aktivität hängt mit der Stoffmenge und mit der Halbwertszeit einer Substanz zusammen. Verdoppelt man die Anzahl der Kerne eines Nuklids, so verdoppelt sich auch die Wahrscheinlichkeit, dass in der nächsten Sekunde einer dieser Kerne zerfällt. Je kürzer die Halbwertszeit ist, desto größer ist der Anteil der Kerne, die z. B. in der ersten Sekunde zerfallen, und desto stärker strahlt also die Probe zu Beginn.

Halbwertszeiten einiger Nuklide

Nuklid	Halbwertszeit
$^{12}_{5}\text{B}$	0,02 Sekunden
$^{29}_{15}\text{P}$	4,1 Sekunden
$^{195}_{77}\text{Ir}$	2,5 Stunden
$^{194}_{79}\text{Au}$	39 Stunden
$^{65}_{30}\text{Zn}$	244 Tage
$^{90}_{38}\text{Sr}$	20 Jahre
$^{226}_{88}\text{Ra}$	1600 Jahre
$^{238}_{92}\text{U}$	4,5 Mrd. Jahre

> Die Aktivität einer Probe gibt an, wie viele radioaktive Zerfälle pro Zeit in ihr stattfinden. Die Einheit der Aktivität ist Becquerel (Bq), $1\text{ Bq} = 1\text{ s}^{-1}$.

Schon gewusst?

> Das Zerfallsgesetz lässt sich auch mithilfe der Euler'schen Zahl e formulieren (e = 2,71828…):
>
> $N(t) = N_0 \cdot e^{-\lambda \cdot t}$.
>
> Darin ist λ die Zerfallskonstante, für die gilt: $\lambda = \dfrac{\ln 2}{T_{1/2}}$.

Ein Blick in die Technik

Altersbestimmung mit der C-14-Methode

Sarkophag und Totenmaske des TUT-ANCH-AMUN: ca. 3 300 Jahre

Mammuthaare: ca. 11 000 Jahre

Gletschermumie „Ötzi": ca. 5 000 Jahre

Die Eigenschaften radioaktiver Nuklide werden in der archäologischen Forschung zur Altersbestimmung von Fundstücken genutzt. Auch das Alter der „Templescroll" auf S. 163 und das der Gletschermumie „Ötzi" bekam man mit der so genannten C-14-Methode heraus.
Alle Lebewesen enthalten Verbindungen des Elements Kohlenstoff. Pflanzen nehmen Kohlenstoffdioxid aus der Atmosphäre auf, Menschen und Tiere erhalten Kohlenstoffverbindungen über die Nahrungskette. Entsprechend findet sich Kohlenstoff auch in allen Produkten, die von Menschen unter Verwendung von Pflanzen und Tieren hergestellt wurden: in Holzbalken, Leder, Fellen, Papyrusrollen usw.
Für die Altersbestimmung archäologischer Fundstücke ist entscheidend, dass es in der Natur unterschiedliche Kohlenstoffkerne gibt. Neben dem am häufigsten vorhandenen Nuklid $^{12}_{6}C$ tritt in sehr geringer Konzentration auch das radioaktive Nuklid $^{14}_{6}C$ auf. Das Zahlenverhältnis der beiden Nuklide in der Erdatmosphäre beträgt ungefähr 1 : 10^{12}, das bedeutet: Auf 1 000 000 000 000 stabile Atomkerne des Nuklids $^{12}_{6}C$ kommt in der Erdatmosphäre ein radioaktiver Atomkern $^{14}_{6}C$. Das radioaktive Nuklid wird von allen Lebewesen ohne Unterschied zum stabilen Nuklid beim Aufbau der organischen Materie eingesetzt. In einem lebenden Organismus entspricht das Zahlenverhältnis der Nuklide $^{14}_{6}C$ und $^{12}_{6}C$ dem in der Atmosphäre vorliegenden Verhältnis. Stirbt aber der Organismus, so werden keine Kohlenstoffatome mehr mit der Umwelt ausgetauscht. Aufgrund des radioaktiven Zerfalls nimmt der Anteil des $^{14}_{6}C$ ab.

Zerfallskurve von 44 Gramm C-14

Die Abnahme des Anteils von $^{14}_{6}C$ lässt sich für die Altersbestimmung eines Fundstückes ausnutzen. Bei dem natürlichen Verhältnis von $^{14}_{6}C$ und $^{12}_{6}C$ beträgt die Aktivität von 1 mol Kohlenstoff 2,7 Bq. Eine frische Probe, die 1 mol Kohlenstoffatome enthält, strahlt also zunächst mit der gleichen Aktivität. Die Halbwertszeit von $^{14}_{6}C$ beträgt 5 730 Jahre. Daraus lässt sich das Alter eines Fundstückes berechnen.
Beispiel: Bei der Untersuchung einer Holzprobe stellt man fest, dass die Aktivität der Kohlenstoffkerne auf 1/8 des Anfangswertes abgesunken ist (0,34 Bq je mol Kohlenstoff). Nun weiß man, dass sich die Anzahl der radioaktiven Kohlenstoffkerne während der ersten 5 730 Jahre halbiert haben muss. Nach 11 460 Jahren war noch 1/4 der $^{14}_{6}C$-Kerne vorhanden, nach weiteren 5 730 Jahren 1/8. Das Alter der Holzprobe kann daher mit ca. 17 000 Jahren angegeben werden.

Übrigens

Das Nuklid $^{14}_{6}C$ wird in der Atmosphäre ständig neu gebildet. Es entsteht, wenn Neutronen, die durch kosmische Strahlung freigesetzt werden, auf Stickstoffkerne $^{14}_{7}N$ treffen:
$^{14}_{7}N + n \rightarrow {}^{14}_{6}C + p$.
Auf der Erde hat sich im Laufe der Zeit ein Gleichgewicht eingestellt zwischen entstehenden und zerfallenden $^{14}_{6}C$-Kernen. Daher ist ihre Konzentration in der Atmosphäre konstant.

Zerfall von Atomkernen – ionisierende Strahlung

AUFGABEN

1. Beschreibe, wie sich ein Kern beim Aussenden von Alpha- bzw. Betastrahlung verändert!
2. Mit einem Geiger-Müller-Zählrohr werden an einem Nuklid mit langer Halbwertszeit Impulsraten gemessen. Begründe, dass die Messwerte bei kurzen Messzeiten stärker schwanken als bei langen Messzeiten!
3. Im Bild 1 ist die Zerfallskurve von $^{131}_{53}I$ dargestellt.
   a) Erläutere den Begriff Halbwertszeit!
   b) Bestimme aus dem Diagramm die Halbwertszeit für $^{131}_{53}I$!
   c) Wie viele radioaktive Kerne sind nach 32 Tagen noch vorhanden, wenn es zu Beginn 40 000 000 waren?
4. Erläutere den Begriff „spontaner radioaktiver Zerfall" anhand eines Beispiels!
5. In der Probe eines Schädelknochens wird eine auf 1/50 des Anfangswertes zurückgegangene Konzentration des Nuklids $^{14}_{6}C$ festgestellt. Schätze das Alter des Schädels!
6. Begründe, dass sich im Experiment 3 auf S. 174 die Anzahl der Würfel nach 4 Durchgängen ungefähr halbiert!
7. Das Bleinuklid $^{210}_{82}Pb$ kann sowohl α- als auch β-Strahlung aussenden. Welche Elemente entstehen jeweils beim Zerfall?
8. Bei einem Experiment zur Absorption von γ-Strahlung durch Eisen wurden für die Schichtdicken d die Impulsraten I gemessen (siehe Tabelle).
   a) Bei welcher Dicke hat sich die Zählrate halbiert?
   b) Wie dick muss die Schicht sein, damit 99% der Strahlung absorbiert wird?

d in mm	I in min^{-1}	d in mm	I in min^{-1}
0	2050	60	230
10	1430	70	170
20	1010	80	110
30	690	90	80
40	500	100	60
50	340	150	10

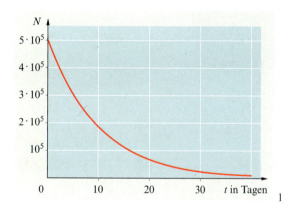

1

ZUSAMMENFASSUNG

Radioaktive Atomkerne senden ohne Einwirkung von außen Strahlung aus. Beim Aussenden der Strahlung wandeln sich die Atomkerne in andere Atomkerne um. Dieser Vorgang heißt radioaktiver Zerfall.

	Strahlungs-teilchen	elektrische Ladung	Massen-zahl	Änderung im Kern	Durchdringungs-vermögen (Metall)
α-Strahlung	Heliumkern	positiv (+ 2e)	4	Massenzahl sinkt um 4 Kernladungszahl sinkt um 2	gering (0,01 mm)
β-Strahlung	Elektron	negativ (– e)	0	Kernladungszahl steigt um 1	wenige Millimeter
γ-Strahlung	Photon	keine	0	nur Änderung der Energie	Halbierung der Intensität z. B. nach 10 mm

Die Anzahl der Kerne eines radioaktiven Nuklids halbiert sich in immer derselben Zeit. Diese Zeit heißt Halbwertszeit $T_{1/2}$, sie ist eine charakteristische Größe des radioaktiven Nuklids.

Kernenergie und Radioaktivität in der Umwelt

In unserer Lebensumwelt sind wir ständig Kernstrahlung ausgesetzt. Diese ist zum Teil natürlichen Ursprungs und zum Teil durch technische Entwicklungen des Menschen verursacht. In manchen Lebensbereichen, z. B. an besonderen Arbeitsstellen im Krankenhaus, in kerntechnischen Anlagen, Forschungslabors oder im Flugzeug kann die Belastung durch Kernstrahlung besonders hoch sein. Wie kann man sich vor den Gefahren der Kernstrahlung schützen?

Natürliche und künstliche Radioaktivität

Natürliche Radioaktivität. Natürliche Radioaktivität hat ihre Ursache zum einen in den radioaktiven Stoffen, die in der Erde oder in der Atmosphäre auftreten. Zum anderen sind wir kosmischer Strahlung ausgesetzt, die aus dem Weltraum auf die Erde trifft. Die natürliche radioaktive Belastung ist stark unterschiedlich, je nachdem, an welchem Ort auf der Erde man sich befindet.
Ein großer Anteil der natürlichen Strahlung wird vom Edelgas Radon verursacht. Radon entsteht durch den Zerfall von Uran und tritt daher besonders konzentriert in Gegenden mit uranhaltigem Gestein im Untergrund auf. Aus dem Erdreich kann Radon auch durch den Boden in Keller und von dort in Wohnräume eindringen, wo es die Atemluft belastet.
Die kosmische Strahlung nimmt mit der Höhe über dem Meeresspiegel zu. Besonders stark wird die Belastung für Flugpersonal und -passagiere, die in großer Höhe reisen.

Vom Menschen verursachte radioaktive Belastungen. Durch die Kernwaffenversuche, die in den 50er-Jahren des vorigen Jahrhunderts unter freiem Himmel durchgeführt worden sind, sind größere Mengen radioaktiver Stoffe in die Atmosphäre gelangt. Mit den Niederschlägen („Fallout" und „Washout") kamen diese dann wieder auf die Erde zurück.
Auch infolge der Reaktorexplosion im ukrainischen Atomkraftwerk Tschernobyl 1986 sind große Mengen radioaktiver Stoffe freigesetzt worden. Die Umgebung des Kernkraftwerks wurde dadurch für Jahrzehnte unbewohnbar. Nach Regenfällen war auch der Boden in Deutschland mit radioaktiven Stoffen belastet. Vom Genuss bestimmter Lebensmittel wie Milch, Salat und Waldpilzen wurde abgeraten.
In stillgelegten Gruben des Uranbergbaus wäscht das Grundwasser die radioaktiven Stoffe Uran und Radium aus. Das Wasser muss aufwändig gefiltert werden. Die Grubenluft ist durch Radon belastet. Durch „Abwettersysteme" wird diese Luft außerhalb von Ortschaften freigesetzt.

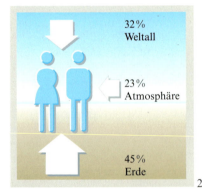

Verteilung der natürlichen radioaktiven Belastung

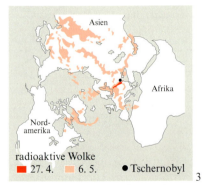

Radioaktiv belastete Gebiete nach dem Reaktorunglück von Tschernobyl

Strahlenschäden

Biologische Wirkungen radioaktiver Strahlung. Kernstrahlung kann negative Auswirkungen auf lebende Organismen haben. Durch Ionisation von Zellmolekülen kann es zu chemischen und biologischen Veränderungen in den Körperzellen kommen, bei denen die Zellen geschädigt werden. Der Grad der Schädigung ist von der Intensität und der Dauer der Bestrahlung abhängig.

Innere und äußere Belastung. Die meisten Strahlungsquellen befinden sich außerhalb unseres Körpers; die Strahlung erreicht uns aus der Erde, aus dem All oder aus der Luft. Doch gelangen auch radioaktive Nuklide in unseren Körper, z. B. atmen wir das Edelgas Radon mit der Luft in die Lungen ein. Zudem nehmen wir stets in geringen Mengen radioaktive Nuklide mit Lebensmitteln auf. Eine Schädigung des Körpers hängt nicht nur von der aufgenommenen Menge der radioaktiven Substanzen ab, sondern auch davon, wie schnell sie wieder ausgeschieden bzw. wo sie abgelagert werden.

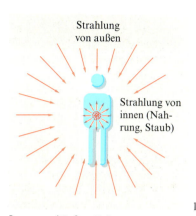

Innere und äußere Belastung

Empfindliche Organe. Besonders empfindlich bei Jugendlichen und Erwachsenen sind das weibliche Brustgewebe, das Gehirn, das blutbildende System, die Schilddrüse und andere Drüsengewebe sowie der Magen- und Darmtrakt. Die Zellschädigungen können zu Krebserkrankungen führen, zu den häufigsten gehören dabei Leukämie, Lungen-, Haut- und Brustkrebs. Die Wirkung der Kernstrahlung auf menschliche Körperzellen wird unter Umständen erst sehr lange nach dem Zeitpunkt der Bestrahlung sichtbar.

Veränderungen des Erbgutes können Erbkrankheiten bei den Nachkommen zur Folge haben. Daher sind die Keimzellen in Eierstöcken und Hoden durch radioaktive Strahlung besonders gefährdet, das Gleiche gilt für Embryonen. Neben Krebs sind als weitere Schäden im frühen Entwicklungsstadium Fehlbildungen, Entwicklungs- und Funktionsstörungen bei Neugeborenen bekannt.

Strahlenkrankheit. Bei sehr starker Strahlenbelastung, wie sie bei Unfällen in Kernreaktoren oder als Folge einer Kernwaffenexplosion auftreten kann, kommt es zur Strahlenkrankheit. Anzeichen der Strahlenkrankheit sind Hautrötung, Erbrechen, Durchfall und Haarausfall. In schweren Fällen kann als Folge fehlender Abwehrmechanismen sogar der Strahlentod eintreten.

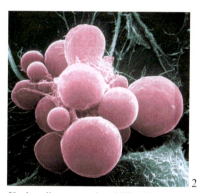

Krebszellen unter dem Mikroskop

> Die ionisierende Wirkung der Kernstrahlung kann zu Veränderungen in Körperzellen führen. Die Stärke der Schädigung hängt wesentlich von Intensität und Dauer der Bestrahlung ab.

Wie wirken die unterschiedlichen Strahlungsarten? Bei äußerer Strahlenbelastung geht die größte Gefährdung von der γ-Strahlung aus, die das gesamte Gewebe durchdringen kann. β-Strahlung und noch mehr die α-Strahlung werden nahe der Körperoberfläche absorbiert. Jedoch entfalten sie dort eine starke ionisierende Wirkung.

Nimmt man mit der Atemluft oder mit der Nahrung radioaktive Substanzen auf, so können diese innerhalb des Körpers α- oder β-Strahlung aussenden und die Zellen in unmittelbarer Umgebung schädigen. Beispiele für radioaktive Nuklide, die sich im Körper anlagern, sind $^{131}_{53}$I in der Schilddrüse sowie $^{89}_{38}$Sr und $^{90}_{38}$Sr in den Knochen.

Radioaktive Nuklide werden in unterschiedlichen Organen des menschlichen Körpers unterschiedlich stark gespeichert.

Nuklid	bevorzugte Speicherung
$^{3}_{1}$H	Körpergewebe, Körperwasser
$^{14}_{6}$C	Fett
$^{40}_{19}$K	Muskulatur
$^{90}_{38}$Sr	Knochen
$^{131}_{53}$I	Schilddrüse
$^{238}_{92}$U	Nieren, Knochen
$^{226}_{88}$Ra	Knochen
$^{137}_{55}$Cs	Muskulatur

Strahlenschutz

Um die Auswirkungen der Radioaktivität auf den Menschen und auf andere Lebewesen möglichst gering zu halten, sind beim Umgang mit radioaktiven Substanzen besondere Schutzmaßnahmen erforderlich.
Sie richten sich sowohl auf die innere als auch auf die äußere Strahlenbelastung.

1. *Möglichst große Entfernung zur Strahlungsquelle*
   Je weiter man von einer Quelle entfernt ist, umso geringer ist die Intensität, mit der man von ihr bestrahlt wird. Bild 1 zeigt eine kleine Quelle, die Strahlung nach allen Seiten aussendet. Die Anzahl der Teilchen, die in einer Sekunde auf eine Fläche von 1 m² treffen, sinkt auf ein Viertel, wenn sich der Abstand zur Quelle verdoppelt.
2. *Geeignete Abschirmung*
   Eine Abschirmung richtet sich gegen alle drei Strahlungsarten. Am schwierigsten ist jedoch die Abschirmung von γ-Strahlung. Sie lässt sich am besten mit dicken Bleiplatten abschwächen.
3. *Geringe Dauer der Strahlungseinwirkung*
   Niemand sollte sich unnötig lange einer radioaktiven Bestrahlung aussetzen. Die Anzahl der geschädigten Zellen im Körper nimmt bei jeder Bestrahlung zu.
4. *Keine Einnahme radioaktiver Nuklide*
   Zum Schutz gegen innere Strahlenbelastung ist beim Umgang mit radioaktiven Substanzen jegliche Nahrungsaufnahme verboten.

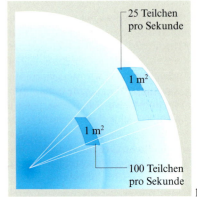

Abnahme der Intensität mit der Entfernung

Aktivität und Energiedosis. Zur Bewertung der Strahlenbelastung sind besondere Größen und Einheiten entwickelt worden. Die Aktivität, die in Becquerel angegeben wird, bezieht sich auf die Ursache, also die Quelle der Strahlung. Beim Strahlenschutz interessiert man sich aber zunächst für den bestrahlten Körper.
Bei radioaktiver Bestrahlung wird einem Körper Energie zugeführt. Die Energie wird vorwiegend bei Ionisationsprozessen im Körper absorbiert. Je größer die zugeführte Energie ist, desto mehr Ionisationsprozesse finden im Körper statt, desto größer ist daher die Schädigung.
Eine physikalische Größe zur Beschreibung dieser Energieübertragung ist die Energiedosis. Sie gibt an, wie viel Energie einem Körper bestimmter Masse durch die Strahlung zugeführt wird. Ihre Einheit ist Gray (Gy), es gilt: $1\,\text{Gy} = 1\,\text{J/kg}$. Wird jedem Kilogramm eines Körpers durch radioaktive Strahlung eine Energie von 1 J übertragen, beträgt die Energiedosis 1 Gy.

Äquivalentdosis. Bei gleicher Energiedosis ist die schädigende Wirkung von α-Strahlung etwa 20-mal so hoch wie die von β- und γ-Strahlung. Diesem Umstand trägt man mit Einführung der Äquivalentdosis Rechnung.
Auch sie bezieht sich auf die Energie, die einem Körper bestimmter Masse zugeführt wird, sie kann also in der Einheit J/kg angegeben werden. Um aber deutlich zu machen, dass es sich bei Angabe der Äquivalentdosis um eine „bewertete" Größe handelt, verwendet man als Einheit Sievert (Sv):
Für α-Strahlung gilt:
Der Energiedosis 1 Gy entspricht die Äquivalentdosis 20 Sv.
Für β- und γ-Strahlung gilt:
Der Energiedosis 1 Gy entspricht die Äquivalentdosis 1 Sv.
Zum Schutz vor zu hoher Strahlenbelastung im Beruf wurden Grenzwerte für die Äquivalentdosis festgelegt. Dabei gelten unterschiedliche Grenzwerte für bestimmte Körperregionen, z. B. 50 mSv pro Jahr für Keimdrüsen und Gebärmutter und 500 mSv pro Jahr für Hände.

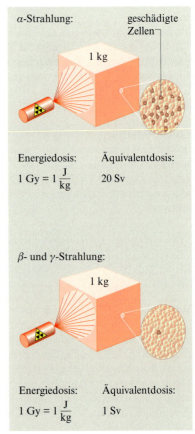

Energiedosis und Äquivalentdosis

Kernspaltung

Im Jahre 1917 beobachtete ERNEST RUTHERFORD erstmals eine künstliche Kernumwandlung: Er hatte Stickstoffatome mit α-Teilchen beschossen und dadurch Sauerstoff und freie Protonen erzeugt (Bild 1). Zwei Jahrzehnte später machten OTTO HAHN, LISE MEITNER und FRITZ STRASSMANN eine Entdeckung, die unsere Zivilisation nachhaltig beeinflusst hat.

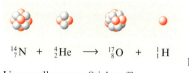

$^{14}_{7}N + {}^{4}_{2}He \rightarrow {}^{17}_{8}O + {}^{1}_{1}H$

Umwandlung von Stickstoff

Spaltbarkeit von Uran. Im Jahre 1938 gelang HAHN, MEITNER und STRASSMANN erstmals die künstliche Kernspaltung von Uran. Die Forscher hatten Urankerne mit Neutronen beschossen. Bei ihren Untersuchungen traten danach Spuren von Elementen auf, die zuvor gar nicht auf dem Labortisch vorhanden waren, z. B. Barium und Krypton.

Natürliches Uran setzt sich zu 99,27% aus $^{238}_{92}U$ und zu 0,72% aus $^{235}_{92}U$ zusammen. Wird ein Urankern $^{235}_{92}U$ von einem Neutron getroffen, so kann er in zwei Kerne unterschiedlicher Massenzahl zerfallen. Die Massenzahl des einen Kerns liegt bei ungefähr 95 und die des anderen bei 140. Man kann allerdings nicht genau vorhersagen, welche Kerne als Spaltprodukte entstehen. Zusätzlich entstehen bei der Spaltung freie Neutronen. Im Durchschnitt werden 2,5 Neutronen pro Kernspaltung freigesetzt.

Labortisch von HAHN

Kernspaltung und Energie. Wird ein Neutron von einem $^{235}_{92}U$-Kern aufgenommen, so bildet sich zunächst ein hantelförmiger Kern aus. Ein solcher Kern ist jedoch instabil: Eine starke Anziehung gibt es nur zwischen Kernbausteinen, die sich nahe beieinander befinden; die beiden Teile des Kerns werden durch die elektrische Abstoßung auseinander getrieben.

Die Spaltprodukte bewegen sich mit großer Geschwindigkeit auseinander, auch die freigesetzten Neutronen sind sehr schnell. Die schnellen Teilchen geben ihre Bewegungsenergie durch Stöße an andere Teilchen ab, die thermische Energie der Umgebung wird dadurch erhöht. Man sagt auch: Bei einer Kernspaltung wird Energie „freigesetzt". In Relation zur gespaltenen Masse an $^{235}_{92}U$ ist diese Energie sehr hoch. So entspricht die Energie, die bei vollständiger Spaltung von einem einzigen Gramm $^{235}_{92}U$ frei wird, der Energie, die beim Verbrennen von 2 500 kg Steinkohle umgewandelt wird.

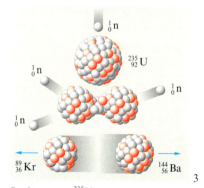

Spaltung von $^{235}_{92}U$

Kettenreaktion. Die bei der Kernspaltung frei werdenden Neutronen sind selbst wieder in der Lage, Urankerne zu spalten (Bild 5). Damit ist eine Kettenreaktion realisierbar, in der fortlaufend Uran gespalten und kontinuierlich Energie freigesetzt wird.

> Bei der Spaltung von $^{235}_{92}U$-Kernen werden Neutronen freigesetzt, die weitere Kernspaltungen auslösen können.

OTTO HAHN (1879–1968)

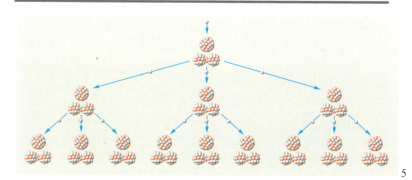

Kernkraftwerke

Kernkraftwerke gehören zur Gruppe der Wärmekraftwerke wie z. B. Kohlekraftwerke. Die thermische Energie wird genutzt, um Dampfturbinen zu betreiben. Die mechanisch an die Turbinen gekoppelten Generatoren liefern schließlich die gewünschte elektrische Energie.

Um die Kettenreaktion in einem Kraftwerk nutzbar zu machen, müssen die von jedem gespaltenen Urankern ausgehenden Neutronen durchschnittlich genau einen weiteren Kern spalten. Anderenfalls würden immer schneller immer mehr Kerne gespalten, es käme zu einer unkontrollierten Kettenreaktion. Oder aber die Kettenreaktion käme zum Erliegen, weil die Neutronen aus einem Spaltprozess zu selten auf weitere $^{235}_{92}$U-Kerne stoßen.

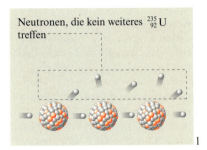

Kontrollierte Kettenreaktion: Von den durchschnittlich 2,5 Neutronen, die bei einer Spaltung frei werden, führt genau ein Neutron zu einer weiteren Spaltung.

Damit es im Kraftwerk überhaupt zu einer Kettenreaktion kommen kann, muss die Konzentration an $^{235}_{92}$U-Kernen wesentlich höher sein als im natürlichen Uran. Im natürlichen Uran treffen die entstehenden freien Neutronen nur selten wieder auf spaltbares $^{235}_{92}$U. Es kommt keine Kettenreaktion zustande. Daher wird der $^{235}_{92}$U-Anteil von 0,7 % auf etwa 3 % erhöht, das Uran wird *angereichert*.

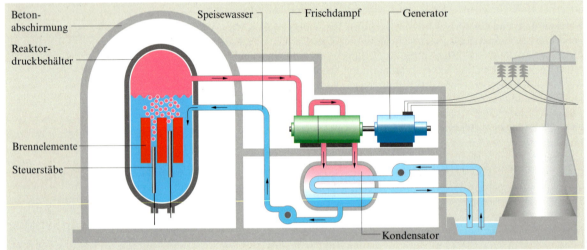

Schema eines Siedewasserreaktors

Das angereicherte Uran wird in Röhren zu Brennstäben zusammengestellt. Im Reaktor befindet sich eine große Anzahl solcher Brennstäbe, etwa 100 werden zu je einem Brennelement zusammengefasst.

Die Brennstäbe sind von einem Moderator-Material umgeben, das zum Abbremsen der bei der Kernspaltung frei werdenden Neutronen dient. Langsamere Neutronen spalten $^{235}_{92}$U nämlich besser als schnelle. Die durch die Kernspaltungen freigesetzte thermische Energie wird von einem Kühlkreislauf abgeführt und dort zur Erzeugung von Wasserdampf eingesetzt.

Regelung. Um die Anzahl der verfügbaren Neutronen zu regeln, befinden sich im Reaktorkern neben den Brennstäben auch noch Steuerstäbe. Diese bestehen aus einem Material, das die Neutronen gut absorbiert, z. B. aus Borcarbid B_4C. Die Steuerstäbe lassen sich durch eine Regeleinrichtung mehr oder weniger tief in den Reaktorkern hineinfahren. Dadurch lässt sich die Bedingung aufrechterhalten, dass jede Kernspaltung genau ein Neutron für eine weitere Kernspaltung liefert.

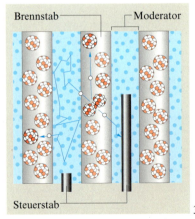

Steuerstäbe zur Regelung des Reaktors

Energieumwandlungen. Im Kernreaktor wird ein Teil der Energie, die in den Atomkernen „gespeichert" ist, über die kinetische Energie der Spaltprodukte in thermische Energie umgewandelt. Wie in jedem Wärmekraftwerk wird ein Teil dieser Energie dann über Turbinen und Generatoren in elektrische Energie umgewandelt, der Rest geht als Abwärme in die Umwelt. Der Wirkungsgrad üblicher Kernkraftwerke liegt zwischen 30 % und 35 %.

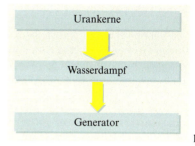

Energiefluss im Kernkraftwerk

Sicherheit. Um eine radioaktive Belastung der Umwelt im Normalbetrieb zu vermeiden, ist der Reaktorkern durch ein System von Barrieren umgeben; diese sollen verhindern, dass radioaktive Stoffe in die Umgebung austreten und dass Strahlung aus dem Reaktor nach außen dringt.
Die α- und die β-Strahlung werden bereits durch das Kühlwasser abgehalten, das die Brennelemente umspült. Zum Abschirmen der γ-Strahlung und der Neutronenstrahlung dienen zunächst der aus Stahl gefertigte Druckbehälter und ein etwa zwei Meter dicker Stahlbetonschild, der den Druckbehälter umgibt. Das Reaktorgebäude bildet eine weitere Barriere und muss zusätzlich so ausgelegt sein, dass es äußeren Einwirkungen wie Erdbeben und Flugzeugabstürzen standhalten kann. Eine absolute Sicherheit kann es aber für derartige Risiken nicht geben.
Für alle Störungen, die beim Betrieb eines Kernkraftwerks auftreten können, müssen ausreichende Sicherheitstechniken bereitgestellt werden. Arbeitet beispielsweise der Kühlkreislauf nicht richtig (z. B. wegen Undichtigkeit der Rohrleitungen oder Ausfall von Umwälzpumpen), wäre eine Zunahme der Reaktorkerntemperatur die Folge. Hier müssen zusätzliche Notkühlsysteme zur Verfügung stehen, um den Schaden möglichst einzugrenzen (Bild 3). Bei unzulässiger Zunahme der Temperatur müssen zudem die Steuerstäbe so schnell wie möglich in den Reaktorkern gefahren werden, damit möglichst viele der entstehenden Spaltneutronen abgefangen werden und die Kettenreaktion zum Erliegen kommt.

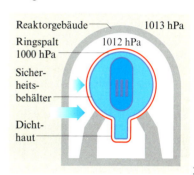

Im Reaktorgebäude herrscht ein geringer Unterdruck gegenüber der Außenwelt. Es gibt also stets einen geringen Luftzug von außen nach innen, niemals aber von innen nach außen.

Was wäre wenn ...? Angenommen, sämtliche Notkühlsysteme würden versagen. Nach kurzer Zeit stiege dann die Temperatur im Reaktorkern stark an. Auch das Reaktordruckgefäß könnte durchschmelzen. Der Reaktorkern könnte im Weiteren die umgebende Betonhülle zum Schmelzen bringen und sich in das 5 m starke Betonfundament eingraben. Dabei würde die Schmelze eventuell in dieser großen Betonmasse erstarren. Oder aber das Fundament würde zerstört werden und es käme zu einer unkontrollierten Abgabe radioaktiver Stoffe. Die Wahrscheinlichkeit dafür wird jedoch von den Kraftwerksbetreibern als äußerst gering eingestuft.

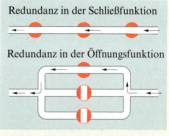

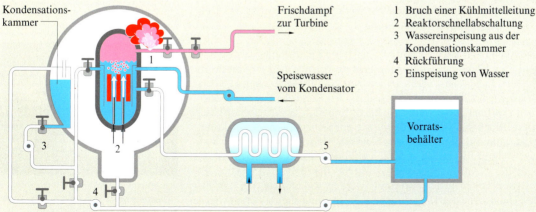

1 Bruch einer Kühlmittelleitung
2 Reaktorschnellabschaltung
3 Wassereinspeisung aus der Kondensationskammer
4 Rückführung
5 Einspeisung von Wasser

Kernfusion

Die Sonne versorgt die Erde bereits seit mehreren Milliarden Jahren mit Energie in Form von Licht und Wärmestrahlung. Diese Versorgung ist Voraussetzung für das Leben von Pflanzen und Tieren. Auch die Energie der Sonne hat ihren Ursprung in der Umwandlung von Atomkernen. Nur handelt es sich bei diesen Umwandlungen keineswegs um Kernspaltungen sondern um die Verschmelzung von Atomkernen zu neuen Atomkernen. Verschmelzen nämlich Atomkerne von Elementen niedriger Ordnungszahl, wird viel Energie freigesetzt. Man bezeichnet diesen Vorgang als **Kernfusion**. In der Sonne handelt es sich vor allem um Wasserstoffkerne und um Heliumkerne, die unter Energiefreisetzung zu neuen Elementen verschmelzen.

Energielieferant Sonne

Schon seit vielen Jahren wird erforscht, wie man das hohe Energiepotenzial der Kernfusion in Wärmekraftwerken auszunutzen könnte. Der für die Fusion benötigte Wasserstoff ist ja auf der Erde reichlich vorhanden.
Man konzentriert sich dabei auf die Verschmelzung von Deuterium, also ^2_1H, und Tritium, also ^3_1H, zu Helium. Findet die Verschmelzung eines Deuterium- und eines Tritiumkerns statt, so entsteht neben einem Heliumkern ^4_2He jeweils auch ein freies Neutron. Die frei werdende Energie tritt vor allem als kinetische Energie des Neutrons auf.
Die technische Realisierung eines stabil laufenden Fusionsreaktors ist jedoch mit erheblichen Schwierigkeiten verbunden. Damit es zu einer Verschmelzung eines Deuteriumkerns und eines Tritiumkerns kommen kann, muss die elektrische Abstoßung zwischen ihnen überwunden werden, da die beiden Atomkerne positiv geladen sind. Dazu müssen die beiden Kerne mit sehr hoher Geschwindigkeit aufeinander treffen. Die benötigten Geschwindigkeiten treten auf, wenn man das Gemisch aus Deuterium und Tritium auf eine Temperatur von etwa 100 Mio. K erhitzt. Bei so hohen Temperaturen liegt ein so genanntes Plasma vor, das heißt, ein Gemisch aus freien Elektronen und Atomkernen. Damit es dann auch zu den gewünschten Kollisionen zwischen Deuterium- und Tritiumkernen kommt, müssen die Kerne auf engem Raum eingeschlossen bleiben.
Das heiße Plasma darf natürlich nicht in Kontakt mit Gefäßwänden des Reaktors kommen, da es keinen Werkstoff gibt, der so hohen Temperaturen Stand hält. Daher versucht man zum Beispiel im Reaktortyp „Tokamak", das Plasma mit starken Magnetfeldern in einem Reaktor, der ungefähr die Form eines Schwimmrings hat, einzuschließen. Die bei der Fusion frei werdenden Neutronen sollen ihre Energie an einen Brutmantel aus Lithium abgeben, wodurch dann über einen Wärmetauscher die Energie zur Elektrizitätserzeugung genutzt werden kann.

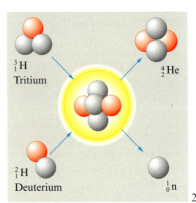

Fusion von Deuterium und Tritium

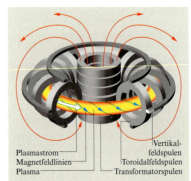

Prinzip des Tokamak

Ausblick. Auch nach über 50 Jahren Forschung mit Fusionsreaktoren ist noch kein Durchbruch erreicht: Man geht davon aus, dass frühestens im Jahr 2050 ein Fusionskraftwerk seinen Betrieb aufnehmen kann. Neben den Vorteilen eines Fusionsreaktors, dass der Brennstoff nahezu unerschöpflich vorhanden ist und dass keine Emission von Treibhausgasen auftritt, ist jedoch auch diese Technologie mit Sicherheitsrisiken behaftet. Tritium ist radioaktiv und durch den Neutronenbeschuss der Gefäßwände entstehen weitere radioaktive Nuklide. Gefäßwände und Brutmantel müssten wegen der Neutronenbelastung während der Betriebszeit eines Fusionskraftwerks mehrfach ausgetauscht werden, sodass auch hier das Problem des Transports, der Lagerung und Entsorgung radioaktiver Abfälle bestünde.

Ringförmiges Plasmagefäß für Fusionsexperimente (Max-Planck-Institut für Plasmaphysik in Garching)

Kernenergie und Radioaktivität in der Umwelt

Ein Blick in die Technik

Radioaktiver Abfall

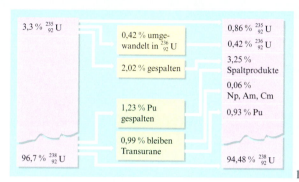

Zusammensetzung von Brennelementen

Abklingbecken mit Brennelementen

Selbst wenn es gelingt, alle Kernkraftwerke mit einem sehr hohen Sicherheitsstandard auszurüsten, bleibt das Problem der Beseitigung bzw. Lagerung radioaktiver Abfälle.

In den Brennstäben eines Kernreaktors kommt es neben der erwünschten Kernspaltung von $^{235}_{92}U$ zu zahlreichen weiteren Kernumwandlungen. Bild 1 zeigt die Zusammensetzung eines „abgebrannten" Brennelements nach ca. 5 Jahren. Dieses enthält neben zahlreichen stark radioaktiven Nukliden das hochgiftige Plutonium, das auch für die Herstellung von Kernwaffen benutzt werden kann.

In der Regel werden die „abgebrannten" Brennelemente etwa 2 Jahre in Abklingbecken auf dem Kraftwerksgelände zwischengelagert (Bild 2). Ihre Aktivität geht währenddessen auf etwa 1% des Ausgangswertes zurück. Anschließend werden die Brennelemente zur Wiederaufarbeitung geschickt. In einem aufwändigen Prozess werden dabei $^{235}_{92}U$ und $^{239}_{94}Pu$ aus dem Stoffgemisch zurückgewonnen; daraus können neue Brennelemente hergestellt werden. Die Wiederaufarbeitung ist jedoch mit einigen Gefahren verbunden, da hierbei zahlreiche flüssige und gasförmige radioaktive Substanzen frei werden, die nicht aus der Wiederaufarbeitungsanlage entweichen dürfen. Sie werden chemisch gebunden und wie die übrigen radioaktiven Abfälle zur weiteren Lagerung vorbereitet.

Die nicht weiter nutzbaren radioaktiven Nuklide besitzen zum Teil sehr große Halbwertszeiten und müssen daher für viele Jahrtausende sicher gelagert werden. Bei hochaktiven Abfällen stellt sich dabei das Problem einer starken Wärmeentwicklung: Die abgegebene Wärmeleistung kann in der Größenordnung von 1 kW pro Kilogramm Abfall liegen. Dies erfordert besonders widerstandsfähige Materialien für die Ummantelung der Abfälle. Einige Abfälle werden in Glasblöcke geschmolzen, die wiederum mit Edelstahl verkleidet werden.

Für die Endlagerung sind geologische Formationen wie Salzlagerstätten in der Diskussion, von denen man annimmt, dass sie über lange Zeit stabil bleiben. Mit letzter Sicherheit kann jedoch die Auswirkung der radioaktiven Strahlung und der Wärmeentwicklung auf diese Formationen nicht vorhergesagt werden. Bislang muss man daher das Problem der Endlagerung von hochradioaktiven Abfällen in Deutschland als ungelöst bezeichnen.

Auch konnte in Deutschland die Errichtung von Wiederaufarbeitungsanlagen nicht durchgesetzt werden. Die Brennelemente aus deutschen Kraftwerken werden in Frankreich oder Großbritannien aufgearbeitet. Der Rücktransport radioaktiver Abfälle führt seit Jahren zu starken Protesten.

Einschmelzen von radioaktivem Abfall in Glas

Lagerung in einem Salzstock

Proteste gegen Transporte von radioaktivem Abfall

Entwicklung und Einsatz der Atombombe

Bei der Spaltung von Urankernen können durch eine Kettenreaktion in kurzer Zeit große Energiemengen freigesetzt werden. Schon sehr früh hat man erkannt, dass sich auf der Basis der Kernspaltung eine Bombe mit ungeheurem Zerstörungspotenzial bauen lassen muss, die „Atombombe."

Zu Beginn der 40er-Jahre des vorigen Jahrhunderts machten sich Politiker und Wissenschaftler in den USA große Sorgen, dass es dem Krieg führenden Deutschland gelingen könnte, eine Atombombe zu bauen und für seine Zwecke einzusetzen. Andererseits sah man in der Weiterentwicklung der eigenen militärischen Technik und in der Entwicklung der Atombombe ein Mittel, den Vorhaben des nationalsozialistischen Deutschland Einhalt zu gebieten. Zur Zeit des Kriegseintritts der USA im Dezember 1941 war bereits etwa ein Viertel der amerikanischen Physiker im Bereich der militärischen Forschung tätig.

Die Entwicklung der Atombombe wurde mit einem gigantischen Aufwand im so genannten Manhattan-Projekt vorangetrieben. Etwa 10 000 Wissenschaftler und Techniker arbeiteten unter strengen Geheimhaltungsmaßnahmen in einem neu errichteten Großlabor in Los Alamos (New Mexico).

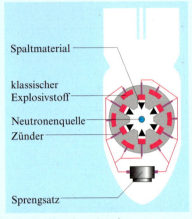
Prinzip einer Atombombe

Zu den größten technischen Problemen zählte, dass man für die Bombe eine für damalige Verhältnisse große Menge sehr reinen Spaltstoffs benötigte: mindestens 20 kg, die „kritische Masse". Denn nur wenn hinreichend viele spaltbare Kerne auf engem Raum konzentriert werden, kann es zu einer schnell anwachsenden Kettenreaktion kommen.

Darüber hinaus musste dafür gesorgt werden, dass die Menge an Spaltstoff nach der Zündung möglichst lange auf engem Raum zusammengehalten wird, damit möglichst viele Kerne durch die entstehenden Neutronen gespalten werden, bevor alles auseinander fliegt. Und natürlich musste gewährleistet sein, dass die Ladung nicht schon vor dem gewünschten Zeitpunkt explodiert: Dazu musste der Spaltstoff im Inneren der Bombe zunächst auf mehrere „unterkritische" Pakete verteilt werden. Zum Zeitpunkt der Zündung sollten diese Pakete dann durch konventionelle Sprengladungen zu einer überkritischen Masse an Spaltstoff vereinigt werden. Bild 1 zeigt den schematischen Aufbau einer Atombombe.

Am 16. Juli 1945 wurde nach jahrelanger intensiver Arbeit der erste Test einer Atombombe in der Wüste von New Mexico unternommen. Die Bombe war auf einem Stahlgerüst von 30 m Höhe angebracht. Das Experiment gelang und die Bombe explodierte mit einem gewaltigen Lichtblitz.

Die zerstörerische Wirkung einer Atombombe zeigte sich drei Wochen später in weitaus dramatischerer Weise: Eine Atombombe wurde am 6. August von einem amerikanischen Bomber über dem Zentrum der japanischen Stadt Hiroshima abgeworfen. Die Innenstadt Hiroshimas wurde durch die entstandene Hitze und die Druckwelle komplett verwüstet. Die Anzahl der Todesopfer lag über 100 000, eine weitere hohe Anzahl von Menschen erlitt schwere Schäden als Folge der Kernstrahlung. Drei Tage später wurde eine zweite Atombombe auf die japanische Stadt Nagasaki abgeworfen.

Die verheerenden Folgen der Atombombenabwürfe über Japan haben innerhalb und außerhalb der USA auch zu scharfer Kritik geführt. Da Japan Anfang August 1945 militärisch schon fast geschlagen war, sei der Einsatz der Bomben nicht notwendig gewesen, obendrein sei ein derartiger Angriff auf die Zivilbevölkerung ohnehin moralisch nicht zu rechtfertigen. Dieser Kritik schlossen sich auch Wissenschaftler an, die zunächst an der Entwicklung der Bombe beteiligt gewesen waren.

Zitat

Der Physiker RICHARD FEYNMAN, der die Explosion aus einer Entfernung von 20 Meilen beobachtet hatte, schrieb an seine Mutter:
Wir sprangen in die Luft, wir schrien, wir rannten umher und klopften uns gegenseitig auf die Schultern, schüttelten uns die Hände und gratulierten einander ... Alles war perfekt, nur das Ziel nicht – das nächste Mal würde es Japan und nicht New Mexico sein ... Alle waren verdammt stolz auf das, was sie getan hatten. Vielleicht können wir den Krieg bald beenden.

Hiroshima nach der Verwüstung durch den Atombombenabwurf am 6.8.1945

Kernenergie und Radioaktivität in der Umwelt

Projekt

Kernstrahlung in unserer Umwelt

Immer wieder wird über die Gefahren der Kernstrahlung diskutiert. Dabei sind wir Menschen dieser Strahlung täglich ausgesetzt.
Die Strahlung erreicht uns aus dem Weltall, aus der Erde, aus der Luft und aus künstlichen radioaktiven Quellen.

In diesem Projekt sollst du die Strahlenbelastung in deinem Lebensraum erkunden, messen und dokumentieren.

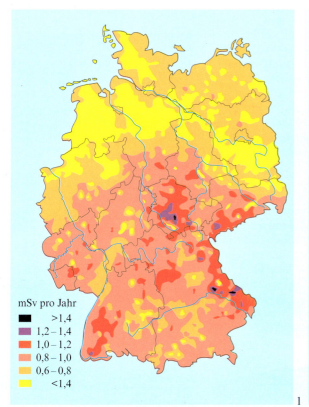

Strahlenbelastung in Deutschland

Kerntechnische Anlagen in Deutschland

AUFTRAG
1. Erkunde deine Umwelt! Sammle verschiedene Gegenstände und Materialien in deiner Umgebung (z.B. Grillasche, Bohnen, Pilze, Filterrückstand von Regenwasser, abgewischten Staub von einer einige Minuten eingeschalteten Bildröhre u.ä.) und untersuche diese mit einem Geiger-Müller-Zählrohr auf radioaktive Strahlung!
2. Finde heraus, wo sich radioaktive Quellen in deiner Umgebung befinden, wo radioaktive Quellen genutzt werden und in welchem Maße diese strahlen!
   – Besuche z.B. ein Krankenhaus, eine kerntechnische Anlage!
   – Miss die Strahlenbelastung in Lebensmitteln, im Haushalt, in der nahen Umgebung (Wald/Feld) und in deiner Schule!
3. Informiere dich in der Literatur oder im Internet über besonders hohe Strahlenbelastung und nachgewiesene Schädigungen! (Bundesamt für Strahlenschutz)
4. Dokumentiere deine Ergebnisse im Rahmen einer Posterausstellung!

Anwendung von Kernstrahlung in der Medizin

In der Medizin werden radioaktive Stoffe zu unterschiedlichen Zwecken eingesetzt. Zum einen verwendet man radioaktive Stoffe zur Diagnose, also zur Feststellung und genaueren Untersuchung von Krankheiten. Zum anderen finden radioaktive Stoffe aber auch bei der Therapie, also bei der Heilung bzw. Linderung von Krankheiten, Anwendung.

Einsatz radioaktiver Präparate in der Diagnose

Die bei Kernzerfällen ausgesandte γ-Strahlung weist ein hohes Durchdringungsvermögen auf. Deshalb kann man mit Messgeräten auch die Strahlung messen, die von radioaktiven Stoffen im menschlichen Körper ausgeht. Dies macht man sich in der medizinischen Diagnose zunutze.

Zur Diagnose bestimmter Organe werden Patienten radioaktive Präparate verabreicht. Diese Präparate werden entweder gespritzt oder vom Patienten getrunken. Dabei verwendet man in der Regel radioaktive Nuklide, von denen man weiß, dass sie sich besonders stark in dem zu untersuchenden Körperbereich ansammeln.

Zur Untersuchung der Schilddrüse wird beispielsweise das radioaktive Iod-Nuklid $^{131}_{53}I$ eingesetzt. Der Patient trinkt dazu eine Flüssigkeit, die eine kleine Menge dieses Nuklids enthält. Das Iod wird zu einem großen Teil in der Schilddrüse abgelagert. Die Strahlung, die infolgedessen von der Schilddrüse ausgeht, wird punktweise gemessen. Die gesamte Schilddrüse wird „abgerastert", und ein Computer erzeugt ein Bild, das die Strahlungsintensität aus jedem Punkt der Schilddrüse darstellt. Der Arzt kann aus einem solchen *Szintigramm* Aufschluss über die Iod-Speicherfähigkeit der Schilddrüse gewinnen. Daraus kann er auf eventuell vorliegende Erkrankungen der Schilddrüse schließen. Da die Halbwertszeit von $^{131}_{53}I$ etwa acht Tage beträgt, baut es sich in relativ kurzer Zeit wieder ab.

Mit dieser Art der Diagnostik lassen sich fast alle wichtigen Organe des menschlichen Körpers darstellen, z. B. Gehirn, Lunge, Leber oder Herz. Außerdem ermöglicht diese Methode Aussagen über Durchblutungsstörungen oder tumorhafte Gewebeveränderungen.

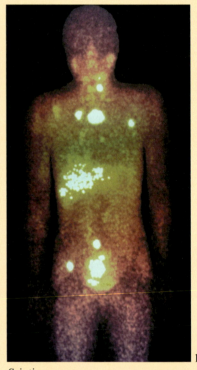

Szintigramm

Einsatz radioaktiver Präparate in der Therapie

Radioaktive Stoffe werden nicht nur bei der Diagnose von Krankheiten eingesetzt. In der Nuklearmedizin verwendet man Kernstrahlung auch zur Therapie, also zur Heilbehandlung von Krankheiten. Insbesondere setzt man die Kernstrahlung bei Krebserkrankungen ein. Die kranken Zellen sollen dabei durch Bestrahlung zerstört werden.
Da die Kernstrahlung jedoch auch für gesunde Zellen schädlich ist, muss darauf geachtet werden, dass diese möglichst vor intensiver Strahlung geschützt bleiben. Das ist besonders schwierig, wenn die Krebserkrankung weit im Inneren des menschlichen Körpers vorliegt.
Zur Therapie solcher tief gelegenen Tumore stehen zwei Möglichkeiten zur Verfügung:
Eine Möglichkeit der Behandlung besteht darin, radioaktive Isotope gezielt in die Nähe des Tumors zu bringen. Dann werden vorwiegend die Tumorzellen von der Strahlung betroffen.

Übrigens

Die Gefährlichkeit der Radioaktivität stellte sich auf tragische Weise heraus. Bald nach der Entdeckung des Radiums boomte der Markt für selbstleuchtende, handbemalte Radium-Uhren. Es dauerte nicht lange, und Hunderte von Frauen, die damit beschäftigt waren, Zifferblätter dieser Uhren mit Radium zu bemalen, erkrankten an Zungenkrebs. Die Frauen hatten ihre Pinsel für das Bemalen der Leuchtzifferblätter mit der Zunge „angespitzt" und dabei viel von dem gefährlichen Stoff aufgenommen.

Kernenergie und Radioaktivität in der Umwelt

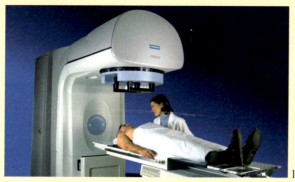
Strahlentherapie

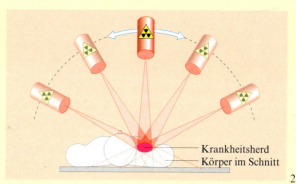
Verteilung der Intensität durch Rotation des Strahlers

Häufiger werden Tumore jedoch von außen bestrahlt. Dabei muss die Kernstrahlung dann auch gesunde Zellen passieren. Um die gesunden Zellen nicht zu sehr in Mitleidenschaft zu ziehen, richtet man die radioaktive Strahlung zunächst möglichst genau auf den Bereich der erkrankten Zellen aus. Mit einer speziellen Vorrichtung wird dann die Quelle der Kernstrahlung ständig auf einem Kreisbogen um diese Stelle herum bewegt. So verteilt sich die Strahlung auf einen großen Bereich der gesunden Zellen. Eine Schädigung lässt sich dadurch nicht ausschließen. Die Wahrscheinlichkeit dafür, dass gesunde Zellen geschädigt werden, ist jedoch kleiner als bei ständiger Bestrahlung aus einer Richtung.

Kuren. Eine umstrittene Anwendung von Radioaktivität in der Medizin ist das Angebot von Kuren mit dem radioaktiven Edelgas Radon (z. B. in Bad Brambach, Schlema, Bad Kreuznach, Bad Gastein). Dieses Edelgas kommt in höherer Konzentration beispielsweise in ehemaligen Bergwerksstollen vor. In Bad Gastein fahren Patienten alle zwei Tage für jeweils eine Stunde in das ehemalige Gold- und Silberbergwerk ein. Sie setzen sich dort der feuchtwarmen und radonhaltigen Luft aus. Die klimatischen Bedingungen im Bergwerk vertiefen die Atmung und steigern dadurch die Aufnahme von Radon. Die radonhaltige Luft soll schmerzlindernd und entzündungshemmend wirken. Die Befürworter der Radontherapie sehen auch einen Nutzen in der von Radon ausgehenden α-Strahlung: Da der Körper bei der gegebenen Dosierung einer relativ geringen Strahlungsintensität ausgesetzt ist, ergebe sich eine Art Immunisierungseffekt: Die der Strahlung ausgesetzten Zellen wären dann in Zukunft unempfindlicher gegenüber radioaktiver Strahlung.
Von Vertretern des Strahlenschutzes wird dagegengehalten, auch gering dosierte α-Strahlung sei Krebs erregend.

Umstrittene Radon-Kur in Bad Gastein

AUFGABEN

1. a) Erläutere die Möglichkeit, ein Organ mithilfe von radioaktiven Nukliden abzubilden!
   b) Welche Gefahren ergeben sich dabei für den Patienten?
   c) Wie lange dauert es, bis sich die Intensität der Strahlung von $^{131}_{53}\text{I}$ auf 1/1000 des ursprünglichen Werts verringert hat?
   d) Informiere dich über andere Verfahren zur Abbildung von Organen und berichte darüber!

2. a) Erläutere die Möglichkeiten, mithilfe von radioaktiver Strahlung Tumore zu behandeln!
   b) Weshalb stellen diese Behandlungen für die Patienten stets eine hohe Belastung dar?
   c) Welche Strahlungsarten kommen bei den unterschiedlichen Methoden der Strahlentherapie zum Einsatz?

3. Informiere dich über Maßnahmen zum Strahlenschutz im Krankenhaus und berichte darüber!

AUFGABEN

1. a) Beschreibe natürliche Vorkommen der Radioaktivität, nenne Nuklide, die zu einer radioaktiven Belastung führen!
   b) Nenne radioaktive Belastungen in unserer Umwelt, die von den Menschen herbeigeführt werden!
2. a) Begründe die Gefährlichkeit von Kernstrahlung für den Menschen. Unterscheide dabei auch nach innerer und äußerer Strahlenbelastung!
   b) Vergleiche bei einer äußeren Strahlenbelastung die Gefährlichkeit von α-, β- und γ-Strahlung!
   c) Nenne Organe, die in besonderem Maße vor radioaktiver Bestrahlung geschützt werden müssen!
3. a) Nenne Strahlenschutzmaßnahmen, die beim Umgang mit radioaktiven Stoffen beachtet werden sollten!
   b) Welche Möglichkeiten gibt es, sich vor α-, β- bzw. γ-Strahlung zu schützen?
4. Informiere dich im Internet über die Reaktorkatastrophe von 1986 in Tschernobyl. Beschreibe den Verlauf des Unglücks und die Folgen!
5. a) Erläutere den Unterschied zwischen den physikalischen Größen *Aktivität* und *Energiedosis*! Warum lässt sich aus der Aktivität allein noch nichts über die Gefährlichkeit eines Strahlers aussagen?
   b) Wodurch unterscheiden sich die Größen *Energiedosis* und *Äquivalentdosis*? Erläutere die Einheiten, in denen die beiden Größen angegeben werden!
6. a) Beschreibe die Abläufe bei der Spaltung des Nuklids $^{235}_{92}U$!
   b) Nenne die Bedingung, die erfüllt sein muss, damit eine Kettenreaktion zustande kommt. Begründe, dass es bei einer sehr geringen Konzentration von $^{235}_{92}U$ nicht zu einer Kettenreaktion kommen kann!
   c) Erläutere die Bedingung, die zu einer kontrollierten Kettenreaktion führt!
7. a) Erkläre, was man unter Anreicherung von Uran versteht!
   b) Weshalb ist es nötig, Uran für die Verwendung in Kernkraftwerken zunächst anzureichern?
8. Auf welche Weise kann im Kernreaktor aus $^{238}_{92}U$ das Isotop $^{239}_{94}Pu$ entstehen?
9. In vielen Kernkraftwerken hat das Kühlwasser zugleich die Funktion des Moderators. Steigt die Temperatur des Kühlwassers stark an, so bilden sich darin verstärkt Dampfblasen, was wiederum zu einer Verringerung der Moderatorwirkung führt. Welche Auswirkung hat dieser Effekt auf den Betrieb des Kraftwerks?

ZUSAMMENFASSUNG

Strahlenschäden und Strahlenschutz
Kernstrahlung führt zur Ionisation von Atomen der Umgebung. In den Zellen von Lebewesen können daraus chemische und biologische Veränderungen resultieren. Der Strahlenschutz hat das Ziel, die innere und äußere Strahlenbelastung des Menschen möglichst gering zu halten.

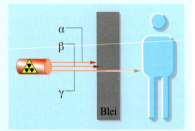

Kernspaltung
Urankerne des Nuklids $^{235}_{92}U$ können durch Beschuss mit langsamen Neutronen gespalten werden. Bei jeder Spaltung entstehen im Durchschnitt 2,5 freie Neutronen, die weitere Urankerne spalten können.

Kontrollierte Kettenreaktion
Die bei einer Kernspaltung freigesetzten Neutronen jeder Spaltung führen im Durchschnitt wieder genau eine weitere Spaltung herbei. In diesem Falle gibt das Spaltmaterial gleichmäßig Energie ab.

Kernkraftwerke
In Kernkraftwerken wird durch eine kontrollierte Kettenreaktion zunächst thermische Energie erzeugt. Der erhitzte Wasserdampf treibt über Turbinen Generatoren für die Erzeugung elektrischer Energie an.
Der Betrieb von Kernkraftwerken ist mit hohen Sicherheitsrisiken behaftet, denen mit aufwändigen Schutzmaßnahmen begegnet wird. Die sichere Endlagerung hochradioaktiver Abfälle ist derzeit ungeklärt.

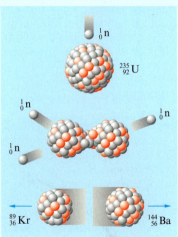

Optik

In der Natur trifft das Licht auf unterschiedlichste
Grenzflächen. Dabei kann es reflektiert und
gebrochen werden.
Ein besonderes Naturphänomen ist der Regenbogen.
Auch er ist auf Reflexion und Brechung des Lichtes
zurückzuführen.
Die Zerlegung von Licht in seine farbigen Bestand-
teile spielt auch in der Forschung eine wichtige
Rolle: Man erhält genaue Informationen über die
Zusammensetzung von Substanzen oder von
Sternen, die das Licht aussenden.

Optische Geräte und menschliches Auge

Fotografieren und Filmen gehört für viele Menschen zum Urlaub wie Strand, Meer oder Berge. Manch einer sieht erst zu Hause im Fotoalbum, bei der Dia-Show oder bei der Filmvorführung, was im Urlaub alles los war.

Auge und Fotoapparat

Mit optischen Linsen lassen sich von Gegenständen Bilder erzeugen. Bei einem Fotoapparat sind oft mehrere Linsen hintereinander angeordnet, die man Objektiv nennt. Solche Objektive sorgen für eine bessere Abbildung, als einzelne Linsen es können. Der Abstand zwischen Objektiv und Film muss so eingestellt werden, dass der gewünschte Gegenstand auf dem Film scharf abgebildet wird. Beim Auge besorgen Hornhaut und Linse zusammen die Abbildung von Gegenständen. Ein wirkliches Bild entsteht dabei auf der Netzhaut. Das Scharfstellen geschieht durch Muskeln, mit denen die Krümmung der Linse verändert werden kann. Der Abstand von „Objektiv" und Netzhaut ist beim Auge des Menschen nicht veränderbar.

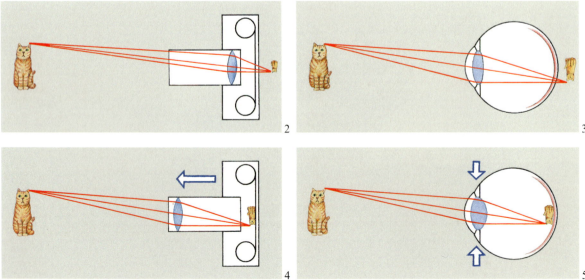

Optische Geräte und menschliches Auge

Bildwerfer

Als Bildwerfer oder Projektoren bezeichnet man Geräte, die es ermöglichen, eine kleine Bildvorlage auf einer Leinwand einer größeren Gruppe von Menschen zu zeigen.

Diaprojektor. Bei einem Diaprojektor (Bild 1) besteht die Vorlage aus einem Diapositiv. Dieses ist in der Regel 24 mm × 36 mm groß. Es befindet sich in einem Rahmen.
Die Abbildung beim Diaprojektor verläuft im Grunde umgekehrt wie beim Fotoapparat (Bilder 2 und 3).

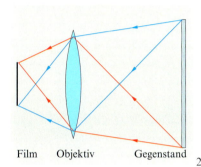
Strahlengang beim Fotoapparat

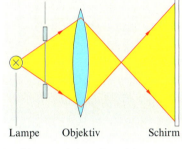
Strahlengang beim Diaprojektor

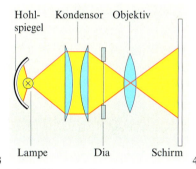
Diaprojektor mit Kondensor

Der abgebildete Diaprojektor (Bild 3) würde jedoch kein gleichmäßig helles Bild liefern. Dazu ist eine weitere Sammellinse, oft auch zwei als Kondensor, vor dem Dia notwendig. Ein zusätzlicher Hohlspiegel sorgt für gute und gleichmäßige Ausleuchtung (Bild 4). Man benötigt helle Lampen und gute Objektive, um Freude an den Bildern zu haben. Außerdem sollte der Vorführraum abgedunkelt sein.

Tageslichtprojektor. Ein Tageslichtprojektor benötigt auch eine Lampe, aber er kann in hellen Räumen betrieben werden. Man nennt ihn auch Overheadprojektor. Beim Tageslichtprojektor muss eine etwa 100fach größere Fläche gleichmäßig ausgeleuchtet werden. Eine so große Kondensorlinse wäre teuer und sehr schwer. Den gleichen Zweck erfüllen dünne Linsen aus Plexiglas, die man nach ihrem Erfinder Fresnellinsen (sprich: Frennel) nennt.

Schon gewusst?

Linsenformen:
Konvex heißt nach außen gewölbt.
Konkav heißt nach innen gewölbt.

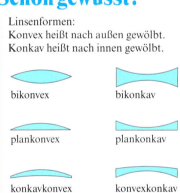

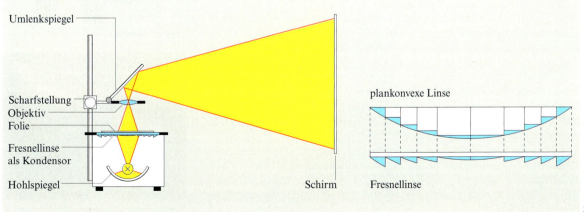

Fernrohre

Um Dinge in größerer Entfernung besser sehen zu können, verwendet man Fernrohre, auch Teleskope genannt (Bild 1).
Im einfachsten Fall bestehen sie aus zwei Linsen: dem Objektiv und dem Okular (Bild 2).
Das Objektiv hat eine große Brennweite. Man könnte mit einem Schirm in der Nähe seines Brennpunktes ein Bild der weit entfernten Gegenstände auffangen. Stattdessen lässt man aber das Licht auf das Okular fallen, das wie eine Lupe wirkt. Auf diese Weise erhält man ein vergrößertes, Kopf stehendes und seitenvertauschtes Bild. Die Vergrößerung in einem solchen Fernrohr hängt von den Brennweiten der beiden Linsen ab. Die Brennweite des Objektivs sollte möglichst groß sein und die des Okulars möglichst klein.

Himmelsbeobachtung mit einem Teleskop

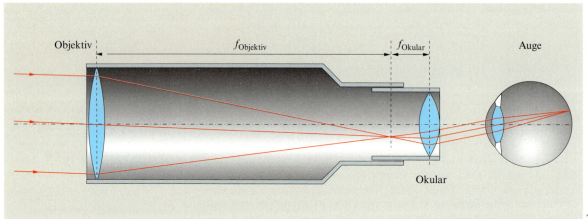

Himmelsfernrohr (nach KEPLER)

Um das Jahr 1600 bauten holländische Linsenschleifer die ersten Fernrohre. Davon erfuhr der italienische Physiker GALILEO GALILEI (1564–1642), der als Erster solche Teleskope zur Himmelsbeobachtung einsetzte. So entdeckte er Gebirge auf dem Mond und die vier hellsten Monde des Planeten Jupiter – Callisto, Ganymed, Io und Europa.
Bei Fernrohren, mit denen man Objekte auf der Erde beobachten will, stört es, wenn das Bild umgekehrt ist. Durch eine zusätzliche Sammellinse zwischen Objektiv und Okular wird das Bild aufrecht. Dadurch wird das Erdfernrohr etwas lang und unhandlich.
Dem begegnet man beim „Feldstecher" durch mehrfaches Umlenken des Lichtes mit Prismen (Bild 3).
Für astronomische Beobachtungen wurden die Linsenfernrohre (Refraktoren) über 300 Jahre hinweg ständig weiterentwickelt. Größere Brennweiten und Linsendurchmesser ermöglichen eine genaue Erforschung des Sternenhimmels sowie von Sonne, Planeten und Mond.
Noch besser lassen sich die Himmelskörper mit Spiegelteleskopen (Reflektoren) untersuchen. In ihnen wird das Licht nicht durch Linsen, sondern durch einen Hohlspiegel gebündelt.
Um den störenden Einfluss der Erdatmosphäre auszuschalten, sandte man 1990 einen 2,4-m-Reflektor in eine Erdumlaufbahn. Dieser Reflektor heißt Hubble-Space-Telescope (Bild 4). Er liefert nach anfänglichen Schwierigkeiten (die Linse musste korrigiert werden) ständig neue Daten und Bilder für die Astronomen.

Prismenfernglas

Hubble-Space-Telescope

Optische Geräte und menschliches Auge

Mikroskop

Mit einer Lupe lassen sich kleine Dinge optisch vergrößern. Aber das hat seine Grenzen. Für ganz kleine Objekte benötigt man ein Mikroskop. Es enthält zwei Sammellinsen und ähnelt so in gewisser Weise dem Fernrohr (S. 194).

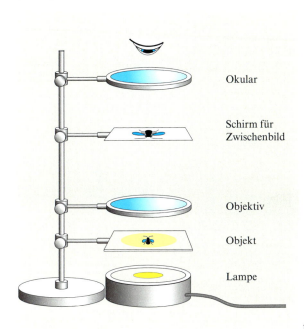

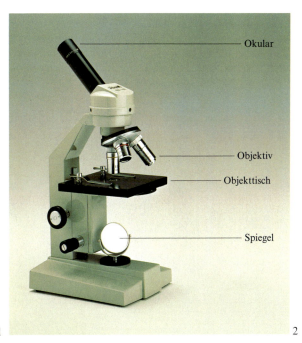

Als Objektiv wählt man eine Sammellinse mit kleiner Brennweite, das man dicht an das Objekt heranführt. Es entsteht ein Zwischenbild. Dieses kann man mit einem Schirm sichtbar machen. Das vergrößerte Zwischenbild wird nun mit dem Okular, wie mit einer Lupe betrachtet und so nochmals vergrößert.

Im richtigen Mikroskop (Bild 2) ist natürlich kein Schirm wie im Modell (Bild 1) vorhanden. Statt der beiden Sammellinsen verwendet man wegen der besseren optischen Qualität Linsensysteme als Objektiv und Okular. Damit man Kontraste gut erkennen kann, muss das Objektiv gut beleuchtet werden. Die Beleuchtung kann durch einen Spiegel oder eine Lampe erfolgen. Die Gesamtvergrößerung ergibt sich als Produkt aus Objektivvergrößerung und Okularvergrößerung: z. B. 50fach und 15fach ergibt 750fach.

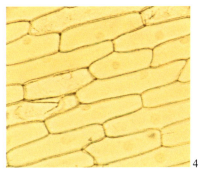

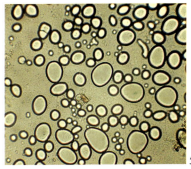

Wasserfloh (15fach)　　　　Zwiebelhautzelle (150fach)　　　　Stärkekörner der Kartoffel (500fach)

Das menschliche Auge

Bau des Auges

Nach einem Aufenthalt in völliger Dunkelheit können unsere Augen unvorstellbar geringe Lichtmengen wahrnehmen. Sie können aber auch in gleißender Helligkeit noch Dinge erkennen.
Unsere Augen können Gegenstände in unmittelbarer Nähe ebenso scharf sehen wie solche in sehr großer Entfernung. Sie können auch extrem geringe Farb- und Helligkeitsunterschiede wahrnehmen.

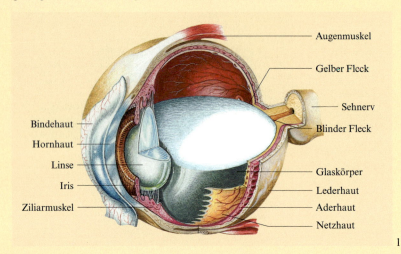

Das Auge ist durch seine Aufhängung an sechs Muskeln zu präzisen, exakt aufeinander abgestimmten Bewegungen in der Lage. Ein weit verzweigtes Gefäßsystem versorgt das Auge mit Blut.
Die Netzhaut enthält lichtempfindliche Sinneszellen. 120 Millionen Stäbchen für das Hell-Dunkel-Sehen und 6 Millionen Zapfen für das Farbsehen. Alle diese Sinneszellen sind mit Nervenzellen verbunden. Die durch das Licht ausgelösten Erregungen werden über Nervenfasern ins Gehirn weitergeleitet.
Nervenstränge und Blutgefäße treten durch den *Blinden Fleck* aus dem Auge heraus. An dieser Stelle hat das Bild auf der Netzhaut ein Loch.
Das eintretende Licht wird im Auge vierfach gebrochen: Jeweils an der Vorder- und Hinterseite von Hornhaut und Linse. Dreiviertel der Brechkraft werden von der gekrümmten Hornhaut aufgebracht. Die Linse sorgt für die Feineinstellung.
Mithilfe des Ziliarmuskels kann die Augenlinse ihre Brennweite ändern. Durch diesen Vorgang, Akkommodation genannt, erfolgt eine Scharfstellung für unterschiedliche Entfernungen.

Mit Brillen den Durchblick bekommen

Für ein normales, gesundes Auge eines jüngeren Menschen ist ein Scharfsehen durch Akkommodation bis zum Nahpunkt von 7 cm möglich. Mit zunehmendem Alter lässt oft die Akkommodationsfähigkeit nach; viele Menschen benötigen mit etwa 40 Jahren eine Lesebrille. Gegen diese Altersweitsichtigkeit hilft eine Sammellinse. Manche Menschen benötigen aber schon als Kind eine Brille, weil ihr Augapfel zu kurz oder zu lang ist.

Schon gewusst?

Die Brechkraft ist umso größer, je kleiner die Brennweite einer Sammellinse ist. Ihre Einheit ist die Dioptrie (abgekürzt: dpt).
1 dpt = 1/m.
Beispiel:
Brennweite: $f = 0{,}2$ m
Brechkraft: $1/0{,}2$ m = 5 dpt.
Unser Auge hat übrigens eine Brechkraft von 60 dpt. Kinder können die Brechkraft durch Akkommodation auf 74 dpt steigern!

Optische Geräte und menschliches Auge

Dann kann durch Akkommodation kein scharfes Bild auf der Netzhaut entstehen.
Was aber heißt *kurzsichtig* oder *weitsichtig* genau?

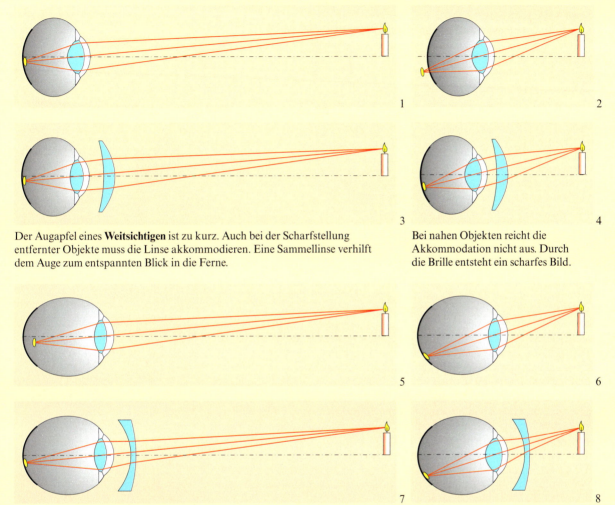

Der Augapfel eines **Weitsichtigen** ist zu kurz. Auch bei der Scharfstellung entfernter Objekte muss die Linse akkommodieren. Eine Sammellinse verhilft dem Auge zum entspannten Blick in die Ferne.

Bei nahen Objekten reicht die Akkommodation nicht aus. Durch die Brille entsteht ein scharfes Bild.

Der Augapfel des **Kurzsichtigen** ist zu lang. Licht von entfernten Objekten wird vor der Netzhaut scharf abgebildet. Akkommodieren ist nicht möglich. Eine Zerstreuungslinse rückt das Bild auf die Netzhaut.

Das Bild naher Objekte fällt ohne Akkommodation auf die Netzhaut. Mit Brille wird akkommodiert.

AUFGABEN

1. Wie kannst du an einer starken Brille erkennen, ob ihr Besitzer kurzsichtig oder weitsichtig ist?
   a) Erscheinen seine Augen vergrößert oder verkleinert?
   b) Welches einfache Experiment kannst du mit der Brille durchführen?
   c) Bestimme die Brechkraft einer Brille für Weitsichtige!
2. Warum nehmen Kurzsichtige manchmal die Brille ab, um eine kleine Schrift zu lesen?
3. Bei der Abbildung durch die Augenlinse entsteht ein seitenverkehrtes und Kopf stehendes Bild auf der Netzhaut. Wieso sehen wir die Welt trotzdem richtig herum?
4. Auf welche Weise passen sich unsere Augen der Helligkeit oder der Dunkelheit an?
5. Was ist der Nachteil, wenn die Akkommodationsfähigkeit des Auges nachlässt?
6. Bestimme mithilfe einer Bleistiftspitze bis zu welcher Nähe du scharf sehen kannst!

Fotoapparat

Das Angebot an Fotoapparaten ist außerordentlich vielfältig. Fotoapparate werden automatisiert und mit Computertechnik ausgestattet. Nur noch ein Knopfdruck und alles läuft automatisch ab. Aber das Grundprinzip bleibt bei allen Apparaten gleich. Ein Modell eines Fotoapparats kannst du selbst bauen:

AUFTRAG 1
1. Befestige auf einem Stativstab eine Sammellinse (als Objektiv der Kamera) und einen Schirm (als Film). Bringe direkt hinter der Linse eine Halterung für unterschiedlich große kreisförmige Löcher als Blende an!
2. Richte die Modellkamera auf ein möglichst helles Objekt, z. B. ein Fenster, eine Kerze oder eine Lampe!
3. Stelle durch Verschieben der Linse die „Entfernung" so ein, dass ein scharfes Bild auf dem Schirm erscheint!
4. Was stellst du fest, wenn du nun kleinere Blenden einschiebst?

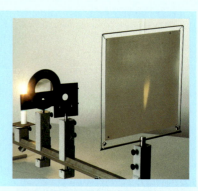

Beim Fotografieren muss eine richtige Menge an Licht auf den Film gebracht werden. Fällt zu viel oder zu wenig Licht auf den Film, so sind die Fotos hinterher über- oder unterbelichtet und damit unbrauchbar.
Eine Fotokamera, mit dem Film im Inneren, ist absolut lichtdicht verschlossen. Nur für eine bestimmte Belichtungszeit wird die Blende zum Fotografieren geöffnet. Ist es sehr hell, wählt man kurze Belichtungszeiten 1/500 bis 1/125 Sekunden, ist es dunkler, nimmt man z. B. 1/30 s.
Bei den meisten Kameras besteht das Objektiv, so wie bei den meisten optischen Geräten, aus einer Kombination mehrerer Linsen. Das Normalobjektiv einer Kleinbildkamera hat eine Brennweite von $f = 50$ mm. Es bildet die Umgebung ähnlich ab wie wir sie mit dem Auge sehen. Für Fotos in engen Räumen eignen sich Weitwinkelobjektive (f: 24 mm bis 35 mm). Wie durch ein Fernglas kann man durch Teleobjektive fotografieren (f: 80 mm bis 300 mm).
Wie du im Auftrag 1 erfahren konntest, lässt sich die Lichtmenge auch durch die Wahl der Blende beeinflussen.
Für eine bestimmte Lichtmenge gibt es mehrere Kombinationen von Blende und Belichtungszeit (siehe Tabelle). Je kleiner die Blendenzahl ist, umso weiter ist die Blende geöffnet.
Welche der Einstellungen man jeweils wählt, hängt unter anderem davon ab, ob sich das Objekt schnell bewegt oder welche Bereiche des Fotos scharf abgebildet werden sollen. Dazu findet ihr viele Informationen in speziellen Fachbüchern zur Fotografie.

Weitwinkel-Aufnahme

Tele-Aufnahme

AUFTRAG 2
Mit einem Fotoapparat, bei dem Entfernung, Blende und Belichtungszeit einstellbar sind, könnt ihr für das gleiche Motiv unterschiedliche Kombinationen wählen.
Fotografiert einmal ein vorbeifahrendes Auto mit unterschiedlichen Belichtungszeiten und eine Straßenszene mit unterschiedlichen Blenden. Vergleicht die Ergebnisse miteinander.

Blende	Belichtungszeit
2,8	1/1000
4	1/500
5,6	1/250
8	1/125
11	1/60
16	1/30

Optische Geräte und menschliches Auge

AUFGABEN

1. Ein Diaprojektor erzeugt Kopf stehende und seitenvertauschte Bilder.
   Warum sieht man sie beim Diavortrag aufrecht und seitenrichtig?
2. Bei einem Tageslichtprojektor erscheint das Bild auf der Leinwand unscharf. Was kann man tun, um es scharf zu stellen?
3. Was würde passieren, wenn ein Tageslichtprojektor keinen Umlenkspiegel hätte?
4. Wozu benötigt man beim Dia- und beim Tageslichtprojektor einen Kondensor?
5. Wie ist der Kondensor beim Tageslichtprojektor gebaut? Wo ist er eingebaut?
6. Wie ist ein astronomisches Fernrohr aufgebaut? Beschreibe seine wesentlichen Teile!
7. Wozu werden die größten Teleskope verwendet?
8. Wie ist ein Mikroskop aufgebaut? Beschreibe seine wesentlichen Teile!
9. Welche Aufgabe haben die Prismen bei einem Feldstecher?
10. Beschreibe die Gemeinsamkeiten bei der optischen Abbildung im Auge und im Fotoapparat. Beschreibe auch, wie in beiden Fällen das Bild scharf gestellt wird!
11. Wozu benötigt man beim Fotoapparat eine Blende?
12. Nenne die wichtigsten Teile eines Fotoapparats!
13. Wie muss man die Belichtungszeit beim Fotoapparat verändern, wenn man die Blende doppelt so weit öffnet? Es soll bei einer Aufnahme die gleiche Menge Licht den Film erreichen.
14. Warum verwendet man bei optischen Geräten meistens Linsensysteme als Objektive?

ZUSAMMENFASSUNG

Die optische Abbildung im Auge ist mit derjenigen im Fotoapparat vergleichbar:

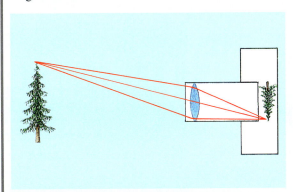
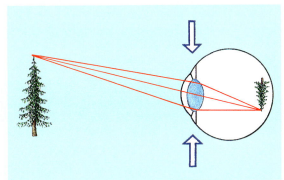

Fotoapparat und Diaprojektor haben vergleichbare Strahlengänge:

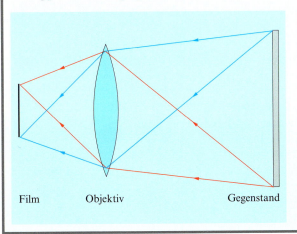
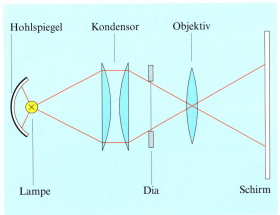

Wellenoptik

Wie viele Farben gibt es eigentlich? Jeder kann eine ganze Reihe aufzählen. Und wenn man Farben mischt, gibt es immer viele Zwischentöne. Wer einmal versucht hat, einen Fleck an der Wand mit genau der richtigen Farbe auszubessern, weiß, wie schwierig es ist, den richtigen „Farbton" zu treffen. Es soll etwa eine Million unterscheidbare Farben geben.

Farbzerlegung des Lichtes

Wenn weißes Licht durch Wasser oder Glas fällt, kann man häufig Farberscheinungen beobachten. Schaut man beispielsweise durch ein Prisma auf eine Kerzenflamme, so zeigt sich am einen Rand der Flamme ein gelbroter und am anderen ein vom Grün über das Blau bis ins Violett reichender Farbsaum (Bild 2).

Fällt Sonnenlicht durch geschliffenes Glas, so kann man oft an den Wänden oder an der Decke des Zimmers bunte Flecken sehen, die alle Regenbogenfarben enthalten.

Die Farbentstehung lässt sich im Experiment untersuchen.

> **EXPERIMENT 1**
> 1. Richte in einem abgedunkelten Raum ein schmales Lichtbündel aus weißem Licht auf ein Glasprisma!
> 2. Betrachte das Bündel sowohl beim Durchgang durch das Glas als auch hinter dem Glas!
> 3. Lenke das Bündel auf einen weißen Schirm!

Das weiße Licht wird beim Durchgang durch das Prisma aufgefächert und dabei in farbige Bestandteile zerlegt. Auf dem Schirm ist ein farbiges Band zu beobachten, das Spektrum des Lichtes. Es reicht von Rot, Orange und Gelb über Grün und Blau bis zum Violett.

> Weißes Licht ist aus farbigen Anteilen zusammengesetzt. Diese Anteile können mithilfe eines Prismas voneinander getrennt werden. Das entstehende Farbband heißt Spektrum.

Wellenoptik

1 Entstehung eines Spektrums

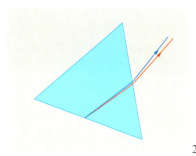

2 Wege von rotem und blauem Licht

Die Zerlegung des Lichtes am Prisma kommt dadurch zustande, dass blaues Licht stärker gebrochen wird als rotes. Dies lässt sich auch beobachten, wenn man anstelle von weißem Licht farbiges Licht unter einem bestimmten Einfallswinkel auf ein Prisma richtet.

Wenn man versucht, mit einem zweiten Prisma das Licht einer bestimmten Spektralfarbe (z. B. Grün) noch weiter zu zerlegen, stellt man fest: Durch das zweite Prisma wird zwar die Richtung des Lichtweges verändert, aber das grüne Licht wird nicht noch einmal in andere Farben zerlegt (Bild 3). Das Gleiche kann man auch bei den anderen Spektralfarben feststellen.

> Die einzelnen Farben eines Spektrums lassen sich mithilfe eines Prismas nicht weiter zerlegen.

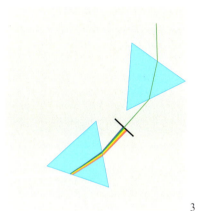

3

Beim Eintritt in das Prisma wird das Licht gebrochen. Nach dem Brechungsgesetz ist dabei der Brechungswinkel abhängig von der Lichtgeschwindigkeit im Glas (siehe S. 64). Bei gleichem Einfallswinkel unterscheiden sich die Brechungswinkel von rotem und blauem Licht. Daraus kann man schließen, dass die Ausbreitungsgeschwindigkeiten für die einzelnen Farben im Glas unterschiedlich groß sind. Genaue Messungen ergeben Werte wie in der Tabelle rechts.

Der Unterschied der Lichtgeschwindigkeiten für die einzelnen Farben in einem Medium ist jedoch recht klein. Bild 4 zeigt die Abhängigkeit des Brechungswinkel β in Abhängigkeit vom Einfallswinkel α. Der Unterschied für die Ablenkung von Blau und Rot ist umso größer, je größer der Einfallswinkel ist. Der Unterschied beträgt maximal 0,4°.

Lichtgeschwindigkeiten in km/s für verschiedene Farben

	Kronglas	Wasser
Rot	198 407	225 408
Orange	198 014	225 069
Gelb	197 883	224 901
Grün	197 362	224 564
Blau	197 102	224 228
Violett	196 328	223 559

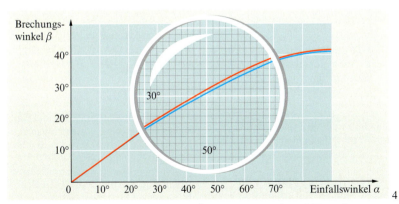

4 Brechungswinkel für Rot und Blau beim Übergang von Luft nach Kronglas

Entstehung eines Regenbogens

In der Natur erscheinen die Spektralfarben am eindrucksvollsten als Regenbogen (siehe S. 191). Jeder hat schon einmal einen Regenbogen erlebt. Bei vielen Menschen löst diese Naturerscheinung Staunen und auch Freude aus.

Einen Regenbogen kann man unter folgenden Bedingungen sehen:
- Als Beobachter muss man vor sich einen Regenschauer und hinter sich die Sonne haben.
- Die nahezu kugelförmigen Regentropfen dürfen nicht zu klein sein: Bei Nieselregen verblasst der Farbenbogen und schimmert schließlich nur noch weißlich.
- Ob ein Regenbogen erscheint, hängt auch vom Sonnenstand ab.

Der Einfachheit halber soll zunächst nur das Modell eines einzigen Tropfens betrachtet werden.

EXPERIMENT 2
In einem abgedunkelten Raum wird eine Wasserkugel von weitem mit einem Diaprojektor als „Ersatzsonne" angeleuchtet. Als Kugel eignet sich ein Glaskolben, besser noch eine durchsichtige gläserne Weihnachtsbaumkugel, die so dünnwandig ist, dass das Glas so gut wie gar nicht stört.
Zur Beobachtung der Farberscheinungen bewegt man sich langsam um die Wasserkugel herum.

Bewegt man sich zunächst in der Höhe von Lampe und Glaskugel, so erkennt man um den Winkel von 41° jeweils regenbogenfarbige Erscheinungen. Auf einem Schirm kann man einen „Regenbogen" auffangen. Bei genauerer Untersuchung erkennt man einen fächerartigen Farbentrichter (Bild 1). Er hat einen Öffnungswinkel von etwa 41° (Rot: etwa 42°, Blau: etwa 40°).

Die Entstehung dieses Farbentrichters lässt sich folgendermaßen erklären: Das einfallende weiße Lichtbündel wird beim Übergang von Luft in Wasser gebrochen und dabei farbig aufgefächert (Bild 2). Die dünne Glaswand wird vernachlässigt.
Das farbige Licht fällt nun im Inneren des Tropfens auf die Grenzfläche. Dabei wird ein Teil des Lichtes reflektiert. Nach nochmaliger Brechung verlässt ein Teil des Lichtes den Tropfen. Wenn unser Auge genau bei 42° steht, empfängt es rotes Licht vom Tropfen.

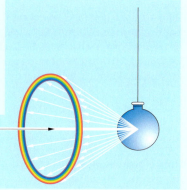

Verlauf eines Lichtbündels in einem Regentropfen. Das Lichtbündel wird insgesamt um etwa 41° abgelenkt.

> Ein Regenbogen wird sichtbar, wenn das Sonnenlicht durch Brechung und Reflexion in den Regentropfen um 40° bis 42° abgelenkt wird.

Aus den an einem „Regentropfen" gewonnenen Erkenntnissen über die Winkelverhältnisse lassen sich nun Aussagen über den Zusammenhang von Sonnenstand und Regenbogenhöhe gewinnen.

Übrigens

Wer selbst im Regen steht, kann den Regenbogen am eindrucksvollsten sehen. Eine Dusche im Freibad oder eine Beregnungsanlage für Felder können bei geeignetem Sonnenstand von manchen Stellen aus betrachtet ebenso ein Regenbogenstück erzeugen.

Wellenoptik

Bei Sonnenauf- und -untergang, wenn die Sonne niedrig steht, erreicht ein Regenbogen seine größte Höhe von 41°, vom Betrachter gemessen als Winkel gegen die Erdoberfläche. Je höher die Sonne steht, desto niedriger wird der Regenbogen (Bild 1), denn der Winkel, um den das Licht in den Regentropfen abgelenkt wird, ist immer der gleiche. Ab etwa 30° Sonnenhöhe über Horizont, also um die Mittagszeit, ist der Regenbogen sehr klein oder kann überhaupt nicht mehr gesehen werden.

Ein Regenbogen ist kein feststehender Gegenstand an einem bestimmten Ort. Jeder Betrachter hat seinen eigenen Regenbogen, der nur für ihn in Erscheinung tritt (Bild 2). Geht man z. B. 50 m nach rechts, so wandert der Bogen mit. War am Auftreffpunkt des Regenbogens auf dem Horizont vorher ein Baum, so befindet sich dieser nach dem Ortswechsel seitlich entfernt davon.

Schon gewusst?

In unseren Breiten sind Regenbogen vorwiegend im Frühling und im Herbst zu sehen. Im Hochsommer steht die Sonne die längste Zeit des Tages zu hoch am Himmel. Im Winter hingegen schneit es häufiger, oder Wolken verdecken die Sonne.

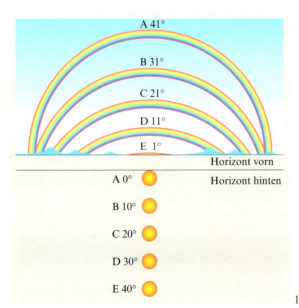

Zusammenhang von Sonnenhöhe und Regenbogengröße

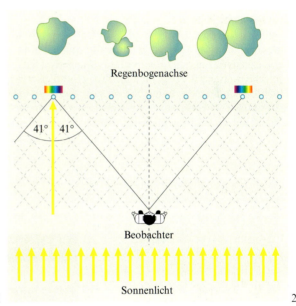

Jeder Beobachter hat seinen eigenen Regenbogen.

Wenn man das Licht der Sonne, das den Kopf des Regenbogenbetrachters von hinten trifft, verlängert, also dem Schattenwurf seines Kopfes folgt, trifft der Blick in den unsichtbaren Mittelpunkt des Regenbogenkreises. Dieses Zentrum liegt im Gegenpunkt der Sonne (also unter dem Horizont). Der Beobachter befindet sich immer in der Linie, die Sonne und Bogenmittelpunkt verbindet (Regenbogenachse).

Nebenregenbogen. Besonders bei kräftigem Regenfall wird der Hauptregenbogen zugleich von einem größeren und lichtschwächeren Nebenregenbogen überwölbt (siehe S. 61). Er steht etwa 9° höher. Bei ihm ist die Farbreihenfolge umgekehrt wie beim Hauptregenbogen. Das Licht, das zur Entstehung des Nebenregenbogens führt, durchläuft die Regentropfen mit einem anderen Umlaufsinn (Bild 3, vergleiche dazu Bild 2 auf S. 202). Dabei wird das Licht zweimal an der Tropfeninnenwand reflektiert.
Außerdem wird stets nur ein Teil des Lichtes an der Tropfenwand reflektiert. Ein großer Teil verlässt den Tropfen. Daher ist der Nebenregenbogen nur sehr viel schwächer zu sehen als der Hauptregenbogen. Oft sieht man ihn überhaupt nicht.

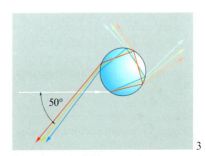

Entstehung des Nebenregenbogens

Kontinuierliche Spektren und Linienspektren

Zerlegt man das Licht einer Glühlampe mithilfe eines Prismas, so entsteht auf dem Schirm ein lückenloses Farbband (vgl. S. 201), ein *kontinuierliches Spektrum*. Auch wenn man das Sonnenlicht mit einem Prisma zerlegt, sind im Spektrum keine Lücken zu erkennen.
Allgemein hat man festgestellt:

> Glühende feste Körper und Gase unter hohem Druck senden Licht mit einem kontinuierlichen Spektrum aus.

Natrium färbt eine Flamme gelb.

Hält man in die Flamme eines Gasbrenners einen Magnesiastab, der zuvor in unterschiedliche Salzlösungen getaucht wurde, so leuchtet die Flamme in unterschiedlichen Farben auf. Bei Natriumverbindungen erscheint die Flamme gelb (Bild 1), bei Lithiumverbindungen hingegen rot (Bild 2).
In speziellen Lampen können Gase, auch Metalldämpfe, zum Leuchten angeregt werden. Erzeugt man mithilfe eines Prismas ein Spektrum dieser leuchtenden Gase, so unterscheidet sich dieses von dem kontinuierlichen Farbband: Es besteht aus einzelnen Linien. Deren Farben stimmen weitgehend mit der Flammenfärbung überein. Das Linienspektrum ist charakteristisch für das Gas, aus dem es entsteht.

Lithium färbt eine Flamme rot.

> Gase unter niedrigem Druck senden farbiges Licht aus. Bei der Zerlegung dieses Lichtes mithilfe eines Prismas entsteht ein Linienspektrum.

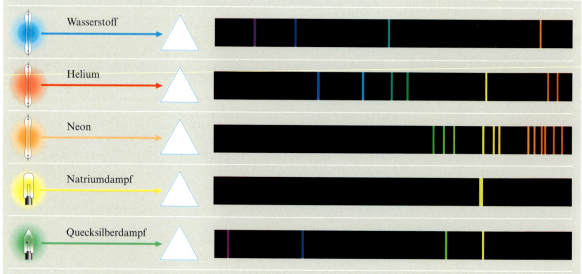

Linienspektren unterschiedlicher Gase

Spektralanalyse. Kennt man die Spektren der einzelnen Stoffe, so lässt sich die Zusammensetzung eines unbekannten Stoffgemisches bestimmen. Dieses Verfahren nennt man Spektralanalyse. Sie ist eine Art Detektivmethode, mit der sich auch kleine Spuren eines Stoffes in einem Stoffgemisch nachweisen lassen.

Wellenoptik

In der modernen Forschung spielt diese Methode eine große Rolle: Sowohl in der Chemie als auch in der Biologie und der Medizin wird sie zur Stoffanalyse eingesetzt. In der Astrophysik stellen die Spektren wichtige Informationsquellen über ferne Sterne dar.

Die Spektralanalyse wurde um 1860 vom Chemiker ROBERT BUNSEN (1811–1889) und dem Physiker GUSTAV KIRCHHOFF (1824–1887) in Heidelberg entwickelt. Um eine Stoffprobe zu analysieren, wird diese zum Leuchten angeregt und in einem Spektrometer (Bild 1) spektral zerlegt. Durch den Vergleich des ermittelten Spektrums mit Spektraltafeln, auf denen die Spektrallinien unterschiedlicher Elemente verzeichnet sind, lassen sich die Bestandteile der Probe ermitteln.

Spektrometer

Infrarot und Ultraviolett

Infrarote Strahlung. In der Nähe einer Heizung und über einer Herdplatte spürt man die Wärmestrahlung. Auch in der Nähe einer Glühlampe bemerkt man, dass diese Wärme abstrahlt. Wird die Wärme mit dem sichtbaren, farbigen Licht „mitgeliefert"?

EXPERIMENT 3
Mit einer leistungsstarken Experimentierlampe und einem Prisma wird auf einem etwa 3 m entfernten Schirm ein breites Spektrum erzeugt. Mit einer Thermosäule wird das ganze Spektrum langsam abgetastet.
Bei welchen Farben zeigt die Thermosäule Wärmestrahlung an? Untersuche auch die Bereiche seitlich neben dem Spektrum!

Im sichtbaren Bereich wird der Zeigerausschlag des Messinstruments vom Violetten zum Roten immer größer. Aber auch jenseits des Rots kann im Spektrum der Glühlampe Strahlung registriert werden. Sie wird Infrarotstrahlung genannt.

Ultraviolette Strahlung. Das Licht der Sonne wärmt uns nicht nur, es kann uns auch bräunen oder sogar einen schmerzhaften Sonnenbrand verursachen. Hierfür ist die ultraviolette Strahlung verantwortlich, die sich auf der anderen Seite an das farbige Lichtspektrum anschließt.

Durch Reflexion kann man seine eigene Infrarotstrahlung spüren.

EXPERIMENT 4
Das Licht einer Quecksilberdampf-Lampe wird mit einem Prisma in ein breites Spektrum zerlegt. Jenseits des Violett wird ein schneeweißes Blatt Papier oder ein spezieller Leuchtschirm neben das Spektrum gehalten.

Auf dem Schirm sind deutlich neben dem Violett helle Linien zu erkennen. Der Leuchtschirm oder die Weißmacher im Papier leuchten bläulich, wenn sie von ultravioletter Strahlung getroffen werden. Ultraviolette Strahlung wird auch als UV-Strahlung bezeichnet.

> Im Spektrum der Sonne und anderer Lichtquellen gibt es jenseits des Rot die Infrarotstrahlung und jenseits des Violett die ultraviolette Strahlung. Beide Strahlungsarten sind für das menschliche Auge unsichtbar.

Übrigens

Wenn man einen Gegenstand erwärmt, ändert sich das Spektrum seiner Infrarotstrahlung. Bei hoher Temperatur kommen auch sichtbare Anteile dazu: Der Gegenstand wird zunächst rotglühend, bei noch höherer Temperatur glüht er weiß.

Farbmischungen

Ein einfacher Farbenkreis besteht aus sechs Grundfarben (Bild 1). Stellt man sich die sechs Farben im Malkasten vor, so kann man jeweils eine Zwischenfarbe anmischen. Der Farbenkreis hat nun zwölf Farben (Bild 2). Für je zwei Nachbarfarben lässt sich wieder eine Mischfarbe herstellen usw. Beim Malen, beim Farbdruck und bei der Farbfotografie spielen solche Mischungen eine große Rolle.

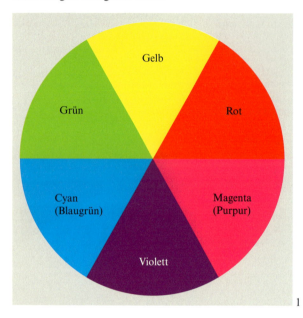

1

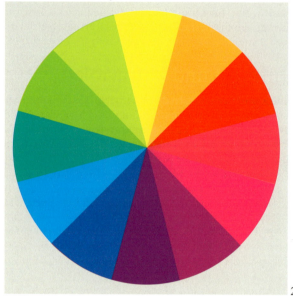

2

Körperfarben. Warum erscheint eine Jacke eigentlich rot oder blau? Dazu lässt sich folgendes Experiment durchführen.

> **EXPERIMENT 5**
> Beleuchte in einem abgedunkelten Raum unterschiedliche farbige Dinge mit unterschiedlich farbigen Lampen (rot, gelb, grün, blau, weiß). Trage in eine Tabelle ein, in welcher Farbe die Gegenstände erscheinen und welche Helligkeit sie haben. Du kannst für dieses Experiment auch farbige Pappen verwenden.

3

Das Experiment macht deutlich: Die Farben erscheinen unterschiedlich, wenn man die Flächen mit verschiedenfarbigem Licht beleuchtet. Farben, in denen wir die Gegenstände unserer Umwelt sehen, bezeichnet man als Körperfarben. Ein roter Körper kann also bestimmte Anteile des weißen Lichts (Sonnenlicht oder diesem ähnliches Lampenlicht) verschlucken (*absorbieren*). Der absorbierte Teil der Strahlung erwärmt den Körper. Ein Teil wird reflektiert und gelangt in unser Auge. Bei der roten Körperfarbe erscheint dieses reflektierte Licht rot. Das reflektierte Rot ist dabei keine reine Spektralfarbe, sondern es stellt die Mischung der Farben eines Restspektrums dar.

In seiner „normalen" Farbe erscheint ein Körper nur dann, wenn er mit weißem Licht beleuchtet wird. Weiße Körper sind jene, die alle Farben des Sonnenlichts reflektieren. Schwarze Körper absorbieren alle Farben nahezu vollständig und erwärmen sich dadurch besonders gut.

Übrigens

Es gibt spezielle einfarbige Lampen wie die gelbe Natriumdampflampe. Man findet sie manchmal an Fußgängerüberwegen. Sie sind lichtstark und auffallend. Sie leuchten in dem reinen Gelb eines kleinen Ausschnitts aus dem Spektrum. In ihrem Licht erscheinen alle Körperfarben „grau".

Farben und Spektren

Subtraktive Farbmischung. Farbe ist nicht gleich Farbe, z. B. ist Gelb nicht gleich Gelb. Eine gelbe Lampe besteht aus einer normalen „weißen" Glühlampe mit einem gelben Glas davor. Das gelbe Glas dient als Filter. Es lässt z. B. Orange, Gelb und Grün von den Farben des Farbenkreises durch. Diese zusammen erscheinen Gelb. In diesem gelben Licht erscheinen viele Farben der Umgebung so ähnlich wie im Sonnenlicht.
Verwendet man verschiedene Farbfilter, so stellt man fest:
- Cyan lässt Grün, Blau und Violett durch,
- Gelb lässt Rot, Gelb und Grün durch und
- Magenta lässt Violett und Rot durch.

Richtet man das „weiße" Licht eines Diaprojektors auf eine weiße Leinwand und hält die Farbfilter einzeln in den Lichtkegel, so wird die Filterfarbe auf der Leinwand sichtbar: Cyan, Gelb oder Magenta. Welche Farbe erscheint, wenn du jeweils zwei oder gar alle drei Filter hintereinander hältst? Probiere es aus!
Cyan und Gelb hintereinader ergeben Grün, genau jene Farbe, die beide Filter durchlassen. So entsteht die gleiche Mischfarbe wie beim Malkasten. Das Licht wird bei jedem Filter abgeschwächt, *subtrahiert*.
Zerdrückt man blaue und gelbe Kreide zu Pulver und mischt beide Anteile gut durch, so sieht die Mischung grün aus. Mischt man subtraktiv die drei Grundfraben Cyan, Magenta und Gelb, so ergibt sich Schwarz (Bild 1).
Die subtraktive Farbmischung findet eine Anwendung bei der Farbfotografie. Ein Farbfilm besteht aus drei unterschiedlich farbempfindlichen Schichten hintereinander. In einer Schicht entsteht ein gelbes, in einer ein magenta- in einer ein cyanfarbenes Foto. Bei einem Farbdia werden diese drei Schichten nacheinander vom Licht durchstrahlt und ergeben als subtraktives Mischergebnis ein Farbfoto (Bild 2).

Farbdruck. Beim Farbdruck, wie in diesem Buch, lässt sich aus den drei Grundfarben der subtraktiven Farbmischung Cyan, Magenta und Gelb jede andere Farbe erzeugen. Farbige Flächen stellt man her, indem man winzig kleine Farbpunkte (so genannte Rasterpunkte) auf weißes Papier druckt. Sind sie dicht genug, wirkt die Fläche auf das Auge gleichmäßig. Dies kann man in den drei Grundfarben tun. Mischt man die Rasterpunkte aus den Grundfarben, so entstehen neue Mischfarben.

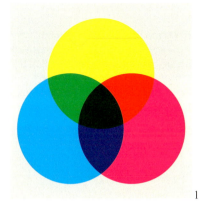
Subtraktive Farbmischung von Cyan, Magenta und Gelb

Prinzip eines Farbdias

Schon gewusst?

Beim Farbdruck stellt man übereinander drei Bilder in Cyan, Magenta und Gelb her. Ein viertes schwarzes Bild sorgt für scharfe Konturen und lässt das Bild plastischer erscheinen. Man spricht vom Vierfarbendruck.

Cyan

Magenta

Gelb

Cyan, Magenta und Gelb

Schwarz

Cyan, Magenta, Gelb und Schwarz

Additive Farbmischung. Bisher wurden immer mehrere Bilder oder Filter hintereinander betrachtet. Dadurch entstanden Abdunkelungen. Cyan, Magenta und Gelb wurden zu Schwarz (Bild 1 S. 207).
Eine andere Möglichkeit Farben zu mischen besteht darin, Licht verschiedener Farben auf einem weißen Schirm zu überlagern. Die Beleuchtungsfarben Rot, Grün und Violett erzeugen bei additiver Mischung nahezu Weiß (Bild 1). Rot, Grün und Violett sind die Grundfarben der additiven Farbmischung.

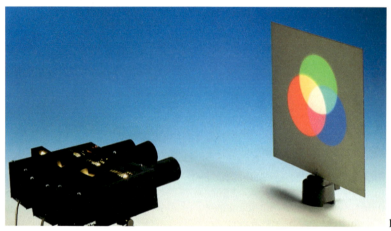

Additive Farbmischung von Rot, Grün und Violett

Farbfernsehen. Auch das Bild eines Farbfernsehers ist aus Rasterpunkten zusammengesetzt. Jeder Rasterpunkt besteht aus Stäbchen in den drei Grundfarben der additiven Farbmischung. Diese Stäbchen können in ihrer Helligkeit gesteuert werden. Jeder Rasterpunkt kann dadurch eine beliebige Farbe annehmen. Alle Punkte zusammen ergeben dann das Fernsehbild (Bild 2). Besonders gut kann man die Rasterpunkte am farbigen Testbild mit einer Lupe erkennen.

Komplementärfarben. Zwei Farben nennt man Komplementärfarben, wenn ihre additive Mischung das ganze Sonnenspektrum ergibt. Die additive Mischung von Komplementärfarben erzeugt für den Menschen den Eindruck „weiß". Komplementärfarben stehen einander im Farbenkreis gegenüber. Die Grundfarben der additiven Farbmischung sind Komplementärfarben der subtraktiven Farbmischung.

Rasterpunkte aus jeweils drei Farbstäbchen ergeben das Fernsehbild.

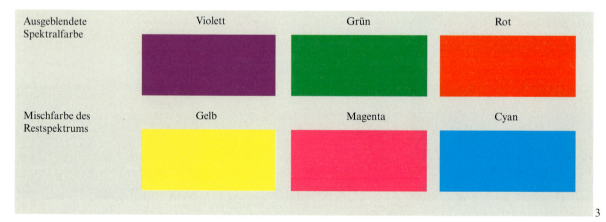

Goethes Farbenlehre

JOHANN WOLFGANG VON GOETHE (1749–1832) war nicht nur ein großer deutscher Dichter, sondern ebenso Jurist, Staatsminister und Generalintendant des Hoftheaters. Auch als Naturforscher hat er viel geleistet. So entdeckte er den menschlichen Zwischenkieferknochen und er schuf eine eigene Farbenlehre. Er schätzte sie sogar höher ein als sein dichterisches Werk und glaubte, ISAAC NEWTON einen Fehler nachweisen zu können. GOETHES Farbenlehre wird bis heute geachtet und diskutiert. GOETHES Kritik an der Newton'schen Physik war grundsätzlicher Art: GOETHE trat für ein ganzheitliches Natur- und Wissenschaftsverständnis ein, er verabscheute mathematisch formulierte Naturgesetze.

GOETHE wollte herausfinden, wie Farben entstehen. Dazu versuchte er, mit einem Prisma die optischen Experimente von NEWTON zu wiederholen. Statt aber ein Lichtbündel durch das Prisma zu leiten und zu untersuchen, schaute er direkt durch das Prisma. Zunächst blickte er auf eine weiße Wand und war enttäuscht, weil er keine Farben sah. Als er aber das Fachwerk eines gegenüberliegenden Hauses betrachtete, entdeckte er am Rande der Balken wunderschöne farbige Ränder (Bild 1).

GOETHE hat beim Betrachten von Hell-Dunkel-Grenzen durch ein Prisma zwei Farbabstufungen mit entsprechenden Übergängen entdeckt: Weiß-Gelb-Rot-Schwarz und Schwarz-Violett-Blau-Weiß (Bild 2).
Bei genauerer Betrachtung der Ränder wird deutlich, dass sich der Rot-Gelb-Saum dort zeigt, wo es ohne Prisma weiß wäre. Es geschieht eine *Abdunkelung von Hellem*. Der Blau-Violett-Saum hingegen erscheint im Schwarzen. Es tritt eine *Aufhellung von Dunklem* ein (Bild 2).
In der Natur gibt es gleichartige Farberscheinungen. Abendrot tritt auf, wenn die tief stehende Sonne durch Staub und Nebel getrübt wird. Die Sonne ist vom Weltraum aus betrachtet blendend hell, sie erscheint weiß. Auf der Erde wirkt sie gelb. Blicken wir durch ein trübes Medium auf etwas Helles, so erscheint es uns verdunkelt, gelb bis rot.

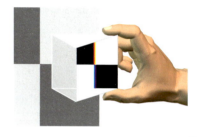

Das Himmelblau erscheint uns beim Blick durch die Lufthülle auf den schwarzen Weltraum. Im Hochgebirge, wo die Luft bereits dünner ist, wird das Blau immer kräftiger und geht ins Violett über.
Die Farberscheinungen beim Prisma und in der Natur sind also von ähnlicher Art. Das Blaue als aufgehelltes Dunkles und das Gelbe als verdunkeltes Helles bilden einen Gegensatz, den GOETHE Polarität nannte.

Betrachtet man zwei Hell-Dunkel-Grenzen, etwa schwarze Pappen vor weißem Hintergrund mit einem Prisma, so erkennt man die Randfarben (Bild 3a). Schiebt man sie aufeinander zu, so erscheint bei einem bestimmten Abstand die Farbe Grün (Bild 3b). Wir sehen nun das bekannte Spektrum. Die Spektralfarben lassen sich als Kreis anordnen. Jeweils einander gegenüberliegend findet man die Gegenfarben. Als Gegenfarbe des Grün findet man Purpur, das den Farbenkreis vollendet.
GOETHE verwendete einen Farbenkreis mit sechs Farben (Bild 4). Jede Farbe lässt sich als Mischung ihrer beiden Nachbarfarben herstellen.

GOETHE hat es verstanden, das Phänomen Farbe aus physikalischer und aus ästhetischer Sicht vielfältig zu bearbeiten und Experimente vorgeschlagen. Seine Farbenlehre ist keine physikalische Theorie, die das Wesen des Lichtes beschreibt, sie ist vielmehr eine Theorie der Sinneswahrnehmung von Licht und Farben.

GOETHES Farbenkreis

Ozon und ultraviolette Strahlung

Fast täglich kann man in der Zeitung Berichte über Ozon lesen. Mal wird im Sommersmog vor zu viel Ozon in der Luft gewarnt, mal wird darüber geklagt, dass ein Ozonloch in der Atmosphäre gefährliche UV-Strahlung zur Erde gelangen lässt. Wie kann von ein und demselben Stoff gleichzeitig zu viel und zu wenig vorhanden sein?

Ozon ist ein Gas. Wenn Blitze einschlagen oder viele Funken überspringen, tritt ein eigentümlicher Geruch auf. Der Chemiker CHRISTIAN F. SCHÖNBEIN hat ein ebenso riechendes Gas isoliert, dem er den Namen Ozon (griech. *ozien:* riechen) gab. Da das Gas bei der Elektrolyse an der Elektrode entstand, an der auch der Sauerstoff gebildet wird, lag es nahe, dass auch Ozon aus den Sauerstoffatomen (O) besteht. Der Sauerstoff unserer Luft besteht aus Molekülen, die von zwei Sauerstoffatomen gebildet werden (O_2), Ozon besteht aus drei Sauerstoffatomen (O_3).

Funkenüberschlag

Ozon in der Atmosphäre. Wenn man das Spektrum des Sonnenlichtes, das hier auf der Erde ankommt, vergleicht mit dem Spektrum des Lichtes, das die Sonne verlässt, dann fehlt auf der Erde viel von der ultravioletten Strahlung. Das ist auch gut so, denn diese Strahlung ist sehr energiereich und würde Hautschäden verursachen. Bereits 1880 konnte der Chemiker WALTER N. HARTLEY zeigen, dass Ozon genau diese energiereiche UV-Strahlung absorbiert, also abfängt und in Wärme umwandelt.

So konnte man verstehen, warum unsere Atmosphäre in etwa 20 km bis 50 km Höhe wieder recht warm ist, obwohl die Temperatur zunächst nach oben hin abnimmt: In dieser Höhe herrscht die höchste Konzentration von Ozon (Bild 2).

Seit etwa 1975 weiß man, dass die Fluorchlorkohlenwasserstoffe (FCKW) aus Kühlmittel- und Spraydosengasen bis in die Stratosphäre gelangen und dort im Einfluss der energiereichen UV-Strahlung Chlor- und Fluor-Atome freisetzen. Diese Atome zerstören das Ozon und wandeln es in gewöhnlichen Sauerstoff um. Die Schutzschicht aus Ozon wird dabei dünner, ein „Ozonloch" entsteht und gefährliche UV-Strahlung erreicht die Erde.

In einigen Ländern wurde die FCKW-Produktion reduziert, um die Gefahr der Zerstörung unseres UV-Schutzschildes zu verringern. Inzwischen wird die Ozonschicht überwacht, um vor Schäden warnen zu können.

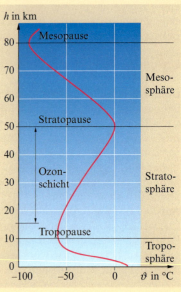

Temperaturverlauf in der Atmosphäre

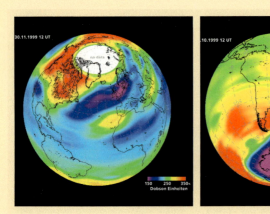

Die Ozonmenge in der Atmosphäre wird in der Einheit Dobson angegeben. Bei einer Ozonmenge von unter 200 Dobson spricht man von einem Ozonloch.

Schon gewusst?

UV-Strahlung und Sonnenbrand. Die ultraviolette Strahlung, die die Sonne abstrahlt und die im Solarium von sehr heißen Quarzlampen erzeugt wird, wird in drei Gruppen eingeteilt. Die UV-A-Strahlung ist dem sichtbaren Violett sehr nahe, für die Haut ungefährlich und lässt Weißmacher bläulich-weiß leuchten. UV-B-Strahlung rötet und bräunt die Haut. UV-C-Strahlung ist sehr energiereich. Sie wird vom Ozon in der Atmosphäre absorbiert und darf nicht im Solarium auftreten.

Farben und Spektren

Der UV-Index. Jeden Tag gibt das Bundesamt für Strahlenschutz bekannt, wie groß in verschiedenen Gebieten die Einstrahlung von UV-Strahlung ist. Hierfür spielt die Ozonsituation in der Atmosphäre eine wichtige Rolle. Der UV-Index (UVI) beschreibt den am Boden erwarteten Tagesspitzenwert der UV-Strahlung. An unbewölkten Tagen wird dieser Wert zur Mittagszeit erreicht. Je höher der UVI ist, desto höher ist das Sonnenbrandrisiko.

UVI	Belastung	Sonnenbrand (Hauttyp II)	Schutzmaßnahmen
8 und mehr	sehr hoch	in weniger als 20 Minuten möglich	unbedingt erforderlich
5 bis 7	hoch	ab 20 Minuten möglich	erforderlich
2 bis 4	mittel	ab 30 Minuten möglich	empfehlenswert
0 bis 1	niedrig	unwahrscheinlich	nicht erforderlich

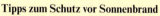

1

Das Risiko hängt vom Hauttyp ab. Zwar finden wir sonnengebräunte Haut meist schön, aber sie birgt doch ein großes Risiko: Jeder Sonnenbrand erhöht die Gefahr, später an Hautkrebs zu erkranken.
Hellhäutige Menschen bekommen meist schneller einen Sonnenbrand, als Menschen mit dunklerer Haut. Man unterscheidet vier Hauttypen:

2

Hauttyp I: Sehr helle Haut, Sommersprossen, rötliches Haar; wird niemals braun.

Hauttyp II: Helle Haut, blond; rötet schnell, wird aber mit der Zeit mäßig braun.

Hauttyp III: Dunkelblond; wird nach mehrfachem Sonnenbad immer dunkler.

Hauttyp IV: Dunkles Haar; bleibt vom Sonnenbrand weitgehend verschont.

Tipps zum Schutz vor Sonnenbrand
- Gewöhne deine Haut langsam an längere Sonnenbestrahlung; verbringe in den ersten Tagen die Zeit zwischen 12 Uhr und 15 Uhr im Schatten.
- Nimm nicht öfter als 50-mal pro Jahr ein intensives Sonnenbad.
- Kleinkinder sind besonders gut vor starker Sonnenstrahlung zu schützen. Die UV-Dosis, die man in den ersten Lebensjahren erhält, erhöht das Risiko der Entstehung von Hauttumoren.
- Trage Sonnenschutzmittel mit ausreichendem Schutzfaktor mindestens 30 Minuten vor dem Sonnenbad auf.
- Benutze keine Kosmetika, Deodorants oder Parfüms beim Sonnenbaden. Es besteht die Gefahr bleibender Pigmentierung (Farbveränderung der Haut).

Luftverschmutzung durch Ozon. Vor allem durch den Autoverkehr und durch die Verbrennung von Heizöl werden Schadstoffe frei, die die Entstehung des giftigen Ozons in der uns umgebenden unteren Atmosphäre fördern. Durch UV-Strahlung kann vom Molekül des Stickstoffoxids (NO_2) ein Sauerstoffatom abgespalten werden ($NO_2 \longrightarrow NO + O$), welches sich sofort mit dem Sauerstoffmolekül zu Ozon verbindet ($O_2 + O \longrightarrow O_3$). Der **Sommersmog** entsteht an sonnenreichen Tagen mit geringem Luftaustausch; aber auch an sonnigen Wintertagen kann die Konzentration des Ozons stark ansteigen. Hoher Ozongehalt führt vor allem zu einer Reizung der Atemwege.

Stadt im Sommersmog

3

AUFGABEN

1. Für welchen Hauttyp hältst du dich? Was bedeutet das für dich?
2. Warum ist die Sonneneinstrahlung in der Mittagszeit am höchsten?
3. Was kannst du selbst tun, damit das Ozonloch nicht so schnell wächst?
4. Beschreibe den Temperaturverlauf der Atmosphäre! Warum ist es in ca. 40 km Höhe relativ warm?

AUFGABEN

1. Welche Arten von Spektren gibt es? Wie kommen sie zustande?
2. Warum und wie lassen sich aus einem Spektrum Informationen über den das Licht aussendenden Stoff gewinnen?
3. Konstruiere den Lichtweg von einem roten und von einem violetten Lichtbündel durch ein gleichseitiges Prisma aus Kronglas! Der Einfallswinkel soll jeweils 50° betragen.
4. Schildere zwei Experimente, die zeigen, dass blaues Licht stärker gebrochen wird als rotes:
   a) Man schaut direkt durch ein Prisma.
   b) Licht von einem Prisma wird mit einem Schirm aufgefangen.
5. a) Erkläre die Entstehung des Hauptregenbogens!
   b) Erkläre die Entstehung des Nebenregenbogens!
   c) Begründe, dass der Nebenregenbogen deutlich schwächer zu sehen ist als der Hauptregenbogen!
   d) Wie sähe ein Regenbogen aus, wenn das Licht der Sonne einfarbig grün wäre?
   e) Unter welchen Bedingungen könntest du einen vollständigen, kreisförmigen Regenbogen sehen?
6. Benenne die für uns Menschen positiven und negativen Eigenschaften von Ultraviolett- und Infrarotstrahlung!
7. Wie könntest du zwei Autos durch Fotografieren unterscheiden, von denen eines schon lange geparkt steht und das andere gerade erst angekommen ist?
8. a) Zeichne ein Spektrum, das beim Zerlegen von weißem Licht mit einem Prisma entsteht!
   b) Ergänze die Bereiche der infraroten und ultravioletten Strahlung!
   c) Markiere im Infrarotbereich Strahlung von einem sehr heißen und einem weniger heißen Körper!
9. Welche Strahlung erzeugt den Sonnenbrand?
10. Beschreibe den Unterschied zwischen einem Spektrum und einem Farbenkreis!
11. Benenne jeweils die Komplementärfarbe zu Rot, Violett, Gelb und Grün!
12. Welche Farbe zeigt ein gelbes Kleid, wenn es in gelbem, rotem bzw. blauem Licht betrachtet wird?
13. Wie würde der Regenbogen aussehen, wenn das Sonnenlicht einfarbig grün wäre?
14. Warum ist bei uns im Sommer zur Mittagszeit niemals ein Regenbogen zu sehen?
15. Ein Schauspieler in weißem Anzug wird mit einem gelben und einem blauen Scheinwerfer angestrahlt. Wie sieht er aus?
16. Erkläre den Unterschied zwischen additiver und subtraktiver Farbmischung!
17. Halte ein Stück rote Pappe vor einen weißen Hintergrund und betrachte es etwa 15 Sekunden mit fixiertem Blick. Ziehe die Pappe weg und schaue weiter an die Stelle. Was siehst du nach wenigen Sekunden? Probiere es mit anderen Farben! Welche Farbe erscheint jeweils?

ZUSAMMENFASSUNG

Licht kann durch Brechung in farbige Bestandteile zerlegt werden. Dabei entsteht ein Spektrum.

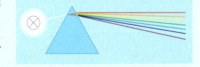

Glühende feste Körper, Flüssigkeiten und Gase unter hohem Druck senden Licht mit einem kontinuierlichen Spektrum aus.

Gase unter geringem Druck senden Licht mit Linienspektren aus.

Subtraktive Farbmischung:
Ein Teil des Spektrums wird absorbiert. Der Farbeindruck ergibt sich aus dem Restspektrum.

Additive Farbmischung:
Der Farbeindruck ergibt sich aus der Mischung von farbigem Licht.

Mechanik der Flüssigkeiten und Gase

Vornehme Luxusschiffe, schnittige Sportboote, Taucherausrüstungen, Heißluftballons oder auch historische Windmühlen bestimmen die Bilder in vielen Prospekten für Urlaubsreisen. Wasser und Wind sind aber nicht nur für Freizeit und Sport von Bedeutung. Seit alters her beschäftigen sich die Menschen mit dem Bau von Schiffen und Flößen für Handel und Transport. Später versuchten immer mehr Menschen, sich den Traum vom Fliegen zu erfüllen. Sie übertrugen zuerst das Schwimmen der Schiffe im Meer auf ein „Schwimmen" von Ballons im „Luftmeer". Dann untersuchten sie die Flügel von Vögeln, um für den Menschen oder für Fluggeräte solche Flügel nachzubauen.

Gasdruck in geschlossenen Gefäßen

Deine Fahrradreifen sollten immer den richtigen Druck haben. Eigentlich sind die Druckbehälter an den Tankstellen nur zum Auffüllen der Autoreifen gedacht. Wenn du aber besondere Ventileinsätze hast, kannst du mit ihnen auch deine Fahrradreifen aufpumpen.
Wie kommt der Druck in einem Reifen zustande?

Druck und Druckkraft

Will man mit Luft gefüllte Bälle, Luftmatratzen oder Fahrradschläuche eindrücken, muss man eine Kraft aufwenden. Lässt man sie los, federn sie elastisch zurück. Das kann man besonders gut beobachten, wenn sie nicht so prall aufgepumpt sind. Dieses Zurückfedern kennst du von einer Hüpfburg in einem Vergnügungspark (Bild 2). Auch andere eingeschlossene Gase zeigen dieses Verhalten, zum Beispiel die Heliumfüllung in einem Kinderballon.

Entstehung des Drucks. Gase bestehen aus Molekülen. Diese können sich frei und ungeordnet bewegen. Oft stoßen zwei Moleküle zusammen. Dabei ändern sie ihre Bewegungsrichtung. Als Folge dieser gegenseitigen Stöße der Moleküle aufeinander entsteht in dem Gas ein „Gedränge", ähnlich wie in einer Menschenmenge.
Befindet sich ein Gas in einem Gefäß, stoßen die Moleküle auch gegen die Wände. Von dort prallen sie zurück und fliegen mit geänderter Richtung weiter, bis sie wieder gegen ein anderes Molekül oder gegen eine Wand stoßen. Es gibt dabei keine bevorzugte Bewegungsrichtung der Moleküle und auch keine bevorzugte Gefäßwand, gegen welche die Moleküle prallen (Bild 3).
Der Druck in einem eingeschlossenen Gas ist die Folge der Stöße der Moleküle gegeneinander und gegen die Gefäßwand. An der Gefäßwand entstehen so nach außen gerichtete Kräfte. Durch diese Druckkräfte auf die Gefäßwände erhalten verformte Bälle, Fahrradreifen und Matratzen ihre alte Form zurück.

> Der Druck in einem eingeschlossenen Gas entsteht durch die Stöße der Gasmoleküle gegeneinander und gegen die Gefäßwände.
> In einem Gefäß ist der Gasdruck an allen Stellen gleich groß. Der Gasdruck wirkt allseitig. Auf die Gefäßwände wirken Druckkräfte.

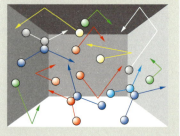

In einem eingeschlossenen Gas stoßen die Moleküle aneinander und gegen die Gefäßwände.

Gasdruck in geschlossenen Gefäßen

Berechnung des Drucks. Bild 1 zeigt ein Gefäß, in das durch ein Ventil Luft hineingepumpt wurde. Oben sind zwei Kolbenprober angebracht, auf denen zwei Wägestücke von 5 kg und 10 kg stehen. Die Querschnittsflächen der Kolbenprober betragen 4 cm² und 8 cm². In beiden Fällen wirkt der Gewichtskraft der Wägestücke eine gleich große Druckkraft entgegen.
Der Gasdruck bewirkt also auf einer doppelt so großen Fläche eine doppelt so große Kraft. Der Druck wird berechnet als Quotient aus Kraft F und Fläche A. Das Formelzeichen für den Druck ist p (nach dem englischen Wort *pressure*).

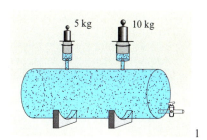

$$\text{Druck} = \frac{\text{Kraft}}{\text{Fläche}} \quad \text{oder} \quad p = \frac{F}{A}$$

Setzt man in dieser Gleichung für die Kraft die Einheit Newton und für die Fläche die Einheit Quadratmeter ein, so erhält man als Einheit für den Druck Newton je Quadratmeter ($\frac{N}{m^2}$). Diese Einheit bezeichnet man zu Ehren des französischen Forschers BLAISE PASCAL als Pascal (Pa). 1 Pascal ist ein sehr kleiner Druck. Man benutzt daher meist die Vielfachen dieser Einheit, nämlich Kilopascal (kPa) und Megapascal (MPa).

$1 \text{ Pa} = 1 \frac{N}{m^2} = 0{,}0001 \frac{N}{cm^2}$

$1 \text{ kPa} = 1\,000 \text{ Pa} = 0{,}1 \frac{N}{cm^2}$

$1 \text{ MPa} = 1\,000\,000 \text{ Pa} = 100 \frac{N}{cm^2}$

BLAISE PASCAL (1623–1662)

Zur Angabe des Drucks wird häufig auch noch eine ältere Einheit verwendet, das Bar (bar).
Es gilt:
$1 \text{ bar} = 100 \text{ kPa} \qquad 1 \text{ bar} = 10 \frac{N}{cm^2}$.

Messen des Drucks. Zum Messen des Drucks benutzt man Manometer (Bild 3). Manometer messen den Gasdruck auf verschiedene Weise. Eine Ausführungsform zeigt Bild 4.
Das Manometer ist über einen Stutzen oder Schlauch mit dem gasgefüllten Gefäß verbunden. Je größer der Gasdruck in dem Gefäß wird, desto stärker wird der Deckel im Manometer verbogen. Die Bewegung des Deckels wird auf den Zeiger übertragen.

Manometer an der Tankstelle

Ändern des Gasdrucks. Es gibt verschiedene Möglichkeiten, in einem Gas den Druck zu ändern. Man kann zum Beispiel mehr Gas in ein Gefäß hineinpumpen. Als Folge davon stoßen die Moleküle noch häufiger gegeneinander. Daher steigt der Druck beim Aufpumpen eines Schlauchs. Man kann aber auch die Temperatur des Gases erhöhen. Dann bewegen sich die Gasmoleküle heftiger und sie stoßen auch häufiger gegeneinander. So erhöht sich der Gasdruck im Fahrradschlauch bei längerer Sonneneinstrahlung.

Beispiele für Drücke

Pkw-Reifen	200 kPa	Spraydose	1 000 kPa
Lkw-Reifen	600 kPa	Sauerstoffflasche	15 000 kPa
Fahrradreifen	bis 800 kPa	Pressluftflasche	20 000 kPa

Aufbau eines Manometers

Eine weitere Möglichkeit, den Druck in einem Gas zu ändern, kennst du von der Luftpumpe:
Wenn du die Pumpe vorn mit dem Daumen verschließt und die Luft mit dem Kolben zusammenpresst, dann musst du umso mehr Kraft aufbringen, je mehr du das Volumen verminderst. Der Druck in der Pumpe nimmt also zu, wenn das Volumen der eingeschlossenen Gasmenge verkleinert wird. Beim Aufpumpen eines Reifens kommt es zu einem Druckausgleich, wenn der Druck in der Pumpe größer ist als im Reifen.

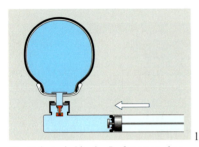
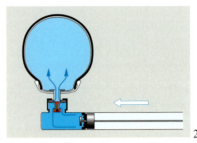
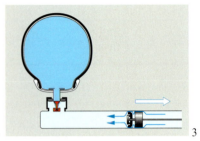

Zunächst wird in der Luftpumpe eine Gasmenge zusammengedrückt. Der Druck in der Pumpe steigt.

Ist der Druck in der Pumpe größer als im Reifen, so öffnet sich das Ventil und es strömt Luft in den Reifen.

Beim Auseinanderziehen der Pumpe schließt sich das Ventil wieder und es strömt Luft von außen in die Pumpe.

Das Gesetz von BOYLE und MARIOTTE

Die Druckänderung in einem Gas bei Verringerung des Volumens soll in einem Experiment genauer untersucht werden.

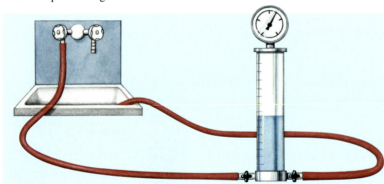

EXPERIMENT 1
In einer luftdichten Röhre befinden sich 4 l Luft unter einem Druck von 1 bar. Über einen geöffneten Zufluss strömt Wasser ein. Das aufsteigende Wasser verkleinert das Volumen der eingeschlossenen Luft. Am Manometer kann jeweils der in der Luft herrschende Druck abgelesen werden.

Aus der Messwertetabelle ist erkennbar: Presst man die Luft auf die Hälfte (ein Drittel oder ein Viertel) ihres ursprünglichen Volumens zusammen, steigt der Druck auf das Doppelte (das Dreifache oder das Vierfache). Diesen Zusammenhang entdeckten ROBERT BOYLE (1627–1691) und EDMÉ MARIOTTE (1620–1684). Sie erkannten auch, dass dieses Produkt nur dann konstant ist, wenn sich die Temperatur des Gases nicht ändert. Heute bezeichnet man das Gesetz nach beiden Wissenschaftlern als das Gesetz von BOYLE und MARIOTTE:

Messwertetabelle	
Volumen V	Druck p
4,0 l	1,0 bar
3,5 l	1,2 bar
3,0 l	1,3 bar
2,5 l	1,6 bar
2,0 l	2,0 bar
1,5 l	2,7 bar
1,0 l	4,0 bar

> In einem eingeschlossenen Gas ist das Produkt aus Druck und Volumen konstant:
> $p \cdot V =$ konstant   oder $p_1 \cdot V_1 = p_2 \cdot V_2$.
> Gültigkeitsbedingung: Die Temperatur des Gases bleibt konstant.

Gasdruck in geschlossenen Gefäßen

AUFGABEN

1. Die Experimentieranordnung im Bild 1a heißt Heronsball. Durch die Glasröhre wird Luft hineingeblasen. Danach wird sie mit einem Finger verschlossen. Begründe, was geschieht, wenn man den Finger wegnimmt!

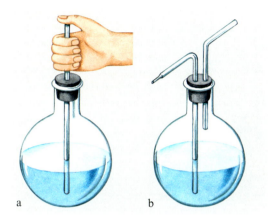

2. Erkläre die Wirkungsweise der Spritzflasche im Bild 1b!
3. Mithilfe des Teilchenmodells kann man erklären, warum der Gasdruck größer werden muss, wenn man das Volumen des Gases verkleinert. Versuche es!
4. Beschreibe den Aufbau und erkläre die Wirkungsweise eines Manometers!
5. Mit welcher Kraft drückt die Luft
   a) in einem Pkw-Reifen,
   b) in einem Fahrradreifen,
   c) in einem Lkw-Reifen jeweils auf eine Fläche von 1 cm²?
6. Der Korken einer Sektflasche ($A = 3$ cm²) wird mit einer Kraft von 200 N herausgedrückt.
   a) Wie groß ist der Druck in der Flasche?
   b) Wie groß ist die Kraft auf die Bodenfläche der Flasche ($A = 50$ cm²)?
7. Schätze ab, wie groß die Berührungsfläche zwischen Straße und Reifen bei folgenden Fahrzeugen ist: a) Fahrrad, b) Pkw, c) Lkw! Mit welcher Kraft wirkt jeweils die eingeschlossene Luft einer Verformung des Reifens entgegen?
8. Welches Volumen hätte die Luft im Experiment 1 bei einem Druck von a) 1,5 bar, b) 3 bar?
9. In einer 10-l-Gasflasche befindet sich Ballongas (Helium) unter einem Druck von 120 bar. Wie viele Ballons mit einem Volumen von 4 l und einem Druck von 1,02 bar kann man mit dieser Gasmenge füllen?
10. Halte beim Vergrößern des Brustkastens Nase und Mund geschlossen! Was geschieht beim plötzlichen Öffnen des Mundes?
11. Jemand behauptet: „Eine Luftpumpe sollte einen möglichst großen Durchmesser haben, damit man einen Reifen besonders hart aufpumpen kann." Stimmt das? Begründe!

ZUSAMMENFASSUNG

Der Druck in einem eingeschlossenen Gas entsteht durch die Stöße der Gasmoleküle gegeneinander und gegen die Gefäßwände.
Der Gasdruck wirkt allseitig.
Auf die Gefäßwände wirken Kräfte.

$$\text{Druck} = \frac{\text{Kraft}}{\text{Fläche}} \quad \text{oder} \quad p = \frac{F}{A}$$

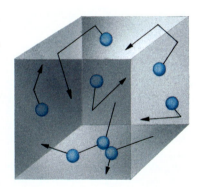

Der Druck kann in Pascal (Pa) oder in Bar (bar) angegeben werden.
Es gelten folgende Beziehungen:

$1 \text{ Pa} = 1 \dfrac{\text{N}}{\text{m}^2}$

$1 \text{ bar} = 10 \dfrac{\text{N}}{\text{cm}^2}$

$1 \text{ bar} = 100 \text{ kPa}$

Gesetz von BOYLE und MARIOTTE:
In einem eingeschlossenen Gas ist das Produkt aus Druck p und Volumen V konstant.
$p \cdot V = $ konstant.
Gültigkeitsbedingung: Die Temperatur des Gases bleibt konstant.

Flüssigkeitsdruck und Auflagedruck

Es macht Spaß, mit einem solchen Karussell zu fahren und dabei zusätzlich zur Kreisbewegung noch rhythmisch in die Luft gehoben zu werden. Welche Kräfte heben und senken die tonnenschweren Arme des Karussells?
Bei genauem Beobachten bemerkt man, wie sich metallisch glänzende Kolben auf- und abwärtsbewegen. Ähnliche Kolben sieht man bei großen Baumaschinen, wie Autodrehkranen oder Baggern. Welche Funktion haben diese Kolben?

Entstehung des Drucks

Unter Kindern ist es ein beliebtes Spiel, andere mit einer Wasserpistole zu bespritzen. Untersucht man eine solche Spritze genauer, erkennt man einen wasserdichten Zylinder. An einem Ende befindet sich ein beweglicher Kolben. Am anderen Ende ist eine Düse angebracht. Drückt man den Kolben hinein, spritzt es durch die Düse heraus. Ähnliches kann man beobachten, wenn man eine Luftpumpe mit Wasser füllt und dann den Kolben hineindrückt. Das zeigt auch ein Experiment.

> **EXPERIMENT 1**
> An einer Spritze befindet sich eine Kugel mit mehreren gleichen Düsen. Man füllt diese Kugelspritze mit Wasser und drückt den Kolben hinein.

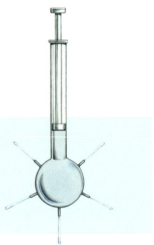

Durch die am Kolben wirkende Kraft wird das Wasser nach allen Seiten herausgepresst. Im Wasser herrscht ein Druck. Auf die Gefäßwände wirken Kräfte. Im folgenden Experiment soll untersucht werden, wie sich die Kraft auf einen Kolben im Inneren der Flüssigkeit auswirkt.

> **EXPERIMENT 2**
> Eine Flasche und ein Kolbenprober sind miteinander verbunden und mit Wasser gefüllt. In der Flasche befindet sich ein kleiner Luftballon. Der Kolben wird in den Kolbenprober hineingedrückt.

Flüssigkeitsdruck und Auflagedruck

Mit zunehmender Kraft auf den Kolben wird der Luftballon von allen Seiten zusammengedrückt.
Die Kraft auf den Kolben erzeugt in der gesamten Flüssigkeit einen Druck. Dieser Druck existiert in der gesamten Flüssigkeit – auch an allen Gefäßwänden.
Flüssigkeiten bestehen aus Molekülen, die sich dicht beieinander befinden. Bei ihren Bewegungen stoßen die Moleküle ständig auf andere Moleküle. Hierdurch entsteht der Druck in Flüssigkeiten. Da die Moleküle auch an die Gefäßwände stoßen, wirkt auf die Gefäßwände eine nach außen gerichtete Kraft.
Drückt ein Kolben auf die Flüssigkeit (Bild 1), so können die Moleküle kaum dichter zusammengedrückt werden. Die vom Kolben ausgeübte Kraft wird auf alle Moleküle und in alle Richtungen weitergegeben. Die Moleküle wirken nun heftiger aufeinander ein als zuvor. Das heißt: Der Druck in der Flüssigkeit erhöht sich.

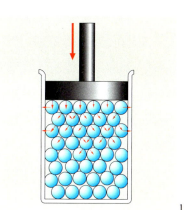

1

BLAISE PASCAL hat als Erster ähnliche Überlegungen und entsprechende Experimente angestellt. Er fand als Ergebnis:

> In einer eingeschlossenen Flüssigkeit ist der Druck an allen Stellen gleich groß. Er wirkt in alle Richtungen.

Das gilt allerdings nur, wenn man die Gewichtskraft der Flüssigkeit unberücksichtigt lässt.
Der Druck in einer Flüssigkeit lässt sich über die Kraft bestimmen, die auf eine Flächeneinheit der Gefäßwände wirkt.
Wie für den Gasdruck, gilt auch für den Flüssigkeitsdruck: $p = \dfrac{F}{A}$.

Als Druckeinheiten benutzt man ebenfalls Pascal oder Bar. Auch zum Messen des Flüssigkeitsdrucks dienen Manometer.

Übertragen und Vergrößern von Kräften

Mit der Apparatur in Bild 2 lässt sich zeigen, wie Bewegungen und Kräfte durch eine Flüssigkeit übertragen werden können. Drückt man den einen Kolben ein Stück hinein, so bewegt sich der Kolben am anderen Ende genau so weit hinaus. Das gilt allerdings nur, wenn beide Kolben dieselbe Querschnittsfläche haben.

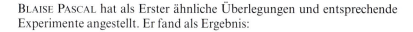
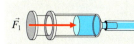

2

Druckkräfte und Bewegungen können sehr gut durch den Schlauch weitergegeben werden, weil das Volumen der Flüssigkeit sich auch bei Druckerhöhung nicht ändert. Wäre im Schlauch ein Gas, so könnte es zusammengedrückt werden und die Bewegung würde nicht übertragen werden.
Unter bestimmten Bedingungen können die Kräfte nicht nur übertragen, sondern auch vergrößert werden. Das wird in hydraulischen Anlagen genutzt.

Die Funktionsweise einer hydraulischen Anlage soll im folgenden Experiment verdeutlicht werden.

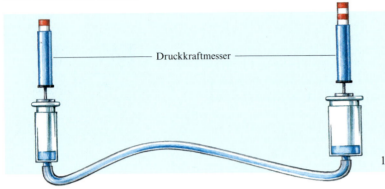

Druckkraftmesser

EXPERIMENT 3
Zwei Kolbenprober mit unterschiedlichen Querschnittsflächen werden durch einen Schlauch verbunden. Die Apparatur wird mit Wasser gefüllt. Auf den einen Kolbenprober wird mit einem Federkraftmesser eine Druckkraft ausgeübt.
Mit einem zweiten Federkraftmesser wird die Druckkraft bestimmt, die am anderen Kolbenprober wirkt.

Die beiden Kräfte in Experiment 3 sind unterschiedlich groß. Hat der linke Kolben eine Fläche von 5 cm², so erzeugt die Kraft $F_1 = 10$ N den Druck p:

$$p = \frac{F_1}{A} \qquad p = \frac{10 \text{ N}}{5 \text{ cm}^2} = 2 \frac{\text{N}}{\text{cm}^2}.$$

Mit diesem Druck wirkt die Flüssigkeit auf den rechten Kolben. Seine Fläche beträgt 10 cm². Auf diese Fläche wirkt dann die Kraft F_2:

$$F_2 = p \cdot A \qquad F_2 = 2 \frac{\text{N}}{\text{cm}^2} \cdot 10 \text{ cm}^2 = 20 \text{ N}.$$

Allerdings lässt sich auch mit einer hydraulischen Anlage keine Arbeit „einsparen". Wird nämlich im Experiment 3 der linke Kolben um 2 cm hineingedrückt, so bewegt sich der rechte Kolben nur um 1 cm heraus. Das Produkt $W = F \cdot s$ ist auf beiden Seiten gleich.

Auflagedruck

Bisher wurden nur der Druck in Gasen und Flüssigkeiten betrachtet. Aber auch bei festen Körpern können Kräfte auf eine Fläche wirken. Auch in festen Körpern setzen sich diese Kräfte nach Innen fort und erzeugen dort einen Druck. Wenn der feste Körper nicht sehr hart ist oder wenn dieser Druck sehr groß ist, verformt sich der Körper. Solche Beobachtungen macht man zum Beispiel beim Laufen und Fahren auf Schnee. Obwohl das Schneemobil viel schwerer ist als der Fußgänger, sinkt es weniger tief ein.

Flüssigkeitsdruck und Auflagedruck

Die Ursache für das unterschiedlich tiefe Einsinken von Schneemobil und Fußgänger kann man erkennen, wenn man mehrere Ziegel auf verschiedene Weise auf Schaumstoff legt:

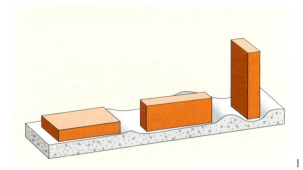

Bei gleicher Gewichtskraft F_G wird der Schaumstoff umso tiefer eingedrückt, je kleiner die Auflagefläche A ist.

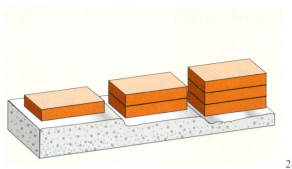

Bei gleicher Auflagefläche A wird der Schaumstoff umso tiefer eingedrückt, je größer die Gewichtskraft F_G ist.

In allen Fällen rufen die Ziegel in ihrer Auflage einen Druck hervor. Man nennt ihn Auflagedruck. Für den Auflagedruck gibt es kein Messgerät. Bei einer waagerechten Unterlage kann man ihn aber aus der Auflagefläche und der Gewichtskraft berechnen:

$$\text{Auflagedruck} = \frac{\text{Gewichtskraft}}{\text{Auflagefläche}} \quad \text{oder} \quad p = \frac{F_G}{A}$$

Ist die Unterlage nicht horizontal, so ist statt der Gewichtskraft die Normalkraft F_N einzusetzen. Die Normalkraft wirkt senkrecht auf die Unterlage. Der Würfel im Bild 3 drückt mit einer Gewichtskraft $F_G = 100$ N auf eine Auflagefläche von 4 cm². Auf eine Fläche von 1 cm² wirkt demnach eine Gewichtskraft von 25 N.

Der Auflagedruck beträgt $25 \, \frac{\text{N}}{\text{cm}^2}$.

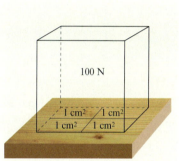

Auflagedruck eines Würfels

Jetzt kann man auch begründen, weshalb der Fußgänger tiefer einsinkt als das Schneemobil. Dazu vergleicht man ihre Auflagedrücke.

	Schneemobil mit Fahrer	Fußgänger
Gewichtskraft F_G	2 000 N	900 N
Auflagefläche A	6 000 cm²	500 cm²
Auflagedruck $p = \frac{F}{A}$	$0{,}33 \, \frac{\text{N}}{\text{cm}^2}$	$1{,}8 \, \frac{\text{N}}{\text{cm}^2}$

Breitere Räder erhalten die lockere Bodenstruktur.

Der Spaziergänger sinkt tiefer in den Schnee ein, weil er einen mehr als fünfmal so großen Auflagedruck ausübt, wie das Schneemobil.
Fahrzeuge in der Landwirtschaft und im Bauwesen sind oft groß und schwer. Damit ein Traktor nicht den Ackerboden verfestigt und ein Lkw auf weichem Untergrund nicht zu tief einsinkt, erhalten diese Fahrzeuge besonders breite Reifen (Bild 4). Dadurch werden kleine Auflagedrücke erreicht.
Umgekehrt will man bei Schneidwerkzeugen, wie Kneifzangen oder Messern, extrem hohe Drücke erreichen. Dazu müssen die Schneiden eine besonders kleine Auflagefläche haben.

Erzeugung eines großen Auflagedrucks

222   Mechanik der Flüssigkeiten und Gase

Hydraulische Anlagen

Die Möglichkeit zur Übertragung und Vergrößerung von Kräften nutzt man in vielen technischen Anlagen.
In hydraulischen Anlagen sind zwei verschieden große Zylinder mit beweglichen Kolben über Schläuche miteinander verbunden (Bild 2). Ihr Vorteil gegenüber anderen Vorrichtungen zur Kraftverstärkung besteht darin, dass sie keine Rollen, Zahnräder, Hebel, Seile oder Stangen enthalten, die im Laufe der Zeit verschleißen.
Als Flüssigkeit in einer hydraulischen Anlage wird meistens Mineralöl verwendet. Gegenüber dem Wasser hat Mineralöl den Vorteil, dass es bei den üblichen Wintertemperaturen nicht einfriert und vor Korrosion schützt.
Der Druck in dem Öl beträgt in vielen Anlagen über 10 bar. Um diesem großen Druck standzuhalten, sind stabile Schläuche mit guten Dichtungen erforderlich.

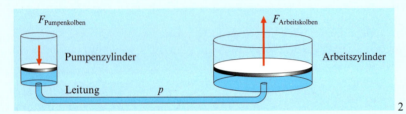

Der Pumpenkolben wird durch Muskelkraft oder durch einen Motor bewegt. Sie drückt den Pumpenkolben auf die Flüssigkeit und erzeugt dort den Druck p. Dieser Druck pflanzt sich durch die Leitung bis in den Arbeitszylinder fort.
Die am Arbeitskolben wirkende Kraft kann unter zwei Bedingungen besonders groß werden: Man erzeugt am Pumpenkolben einen besonders großen Druck oder man wählt einen Arbeitskolben mit besonders großer Querschnittsfläche.

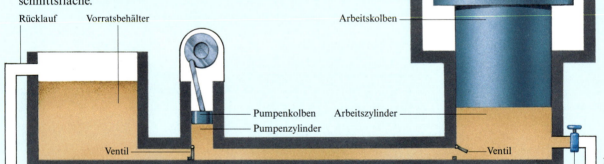

Hydraulische Presse. Beim einmaligen Niederdrücken des Pumpenkolbens wird nur wenig Flüssigkeit in den Arbeitszylinder gedrückt, sodass sich der Arbeitskolben nur Bruchteile von einem Millimeter hebt. Deshalb muss der Pumpenkolben bei der Presse mehrmals niedergedrückt werden. Bei großen Pressen übernehmen Elektromotoren das Heben und Senken des Pumpenkolbens.
Ventile sorgen dafür, dass beim Anheben des Pumpenkolbens kein Öl aus dem Arbeitszylinder zurückfließt, aber zusätzliches Öl aus dem Vorratsbehälter eingelassen wird. Soll der Arbeitskolben wieder gesenkt werden, öffnet man das Ventil für den Rücklauf in den Vorratsbehälter.

Flüssigkeitsdruck und Auflagedruck

AUFGABEN

1. Begründe, dass sich bei Druckerhöhung das Volumen eines Gases verringern kann, das Volumen einer Flüssigkeit aber nahezu konstant bleibt!
2. Wer drückt hier wen weg? Mädchen und Junge sollen gleich stark sein. Begründe!

1

3. Nenne drei Maschinen, in denen hydraulische Anlagen genutzt werden!
4. Nenne Vorteile einer hydraulischen Anlage gegenüber einem Flaschenzug! Gibt es auch Nachteile?
5. Begründe, dass auch für eine hydraulische Anlage gilt: „Was man an Kraft spart, muss man an Weg zusetzen!"
6. Berechne den Auflagedruck, den ein Elefant mit einer Masse von 4 t (Gewichtskraft 40 kN) auf den Boden ausübt ($A = 2800$ cm^2)! Vergleiche ihn mit deinem Auflagedruck (auf Zehenspitzen)!
7. Miss bei verschiedenen Skiern Breite und Länge der auf dem Schnee aufliegenden Lauffläche! Wie groß ist der Auflagedruck, wenn du darauf stehst?
8. Wie unterscheiden sich die Auflagedrücke bei Langlauf-, Abfahrt- und Sprungskiern?
9. Menschen, die in Eis eingebrochen sind, brauchen Hilfe. Der Helfer im Bild 2 bringt sein Leben selbst in Gefahr. Wie kann sich der Helfer schützen?

2

10. Wie kannst du zahlenmäßig den Auflagedruck von einem Rennrad, einem Tourenrad und einem Mountainbike vergleichen?
Führe deine Überlegungen aus!
11. Gasdruck und Flüssigkeitsdruck wirken allseitig. Wie ist das beim Auflagedruck?
12. In einer hydraulischen Anlage ist die Kraft am Arbeitskolben 8-mal so groß wie am Pumpenkolben. Der Pumpenkolben wird um 4 cm bewegt. Um welche Strecke bewegt sich dann der Arbeitskolben?
13. Begründe, dass die Bremsanlage eines Autos von Zeit zu Zeit entlüftet werden muss!
14. Hydraulikschläuche haben oft einen relativ kleinen Durchmesser. Versuche eine Begründung dafür zu finden!

ZUSAMMENFASSUNG

In Flüssigkeiten besteht ein Druck. Er kommt dadurch zustande, dass die Moleküle aufeinander und auf die Gefäßwand einwirken.
In einer eingeschlossenen Flüssigkeit breitet sich der Druck nach allen Seiten gleichmäßig aus. Der durch die Kraft auf einen Kolben hervorgerufene Flüssigkeitsdruck ist an allen Stellen des Gefäßes gleich groß.

Der Flüssigkeitsdruck wird mit Manometern gemessen und in Pascal (Pa) oder in bar angegeben.

Hydraulische Anlagen sind kraftumformende Einrichtungen.
Die Kraft am Arbeitskolben ist besonders groß, wenn die Fläche des Arbeitskolbens sehr viel größer ist als die Fläche des Pumpenkolbens.

Körper, die auf anderen Körpern aufliegen, erzeugen durch ihre Gewichtskraft einen Auflagedruck.

Für den Flüssigkeitsdruck und den Auflagedruck gilt die Gleichung
$p = \dfrac{F}{A}$.

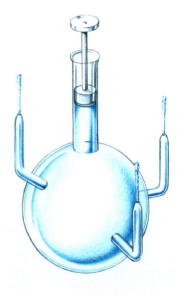

Schweredruck

Im Fahrstuhl eines Hochhauses, beim Aufstieg auf einen Berg oder beim Abstieg kann man von Zeit zu Zeit ein „Knacken" im Ohr bemerken. Wenn du im Auto große Höhenunterschiede überwindest, fühlen sich deine Ohren wie verstopft an. Besonders heftig verspürt man diesen Druck im Ohr während des Steigflugs oder des Landeanflugs im Flugzeug. Auch beim tiefen Tauchen drückt es in unseren Ohren.
Wie kommt dieser Druck zustande?

Schweredruck in Flüssigkeiten

Die Erfahrungen, die du schon beim Tauchen gemacht hast, sollen genauer untersucht werden. In einem Experiment kann man den Druck auf das Ohr veranschaulichen. Dazu braucht man eine Drucksonde und ein U-Rohr-Manometer (Bild 2).

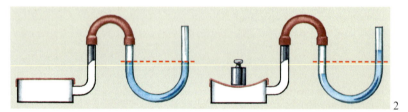

Eine Drucksonde besteht aus einer offenen Metalldose, über die eine Gummihaut gespannt ist. Drückt man auf diese Membran, so vergrößert sich in der Luft unter der Membran der Gasdruck. Diese Druckerhöhung wirkt auf das im U-Rohr befindliche Wasser und drückt es im linken Schenkel etwas nach unten. Zwischen den beiden Wassersäulen im U-Rohr entsteht ein Höhenunterschied. Dieser ist ein Maß für den Druck auf die Membran. Mit einer solchen Sonde lässt sich der Druck in einer Flüssigkeit genauer untersuchen.

EXPERIMENT 1
Eine Drucksonde wird unterschiedlich tief in Wasser eingetaucht. Danach wird die Drucksonde in gleich bleibender Tiefe in verschiedene Richtungen gedreht.

Schweredruck

Es stellt sich heraus, dass der gemessene Druck umso größer ist, je tiefer die Drucksonde eingetaucht ist. In einer bestimmten Tiefe ist aber der Druck in allen Richtungen gleich groß.

Wird das Experiment mit anderen Flüssigkeiten wiederholt, z. B. Salzwasser oder Alkohol, so erkennt man, dass der Druck auch von der Dichte der Flüssigkeit abhängt: Bei gleicher Tiefe der Drucksonde ist der Druck umso größer, je größer die Dichte der Flüssigkeit ist (Bild 1).

Diese Ergebnisse lassen sich folgendermaßen erklären:

In einem Gefäß lastet in einer bestimmten Tiefe auf der dort befindlichen Flüssigkeit die darüber stehende „Flüssigkeitssäule". Sie wirkt in dieser Tiefe auf die Flüssigkeit wie ein gleich schwerer Kolben. Je länger die Flüssigkeitssäule ist und je größer die Dichte der Flüssigkeit ist, desto schwerer ist die Flüssigkeitssäule.

Die Druckunterschiede in der Flüssigkeit kommen also durch die Gewichtskraft zustande. Man spricht daher auch vom Schweredruck in Flüssigkeiten.

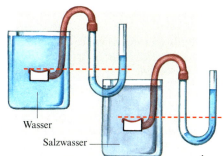

Wasser
Salzwasser

Der Schweredruck
- entsteht durch die Gewichtskraft der Flüssigkeit,
- ist umso größer, je größer die Tiefe ist,
- ist in einer bestimmten Tiefe in allen Richtungen gleich groß,
- ist umso größer, je größer die Dichte der Flüssigkeit ist.

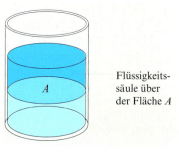

Flüssigkeitssäule über der Fläche A

In einer bestimmten Tiefe lastet die darüber befindliche Flüssigkeit wie ein Zylinder auf der darunter befindlichen Flüssigkeit.

Hängt der Schweredruck auch von der Form des Gefäßes ab? Mit einem besonderen Gerät lässt sich die Druckkraft auf die Bodenfläche verschiedener Gefäße bestimmen.

EXPERIMENT 2
Auf das abgebildete Gerät werden nacheinander verschieden geformte Röhren mit gleicher Grundfläche aufgesetzt.
Die Röhren werden jeweils bis zur gleichen Höhe mit Wasser gefüllt. Die Druckkraft wird mit einem Wägestück über einen Hebel ausgeglichen.

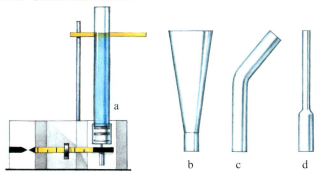

Das Experiment führt zu einem überraschenden Ergebnis, das auch als *hydrostatisches Paradoxon* bezeichnet wird:

Der Schweredruck ist von der Form des Gefäßes unabhängig.

Die Zunahme des Schweredrucks mit der Tiefe müssen die Ingenieure bei allen Wasserbauwerken berücksichtigen. Ein wichtiges Beispiel für solche Bauwerke sind Talsperren, die als Talabschluss einen Stauraum zur Wasserspeicherung schaffen. Für deren Konstruktion gibt es verschiedene Möglichkeiten.

Bild 4 zeigt eine sogenannte Gewichtsstaumauer, bei der die Dicke von der Krone zur Sohle hin zunimmt. Da Staumauern nicht selten Höhen von 100 m erreichen, müssen die durch den enormen Schweredruck des Wassers hervorgerufenen Kräfte durch elastische Trägerverbindungen auch auf die felsigen Talwände übertragen werden.

Gewichtsstaumauer

Luftdruck

Wenn du beim Abwasch ein vollständig mit Wasser gefülltes Glas mit dem Boden nach oben ziehst, dann fließt das Wasser zunächst nicht aus (Bild 1). Wie kommt das?

Die Erde ist von einer Lufthülle umgeben. Wir leben also gewissermaßen auf dem Grund eines riesigen „Luftmeeres". Ebenso wie das Wasser im Meer erzeugt auch die Luft durch ihre Gewichtskraft einen Schweredruck. Diesen Schweredruck der Lufthülle bezeichnet man als Luftdruck.

Der menschliche Körper hat sich dem Schweredruck der Luft so angepasst, dass man diesen nicht bemerkt. Daher ist man im täglichen Leben oft überrascht, wenn man den Wirkungen des Luftdrucks begegnet.

Wie groß der Luftdruck ist, lässt sich mithilfe eines Experiments abschätzen (Bild 2). Zieht man mit einem Federkraftmesser am Kolben eines Kolbenprobers, so strömt bei offenem Hahn Luft nach. Die Luft wirkt sowohl von innen als auch von außen auf den Kolben. Die vom Luftdruck verursachten Kräfte auf den Kolben heben sich gegenseitig auf. Der Federkraftmesser zeigt daher nur die Reibungskraft zwischen Glaswand und Kolben an (Bild 2a). Diese Kraft ist sehr klein. Wiederholt man die Messung bei geschlossenem Hahn, ist eine viel größere Kraft erforderlich (Bild 2b). Jetzt wirkt der Luftdruck nur von außen auf den Kolben. Zusätzlich zur Reibungskraft muss daher noch die vom Luftdruck auf den Kolbenquerschnitt ausgeübte Kraft F_{Luft} überwunden werden. Wird ein Kolben mit einer Querschnittsfläche von etwa $A = 6\ cm^2$ verwendet, so ergibt sich für die vom Luftdruck ausgeübte Kraft F_{Luft} etwa 61 N. Damit kann man den Luftdruck abschätzen:

$$p = \frac{F_{Luft}}{A} \qquad p = \frac{61\ N}{6\ cm^2} \qquad p \approx 10\ \frac{N}{cm^2}$$

Der so ermittelte Luftdruck beträgt annähernd $10\ \frac{N}{cm^2}$ oder 100 kPa. Auf der Erde ist der Luftdruck nicht überall gleich groß. Daher gibt man als Normdruck einen mittleren Wert an:

> Der mittlere Luftdruck beträgt auf dem Meeresspiegelniveau 101,3 kPa.

Im Wetterbericht wird der Luftdruck in Hektopascal (1 kPa = 10 hPa) angegeben. Der Normdruck beträgt 1013 hPa.

Die Geräte zum **Messen des Luftdrucks** heißen auch Barometer (*barys* griech. für schwer). Ein Dosenbarometer funktioniert ähnlich wie ein Manometer zur Messung des Druckes von eingeschlossenen Gasen (vgl. S. 129). Allerdings wirkt beim Dosenbarometer der zu messende Druck von außen auf die Dose.

Der Luftdruck verhindert, dass das Wasser ausfließt.

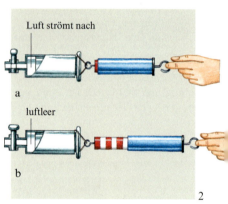

Messungen zum Abschätzen des Luftdrucks

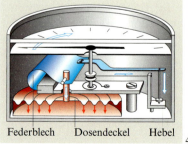

Dosenbarometer. Bei Zunahme des Luftdrucks wird die Dose zusammengedrückt. Die Bewegung des Dosendeckels wird auf den Zeiger übertragen. Dosenbarometer sind heute meist in Hektopascal geeicht.

Schweredruck

Verbundene Gefäße

In vielen Kaffeemaschinen befinden sich zwei Behälter, ein Wasserbehälter und eine Füllstandsanzeige (Bild 1). Gießt man in die Kaffeemaschine Wasser, zeigt die Füllstandsanzeige, für wie viele Tassen das Wasser reicht. Zwei solche Behälter bezeichnet man als verbundene Gefäße: Sie sind miteinander verbunden und oben offen. Der Wasserstand in den beiden verbundenen Gefäßen ist gleich, auch wenn ihre Querschnittsflächen sehr unterschiedlich sind. Ursache hierfür ist ein Druckausgleich in der Verbindung der beiden Gefäße.

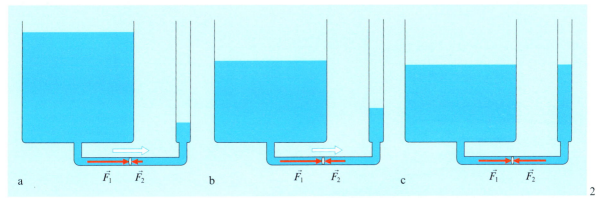

Ist im linken Gefäß der Wasserstand höher als im rechten (Bild 2a), so ist auch der Schweredruck am Boden des Gefäßes größer. Die Druckkraft $\vec{F}_1$ auf die Querschnittsfläche der Leitung ist größer als die Druckkraft $\vec{F}_2$. Die Flüssigkeit strömt durch die Leitung, bis $\vec{F}_1$ und $\vec{F}_2$ gleich groß sind, also der Schweredruck am Boden der beiden Gefäßen gleich groß ist (Bild 2c).

Verbundene Gefäße werden in der Technik vielfach genutzt. Beispiele zeigen die Bilder 3 bis 5.

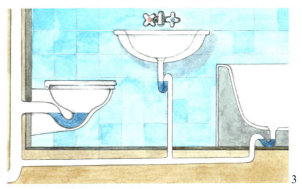

Geruchsverschluss

Wasserversorgung eines Wohnhauses

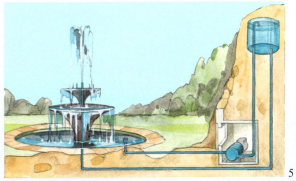

Wasserversorgung einer Fontäne im Park

Vakuum und Luftdruck

Gibt es ein Vakuum? OTTO VON GUERICKE (Bild 1) interessierte sich für die Frage: Könnte man einen luftleeren Raum herstellen? Einen solchen Raum nennt man ein Vakuum. Für seine Untersuchungen beschäftigte er sich zuerst mit dem Bau von Luftpumpen. Mit diesen pumpte er die Luft aus Fässern und kupfernen Hohlkugeln. Zwei Männer mussten eine Stunde pumpen, bis aus einer Kugel mit einem Durchmesser von einem halben Meter fast die gesamte Luft heraus war.

In einem großen Schauversuch wollte GUERICKE den Menschen zeigen, mit welch großer Kraft der Luftdruck auf einen Körper wirkt. Dazu fügte er zwei kupferne Halbkugeln mit einem Durchmesser von 42 cm zusammen und pumpte die Luft heraus. Als Dichtung benutzte er einen mit Wachs und Terpentin getränkten Lederring. Für den Anschluss der Luftpumpe besaß die Kugel einen mit einem Hahn verschließbaren Stutzen. In der Mitte hatten die Halbkugeln starke Ösen. Nach dem Auspumpen konnten so an jede Kugelhälfte acht Pferde angespannt werden. Nur manchmal gelang es den Pferden, die zwei Kugelhälften auseinanderzureißen. Das geschah dann mit einem lauten Knall, als ob eine Kanone abgefeuert würde. OTTO VON GUERICKE wurde durch dieses Experiment in vielen Ländern bekannt, es wurde in anderen Städten wiederholt (Bild 2).

OTTO VON GUERICKE (1602–1686) war fast 50 Jahre Bürgermeister von Magdeburg und zugleich Naturforscher.

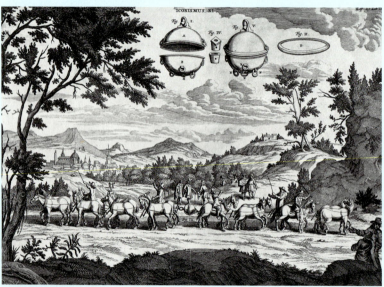

Wiederholung des Experiments auf dem Reichstag zu Regensburg im Jahre 1654

Luftdruck am Fuße und auf der Spitze eines Berges. BLAISE PASCAL untersuchte nicht nur den Schweredruck im Wasser, sondern auch den Luftdruck. So wollte er nachweisen, dass der Luftdruck durch die Gewichtskraft der Lufthülle zustande kommt. Dazu ließ er den Luftdruck am Fuße und auf der Spitze eines hohen Berges messen. Der Beweis gelang, auf dem Berg war der Luftdruck kleiner.

Heute schickt man Barometer mit Wetterballons oder Satelliten mit. Die Messungen zeigen, dass die Lufthülle der Erde bis in einige hundert Kilometer Höhe reicht. Mit zunehmender Höhe wird dabei der Luftdruck immer kleiner. Bereits in 5,5 km Höhe halbiert sich der Luftdruck. Daher benutzen Bergsteiger in größeren Höhen Atemgeräte.

Schweredruck

AUFGABEN

1. Baue dir selbst eine Druckdose (Bild 1): Schneide dazu das Mundstück eines Luftballons ab und ziehe das verbliebene Stück vom Luftballon über einen nicht zu großen Trichter! Das geht leichter, wenn du diesen vorher anfeuchtest. Wiederhole damit das Experiment 1 von Seite 138!

2. Auf Baustellen benutzt man manchmal eine Schlauchwaage (Bild 2). Wozu dient diese und wie funktioniert sie? Baue eine solche nach!

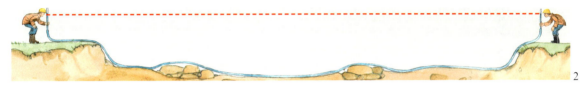

3. Beim Blutdruckmessen wird oft die Einheit mmHg („Millimeter Quecksilbersäule") verwendet. Überlege, wie diese Einheit festgelegt wurde!
4. Füllt man in ein U-Rohr zwei verschiedene, nicht mischbare Flüssigkeiten, so stehen diese in den Schenkeln nicht gleich hoch (Bild 3). Wie ist das zu erklären?
5. Der Saugfuß eines Hakens hat einen Querschnitt von 12 cm². Mit welcher Kraft drückt die Luft auf den Saugfuß?
6. Warum verkauft man viele Lebensmittel in Vakuumverpackungen? Wie stellt man diese her?
7. Schätze die Kraft, mit der die Luft auf deine Körperoberfläche drückt ($A \approx 1{,}5$ m²)! Warum wirst du nicht zerquetscht?
8. Bestimme mit einem Dosenbarometer den Luftdruck im Keller und im Dachgeschoss eures Wohnhauses! Was beweisen deine Messungen?
9. Auf einem Gartenfest kam ein Gast auf eine besondere Idee, wie er seine Limonade trinken könnte. Statt eines Strohhalms wollte er von der obersten Sprosse einer Leiter aus einen dünnen Schlauch benutzen. Ob ihm das wohl gelungen ist? Probiere es aus!
10. Das Glasrohr in Bild 4 hat einen Querschnitt von 5 cm² und taucht 30 cm tief in das Wasser hinein. Wie groß muss die Masse des Wägestücks sein, damit es den Schweredruck des Wassers überwindet und die Glasplatte nach unten drückt?

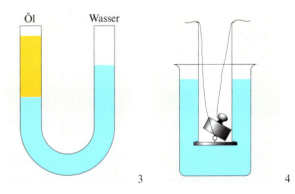

ZUSAMMENFASSUNG

Schweredruck in Flüssigkeiten
Der Schweredruck entsteht durch die Gewichtskraft der Flüssigkeit.
Der Schweredruck wirkt allseitig. Er ist umso größer, je größer die Tiefe und je größer die Dichte der Flüssigkeit sind.
Der Schweredruck ist von der Form des Gefäßes unabhängig.
In verbundenen Gefäßen stehen gleiche Flüssigkeiten gleich hoch.

Luftdruck
Der Luftdruck ist der Schweredruck in der Lufthülle der Erde.
Der mittlere Luftdruck beträgt auf Meeresspiegelniveau 101,3 kPa.

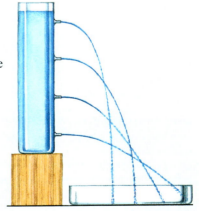

Auftrieb in Flüssigkeiten und Gasen

Wenn du beim Baden einen Ball unter die Wasseroberfläche drücken willst, musst du dich ziemlich anstrengen. Lässt du ihn los, springt er aus dem Wasser heraus.
Ein großer Stein lässt sich unter Wasser leicht anheben. Will man ihn aber auch noch aus dem Wasser herausheben, reicht manchmal die Kraft nicht aus.
Und wirft man ein Stück Holz ins Wasser, schwimmt es. Nimmt man aber ein Stück Eisen, geht es unter. Warum schwimmen dann aber Schiffe mit Stahlkörpern wie dieser Raddampfer?

Auftriebskraft

Im Wasser wirkt auf jeden Ball eine Kraft, die ihn aufwärts treibt. Diese Kraft nennt man Auftriebskraft F_A. Die Auftriebskraft bemerkt man auch beim Tauchen. Durch Schwimmbewegungen muss man ihr beständig entgegenwirken, ansonsten treibt sie einen nach oben.

EXPERIMENT 1
1. Hänge einen Körper (Stein, Metallstab oder Wägestück) an einen Federkraftmesser und bestimme seine Gewichtskraft F_G in Luft!
2. Tauche den Körper vollständig in Wasser ein und bestimme erneut die Kraft, mit welcher der Körper am Federkraftmesser zieht!
3. Wiederhole die Messungen mit anderen Körpern!
4. Tauche einen Körper anschließend auch einmal in andere Flüssigkeiten ein!

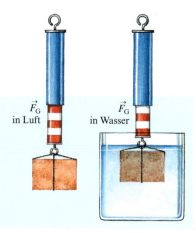

$\vec{F}_G$ in Luft $\vec{F}_G$ in Wasser

Es ist zu beobachten: In allen Fällen zeigt der Federkraftmesser eine kleinere Kraft an, wenn der jeweilige Körper in die Flüssigkeit eingetaucht ist. Daraus lässt sich schließen:

> In allen Flüssigkeiten wirkt auf eingetauchte Körper eine Auftriebskraft F_A.

Diese Auftriebskraft F_A wirkt der Gewichtskraft F_G entgegen. Deshalb kann man einen großen Steinbrocken im Wasser zunächst leicht vom Grund anheben.
Sobald der Stein aber aus dem Wasser herausragt, wird die Auftriebskraft kleiner und man muss am Ende die gesamte Gewichtskraft des Steins überwinden. Daher kann man häufig den Steinbrocken trotz größter Mühe nur teilweise aus dem Wasser herausstemmen.

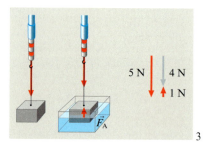

Die Auftriebskraft wirkt der Gewichtskraft entgegen.

Auftrieb in Flüssigkeiten und Gasen

Archimedisches Gesetz

Bereits im Altertum kannte man den Auftrieb der Körper in Flüssigkeiten. Der griechische Naturforscher ARCHIMEDES (etwa 285 – 212 v. Chr.) untersuchte als Erster, wie groß die Auftriebskraft F_A ist. ARCHIMEDES führte seine Untersuchungen in mehreren Schritten durch.

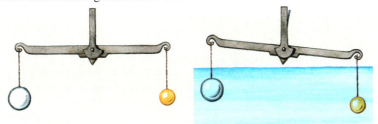

ARCHIMEDES wählte zwei unterschiedlich große Stücke Gold und Silber, die sich an einer Waage das Gleichgewicht hielten. Tauchte er die Körper in eine Wasserschüssel ein, hob sich die Seite des Wägebalkens, an der das Silberstück hing. Er vermutete, dass die Ursache hierfür das größere Volumen des Silberstücks ist. Zur Prüfung suchte er zwei Silberstücke aus, von denen eines doppelt so groß war wie das andere (Bild 2). Die Messungen bestätigten: Die Auftriebskraft hängt vom Volumen des eingetauchten Körpers ab. ARCHIMEDES wiederholte die Messungen nun mit anderen Flüssigkeiten wie Öl und Salzwasser. Auch hier stimmte seine Vermutung.

Einmal hatte ARCHIMEDES zuviel Flüssigkeit in die Schüssel eingefüllt. Beim Eintauchen des Körpers lief ein Teil über den Rand heraus. Da kam ARCHIMEDES der Gedanke, die Menge der verdrängten Flüssigkeit mit der Auftriebskraft zu vergleichen. Er tauchte die Körper in randvoll gefüllte Gefäße ein und wog die verdrängte Wassermenge. Er stellte einen Zusammenhang fest, den man heute das **Archimedische Gesetz** nennt:

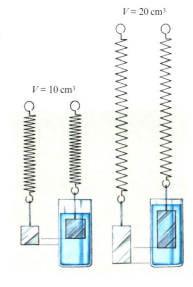

> Für einen Körper, der in eine Flüssigkeit eingetaucht ist, gilt:
> Die Auftriebskraft F_A hat den gleichen Betrag wie die Gewichtskraft F_G der vom Körper verdrängten Flüssigkeit.

Ein Stein mit dem Volumen $V = 1$ dm³ verdrängt also 1 l Flüssigkeit. Ist diese Flüssigkeit Wasser, so ist $F_A = F_{G,\text{Wasser}} \approx 10$ N. Ist die Flüssigkeit Öl, so ist $F_A = F_{G,\text{Öl}} \approx 8$ N. Die Auftriebskraft ist umso größer, je größer die Dichte der Flüssigkeit ist.

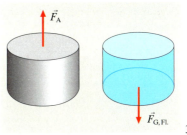

Entstehung des Auftriebs. Im Wasser besteht ein Druck. Die Moleküle des Wassers stoßen auf einen eingetauchten Körper. Bild 4 zeigt die Kräfte, die dabei auf die sechs Flächen eines Würfels wirken. Die Kräfte auf die vier Seitenflächen heben sich gegenseitig auf. Die auf die Bodenfläche und die Deckfläche des Würfels wirkenden Kräfte heben sich jedoch nicht auf. Weil der Schweredruck mit der Tiefe zunimmt, ist die von unten wirkende Kraft F_unten größer als die von oben wirkende Kraft F_oben. Die Auftriebskraft F_A entsteht so als Differenz aus diesen beiden Kräften: $F_A = F_\text{unten} - F_\text{oben}$.

> Die Ursache der Auftriebskraft ist die Zunahme des Schweredrucks mit der Tiefe.

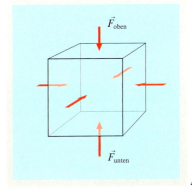

Auftrieb in Luft. Das Archimedische Gesetz gilt auch für Körper, die in das „Luftmeer" eintauchen. Die Auftriebskräfte sind meist nur sehr viel kleiner als die Gewichtskräfte der Körper. Das folgende Experiment zeigt jedoch das Wirken einer Auftriebskraft in der Luft.

EXPERIMENT 2
Unter einer Glasglocke steht eine empfindliche Balkenwaage; sie befindet sich zunächst im Gleichgewicht. Dann wird aus der Glocke Luft herausgepumpt.

Beim Herauspumpen von Luft neigt sich der Wägebalken zur Seite der Glaskugel. Die Dichte der Luft unter der Glasglocke ab. Als Folge wird die Gewichtskraft der Luft, die jeweils von der Glaskugel und von dem Wägestück verdrängt wird, kleiner. Da die Glaskugel das größere Volumen hat, wirkt sich bei ihr die Abnahme der Auftriebskraft stärker aus als beim Wägestück.

Berechnung der Auftriebskraft. Den Betrag der Auftriebskraft kann man experimentell durch Messen mit einer Federwaage ermitteln. Bei größeren Körpern, wie einem Boot versagt diese Methode. Dann braucht man eine Gleichung zur Berechnung der Auftriebskräfte. Diese Gleichung kann man aus dem Archimedischen Gesetz ableiten.
Die Auftriebskraft F_A hat den gleichen Betrag wie die Gewichtskraft F_G der verdrängten Flüssigkeit:
$F_A = F_{G,Flüss}$.
Die Gewichtskraft $F_{G,Flüss}$ der verdrängten Flüssigkeit kann man nach der Gleichung $F_{G,Flüss} = m_{Flüss} \cdot g$ ermitteln. Darin bedeutet $m_{Flüss}$ die Masse der verdrängten Flüssigkeit, und g ist der Ortsfaktor: $g = 9{,}81\,\text{N/kg}$.
So erhält man:
$F_A = m_{Flüss} \cdot g$.
Die Masse der verdrängten Flüssigkeit kann man aus Dichte und Volumen berechnen:
$m_{Flüss} = \varrho_{Flüss} \cdot V_{Flüss}$.

> Die Auftriebskraft auf einen Körper in einer Flüssigkeit ist
> $F_A = \varrho_{Flüss} \cdot V_{Flüss} \cdot g$.
> In einem Gas ist die Auftriebskraft $F_A = \varrho_{Gas} \cdot V_{Gas} \cdot g$.

Beispiel
Wie groß ist die Auftriebskraft auf ein Boot, das 1 m³ Wasser verdrängt?

Gesucht: F_A

Gegeben: $\varrho_{Wasser} = 1\,\dfrac{\text{t}}{\text{m}^3} = 1000\,\dfrac{\text{kg}}{\text{m}^3}$

$V_{Wasser} = 1\,\text{m}^3 \qquad g = 9{,}81\,\dfrac{\text{N}}{\text{kg}}$

Lösung:
$F_A = \varrho_{Wasser} \cdot V_{Wasser} \cdot g$

$F_A = 1000\,\dfrac{\text{kg}}{\text{m}^3} \cdot 1\,\text{m}^3 \cdot 9{,}81\,\dfrac{\text{N}}{\text{kg}} = \underline{\underline{9\,810\,\text{N}}}$

Ergebnis: Die Auftriebskraft des Wassers auf das Boot beträgt 9 810 N. Die Gesamtmasse des Bootes beträgt also etwa 1000 kg.

Auftrieb in Flüssigkeiten und Gasen

Schwimmen, Schweben und Sinken

Der kartesianische Taucher ist ein beliebtes Spielzeug. In einer mit einer Gummimembran oder mit einem Korken verschlossenen Flasche kann man den teilweise mit Luft gefüllten Glaskörper zum Sinken, Schweben oder Steigen veranlassen (Bild 1).
Auch andere Körper wie eine Tauchkugel können schwimmen, sinken, schweben oder aufsteigen. Welche Bewegung der Körper ausführt, hängt von der Gewichtskraft F_G und der Auftriebskraft F_A ab:

Kartesianischer Taucher

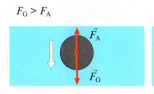 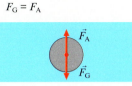 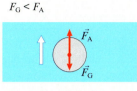 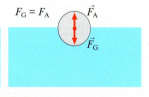

a Sinken   b Schweben   c Steigen   d Schwimmen

Der Körper in Bild 2c steigt auf, bis er so weit aus dem Wasser ragt, dass sich die Auftriebskraft auf die Gewichtskraft verringert hat.
Diese Zusammenhänge nutzt man in der Schifffahrt zum Bau von Schiffen, zu ihrer Reparatur in Schwimmdocks und zum Heben von Wracks. Schiffe schwimmen, obwohl Körper aus Eisen im Allgemeinen sinken. Sie schwimmen, weil ihre Rümpfe hohl sind.
Bereits bei geringer Eintauchtiefe verdrängt ein Schiff so viel Wasser, dass die Auftriebskraft F_A und die Gewichtskraft F_G des leeren Schiffes gleich groß sind. Für jede Tonne Ladung, die das Schiff aufnimmt, muss es 1 m³ Wasser mehr verdrängen. Daher tauchen beladene Schiffe tiefer ein als unbeladene.
Zum Bergen gesunkener Schiffe dienen Hebepontons. Die Pontons werden zunächst mit Wasser gefüllt, wodurch sie zum Wrack hinabsinken (Bild 3a). Nachdem sie daran befestigt sind, presst man mit Druckluft das Wasser aus den Hebepontons heraus. Die auf die luftgefüllten Pontons wirkenden Auftriebskräfte F_A heben das Wrack (Bild 3b).

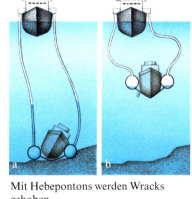

Mit Hebepontons werden Wracks gehoben.

Mit leichtem Gas schwere Lasten heben.
Brückenteile, Kraftwerksturbinen und ähnliche schwere Lasten lassen sich oft nur mühsam dorthin bringen, wo sie gebraucht werden. Schwertransporte erfordern nicht nur Absperrungen, sondern auch besonders stabile Straßen und Brücken.
Neuerdings werden Luftschiffe entwickelt, die mit Helium gefüllt sind. Die Dichte von Helium entspricht nur etwa einem Viertel der Dichte der Luft. Ein Luftschiff mit 420 000 m³ Helium (260 m Länge, 65 m Durchmesser) kann eine Last von 160 Tonnen befördern. 4 Dieselmotoren mit 6 MW sorgen für eine Fluggeschwindigkeit von bis zu 125 km/h.

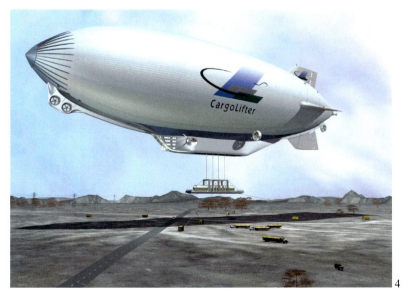

Leben und Tauchen im Wasser

Wie Menschen in die Tiefe gelangen

Es gibt zwei unglaublich scheinende Tauchrekorde des Menschen, die ohne die Benutzung jeglicher technischer Hilfen aufgestellt wurden: Gut trainierte Perlenfischer schafften eine Tauchzeit von über 6 Minuten und sie erreichten eine Tauchtiefe von 69 m.

Dennoch ist der Mensch für das Tauchen nur wenig geeignet. Er muss beim Tauchen drei große Probleme lösen: die Versorgung mit Atemluft, die Bewältigung der Druckunterschiede in den verschiedenen Tiefen und das Ausgleichen der Auftriebskraft im Wasser.

Versorgung mit Atemluft. Die Atemluft erhält der Taucher aus Pressluftflaschen. Die Pressluft ist aber nicht nur Sauerstoffspender. Durch den zunehmenden Schweredruck des Wassers in der Tiefe werden die Lungen des Tauchers immer stärker zusammengedrückt. Als Folge davon fiele dem Taucher das Atmen immer schwerer.

Daher muss die Atemluft immer einen solchen Gasdruck haben, dass sie in den Lungen den Gegendruck zum äußeren Schweredruck erbringt. Das besorgt der Atemregler.

Wasser und Luft sind durch eine Membran voneinander getrennt. Beim Einatmen öffnet die Membran über einen Hebel ein Ventil, sodass Luft aus der Flasche in die Luftkammer einströmen kann (Bild 1). Beim Ausatmen schließt der Hebel das Ventil. Über die Auslassventile gelangt die Atemluft nach außen (Bild 2).

Durch die Membran hat die Luft im Atemregler stets den gleichen Druck wie das umgebende Wasser. Auch in den Lungen herrscht dieser Druck. Dadurch fällt dem Taucher das Atmen in der Tiefe nicht schwerer als an der Wasseroberfläche.

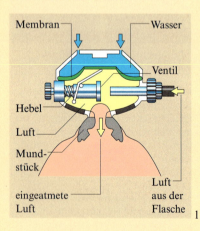 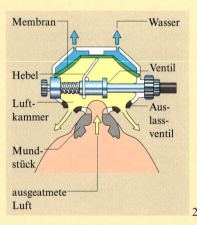

1 2

Ausgleich der Auftriebskraft. Ein Taucher muss stets versuchen, sein Gesamtgewicht (einschließlich der Ausrüstung) so auszutarieren, dass er im Wasser in jeder Tiefe schwebt. Durch den zunehmenden Schweredruck des Wassers werden die Lufteinschlüsse in den Neoprenanzügen dichter zusammengedrückt, wodurch das Gesamtvolumen des Tauchers und damit sein Auftrieb kleiner wird.

Deshalb ziehen Taucher Tarierwesten an. Sie sind die „Schwimmblasen der Taucher" (vgl. S. 69). Durch dosierte Zufuhr von Pressluft in die Weste wird in jeder Tiefe ein Schweben ermöglicht.

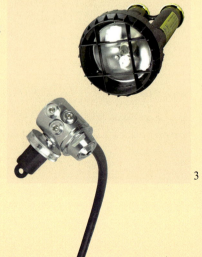

3

Tauchboote und Tauchkugeln. Die Neugier des Menschen ließ ihn nach Möglichkeiten suchen, auch die größten Tiefen des Meeres zu erforschen. Im Jahre 1960 erreichten JACQUES PICCARD und DON WALSH im Marianengraben den Meeresboden des Stillen Ozeans in 10 916 m Tiefe.
Der Wasserdruck in dieser Tiefe beträgt 116 000 kPa. Das ist mehr als das 1000-fache des Luftdrucks. Auf jeden Quadratzentimeter wirkt also dort eine Kraft, die der Gewichtskraft von 1,2 Tonnen entspricht.
Während des 9-stündigen Unternehmens hielten sich PICCARD und WALSH in einer Tauchkugel aus Stahl auf, die eine Wandstärke von 12 cm hatte. Auf dem Meeresgrund entdeckten sie auch einzelne Lebewesen.

Heute nutzt man für Expeditionen auch Roboter, die mit Fernsehkameras Bilder aus der Tiefe senden.

Die Taucherkrankheit

Beim Auftauchen aus der Tiefe müssen Taucher besonders vorsichtig sein. Anderenfalls droht ihnen eine gefährliche Krankheit, die mit der Löslichkeit von Gasen in Flüssigkeiten wie Wasser und Blut zusammenhängt.
Wie viel Gas in einer Flüssigkeit gelöst sein kann, hängt vom Druck in der Flüssigkeit ab. Das kennt man vom Mineralwasser. In einer geschlossenen Flasche mit Mineralwasser sieht man keine Gasblasen aufsteigen. Der Raum zwischen dem Mineralwasser und dem Verschluss ist mit sehr viel Kohlenstoffdioxid gefüllt, es herrscht dort ein hoher Gasdruck. Dieser ruft auch im Mineralwasser einen Druckzustand hervor.
Der Gasdruck ist so groß, dass kein weiteres im Wasser gelöstes Kohlenstoffdioxid gegen die Kräfte des Gasdrucks aufsteigen kann. Öffnet man die Flasche, entweicht Gas aus dem oberen Raum der Flasche in die Umgebung, in der nur der normale Luftdruck herrscht – es zischt. Da nun der Druck auf das Mineralwasser kleiner geworden ist, tritt nach und nach ein großer Teil des bisher gelösten Kohlenstoffdioxids aus. Das heißt: Unter hohem Druck kann in einer Flüssigkeit mehr Gas gelöst sein als unter geringem Druck.
Dies gilt auch für das Blut. Mit zunehmender Tauchtiefe nimmt der Schweredruck des Wassers zu. Dieser Druck überträgt sich durch den Körper auf das Blut. In großen Tiefen kann das Blut daher mehr Sauerstoff aufnehmen als bei normalem Luftdruck an Land. Aber das Blut enthält dann auch mehr andere Gase, z. B. Stickstoff.
Bis zu einer Tauchtiefe von 9 m kann man mehrere Stunden tauchen, ohne dass es zu einer gefährlichen Situation kommt. Bei größeren Tiefen und langen Tauchgängen nimmt jedoch die Gasmenge im Blut immer mehr zu.
Wenn ein Taucher nun zu schnell auftaucht, wird das Gas aus dem Blut in eben solchen Bläschen frei wie in einer plötzlich geöffneten Mineralwasserflasche. Die Gasbläschen verstopfen kleine Blutgefäße und unterbrechen die Blutversorgung. Nach dem plötzlichen Auftauchen führt dies zu Schmerzen, in schweren Fällen sogar zu Lähmungserscheinungen.

Tauchen ist nicht nur ein Sport. Es gibt viele Arbeiten, die unter Wasser in großen Tiefen ausgeführt werden müssen. Taucher können nach Beendigung ihrer Arbeiten nicht sofort auftauchen. In **Dekompressionskammern** kann aber der Druck langsam vermindert und so der Taucherkrankheit vorgebeugt werden. Beim Auftauchen aus 100 m Tiefe dauert der Druckausgleich mehrere Stunden.

AUFGABEN

1. Neoprenanzüge sind Kälteschutzanzüge für Taucher. Sie bestehen aus einem kautschukartigen Material, in dessen Poren sich Lufteinschlüsse befinden.
   a) Warum schützt der Anzug vor Kälte?
   b) Warum sollte der Taucher für größere Tiefen eine Tarierweste tragen?
2. Erläutere, wie man sich gegen die Taucherkrankheit schützen kann!
3. Wie sieht ein Taucher, wenn er nach oben schaut, die Welt außerhalb des Wassers? Nutze hierzu deine Kenntnisse über die Brechung des Lichtes und fertige eine Skizze an!
4. Informiere dich über Tauchunternehmungen der letzten Jahre und berichte darüber. Welche Ziele hatten sie und welche Technik wurde benutzt. Verwende als Quellen Nachschlagewerke oder auch das Internet!

Die Fische als Überlebenskünstler

Atmung der Fische. Auch Fische müssen atmen. Wie die Landbewohner brauchen sie Sauerstoff zur Energieumsetzung in den Muskeln. Dazu nutzen die Fische den im Wasser gelösten Sauerstoff.

Die Fische nehmen den Sauerstoff in den Kiemen auf. Diese bestehen aus dünnhäutigen, reichlich mit Blut durchflossenen Blättchen, die an knorpeligen Kiemenbögen befestigt sind (Bild 1). Wenn der Fisch die Mundhöhle bei geschlossenen Kiemendeckeln erweitert, entsteht im Mundraum ein Unterdruck gegenüber dem Schweredruck im äußeren Wasser (Bild 2). Als Folge strömt neues, sauerstoffhaltiges Atemwasser ein. Danach wird der Mund geschlossen, die Kiemendeckel pressen nach innen und gleichzeitig hebt sich der Boden der Mundhöhle.

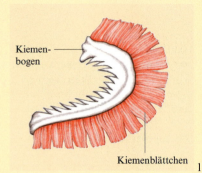

Schnitt durch Kiemen

Auf diese Weise wird das Atemwasser durch die geöffneten Kiemendeckel gegen den Schweredruck des äußeren Wassers aus dem Mund gedrückt. Dabei fließt es an den Kiemen vorbei. Sie nehmen einen Teil des Sauerstoffs aus dem Wasser auf und lösen ihn im Blut. Zugleich geben sie das im Blut gelöste Kohlenstoffdioxid an das Wasser ab. Das Kohlenstoffdioxid steigt in Bläschen auf.

Wie kommt der Sauerstoff ins Wasser? In kleinen Bächen mit hoher Fließgeschwindigkeit, Wasserfällen und Wirbeln stammt der im Wasser gelöste Sauerstoff hauptsächlich aus der Vermischung des Wassers mit Luft. Das gilt auch für die offene stürmische See. In stehenden und langsam fließenden Gewässern sowie in Küstengewässern mit Meerestiefen bis zu 200 m stammt der Sauerstoff vor allem aus der Fotosynthese der Pflanzen unter Wasser.

Das Wasser kann jedoch umso weniger Luft aufnehmen, je höher seine Temperatur ist. Während einer Hitzeperiode kann in stehenden Gewässern die Sauerstoffversorgung der Fische problematisch werden.

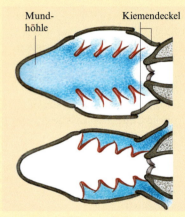

Strömung des Wassers durch Mundhöhle und Kiemen

Regulieren der Tauchtiefe durch Gas. Die mittlere Dichte der Muskeln, Gräten und inneren Organe der Fische ist größer als $1\,g/cm^3$. Ohne Schwimmbewegung müssten sie daher auf den Boden sinken. Die meisten Fische verfügen über einen gasgefüllten Hohlraum, die Schwimmblase. Sie ist eine ideale Auftriebshilfe.

Bei einigen Fischen, wie Hecht, Karpfen und Rotfeder, steht die Schwimmblase zeitlebens durch einen Luftgang mit dem Maul in Verbindung. In anderen Fischen bildet sich diese Verbindung wenige Tage nach dem Schlüpfen zurück, sie haben eine geschlossene Schwimmblase. Dies gilt für Barsch, Stichling und viele Meeresfische. Das erste Gas gelangt bei Jungfischen in die Schwimmblase, wenn sie an der Oberfläche Luft schlucken.

Das Gesamtvolumen des Fisches hängt vom Füllungsgrad der Blase ab. Sie muss also in jeder Wassertiefe so gefüllt sein, dass die Gewichtskraft des vom Fischkörper verdrängten Wassers gleich seiner eigenen Gewichtskraft ist. Dann schwebt der Fisch.

Je tiefer er taucht, desto größer ist der Schweredruck des Wassers, der auf ihn und die Blase wirkt. Hierdurch würde sich das Volumen der Blase verkleinern und der Fisch würde immer tiefer sinken. Dem muss er entgegenwirken. Mit zusätzlichem Gas füllt der Fisch die Schwimmblase auf ihr ursprüngliches Volumen auf. Dazu dienen spezielle Hautabschnitte in der Schwimmblase, in denen das Blut die in ihm gelösten Gase abgeben kann. Umgekehrt muss ein Fisch beim Auftauchen entsprechend der Abnahme des Schweredrucks auch den Gasdruck in seiner Blase vermindern. Ande-

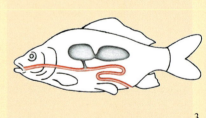

Beim Karpfen steht die Schwimmblase durch einen Luftgang mit dem Verdauungsapparat in Verbindung.

Schon gewusst?

In einem Liter Wasser können bei Atmosphärendruck etwa $17\,cm^3$ Luft gelöst werden. Da sich Sauerstoff besser im Wasser löst als Stickstoff, beträgt der Sauerstoffanteil in der gelösten Luft 35% gegenüber 21% in der Atmosphäre. Dies ist für die Fische von großem Vorteil.

Auftrieb in Flüssigkeiten und Gasen

Gasaustausch zwischen Schwimmblase und Blut eines Fisches

renfalls würde die Blase durch das Nachlassen des äußeren Schweredrucks immer größer und der Fisch würde durch seinen eigenen Auftrieb beständig höher getragen. Damit die Schwimmblase ihr ursprüngliches Volumen behält, nimmt beim Aufsteigen das Blut wieder Gas aus der Schwimmblase auf.

Für eine solche Änderung des Füllungsgrades ist eine bestimmte Zeit erforderlich. So benötigt ein Kabeljau für das Aufsteigen um 40 m aus einer Tiefe von 200 m etwa 1 Stunde, damit das Blut die erforderliche Menge von Gas aufnimmt. Werden Tiefseefische in den Netzen sehr schnell aus großen Tiefen gezogen, kann der Gasdruck in der Schwimmblase nicht schnell genug verringert werden. Als Folge drückt sie die Eingeweide aus dem Maul heraus oder platzt. In Binnengewässern ist dies häufig bei Barschen zu beobachten. Einem Karpfen oder Hecht macht ein schnelles Hochziehen nichts aus, sie pressen Gas aus der Blase durch den Luftgang ins Maul und „spucken" es aus.

Die Tiefe ist ein Lebensraum für Spezialisten. Die Möglichkeiten der Schwimmblase zum Druckausgleich sind begrenzt. In der Tiefsee herrschen derart hohe Schweredrücke, dass die gasgefüllte Schwimmblase völlig zusammengedrückt würde. Viele Fische, die auf dem Meeresboden leben, haben daher gar keine Schwimmblase.

Unterhalb von 600 m Tiefe gibt es so gut wie kein Sonnenlicht mehr. Daher gibt es auch kein pflanzliches Leben. Tiefseefische sind daher in der Regel Raubtiere oder Aasfresser. Sie haben oft große Tastorgane und Körperteile, die Licht aussenden, um Beute anzulocken (Bilder 2 und 3).

AUFGABEN

1. Der Kopf eines Pottwals hat eine Masse von bis zu 10 t. In ihm sind etwa 2 t eines öligen Sekrets enthalten. Es kann eine kristalline Struktur annehmen, wodurch sich das Volumen verringert.
Welche Rolle könnte das beim Tauchen des Pottwals bis in 2 500 m Tiefe spielen?

2. Stelle aus Nachschlagewerken eine Tabelle mit Tauchzeiten lungenatmender Säugetiere, Tauchenten und anderen Tauchvögeln zusammen!

3. Muss oder kann ein Fisch zur Änderung seiner Tiefe im Wasser die Füllung seiner Schwimmblase ändern? Begründe!

Heißluftballons

Das Fahren mit dem Heißluftballon wird immer beliebter. Lautlos treibt der Wind den Ballon in 150 Meter bis 400 Meter Höhe über die Landschaft. Nur einzelne Feuerstöße aus dem Brenner durchbrechen von Zeit zu Zeit die Stille. Bild 1 zeigt wesentliche Teile eines Heißluftballons. Die Hülle besteht aus dünnem, reißfestem Nylon und ist mit Polyurethan beschichtet. Als tragendes Skelett der Hülle dienen vertikale und horizontale Gurte mit großer Reißfestigkeit.

Die Tragkraft eines Heißluftballons hängt von dessen Volumen und von der Temperaturdifferenz zwischen der Heißluft im Inneren und der äußeren Luft ab. In einem mittelgroßen Ballon mit einem Fassungsvermögen von 4000 m³ hat die Heißluft eine Masse von etwa 4000 kg, was einer Gewichtskraft von 40 000 N entspricht. Sie verdrängt 4000 m³ Kaltluft mit einer Masse von etwa 5200 kg und einer Gewichtskraft von 52 000 N. Als Auftriebskraft stehen so bis zu 12 000 N zur Verfügung. Damit kann die Heißluft eine Last von etwa 1200 kg in die Höhe tragen. Darin ist jedoch die Eigenmasse des Ballons eingeschlossen. Hülle, Korb und weiteres Zubehör müssen also möglichst leicht sein.

Zum Starten sind umfangreiche Vorbereitungen erforderlich. Zunächst müssen die bis zu 30 Meter langen Stoffbahnen der Hülle ausgebreitet werden. Dann bläst ein leistungsstarker Ventilator Kaltluft in die schlaffe Hülle hinein. Ist sie zu zwei Dritteln gefüllt, entzündet der Pilot den Gasbrenner und richtet ihn in die Öffnung (Bild 1). Die Feuerstöße sind bis zu 2 Meter lang. Damit sie nicht auf den Ballon treffen, verhindert ein Windtuch das seitliche Wegblasen der Flammen.

In Sekundenschnelle erhöht sich die Temperatur der Luft in der Hülle auf 90 °C. Das reicht, damit sich der Ballon aufrichtet. Jetzt müssen Helfer und Passagiere den Korb festhalten, damit er nicht vorzeitig abhebt. Nach vielfältigen Sicherheitskontrollen des Piloten klettern die Passagiere zum Piloten in den Korb. Jetzt wird der Korb von den Helfern freigegeben. Zugleich erhöht der Pilot die Temperatur der Innenluft der Hülle bis auf etwa 120 °C. Die Fahrt beginnt. Ein weiteres Steigen oder Sinken des Ballons steuert der Pilot allein mit der Temperatur der Heißluft. Dazu dient neben dem Brenner die Parachute am Top der Hülle (Bild 3). Dieses fallschirmartige Ventil wird je nach Bedarf mehr oder weniger geöffnet. Beim Landemanöver wird die Parachute kurz vor Erreichen des Erdbodens ganz geöffnet.

Auftrieb in Flüssigkeiten und Gasen

AUFGABEN

1. Warum erfordert es viel Kraft, einen leeren Eimer ins Wasser zu drücken?
2. Wie viel Wasser muss ein Paddelboot (mit einer Eigenmasse von 20 kg) mindestens verdrängen, damit es eine Person mit einer Masse von 80 kg tragen kann?
3. Ein Schiff fährt von der Ostsee über die Nordsee in den Atlantik. Dabei wird der Salzgehalt des Wassers immer größer. Wo taucht das Schiff am tiefsten und wo am wenigsten tief ein?
4. Warum schwimmt Eis im Wasser?
5. Der Raddampfer „Pillnitz" der Sächsischen Dampfschifffahrtsgesellschaft auf der Elbe hat eine Masse von 231 t. Wie viel Kubikmeter Wasser muss er verdrängen, damit er schwimmen kann?
6. Wie erklärst du das wechselnde Aufsteigen und Absinken von Rosinen in einem Glas mit Mineralwasser?
7. Bestimme Volumen und Masse von einem gekochten Ei! Schwimmt, schwebt oder sinkt das Ei in
   a) stark salzigem Wasser ($\varrho = 1{,}18$ g/cm³),
   b) schwach salzigem Wasser ($\varrho = 1{,}06$ g/cm³),
   c) Süßwasser ($\varrho = 1{,}00$ g/cm³)?
   Berechne jeweils die Gewichtskräfte und die Auftriebskräfte. Prüfe dein Ergebnis im Experiment nach!
8. Berechne die Auftriebskraft, die 1 m³ Helium in Luft erfährt! Wie viele 1-kg-Wägestücke könnte ein entsprechender Ballon in die Luft tragen?
9. Wie würde sich der Waagebalken im Bild 1 auf Seite 64 verhalten, wenn man unter der Glasglocke den Luftdruck erhöht? Begründe!
10. a) Wodurch entsteht bei einem Heißluftballon die Auftriebskraft?
    b) Was muss der Ballonfahrer tun, wenn er aufsteigen oder sinken will?
    c) Warum starten Heißluftballons gewöhnlich früh morgens oder abends nach Sonnenuntergang?
    d) Erfordert eine Ballonfahrt im Winter weniger Brenngas als im Sommer?
11. Bild 1 zeigt Aräometer. Sie dienen zum Messen der Dichte von Flüssigkeiten. Versuche herauszufinden, wie sie funktionieren!
    a) Fülle ein Glasfläschchen mit Sand. Lass es im Wasser schwimmen und markiere die Eintauchtiefe!
    b) Lass es in Alkohol schwimmen und markiere die Eintauchtiefe!
    c) Wie kannst du aus der Eintauchtiefe im Salzwasser dessen Dichte bestimmen?
12. Informiere dich darüber, wozu ein Wetterballon dient und welche Höhen er erreicht! Worin unterscheidet er sich von einem Heißluftballon?

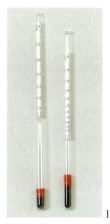

1

ZUSAMMENFASSUNG

Auftriebskraft

In Flüssigkeiten und Gasen wirkt auf alle Körper eine Auftriebskraft F_A. Ursache der Auftriebskraft ist die Zunahme des Schweredrucks mit der Tiefe.

Die Auftriebskraft F_A ist gleich der Gewichtskraft F_G des vom Körper verdrängten Stoffs.

Es gilt: $F_A = \varrho_{Stoff} \cdot V_{Stoff} \cdot g$. ϱ_{Stoff} Dichte des Stoffes
   V_{Stoff} Verdrängtes Volumen
   g Ortsfaktor $g = 9{,}81$ N/kg

Sinken, Schweben und Steigen

Ein Körper, der vollständig in eine Flüssigkeit eintaucht, sinkt, schwebt oder steigt. Welche Bewegung der Körper ausführt, hängt allein von der Gewichtskraft F_G und der Auftriebskraft F_A ab:

$F_G > F_A$ – Sinken
$F_G = F_A$ – Schweben
$F_G < F_A$ – Steigen

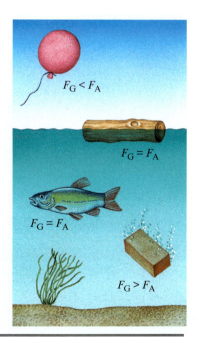

Fliegen

Ballons steigen infolge des statischen Auftriebs in ruhender Luft nach oben. Dieser Auftrieb kann es aber nicht sein, der Flugzeuge in die Luft hebt, denn die Gewichtskraft der von ihnen verdrängten Luft ist wesentlich kleiner als die Gewichtskraft eines Flugzeugs.
Welche Kraft hebt ein Flugzeug in die Luft?

Einfache Fluggeräte

Vor etwa 100 Jahren gelangen OTTO LILIENTHAL als erstem Menschen Flüge bis zu 300 m Weite. Seitdem haben sich Flugpioniere zahlreiche verschiedene Fluggeräte ausgedacht.
Einfache Fluggeräte ohne Antrieb sind Gleitschirme. Sie werden an einem Hang gestartet (Bild 3) und können unter günstigen Bedingungen minutenlang in der Luft bleiben (Bild 2).

Gleitschirm im Kurvenflug

Start eines Gleitschirms

Die Flugeigenschaften solcher Geräte hängen davon ab, in welcher Weise sie von der Luft umströmt werden. Durch die Strömung erfahren sie einen Auftrieb, der ein schnelles Herabsinken zum Boden verhindert.

Auftrieb in strömender Luft

Wenn ein Flugzeug auf der Startbahn eine bestimmte Geschwindigkeit erreicht hat, erhebt es sich in die Luft. Dass die Kraft, die das Flugzeug hebt, durch die Luftströmung verursacht wird, kann man mithilfe eines Experiments nachvollziehen.

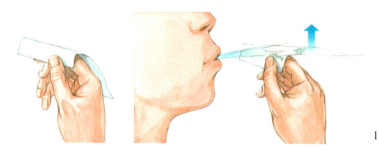

EXPERIMENT 1
1. Falte ein Blatt Papier und blase es über die Kante an!
2. Befestige an der hinteren Kante des Papiers einige Büroklammern und blase das Papier erneut an!

Das Experiment lässt erkennen: Wenn Luft über ein nach unten gewölbtes Blatt Papier strömt, wirken nach oben gerichtete Kräfte.
In der Luft werden Kräfte von Druckunterschieden verursacht. Deshalb soll der Druck an den Flügeln von Flugzeugen in Luftströmungen genauer untersucht werden. Hierfür eignen sich ein Gebläse mit möglichst großem Querschnitt, selbst hergestellte Tragflächenprofile aus Styropor und ein Glasrohr, das durch einen Schlauch mit einem U-Rohr-Manometer verbunden ist.

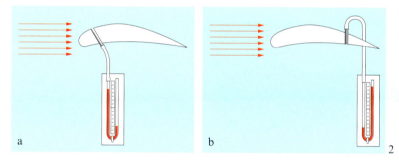

EXPERIMENT 2
Nacheinander wird der Druck oberhalb (a) und unterhalb (b) eines Tragflächenprofils bestimmt.

Oberhalb des Flügels besteht ein Unterdruck, unterhalb des Flügels herrscht ein Überdruck. Dadurch wirkt insgesamt auf den Flügel eine nach oben gerichtete Kraft (Bild 3). Sie heißt **dynamische Auftriebskraft** $\vec{F}_A$.
Die dynamische Auftriebskraft wird größer, wenn
- die Fläche des Flügels größer wird,
- sich die Geschwindigkeit der Luftströmung erhöht,
- der Flügel etwas steiler angestellt wird.

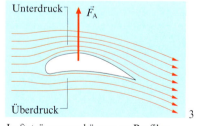

Luftströmungen können an Profilen eine dynamische Auftriebskraft $\vec{F}_A$ erzeugen.

An einer Tragfläche sind die Abweichungen des Unterdrucks und des Überdrucks vom äußeren Luftdruck relativ gering. Bei einem tonnenschweren Passagierflugzeug mit einer Reisegeschwindigkeit von 800 km/h entsteht unter den Tragflächen ein Überdruck von „nur" etwa 1% zum Luftdruck der ruhenden Luft. Auf der Oberseite der Tragfläche erreicht der Unterdruck etwa 2% vom Luftdruck der ruhenden Luft.
Der Unterschied beträgt also 0,3 N je Quadratzentimeter Tragfläche. Jeder Quadratzentimeter der Tragfläche kann folglich eine Last von 30 g tragen. Für einen Quadratmeter ergibt das schon 300 kg!

Strömungswiderstand

In Windkanälen testen Konstrukteure von Flugzeugen, Hochgeschwindigkeitszügen und Pkw das Verhalten ihrer Fahrzeuge bei verschiedenen Geschwindigkeiten. Besonders wichtig ist die Frage, wie die Luft um die Fahrzeuge herum strömt, gleichmäßig oder verwirbelt? Hierfür gibt man in gleichen Abständen gefärbte Gase oder Nebel in den Wind hinein. Sie werden von der Luftströmung mitgerissen. Aus dem Verlauf dieser Nebelbänder beim Umströmen des Pkw werden Rückschlüsse auf die Fahreigenschaften und den Benzinverbrauch gezogen.

Vom Skifahren, Rodeln und Radfahren ist bekannt, dass man eine größere Geschwindigkeit erreicht, wenn man dem Fahrtwind weniger Angriffsfläche bietet. Dann setzt die Luft der Bewegung des Körpers einen kleineren Widerstand entgegen. Diesen Widerstand nennt man Strömungswiderstand. Die Haltung und die Kleidung von Rodlern gibt einen Hinweis darauf, wovon der Strömungswiderstand eines Körpers abhängt.

Rennrodlerin Freizeitrodler

Fliegen

In einem Experiment soll untersucht werden, wovon der Strömungswiderstand eines Körpers abhängt.

EXPERIMENT 3
Mit einem Gebläse werden verschiedene Körper angeströmt. Infolge des Luftstroms wird die Leiste fest gegen den Anschlag gedrückt. Das Stativ mit dem Kraftmesser wird so lange verschoben, bis sich die Leiste gerade von dem Anschlag zu lösen beginnt. Der Strömungswiderstand wird am Federkraftmessser abgelesen. Die angeströmten Körper unterscheiden sich in der Größe der angeströmten Stirnfläche, der geometrischen Form der Stirnfläche, der Form des Körpers und der Rauigkeit seiner Oberfläche.
Der Strömungswiderstand der Körper wird nacheinander für unterschiedliche Strömungsgeschwindigkeiten der Luft gemessen.

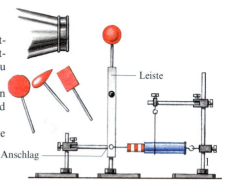

Aus den Messungen ist zu erkennen:

Der Strömungswiderstand ist umso größer,
– je größer die Strömungsgeschwindigkeit ist,
– je größer die Stirnfläche ist,
– je rauer die Oberfläche ist.

Genauere Messungen lassen erkennen: Wenn sich bei sonst gleichen Bedingungen die Strömungsgeschwindigkeit verdoppelt oder verdreifacht, dann vervierfacht bzw. verneunfacht sich der Strömungswiderstand.
Der Körper, der den kleinsten Strömungswiderstand hat, besitzt die Form des Körpers im Bild 2. Man nennt ihn Stromlinienkörper. Bei ihm umhüllen die Stromlinien den Körper ohne jegliche Unregelmäßigkeit.
Die folgende Übersicht zeigt die Abhängigkeit des Strömungswiderstands von der Form des Körpers. Die Zahlen geben an, wievielmal größer der Strömungswiderstand des jeweiligen Körpers ist als der vom Stromlinienkörper. Dabei werden gleiche Stirnfläche, gleiche Geschwindigkeit und gleiche Rauigkeit der Körper vorausgesetzt.

Stromlinienkörper

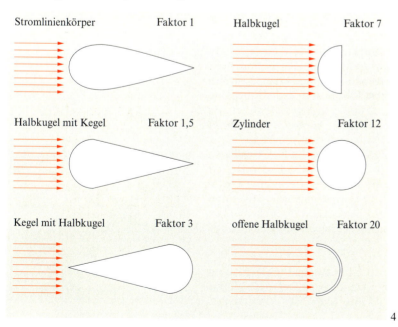

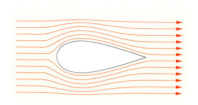

Auto mit extrem hohem Strömungswiderstand (1934)

Auto mit extrem niedrigem Strömungswiderstand (1998)

Kräfte beim Fliegen

An einem Flugzeug mit Antrieb wirken immer vier Kräfte. Im Bild 1 sind diese Kräfte für ein Flugzeug dargestellt, das sich im horizontalen Flug befindet. Als Antrieb dienen bei kleinen Flugzeugen Verbrennungsmotoren, bei größeren Flugzeugen und Militärmaschinen nutzt man Strahltriebwerke.

- Die Triebwerke erzeugen die Schubkraft $\vec{F}_{Vor}$, welche das Flugzeug vorwärts bewegt. Der Bewegung wirkt die Luftwiderstandskraft $\vec{F}_W$ entgegen.
- Die Tragflügel erzeugen die dynamische Auftriebskraft $\vec{F}_A$, sie wirkt senkrecht zur Luftströmung. Dieser Kraft wirkt die senkrecht nach unten gerichtete Gewichtskraft $\vec{F}_G$ entgegen.

Das Flugzeug befindet sich im Kräftegleichgewicht. Es bewegt sich mit konstanter Geschwindigkeit auf einer geradlinigen Bahn.

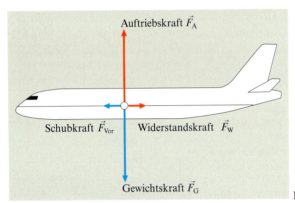

Kräfte an einem Flugzeug bei horizontalem Flug

Kräfte an einem Flugzeug im Gleitflug

Segelflugzeuge, Hängegleiter und Gleitschirme haben kein Triebwerk, das ihnen eine vorwärtstreibende Kraft geben könnte. Wenn sie mit einem Schleppflugzeug oder einer Motorwinde ihre Ausgangshöhe erreicht haben, fliegen sie im Gleitflug zur Erde (Bild 2). Welche Kraft treibt sie beim Gleitflug auf ihrer Bahn vorwärts?

Antriebskraft im Gleitflug ist die Gewichtskraft $\vec{F}_G$. Da diese senkrecht nach unten wirkt, kann sie ein Fluggerät nicht unmittelbar schräg nach unten vorwärtstreiben. Man kann sich aber die Gewichtskraft $\vec{F}_G$ in zwei Teilkräfte zerlegt denken. Eine Teilkraft wirkt in Richtung der Flugbahn, die andere senkrecht dazu. Die in Flugrichtung wirkende Teilkraft von der Gewichtskraft ist die Vortriebskraft $\vec{F}_{Vor}$. Die andere Teilkraft heißt Normalkraft $\vec{F}_N$. „Normal" bedeutet hier senkrecht zur Flugbahn.

Auch beim Gleitflug wirkt die dynamische Auftriebskraft $\vec{F}_A$ senkrecht zur Bewegungsrichtung. Im Unterschied zum horizontalen Flug eines Verkehrsflugzeuges ist die Auftriebskraft beim Gleitflug also schräg nach vorn gerichtet. Die Luftwiderstandskraft $\vec{F}_W$ ist der Bewegungsrichtung entgegen gesetzt. Auftriebskraft und Luftwiderstandskraft addieren sich zur so genannten Luftkraft $\vec{F}_L$. Sie ist senkrecht nach oben gerichtet und genauso groß wie die Gewichtskraft.

In gleicher Weise fliegt ein Vogel im Gleitflug ohne jeden Flügelschlag zur Erde. Will ein Vogel jedoch horizontal fliegen oder vom Erdboden auffliegen, dann muss er durch Schlagen der Flügel die dafür erforderlichen Kräfte erzeugen (Bild 3).

Braunkehlchen im Aufwärtsflug

Fliegen

Ein Blick in die Geschichte

Der Traum vom Fliegen

Viele Menschen bauten und erprobten schon vor OTTO LILIENTHAL (1848–1896) Fluggeräte. Aber erst ihm gelangen weite Flüge. LILIENTHAL träumte bereits als Kind vom Fliegen. Diesem Traum blieb er ein Leben lang treu.

Zusammen mit seinem Bruder baute er mit 14 Jahren sein erstes Fluggerät. Es hatte eine Spannweite von 4 m. Damit hoffte er, den Schlag- und Gleitflug eines Vogels nachmachen zu können. Der Versuch war erfolglos. Mit 19 Jahren baute er ein zweites Gerät. Daran erkannte LILIENTHAL, dass die Muskelkraft des Menschen für einen Schlagflug nicht ausreicht. Deshalb interessierte ihn später nur noch der Gleitflug.

Nach der Schulzeit studierte OTTO LILIENTHAL Maschinenbau. Während dieser Zeit traten Erprobungen von Fluggeräten in den Hintergrund.

Im Jahre 1887 übernahm LILIENTHAL in Berlin eine kleine Maschinenfabrik. Dank eines von ihm entwickelten Patents hatte er mit 42 Jahren genügend Zeit und Geld, um sich wieder seinem Traum vom Fliegen zuwenden zu können. Er führte systematische Messungen zum dynamischen Auftrieb und zum Strömungswiderstand durch. Dabei wurde er auf die gute Eignung gewölbter Flügel aufmerksam.

Im Frühsommer 1891 gelangen ihm von einem 2 Meter hohen Sprungbrett im Garten seines Hauses Sprünge von sechs bis sieben Metern Weite. Im Sommer desselben Jahres erreichte er aus einer Absprunghöhe von 5 Metern bereits Flüge bis zu 25 Metern. Einen neuen Flugplatz fand er in der Nähe seines Wohnortes, in Berlin-Lichterfelde. Die dort vorhandenen Hügel hatten aber einen Nachteil, sie ließen nur Sprünge in Richtung Westen zu. Da LILIENTHAL nur gegen den Wind starten konnte, musste für einen Flug der Wind aus Westen wehen. Deshalb suchte LILIENTHAL schon bald nach einem besseren Platz, der Sprünge nach allen Richtungen erlaubt. Er sollte wenigstens 20 Meter hoch sein, nach allen Seiten abfallen sowie baum- und strauchlos sein. Zwischen Rathenow und Neustadt an der Dosse fand er solche Hügel in großer Anzahl.

OTTO LILIENTHAL (1848–1896)

LILIENTHALS „Normal-Segelapparat" 1893

Seine Fluggeräte bestanden aus Weidenholz und Leinwand (Bild 2). Die Spannweite der Flügel betrug 7 m, ihre größte Tiefe 2,5 m. Die Flugapparate waren zusammenlegbar und mit einer Masse von 20 kg leicht zu transportieren. Beim Fliegen stützte sich LILIENTHAL mit seinen Armen auf das Fluggerät. Zum Ändern der Richtung verlagerte er den Schwerpunkt seines frei hängenden Körpers nach vorn, hinten, links oder rechts. LILIENTHAL erprobte mehrere Modelle, darunter auch Doppeldecker (Bild 3). Im Jahre 1893 gelangen ihm viele Flüge bis zu 300 Metern.

Im Alter von 48 Jahren stürzte OTTO LILIENTHAL bei einer Flugvorführung ab und verletzte sich so schwer, dass er wenige Tage danach verstarb.

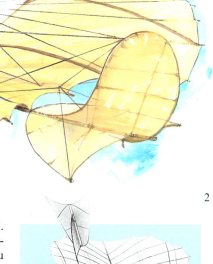

LILIENTHALS Doppeldecker 1895

AUFGABEN

1. Warum haben Bremsfallschirme meist die Form einer offenen Halbkugel?

2. Welchen Körpern in der Übersicht auf Seite 243 ähneln die Karosserien moderner Pkw? Warum wählte man diese Form aus?
3. Informiere dich über den „Widerstandsbeiwert" eines Pkw! Was bedeutet diese Zahl? Welche Eigenschaften des Pkw beeinflussen den Widerstandsbeiwert?
4. Halte zwei Blätter aus Papier im Abstand von etwa 2 cm voneinander. Blase zwischen ihnen hindurch! Erkläre den beobachteten Vorgang!
5. Erkläre a) mithilfe des Strömungswiderstandes und b) mithilfe der dynamischen Auftriebskraft die Wirkung des Seitenruders eines Flugzeugs!
6. Stelle zwei brennende Kerzen nebeneinander und blase hindurch! Wie erklärst du deine Beobachtung?
7. Halte einen Löffel mit zwei Fingern und nähere die nach außen gewölbte Seite dem aus einem Hahn auslaufenden Wasserstrahl, sodass die Luftschicht zwischen Wasserstrahl und Löffel immer kleiner wird. Erkläre deine Beobachtung!
8. Erkläre, warum sich ein Schirm bei starkem Wind umklappt!
9. Warum ist beim Start eines Flugzeugs die gesamte Heckflosse nach vorn unten geneigt?
10. Auf welcher Seite des Daches fallen bei Sturm lockere Ziegel zuerst ab, auf der dem Wind zu- oder abgewandten Seite? Warum ist das so?

ZUSAMMENFASSUNG

Entstehung des Auftriebs an Tragflächen
Durch die Form der Tragflächen entsteht in einer Luftströmung unter der Tragfläche ein Überdruck und über der Tragfläche ein Unterdruck. Dieser Druckunterschied ergibt eine senkrecht zur Strömungsrichtung wirkende dynamische Auftriebskraft.

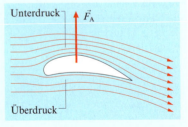

Dynamische Auftriebskraft
Die dynamische Auftriebskraft vergrößert sich, wenn
– die Fläche des Flügels größer wird,
– sich die Geschwindigkeit der Luftströmung erhöht,
– der Flügel etwas steiler angestellt wird.

Strömungswiderstand
Die Luft setzt der Bewegung eines Körpers einen Strömungswiderstand entgegen.
Der Strömungswiderstand hängt von der Form des Körpers ab. Er ist umso größer,
– je größer die Strömungsgeschwindigkeit ist,
– je größer die Stirnfläche des Körpers ist,
– je rauer seine Oberfläche ist.

Energie in Natur und Technik

Energie ist aus unserem Leben nicht
mehr wegzudenken. Früher mussten sich die meisten
Menschen sehr anstrengen, wenn sie kochen oder waschen wollten, den
Acker pflügen oder in einen anderen Ort reisen mussten.
Heute werden uns alle diese Tätigkeiten des täglichen Lebens erleichtert
durch Energie, die uns z. B. durch elektrische Leitungen oder mit
dem Erdöl geliefert wird.
Wir brauchen uns um das Feuer in der Heizung kaum noch zu
kümmern und Maschinen nehmen uns schwere Arbeiten ab.
Meistens denken wir gar nicht darüber nach, woher die
Energie kommt und wie groß der Aufwand ist,
damit wir es so bequem haben.

Was ist Energie?

Wenn ein Fahrrad rollen soll, muss man in die Pedale treten. Besonders anstrengend ist es, wenn es bergauf geht. Dann muss man eine große Arbeit verrichten und gerät dabei ins Schwitzen.
Fahrradfahren macht hungrig. Unser Körper verlangt nach Energie, um solche Arbeit verichten zu können.

Lampen und Geräte im Haushalt

Wenn es dunkel wird, schalten wir im Haus das Licht ein. Das Licht wird von elektrischen Lampen erzeugt. Früher benutzte man Petroleumlampen und Kerzen. In den Petroleumlampen verbrennt Petroleum. Nach einigen Stunden muss man neues Petroleum nachfüllen. In einer Kerze verbrennt Stearin.

In jedem Falle muss **Energie** zugeführt werden. Bei Petroleumlampen und Kerzen geschieht das durch Petroleum und Stearin, bei modernen Lampen durch den elektrischen Strom. Die Lampen und Kerzen wandeln die zugeführte Energie in Licht und Wärme um. Die Energie wird in Form von Licht und Wärme wieder abgegeben.

Auch andere Geräte und Maschinen im Haushalt benötigen Energie. Diesen Maschinen muss elektrische Energie zugeführt werden, damit sie arbeiten können. Sie schneiden Brot, rühren Kuchenteig und schlagen Eiweiß zu Eischnee. Beim Ausführen dieser Arbeiten geben sie an das Brot, den Teig und den Eischnee Energie ab. Mikrowellenherde, Infrarotstrahler und Waschmaschinen erzeugen Wärme. Voraussetzung dafür, dass sie Wärme abgeben können, ist die Zufuhr von elektrischer Energie.

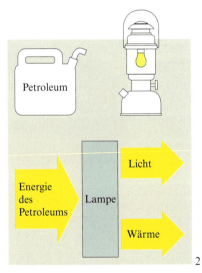

Was ist Energie?

Arbeit

Bei der Renovierung eines Gebäudes befördert ein Bauaufzug Zement in die verschiedenen Etagen. Der Zement ist schwer, er hat ein großes Gewicht. Um ihn nach oben zu transportieren, ist Arbeit erforderlich. Diese Arbeit verrichtet ein Elektromotor. Er muss so lange arbeiten, bis sich der Aufzug in der entsprechenden Etage befindet. Sind es bis zur Etage 10 m, so muss der Motor 10 m Seil auf die Trommel aufwickeln. Diese schwere Arbeit kann auch von Menschen verrichtet werden. Auch sie müssen das Seil, an dem die Last hängt, 10 m nach oben bewegen.

Einen solchen Vorgang kann man mit einem Experiment nachvollziehen: Elektrisch betriebener Bauaufzug

EXPERIMENT 1
1. Befestige eine Rolle am oberen Ende eines langen Stativs!
2. Lege über die Rolle einen etwa 1 m langen Faden mit Schlaufen an den Enden!
3. Befestige an dem einen Ende einen schweren Körper (Stein, Holzklotz, Wägestück)!
4. Bringe am anderen Ende des Fadens einen Federkraftmesser an und ziehe damit den Körper langsam nach oben!
5. Beobachte dabei den zurückgelegten Weg und die vom Federkraftmesser angezeigte Kraft!

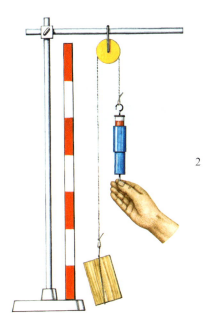

Hubarbeit. Die Arbeit, die zum Heben eines Körpers notwendig ist, nennt man Hubarbeit. Die Hubarbeit ist umso größer, je schwerer der Körper ist und je höher er gehoben wird. Zementsäcke sind sehr schwer. Deshalb muss der Bauaufzug auch eine große Arbeit verrichten. Dämmstoffplatten sind dagegen relativ leicht. Sollen sie nach oben befördert werden, so ist dafür nur eine kleinere Arbeit erforderlich. Je höher die Etage ist, bis zu der der Bauaufzug fährt, umso größer ist auch die verrichtete Arbeit. Damit der Motor diese Arbeit verrichten kann, muss ihm Energie zugeführt werden. Bei einem Elektromotor ist das elektrische Energie.

Spannarbeit. Um einen Bogen zu spannen (Bild 3), muss man sich anstrengen. Man muss Arbeit verrichten. Diese Arbeit nennt man Spannarbeit. Sie ist umso größer, je weiter die Sehne des Bogens ausgelenkt wird. Beim Spannen wird dem Bogen Energie zugeführt. Die Energie des Bogens lässt sich daran erkennen, dass er den Pfeil in schnelle Bewegung versetzen kann. Dabei nimmt der Bogen wieder seine ursprüngliche Form an.
Andere Körper kehren nicht mehr in ihre ursprüngliche Form zurück. Wirft man z. B. eine Kugel aus Plastilina auf den Boden, so wird sie *dauerhaft* verformt und springt nicht wieder hoch. Ein Ball dagegen nimmt seine runde Form schnell wieder an und springt hoch.

Beim Spannen wird Arbeit verrichtet.

Geschwindigkeitsänderung von Körpern. Damit sich ein Fahrrad auf einem horizontalen Weg in Bewegung setzt, muss man kräftig in die Pedale treten und damit Arbeit verrichten (Bild 4).
Beim Anfahren eines Autos gibt der Fahrer kräftig Gas. Dadurch wird dem Motor viel Energie zugeführt. Der Motor verrichtet eine große Arbeit, wenn sich der Pkw in Bewegung setzt.
Sollen Fahrrad oder Auto immer schneller werden, so muss weiterhin Arbeit verrichtet werden. Der Radfahrer bzw. der Automotor müssen weiter Energie an die Fahrzeuge abgeben.

Beim Anfahren wird Arbeit verrichtet.

Reibungsarbeit. Wenn ein Fahrrad mit gleichbleibender Geschwindigkeit fahren soll, muss ihm weiter Energie zugeführt werden. Anderenfalls verringert sich seine Geschwindigkeit. Die rollenden Räder und die Luft behindern die Bewegung. Das kann man mit folgendem Experiment untersuchen.

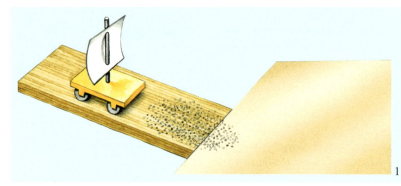

EXPERIMENT 2
1. Lass einen kleinen Wagen von einem schwach geneigten Brett auf eine Tischplatte rollen!
2. Wiederhole das Experiment, indem du auf die untere Hälfte des Brettes raues Papier legst oder etwas Sand streust!
3. Bringe schließlich auf dem Wagen einen Mast mit einem Papiersegel an, das senkrecht zur Bewegungsrichtung steht!

Auf der geneigten Bahn wird der Wagen immer schneller. Auf der rauen Unterlage und bei aufgesetztem Segel nimmt seine Geschwindigkeit aber nur im ersten Teil der Bewegung zu.
Bei der Bewegung des Wagens tritt ständig Reibung mit dem Boden und mit der Luft auf. Die Arbeit, die notwendig ist, um diese Reibung zu überwinden, nennt man Reibungsarbeit.
Durch Verrichten von Reibungsarbeit werden Fahrzeuge abgebremst. Wovon hängt es ab, wie viel Reibungsarbeit beim Abbremsen verrichtet werden muss? Lässt man eine rollende Kugel auf einen Klotz prallen, so wird der Klotz umso weiter verschoben, je größer die Masse der Kugel ist (Bild 3). Außerdem wird der Klotz umso weiter verschoben, je schneller die Kugel ist.

Je größer die Masse eines Körpers ist und je schneller er ist, desto mehr Arbeit ist zum Abbremsen des Körpers erforderlich.

Bremsscheibe nach langem, heftigem Bremsen

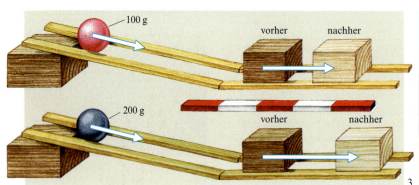

Durch Reibung entsteht Wärme. Beim Abbremsen eines Autos können sich durch Reibung die Bremsscheiben bis zum Glühen erhitzen (Bild 2).

Tritt eine Raumfähre bei ihrer Rückkehr zu Erde in die Atmosphäre ein, so erhitzt sich durch die Reibung mit der Luft ihre Unterseite sehr stark. Sie muss daher mit einem besonderen Hitzeschild ausgerüstet sein.

Arbeit wird verrichtet
– beim Heben und Verformen von Körpern,
– bei der Geschwindigkeitsänderung von Körpern,
– beim Überwinden von Reibung.

Was ist Energie?

Energie als physikalische Größe

Wenn Maschinen Arbeit verrichten sollen, benötigen sie Energie. Sollen Fahrzeuge in Bewegung versetzt oder in Bewegung gehalten werden, so ist ebenfalls Energie erforderlich. Diese Energie kann in verschiedenen Formen zugeführt werden:

– Beim Fahren eines Zuges verrichtet die elektrische Lokomotive Reibungsarbeit. Dazu muss durch ihre Elektromotoren Strom fließen.
– Beim Fahren eines Pkw verrichtet der Verbrennungsmotor Reibungsarbeit. Dazu benötigt der Motor Benzin.
– Presslufthämmer können Spannarbeit verrichten und Bewegungsänderungen hervorrufen, wenn ihnen Druckluft zugeführt wird.
– Den Dampfturbinen in einem Wärmekraftwerk wird heißer Wasserdampf unter hohem Druck zugeleitet. Sie treiben die Generatoren an.
– Auch Wasser- und Windturbinen verrichten Arbeit und erzeugen in Generatoren elektrische Energie. Voraussetzungen dafür sind strömendes Wasser bzw. Wind.

Antrieb durch elektrische Energie

Elektrischer Strom, Kraftstoff, Druckluft, Dampf, strömendes Wasser und Wind haben die Fähigkeit Arbeit zu verrichten. Sie besitzen Energie. Will man die Temperatur von Stoffen erhöhen, sie schmelzen oder verdampfen, benötigt man ebenfalls Energie. Das geschieht z. B. bei der Warmwasserheizung, im Hochofen und im Dampfkessel (Bild 2). Auch zum Beleuchten von Räumen und Straßen ist Energie erforderlich. Die verschiedenen Lampen senden Licht aus, wenn der elektrische Strom eingeschaltet ist.
Die Sonne gibt gleichzeitig Licht und Wärme ab.

> Energie ist die Fähigkeit, Arbeit zu verrichten, Wärme abzugeben oder Licht auszusenden.

Dampferzeugung in einer Dampflok

Formelzeichen und Einheiten der Energie. Als Formelzeichen für die Energie wurde E verabredet. Die Einheit der Energie ist Joule (sprich: dschul); sie wurde nach dem englischen Physiker JAMES PRESCOTT JOULE benannt. Das folgende Beispiel zeigt, wie groß 1 Joule (1 J) ist:
1 J ist die Energie, die nötig ist, um eine Tafel Schokolade langsam um 1 m hochzuheben. Die Tafel Schokolade besitzt mit Verpackung eine Masse von $m = 102$ g (Bild 3).
In der Praxis werden meist größere Einheiten benutzt, Kilojoule (kJ), Megajoule (MJ) und Gigajoule (GJ). Es gelten folgende Umrechnungsbeziehungen:

1 kJ = 1000 J,
1 MJ = 1000 kJ = 1 000 000 J,   1 GJ = 1 000 MJ = 1 000 000 kJ.

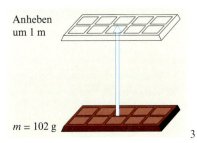

1 Joule

Eine weitere Einheit der Energie ist die Kilowattstunde (kW · h). Will man 10 Glühlampen mit einer Leistung von 100 W eine Stunde (1h) lang leuchten lassen, so wird dazu eine Energie von 1 kW · h benötigt. Zwischen Joule und Kilowattstunde besteht folgende Umrechnungsbeziehung:
1 kW · h = 3,6 MJ.

> Das Formelzeichen für die Energie ist E.
> Einheiten der Energie sind Joule (J) und Kilowattstunde (kW · h).

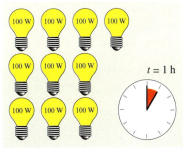

1 Kilowattstunde

Arten des Energietransports

Energietransport durch Arbeit. Wenn auf der Autobahn neue Fahrspuren gebaut werden sollen, sind viele Erdarbeiten erforderlich. Die neu aufgebrachte Erde muss verdichtet werden, um einen festen Untergrund zu bilden. Zur Verdichtung der Erde benutzt man Rüttler. Im Rüttler bewegt ein Motor einen schweren Metallkörper auf einer Kreisbahn nach oben und unten. Dadurch wird der Rüttler schnell aufeinanderfolgend ein wenig nach oben und nach unten geschleudert.

Bei einem solchen Verrichten von Arbeit wird ständig Energie transportiert. Der Motor verrichtet Arbeit, indem er die Schwungmasse herumschleudert. Dabei wird Energie vom Motor auf den Rüttler übertragen. Die Rüttelplatte verrichtet beim Verdichten des Bodens Arbeit. Der Boden wird verformt. Bei diesem Vorgang fließt ein Energiestrom vom Rüttler zum Boden.

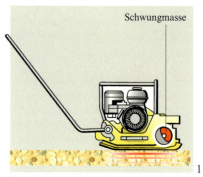
Rüttler

> Beim Verrichten von Arbeit wird Energie von einem Körper zu einem anderen Körper transportiert.

Energieströme werden häufig in so genannten Energieflussdiagrammen dargestellt:

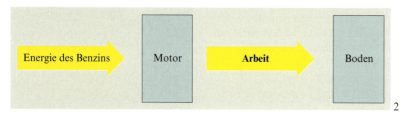

Energietransport durch Licht. Die Sonne ist unsere größte Lichtquelle. Wenn sie morgens aufgeht, dann beleuchtet sie die ganze Landschaft. Das Sonnenlicht ermöglicht den Pflanzen zu wachsen. Das Licht gelangt von der Sonne durch den Weltraum und die Lufthülle der Erde bis hin zur Erdoberfläche. Dabei wird Energie von der Sonne in Form des Lichtes zur Erde übertragen.

Die Pflanzen sind Lichtempfänger, sie nutzen das Licht für chemische Umwandlungen. Auch unsere Augen und die Filme in Fotokameras sind Lichtempfänger (siehe S. 192).

Die Pflanzen nehmen Energie von der Sonne auf.

> Energie kann in Form von Licht von der Lichtquelle zu einem Lichtempfänger transportiert werden.

Die elektrische Beleuchtung eines Raumes kann man mit folgendem Energieflussdiagramm darstellen:

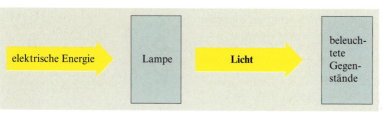

Was ist Energie?

Energietransport durch Wärme. Um eine Erkältung zu lindern, bestrahlen wir uns gelegentlich mit „Rotlicht"; wir setzen uns vor einen Infrarotstrahler (Bild 1). Die glühende Wendel im Strahler sendet *Wärmestrahlung* aus. Von der Wendel wird Energie in Form von Wärme zu unserem Körper transportiert.

Wärmestrahlung

Wärmeleitung

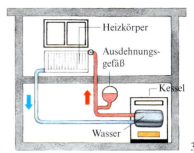
Wärmeströmung

Wärme kann nicht nur durch Strahlung übertragen werden. Beim Kochen steht der Topf auf der Herdplatte. Der Boden des Kochtopfes leitet die Wärme von der Herdplatte zur Speise im Topf. Die Energie wird durch *Wärmeleitung* von der heißen Herdplatte zur kälteren Speise übertragen. Eine dritte Form der Wärmeübertragung wird bei der Warmwasserheizung genutzt. Im Heizkessel wird das Wasser erwärmt. Vom Heizkessel strömt es durch Rohrleitungen in die Heizkörper. Dort gibt es die Wärme an die Zimmerluft ab. Diesen Vorgang nennt man *Wärmeströmung*. Hierbei wird die Energie durch das warme Wasser vom heißen Feuer unter dem Heizkessel zur kälteren Zimmerluft transportiert (Bilder 3 und 4).

Durch Wärmestrahlung, Wärmeleitung und Wärmeströmung wird Energie in Form von Wärme vom heißen zum kälteren Körper transportiert.

Energietransport von elektrischer Energie. Unsere elektrische Energie kommt aus den Generatoren der Kraftwerke. Mit dem elektrischen Strom gelangt elektrische Energie in unsere Wohnungen zu den Geräten.

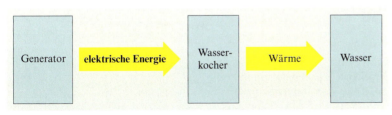

Wenn ein elektrischer Strom fließt, wird elektrische Energie von dem Erzeuger (Generator, Batterie) zum elektrischen Gerät transportiert.

Transport von elektrischer Energie

Energieformen und Energiespeicherung

Energiequellen in der Natur. Die wichtigsten von den Menschen direkt genutzten Eneregiequellen in der Natur sind Braun- und Steinkohle, Erdöl und Erdgas. In Kraftwerken wird aus ihnen elektrische Energie gewonnen, in Heizwerken Wärme. Für den Antrieb von Fahrzeugen aller Art wird aus Erdöl Benzin und Dieselkraftstoff hergestellt. In all diesen Stoffen ist **chemische Energie** gespeichert. Sie wird beim Verbrennen in **thermische Energie** umgewandelt. Der Vorteil dieser Stoffe besteht darin, dass in ihnen die chemische Energie sehr einfach und beliebig lange aufbewahrt werden kann.

Speicherung von Erdölprodukten

Heizwert. Brennstoffe werden nicht nur für unterschiedliche Zwecke eingesetzt, sondern sie geben auch beim Verbrennen unterschiedlich viel Wärme ab. Dies lässt sich in einem Experiment untersuchen.

> **EXPERIMENT 3**
> In zwei gleich großen Bechergläsern befindet sich jeweils gleich viel Wasser derselben Temperatur. Unter jedes Becherglas stellt man eine kleine Porzellanschale mit einem Wattebausch. In die eine Schale bringt man 1 g Spiritus, in die andere 1 g Benzin. Die Flüssigkeiten werden angezündet.
> Nachdem die Flüssigkeiten verbrannt sind, wird in beiden Bechergläsern die Temperatur gemessen.

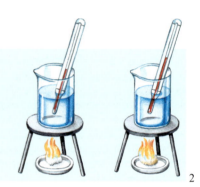

Das mit Benzin erwärmte Wasser erreicht eine höhere Temperatur. Beim Verbrennen gibt 1 g Benzin mehr Wärme ab als die gleiche Menge Spiritus. Benzin besitzt den größeren Heizwert. Das Formelzeichen für die physikalische Größe Heizwert ist H.

> Der Heizwert eines Brennstoffes kennzeichnet, wie viel thermische Energie dieser Stoff beim Verbrennen abgibt.
> Die Einheit für den Heizwert ist Joule je Kilogramm (J/kg).

Heizwerte einiger Stoffe in MJ/kg

Braunkohle	10
Holz, trocken	15
Briketts	20
Steinkohle	30
Spiritus	39
Heizöl	42
Benzin	50

In der Tabelle sind die Heizwerte verschiedener Stoffe zusammengestellt. Stoffe, die viel Wasser enthalten, wie z. B. feuchtes Holz und feuchte Braunkohle, besitzen einen geringen Heizwert. So hat auch Spiritus einen geringeren Heizwert als reiner Alkohol, denn Spiritus enthält etwa 8 % Wasser. Schließlich ist der Heizwert von solchen Stoffen niedrig, bei deren Verbrennung viel Asche entsteht.

Lageenergie. Beim Anheben eines Körpers muss Arbeit verrichtet werden (siehe S. 249). Danach besitzt dieser Körper Lageenergie. Sie ist umso größer, je höher die Lage ist und je schwerer der Körper ist.
Elektrische Energie wird zum größten Teil durch Kohle- und Kernkraftwerke erzeugt. Es wird von den Verbrauchern aber nicht zu jeder Tageszeit immer die gleiche Menge benötigt. Überschüssige Energie kann in einem **Pumpspeicherwerk** gespeichert werden. Mithilfe von Pumpen, die Wasser in ein hoch gelegenes Speicherbecken befördern, wird elektrische Energie in Lageenergie des Wassers umgewandelt.
Wenn von den Verbrauchern besonders viel Energie benötigt wird, lässt man das Wasser wieder hinabströmen und treibt damit Generatoren an. Dabei wird dann die Lageenergie in elektrische Energie umgewandelt.

Pumpspeicherwerk

Was ist Energie?

Spannenergie. Beim Aufziehen einer mechanischen Uhr wird eine Feder gespannt, es wird Spannarbeit verrichtet. Die gespannte Feder besitzt Spannenergie. Die Spannenergie wird nach und nach zum Betreiben des Uhrwerkes eingesetzt.

Bewegungsenergie. Jeder Körper, der in Bewegung ist, besitzt Bewegungsenergie. Diese ist umso größer, je schneller sich der Körper bewegt und je größer seine Masse ist. Bei alten Dampfmaschinen bewegen sich die großen Kolben- und Zylinderstangen hin und her und drehen ein riesiges Schwungrad. Durch seine große Masse besitzt das rotierende Schwungrad sehr viel Bewegungsenergie. Diese Energie hält die Maschine auch dann in gleichmäßiger Bewegung, wenn der Dampf gerade keine Arbeit verrichtet. Lageenergie, Spannenergie und Bewegungsenergie, stellen unterschiedliche Formen **mechanischer Energie** dar.

Modell-Dampfmaschine

Thermische Energie. Körper mit hoher Temperatur können an Körper mit niedriger Temperatur Wärme abgeben. Körper mit hoher Temperatur besitzen viel thermische Energie. Um thermische Energie eines heißen Körpers zu speichern, muss man den Körper von der kühleren Umgebung isolieren. Dazu verwendet man besondere Thermosgefäße (Bild 2).

Akkumulatoren und galvanische Elemente. In Taschenlampen, elektrischen Uhren und vielen Spielzeugen werden so genannte galvanische Elemente verwendet. Du kennst sie in Form von Monozellen, 9-Volt-Blöcken und Flachbatterien (Bild 3). In den galvanischen Elementen ist **chemische Energie** gespeichert. Sie können unabhängig von einer Steckdose überall elektrischen Strom liefern. Dabei wird chemische in elektrische Energie umgewandelt.

Der Nachteil der galvanischen Elemente besteht darin, dass sie nach der Abgabe der Energie nicht mehr verwendet werden können. Deshalb benutzt man immer häufiger Akkumulatoren. Wenn sie ihre Energie abgegeben haben, können sie mit einem Ladegerät wieder aufgeladen werden (Bild 4). Besonders große Akkumulatoren werden in Kraftfahrzeugen verwendet (Bild 5). Um den Motor zu starten, müssen sie in kurzer Zeit viel elektrische Energie liefern.

Speicherung von thermischer Energie

Galvanische Elemente

Akkumulatoren im Ladegerät

Akkumulator eines Autos

> Energie kann in Form von mechanischer Energie, thermischer Energie und chemischer Energie gespeichert werden.

Energie für Lebensprozesse

Energieaufnahme bei Menschen und Tieren. Menschen und Tiere brauchen Energie, damit die Lebensvorgänge im Körper ablaufen können und damit sie sich bewegen können. Außerdem muss die Körpertemperatur aufrechterhalten werden. Wir nehmen die Energie mit unserer Nahrung in Form von chemischer Energie auf. Die chemische Energie wird in unserem Körper umgewandelt. Dabei verrichten wir Arbeit oder erzeugen unsere Körperwärme. So wie bei den Brennstoffen die Heizwerte angegeben werden, gibt man bei Nahrungsmitteln die Nährwerte an.

Nährwerte einiger Nahrungsmittel in kJ/kg	
Gurke	500
Weißkohl	1 000
Apfel	2 000
Jogurt, fettarm	2 200
Vollmilch	2 700
Kartoffeln	3 200
Nudeln, gekocht	4 900
Karpfen	6 000
Hühnerfleisch	6 000
Schweinefleisch, mager	6 000
Weißbrot	11 000
Reis	15 000
Zucker	17 000
Schweinefleisch, fett	17 000
Schokolade	24 000
Erdnüsse	26 000
Butter	30 000
Öl	39 000

> Menschen nehmen mit dem Essen und Trinken Energie auf, die für das Aufrechterhalten der Körpertemperatur, die Bewegung sowie andere Lebensvorgänge benötigt wird.

1

Energieaufnahme bei Pflanzen. Pflanzen nehmen mit den Wurzeln Wasser und verschiedene Salze auf. Diese gelangen bis in die Blätter und Früchte. Dort erfolgt die Energiezufuhr durch das Sonnenlicht. Mithilfe des Blattgrüns (Chlorophylls) werden u. a. Stärke, Zucker und Zellulose gebildet. Die Pflanze wächst. Die aufgenommene Energie des Sonnenlichts wird auf diese Weise gespeichert. Diese Energie kann später bei der Nahrungsaufnahme von Menschen oder Tieren, aber auch beim direkten Verbrennen in andere Energieformen umgewandelt werden.

> Pflanzen nehmen Energie in Form von Sonnenlicht auf und wandeln mithilfe des Blattgrüns Nährstoffe aus dem Boden und Kohlenstoffdioxid aus der Luft in Stärke, Zucker und Zellulose um.

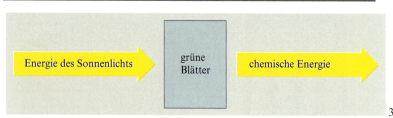

Nährwertangaben auf einer Lebensmittelverpackung

3

Wärmequelle Mensch – Grundumsatz. Bei den Stoffumwandlungen in unserem Körper wird die Energie der Nährstoffe vor allem in Wärme umgewandelt. Diese Wärme wird an die Umgebung abgegeben. Im Ruhezustand sind das bei einem Erwachsenen etwa 100 Joule pro Sekunde. Diesen Wert bezeichnet man als Grundumsatz. Er entspricht der Wärmeabgabe einer großen Glühlampe (100 W).

> In Ruhe gibt der Mensch pro Sekunde eine Energie von etwa 100 J ab.

Übrigens

Die Wärmeabgabe von Menschen ist bei der Konstruktion von Gebäuden zu berücksichtigen, in denen sich viele Menschen aufhalten. Eine große Sporthalle mit 10 000 Sitzplätzen muss mit einer sehr leistungsfähigen Klimaanlage ausgestattet werden: 10 000 Menschen erzeugen so viel Wärme wie 1000 Heizlüfter!

Was ist Energie?

Wie viel Nahrung braucht der Mensch? Wenn wir uns den ganzen Tag überhaupt nicht bewegen würden, entspräche unser Energiebedarf genau dem Grundumsatz von 100 J/s. Ein Tag hat $3\,600 \times 24$ Sekunden = 86 400 Sekunden. Der Energiebedarf betrüge also 8 640 kJ.

Wenn wir schlafen, verbrauchen wir etwas weniger Energie pro Zeit als 100 J/s, wenn wir dagegen arbeiten oder Sport treiben, erheblich mehr. Die entsprechenden Werte werden als auch als „Leistungsumsatz" bezeichnet. Der Energiebedarf des Körpers hängt außerdem vom Alter ab: Kinder und Jugendliche im Wachstum brauchen, bezogen auf das Körpergewicht, mehr Energie als Erwachsene.

Wenn wir durch die Nahrung mehr Energie aufnehmen, als wir für die Arbeit verbrauchen, legt unser Körper „Reserven" an. Er speichert die Energie. Um beispielsweise 10 000 kJ zu speichern, setzt der Körper 250 g Fett an. Die Energiezufuhr muss daher auf den wirklichen Bedarf abgestimmt sein (Bilder 1 und 2).

Leistungsumsatz:
Energiebedarf pro Zeit bei verschiedenen Tätigkeiten in J/s

Schlafen	60 bis 80
Liegen (Grundumsatz)	etwa 100
Stehen	140
Bügeln	300
Gehen (6 km/h)	200 bis 400
Radfahren (20 km/h)	400 bis 800
Schwimmen	300 bis 800
Sägen	600 bis 900
Bäume fällen	500 bis 1 400

1 Tätigkeit mit sehr geringem Energiebedarf

2 Vorbereitung auf einen großen Energiebedarf

3 Möglichkeit zum Abbau von Energiereserven

Energie auf dem Wege zum Verbraucher

Energie von der Sonne. Die Sonne ist für die Erde die wichtigste Energiequelle. Auf jeden Quadratmeter, der senkrecht von der Sonne beschienen wird, trifft bei klarem Himmel eine Energie von 1000 J/s auf. Das entspricht der Wärmeabgabe eines Tauchsieders oder eines Heizlüfters (1000 W).

Die Sonnenenergie durchdringt als Licht und Wärmestrahlung den leeren Raum zwischen Sonne und Erde. Beim Durchgang durch die Lufthülle der Erde wird sie etwas abgeschwächt. Trifft die Wärmestrahlung auf die Erdoberfläche, so erwärmt sich diese und überträgt die Wärme an die Lufthülle.

Dadurch entsteht für das Leben von Menschen, Tieren und Pflanzen ein günstiges Klima. Von den Pflanzen wird die Sonnenenergie genutzt, um Nährstoffe bzw. Brennstoffe zu bilden. Diese können als Nahrungsmittel bzw. Biomasse von den Menschen verwendet werden.

In unsere Häuser gelangt die Energie der Sonne auf verschiedenen Wegen. Durch die Fenster der Häuser dringen Licht und Wärmestrahlung in die Zimmer ein. Im Frühjahr, Sommer und Herbst gelangt auch die von der Sonne erwärmte Luft ins Innere der Häuser. Sonnenkollektoren auf den Dächern können dafür sorgen, dass noch mehr Wärme in die Häuser gelangt.

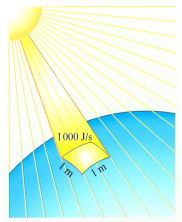

4 Auf einen Quadratmeter der Erdoberfläche trifft (bei senkrechtem Einfall) jede Sekunde eine Energie von 1 kJ.

Transport von Brennstoffen. Bevor Erdöl und Erdgas in die Tanks der Häuser gelangen, haben sie oft einen Weg von vielen tausend Kilometern in Rohrleitungen oder in Tankern zurückgelegt. Aber der Transport der wertvollen Brennstoffe lohnt sich. Braunkohle hat dagegen einen relativ kleinen Heizwert (siehe S. 254). Um Transportkosten zu sparen, baut man die Kohlekraftwerke möglichst in der Nähe der Abbaustätten (Bild 1).

Transport von elektrischer Energie. Mithilfe elektrischer Leitungen wird die elektrische Energie von den Kraftwerken zu den Häusern transportiert. Große Entfernungen werden dabei mit so genannten Hochspannungsleitungen überwunden, in denen die Verluste besonders gering sind. In Umspannwerken (Bild 2) und Transformatorstationen wird die Spannung auf 230 V reduziert und damit für unsere Haushaltsgeräte nutzbar.

Energieströme in der Natur. Durch die starke Sonnenstrahlung hat das Wasser in den tropischen Meeren zum Teil eine Temperatur von über 25 °C. Dadurch ist sehr viel Energie in den Meeren gespeichert. Auch die Luft wird in diesen Gebieten stark erwärmt.
Warme Luft und warmes Wasser strömen in andere Regionen und übertragen dabei die Wärme. Mit dem Wind kann die Wärme sehr schnell übertragen werden. So kann plötzlich einströmende Warmluft in weiten Teilen Deutschlands über Nacht den Schnee zum Schmelzen bringen.
Im Wasser treten Wasserströmungen auf. Von den großen Meeresströmen ist für uns der Golfstrom von besonderer Bedeutung (Bild 3). Er sorgt im mittleren und nördlichen Teil Europas für ein relativ mildes Klima.

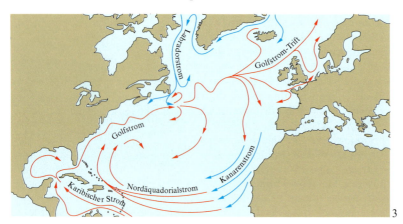

Schon gewusst?

Auch in Deutschland erwärmen sich die Seen im Sommer auf relativ hohe Temperaturen. Wenn es dann im Herbst kälter wird, geben sie Wärme an die Umgebung ab. Dadurch ist es in der Nähe solcher Seen milder als in größerer Entfernung von ihnen. Man spricht dann von einem milden *Mikroklima*.

Kraftwerke und Umweltbelastung

Die chemische Energie von Kohle, Erdöl und Erdgas kann durch Verbrennen leicht in thermische Energie umgewandelt werden. In den Wärmekraftwerken wandeln dann Turbinen und Generatoren die thermische Energie zunächst in mechanische und schließlich in elektrische Energie um. Umweltschäden entstehen vor allem durch die Verbrennungsgase. Außerdem wird die Umwelt durch das Abbauen von Kohle in Tagebauen und das Anlegen von Abraumhalden beeinträchtigt.

Auch Kernkraftwerke sind Wärmekraftwerke. In ihnen entsteht thermische Energie dadurch, dass Atomkerne gespalten werden. Dabei entstehen neue Stoffe, die noch sehr lange gefährliche Kernstrahlung aussenden. Diese Stoffe dürfen nicht in die Umwelt gelangen. Die verbrauchten „Brennstäbe" eines Kernkraftwerkes müssen für sehr lange Zeit sicher gelagert werden. Wegen dieser Nachteile bemühen sich Physiker und Techniker in aller Welt um die Erschließung neuer, umweltfreundlicher Energiequellen.

Kernkraftwerk

Wasserkraftwerke. Der wichtigste alternative Energieträger ist zurzeit das Wasser. Seine Lageenergie und seine Bewegungsenergie werden schon seit Jahrtausenden genutzt. In bergigen Ländern wie in Norwegen oder in der Schweiz wird fast die gesamte elektrische Energie in Wasserkraftwerken erzeugt. In Deutschland wird von Wasserkraftwerken nur etwa 4,1% der elektrischen Energie bereitgestellt. Neue große Wasserkraftwerke entstehen fast ausschließlich in wenig industrialisierten Ländern, in denen noch der Bau großer Staudämme möglich ist.

Windkraftwerke. Eine wichtige alternative Energiequelle ist für Deutschland der Wind. Die Zahl der Windturbinen und ihre Gesamtleistung ist in den letzten Jahren stark gestiegen (Bild 3), im Jahr 2000 wurden 1,5% der Elektroenergie von Windturbinen bereitgestellt. Ein wesentlicher Vorteil der Windturbinen besteht darin, dass der Wind – wenn auch unregelmäßig – Tag und Nacht und zu jeder Jahreszeit weht.

Natürlich haben auch die Windkraftwerke Nachteile. Da sie an höher gelegenen Stellen aufgestellt werden müssen, sind sie weithin sichtbar und verändern damit das Bild der Landschaft. Sie können Lärm verursachen, und Vögel können bei ihrer Brut oder Rast gestört werden.

Windpark

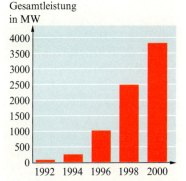

Windturbinen in Deutschland

Sonnenkraftwerke. Die Umwandlung der Energie der Sonnenstrahlung in elektrische Energie ist auf zwei Wegen möglich. Der erste besteht darin, dass man die Sonnenstrahlung mit einem großen Hohlspiegel sammelt. In dessen Brennpunkt ist ein Dampfkessel (der mit einer Turbine verbunden ist) oder ein Heißluftmotor angeordnet. Dampfkessel oder Heißluftmotor werden durch die Sonnenstrahlung erhitzt und treiben einen Generator an, der die mechanische Energie in elektrische Energie umwandelt. Solche Hohlspiegel haben jedoch den Nachteil, dass sie gedreht und geneigt werden müssen, damit die Sonnenstrahlung immer parallel zur optischen Achse einfällt.

Der zweite Weg zur Umwandlung der Energie der Sonnenstrahlung in elektrische Energie besteht in der Verwendung von Solarzellen. Sie brauchen nicht dem Sonnenstand nachgeführt zu werden. Ein solches Sonnenkraftwerk ist am Neurather See an den Hang eines ehemaligen Braunkohletagebaus montiert (Bild 4). Die Solarzellen liefern die elektrische Energie zur Versorgung von 70 Haushalten. Solche Sonnenkraftwerke erfordern eine sehr große Fläche. Auf dieser Fläche ist kein Pflanzenwuchs möglich. Die Solarmodule am Neurather See nehmen 8 000 m² ein.

Sonnenkraftwerk am Neurather See

Rationelle Nutzung von Energie

Der Energiebedarf in Deutschland

Die Bundesrepublik Deutschland gehört zu den Ländern der Erde, die einen großen Energiebedarf besitzen.
Ursachen dafür sind
- die besondere Struktur der deutschen Industrie,
- die große Anzahl der Pkw und Lkw,
- die vielen elektrischen Geräte in den Haushalten und
- das Klima in Deutschland (lange Heizperiode).

Wegen dieses hohen Energiebedarfs kommt es in Deutschland zu einer besonders starken Belastung der Umwelt. Die Schornsteine der Industriebetriebe und Haushalte sowie die Auspuffe der Fahrzeug stoßen große Mengen von Verbrennungsgasen aus. Neben Kohlenstoffdioxid, das sich negativ auf das Klima auswirkt, entstehen Schadstoffe sowie große Mengen von Asche und Schlacke.
Etwa 30% der Elektroenergie werden in Deutschland von Kernkraftwerken bereitgestellt (Bild 1). Damit sind nicht nur zusätzliche Gefahren verbunden; es treten auch zunehmend Probleme bei der Lagerung des radioaktiven Abfalls auf.

Alternative Energiequellen spielen in Deutschland noch immer eine untergeordnete Rolle. Trotz der intensiven Bemühungen um deren stärkere Nutzung wird geschätzt, dass bis zum Jahre 2020 ihr Anteil an der Energiebereitstellung in Deutschland nur maximal 10% betragen wird. Aber bereits um dieses Ziel zu erreichen, sind große Anstrengungen notwendig.

> Die Nutzung von Energie führt zu Umweltbelastungen. Um diese gering zu halten, gibt es zwei wesentliche Möglichkeiten:
> 1. Man muss die zur Verfügung stehende Energie sinnvoll nutzen.
> 2. Man muss sparsam mit der Energie umgehen.

Pro-Kopf-Verbrauch an Energie in einigen Ländern/Kontinenten in GJ/Jahr

USA	331
Kanada	329
Schweden	237
Australien	228
Niederlande	199
Deutschland	174
Frankreich	174
Dänemark	167
Japan	166
Großbritannien	159
Italien	118
Spanien	111
Afrika (gesamt)	13

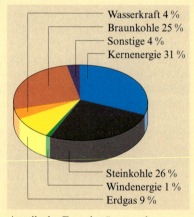

Anteile der Energieträger an der Elektroenergieproduktion in Deutschland

Sinnvolle Nutzung der vorhandenen Energie

Nutzung nachwachsender Brennstoffe. Unsere Wälder werden bewirtschaftet und unsere Felder werden bestellt. Die Pflanzen wandeln die Sonnenenergie mit ihrem Chlorophyll in chemische Energie um. Aus Wasser und Kohlenstoffdioxid entstehen organische Stoffe wie z. B. Stärke, Zucker und Zellulose.
Auf diese Weise wird z. B. auf einem Getreidefeld von 1 ha (100 m × 100 m) pro Tag eine chemische Energie von etwa 5 GJ gespeichert. Würde die Hälfte dieser Energie in elektrische Energie umgewandelt, so könnte damit ein 1000-W-Tauchsieder 30 Tage lang betrieben werden. Wenn das Stroh nicht für andere Zwecke benötigt wird, so kann man es in einem Strohkraftwerk verbrennen.
Die Biologen suchen nach weiteren Pflanzen, die bei schnellerem Wachstum eine möglichst große brennbare Biomasse liefern. So werden in der Versuchsanstalt in Großbeeren Experimente mit Chinaschilf durchgeführt, das du vielleicht aus dem Garten kennst. Es hat den Vorteil, dass es nicht in jedem Jahr neu gepflanzt werden muss. Auch der Boden muss nicht bearbeitet werden.

Man kann auch Früchte speziell zur Erzeugung der so genannten Bioenergie anbauen. Hierfür ist besonders Raps geeignet. Aus dem Rapsöl wird dann ein Kraftstoff für den Antrieb von Dieselmotoren hergestellt, den man Biodiesel nennt (Bild 1).

Biogas und Deponiegas. In Tierintensivhaltungen (z. B. von Rindern, Schweinen und Hühnern) fallen große Mengen organischer Stoffe an. Diese kann man zur Erzeugung von Biogas nutzen. Dazu bringt man die Ausscheidungen der Tiere und das Streumaterial in den Ställen (meist Stroh) sowie Futtermittelreste gemeinsam mit Wasser in große Tanks (Bild 2). Dort erzeugen Bakterien aus den organischen Stoffen das Gas Methan. Die chemische Energie dieses Biogases wird durch Verbrennen in thermische Energie umgewandelt, die vor allem bei der Futterzubereitung und zur Heizung verwendet wird.

Methan entsteht auch in den Deponien, auf denen Holz- oder Papierreste sowie anderer Haushaltsmüll abgelagert werden. Die Deponien werden mit Kunststofffolien abgedeckt. Das Gas wird aus Bohrungen abgesaugt. Dieses so genannte Deponiegas kann z. B. zum Heizen verwendet werden.

Müllverbrennungsanlagen. Mit dem Lebensstandard der Menschen nimmt in der Regel auch die Menge des Mülls zu, den sie hinterlassen.
In Deutschland fällt in jedem Haushalt durchschnittlich eine Tonne Abfall pro Jahr an. Dieser Abfall muss nicht auf Deponien gebracht werden, man kann aus ihm in Müllverbrennungskraftwerken thermische und schließlich elektrische Energie gewinnen. Ein Vorteil der Müllverbrennung besteht darin, dass dadurch das Volumen des Abfalls auf ein Zehntel zusammenschrumpft. Dadurch sind Transport und Ablagerung auf den Deponien besser möglich.

Müllverbrennungsanlagen gibt es in vielen Städten. Wegen des hohen Anteils an Kunststoffen entstehen jedoch beim Verbrennen gefährliche Schadstoffe (z. B. Dioxine). Deshalb gibt es viele Gegner der Müllverbrennung. Um die Schadstoffe aus den Rauchgasen zu entfernen, sind komplizierte Anlagen erforderlich.

Elektrizitätsverbundnetze. Der Bedarf an Elektroenergie schwankt während eines Tages sehr stark. Um die Mittagszeit liegt die so genannte Spitzenlast in Form der Mittagsspitze vor. Weitere Spitzen treten frühmorgens und abends auf. Ein rationeller Umgang mit elektrischer Energie ist auch dadurch möglich, dass man Kraftwerke miteinander verbindet, die in verschiedenen Ländern liegen. In Ländern, die weiter östlich liegen, ist die Zeit der Spitzenlast eine andere als in Ländern, die weiter westlich liegen, da die Tageszeiten gegeneinander verschoben sind.

Durch Verbundnetze kann die Elektroenergie je nach Bedarf hin und hergeleitet werden (Bild 3). Wenn ein Kraftwerk an einem Ort „überschüssige" Energie bereitstellt, kann diese woanders genutzt werden. Durch Nutzung der Verbundnetze kann die Leistung der Kraftwerke insgesamt etwas kleiner gehalten werden.

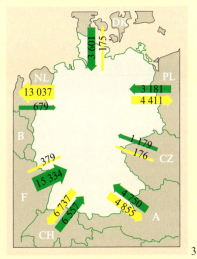

Jährlicher Austausch von Elektroenergie im Verbundnetz (in GW · h)

AUFGABEN

1. Welche Vorteile haben nachwachsende Brennstoffe?
2. Nenne Pflanzen, aus denen man Brennstoffe gewinnen kann!
   Welche Vorzüge und Nachteile haben die einzelnen Pflanzenarten?
3. Dieselkraftstoff kann z. B. aus Erdöl oder aus Rapsöl hergestellt werden. Welche Vorzüge hat die Gewinnung aus Ölfrüchten?
4. Unterbreite Vorschläge, wie man die einzelnen Bestandteile des Mülls noch besser verwerten kann!

Sparsamer Umgang mit Energie

Die wichtigste Möglichkeit, Umweltbelastungen gering zu halten, besteht im Einsparen von Energie.
Auf welchen Wegen lässt sich das erreichen?

Energieeinsparung durch technische Verbesserungen in der Industrie. In vielen veralteten Industriebetrieben wird die Energie noch nicht sinnvoll genug genutzt. Die Wirkungsgrade der Maschinen sind zu klein (vgl. Seite 26). Viel thermische Energie wird als Abwärme an die Umgebung abgegeben, die für andere Zwecke, z. B. für die Heizung, genutzt werden könnte. Auch durch noch stärkeres Wiederverwerten alter Erzeugnisse können große Mengen Energie eingespart werden. Die Wiederaufbereitung von verschiedensten Materialien, vor allem von Metallen, Gläsern und Kunststoffen, nützt der Umwelt, weil dadurch die Mülldeponien entlastet werden. Die Wiederaufbereitung erfordert auch viel weniger Energie als die Neuherstellung aus Rohstoffen (Bild 1).

Rohstoffe sparen heißt Energie sparen.

Energieeinsparung im Verkehr. Die Autoindustrie entwickelt von Jahr zu Jahr Fahrzeuge mit geringerem Benzinverbrauch. Die Fahrzeuge werden leichter und windschlüpfriger, ihre Motoren haben einen größeren Wirkungsgrad als früher. Die Käufer sollten darüber nachdenken, wie groß ihr Auto unbedingt sein muss.
Auch der Staat kann durch höhere Steuern für Mineralöl und Autos mit großem Hubraum auf die Menschen einwirken, umweltfreundlichere Autos zu kaufen. Weiterhin sollte die Benutzung der öffentlichen Verkehrsmittel gefördert werden (siehe Tabelle). Damit möglichst viele Menschen auf die öffentlichen Verkehrsmittel umsteigen, müssen diese schnell, bequem und preiswert sein.

Energiebedarf im Personenverkehr	
Transportmittel	Energie in kJ pro km und Person
Eisenbahn (Fernverkehr)	340
S-Bahn	380
Straßenbahn	470
Bus	610
Eisenbahn (Nahverkehr)	1090
Motorrad	1370
Flugzeug (Auslandsflug)	1730
Pkw (mit 1 Person besetzt)	2320

Energieeinsparung durch bessere Wärmedämmung. In den deutschen Haushalten wird drei Viertel der Energie für die Heizung benötigt. Damit die Wärme nicht so leicht aus dem Haus ins Freie gelangt, muss man beim Bau der Häuser stark wärmedämmende Materialien einsetzen. Insbesondere in den östlichen Bundesländern ist das in der Vergangenheit zu wenig beachtet worden. Deshalb werden jetzt die Häuser zur besseren Wärmedämmung mit zusätzlichen Schichten aus Mineralwolle oder Schaumstoffen umgeben.

Energieeinsparung durch persönliches Verhalten. Neben diesen Maßnahmen kann jeder Einzelne einen Beitrag zur Energieeinsparung leisten. Du selbst kannst besonders viel Energie bei der Warmwasserbereitung, also beim Kochen, Baden und Heizen einsparen.
– Bereite beim Kochen nur so viel heißes Wasser, wie du auch tatsächlich benötigst!
– Eine Kochplatte wärmt noch nach. Schalte sie deshalb zeitig genug aus oder nutze die Restwärme z. B. zum Erhitzen von Wasser!
– Gehe im Bad besonders sparsam mit heißen Wasser um! Die Energie für ein Vollbad reicht aus, um eine Energiesparlampe 12 Tage und Nächte ununterbrochen brennen zu lassen. Beim Duschen braucht man nur etwa ein Zehntel dieser Energie (Bild 2).
– Heize nur so stark, wie es unbedingt notwendig ist. Schalte die Heizung nur dann ein, wenn du dich in deinem Zimmer aufhältst!
– Öffne im Winter das Fenster zum Lüften sehr weit – aber nur etwa 1 Minute, damit das Zimmer nicht auskühlt!

Was ist Energie?

Auch lohnt es sich, darauf zu achten, wie viel Energie von verschiedenen elektrischen Geräten benötigt wird.

Lampen, die über längere Zeit eingeschaltet bleiben, sollten keine Glühlampen sein! Es gibt Energiesparlampen, die zum Erzeugen der gleichen Lichtmenge nur 1/6 der elektrischen Energie benötigen (Bild 2).

Bei *Waschmaschinen* gibt es solche mit besonders geringem Wasserverbrauch. In ihnen wird weniger Wasser erwärmt und daher weniger elektrische Energie benötigt. Außerdem muss Wäsche nicht immer bei der angegebenen Höchsttemperatur gewaschen werden. „Kochwäsche" wird oft auch schon bei 60 °C sauber.

Weiterhin gibt es seit einiger Zeit *Kühlschränke und Kühltruhen* mit besonders guter Wärmedämmung. Veraltete Modelle führen oft zu einem unnötig hohen Energiebedarf, denn in der Regel laufen diese Geräte 365 Tage im Jahr.

Ähnlich ist es mit allen Geräten, die im so genannten *Standby-Betrieb* (Bereitschaftsbetrieb) eingeschaltet sind. Auch wenn sie gar nicht benötigt werden, brauchen sie viel elektrische Energie. Für manches Videogerät, das im Standby-Betrieb eingeschaltet ist, müssen in einem Wärmekraftwerk 20 kg Kohle pro Jahr verbrannt werden – und dafür zahlt man dann immerhin etwa 20 €.

Für Dauerbetrieb sollten stets Energiesparlampen eingesetzt werden.

AUFGABEN

1. Es gibt viele Möglichkeiten, Energie zu sparen. Auf welche Weise kannst du dazu beitragen? Denke an dein Verhalten in der Küche, im Bad und in deinem Zimmer!
2. Wo könnte man in eurer Schule Energie sparen?
3. Erläutere, weshalb durch sparsamen Umgang mit Rohstoffen auch Energie gespart werden kann. Welche Materialien sind für das Recycling besonders geeignet? Welche weiteren Vorteile bringt die Wiederverwertung mit sich?
4. Wie viele Personen müsst ihr im Pkw sein, damit ihr nicht mehr Energie als bei einer Fahrt mit der Straßenbahn benötigt?
5. Erhitze je 0,5 l Wasser auf verschiedene Weise bis zum Sieden. Verwende unterschiedlich große Herdplatten und Töpfe sowie einen Tauchsieder bzw. Wasserkocher. Miss die jeweils eingesetzte Energie mit dem Elektrizitätszähler!
(Dazu müssen aber alle anderen Geräte abgeschaltet sein.)

AUFGABEN

1. Nenne verschiedene Arten der Arbeit und beschreibe für jede ein Beispiel!
2. Begründe, dass ein Gebirgssee, ein überhängendes Gletscherstück, eine Schnee- und eine Gerölllawine Energie besitzen!
3. Woran kann man beim Kochen und Braten erkennen, dass die heiße Herdplatte und die Backröhre thermische Energie besitzen?
4. Nenne Küchengeräte und die Energieformen, die jeweils für ihren Betrieb erforderlich sind!
5. Du hast eine elektrische Eisenbahn, ein Rückstoßboot mit Kerzenantrieb, ein Auto mit Schwungradantrieb und ein Schiff mit Federantrieb.
   Welche Energieformen werden in diesen Spielzeugen genutzt?
6. Kuckucksuhren werden von „Gewichten" angetrieben. Bei einem alten Wecker wird eine Feder aufgezogen, moderne Uhren arbeiten mit Monozellen. Welche Energieformen treten auf?
7. Bei Windkraftwerken trifft Wind auf die Rotorblätter, bei Wasserkraftwerken Wasser auf die Turbinenschaufeln. Bei Wärmekraftwerken gelangt Dampf in die Turbinen. Bei manchen Sonnenkraftwerken reflektiert ein Hohlspiegel Wärmestrahlung zum Heizkessel, bei anderen trifft das Licht auf Solarzellen. Welche Energieformen werden bei den einzelnen Anlagen genutzt?
8. Nenne verschiedene Möglichkeiten zur Speicherung von Energie und beschreibe für jede ein Beispiel!
9. Nenne die Vorteile folgender Maßnahmen:
   – Nutzung nachwachsender Rohstoffe,
   – Rückgewinnung von Energie aus Abfällen,
   – Installation von Sonnenkollektoren auf Dächern,
   – Nutzung von Energieverbundnetzen,
   – Nutzung von Solarstrom-Anlagen.

Solarstrom-Anlage auf dem Dach der Münchener Messehallen. Gesamtfläche 38 000 m².

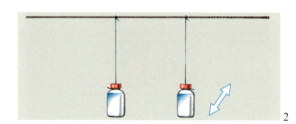

10. Befestige zwei mit Wasser gefüllte Kunststoffflaschen an je einem 50 cm langen Faden. Knüpfe die Fäden in etwa 50 cm Entfernung an einer straff gespannten Wäscheleine an. Bringe eine der Flaschen zum Schwingen. Beobachte die Bewegung der Flaschen und beschreibe die Energieumwandlungen!
11. Zeichne das Energieflussdiagramm für den Energietransport in einem Spielzeugauto mit Batterieantrieb!
12. Zeichne für folgende Vorgänge jeweils das Energieflussdiagramm. Verlängere die Diagramme möglichst weit in beide Richtungen!
    – Damit Zimmerpflanzen besser wachsen, werden sie mit einer Leuchtstofflampe beleuchtet.
    – Im Backofen wird ein Brot gebacken und anschließend gegessen.
13. Warum muss man beim Auswählen des Brennstoffes für Raketen dem Heizwert besondere Aufmerksamkeit schenken?
14. Begründe anhand des Heizwertes von Braunkohle, dass sich Braunkohlekraftwerke oft in unmittelbarer Nähe der Tagebaue befinden!
15. Welche alternativen Energiequellen sind für Mecklenburg-Vorpommern besonders wichtig?
16. Welche alternativen Energiequellen haben für Mecklenburg-Vorpommern nur eine geringe Bedeutung? Begründe!
17. Wie könnt ihr in der Wohnung oder im Garten die Sonnenenergie besser nutzen?
18. Nenne Gründe, weshalb alternative Energiequellen genutzt werden müssen!
19. Wenn der Heizwert eines Stoffes mit einer Anordnung wie im Experiment 3 (S. 254) bestimmt wird, treten vor allem Fehler durch die schlechte Wärmedämmung auf. Skizziere eine Anordnung, mit der der Heizwert genauer bestimmt werden kann!
20. In Goldisthal in Thüringen liefert eines der modernsten Pumpspeicherwerke ab dem Jahre 2002 im Bedarfsfalle mit einer Leistung von 1060 MW Strom. Warum hat eine Kombination der Braunkohlekraftwerke mit Pumpspeicherwerken besondere Vorteile?
21. Vergleiche die Nährwerte von Obst und Schokolade! Welche Schlussfolgerungen kannst du daraus ziehen?

Was ist Energie?

ZUSAMMENFASSUNG

Arbeit
Formen der Arbeit:
- Hubarbeit
- Spannarbeit
- Arbeit, die zur Geschwindigkeitsänderung von Körpern führt
- Reibungsarbeit

Energie
Energie ist die Fähigkeit, Arbeit zu verrichten, Wärme abzugeben oder Licht auszusenden.
Formelzeichen: E
Einheiten: Joule (J) und Kilowattstunde (kW · h)

Arten des Energietransports			
Energietransport durch Arbeit	Energietransport durch Licht	Energietransport durch Wärme	Energietransport von elektrischer Energie
Beim Verrichten von Arbeit wird Energie von einem Körper zu einem anderen transportiert.	Energie wird in Form von Licht von der Lichtquelle zum Lichtempfänger transportiert.	Durch Wärmeströmung, Wärmeleitung oder Wärmestrahlung wird Energie vom heißeren zum kälteren Körper transportiert.	Wenn ein elektrischer Strom fließt, wird elektrische Energie vom Erzeuger zum Verbraucher transportiert.

Speicherung von Energie
Energie kann in unterschiedlichen Formen gespeichert werden:
- Lageenergie
- Spannenergie
- Bewegungsenergie
- thermische Energie
- chemische Energie

Heizwert
Der Heizwert eines Brennstoffes kennzeichnet, wie viel thermische Energie dieser Stoff beim Verbrennen abgibt.
Formelzeichen: H
Einheit: J/kg

Energie für Lebensprozesse	
Menschen und Tiere nehmen Energie mit dem Essen und Trinken auf. Die Energie wird zum Aufrechterhalten der Körpertemperatur, für die Bewegung und andere Lebensvorgänge benötigt.	**Pflanzen** nehmen Energie in Form von Sonnenlicht auf. Mithilfe des Blattgrüns wandeln sie Nährstoffe aus dem Boden und Kohlenstoffdioxid aus der Luft in Stärke, Zucker und Zellulose um.

Energiesparen
Energieeinsparungen sind möglich durch
- technische Verbesserungen in Industrie und Verkehr,
- bessere Wärmedämmung an Wohnhäusern,
- verantwortungsvolles persönliches Verhalten.

Wirkungsgrad und Energieerhaltungssatz

Vor 100 Jahren gab es in Norddeutschland noch 20 000 Windmühlen. 1933 waren es 4 500. Heute findet man nur noch wenige solcher Mühlen, die funktionstüchtig sind. Andererseits nimmt die Zahl der Windturbinen immer mehr zu.
Mit ihnen wird elektrische Energie erzeugt.
Könnte man auch die alten Windmühlen dafür nutzen?

Nutzbarkeit von Energie

Langsam dreht sich das alte Mühlrad der Wassermühle in Graupzig. Es lädt die Besucher zum Schaumahlen ein. Auch an anderen kleinen Bächen haben früher solche Wassermühlen gestanden (Bild 2). Heute würde man statt eines Wasserrades eine kleine Turbine einbauen. Eine Turbine, an die ein Generator angeschlossen ist, kann viel mehr von der mechanischen Energie des Wassers in elektrische Energie umwandeln, als das mit einem Wasserrad möglich ist.

In den einzelnen Zylindern eines Pkw-Motors explodiert schnell aufeinanderfolgend ein Gemisch aus Kraftstoff und Luft. Dabei entsteht eine hohe Temperatur. Die Verbrennungsgase dehnen sich aus und bewegen die Kolben im Motor (Bild 3). Auf diese Weise entsteht aus der chemischen Energie des Kraftstoffs die mechanische Energie für den Antrieb des Pkw. Der Motor wandelt aber nur etwa 1/3 der chemischen Energie in mechanische Energie um.
Die restliche Energie wird vom Kühlwasser und vom Auspuff in Form von Wärme an die Umgebung abgegeben (Bild 4). Diese Energie kann nicht mehr zum Antrieb genutzt werden.
Allerdings nutzt man im Winter einen Teil der Energie des heißen Kühlwassers für die Heizung des Innenraums vom Pkw.

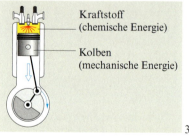

Eine Turbine mit Generator arbeitet viel wirtschaftlicher als ein Mühlrad und ein Pkw-Motor. Sie nutzt einen viel größeren Teil von der zugeführten Energie aus.
Um diese Wirtschaftlichkeit zu kennzeichnen, verwenden die Physiker den Begriff Wirkungsgrad.

> Der Wirkungsgrad gibt an, wie gut oder schlecht eine Anlage eine Energieform in eine andere umwandelt.

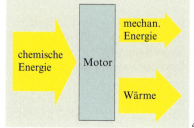

Bestimmung des Wirkungsgrades

Will man herausfinden, wie gut das Mühlrad, die Wasserturbine oder der Pkw-Motor die Energie ausnutzen, so muss man die von ihnen genutzte Energie mit der eingesetzten Energie vergleichen. Dazu bildet man den Quotienten aus der genutzten Energie und der eingesetzten Energie. Auf diese Weise erhält man den Wirkungsgrad eines Gerätes oder einer Anlage.

$$\text{Wirkungsgrad} = \frac{\text{nutzbare Energie}}{\text{eingesetzte Energie}}$$

Das Formelzeichen für den Wirkungsgrad ist der griechische Buchstabe η (gesprochen eta).

Gleichung für den Wirkungsgrad:
$$\eta = \frac{E_{\text{nutzbar}}}{E_{\text{eingesetzt}}}$$

Energiewandler	Wirkungsgrad in %
Dampfmaschine	10
Solarzelle	12
Benzinmotor	30
Dieselmotor	bis 40
Dampfturbine	40
Sonnenkollektor	50
Ofenheizung	60
Elektrokochplatte	65
Koksheizung	70
Durchlauferhitzer (Erdgas)	80
Zentralheizung (Öl, Gas)	85
Elektromotor	bis 95
Generator	bis 95
Tauchsieder	98

Man kann den Wirkungsgrad entweder als Dezimalbruch oder in Prozent angeben. Im Falle eines Pkw-Motors beträgt der Wirkungsgrad zum Beispiel 0,31. Das entspricht 31% (Bild 1).

Nicht nur ein Pkw-Motor, sondern auch ein Elektromotor erwärmt sich, wenn er in Betrieb ist. Der Elektromotor erwärmt sich aber nicht so stark wie ein Pkw-Motor. Deshalb ist der Wirkungsgrad eines Elektromotors wesentlich größer (siehe Tabelle).

Ein kleiner Motor in einer Spielzeuglokomotive besitzt allerdings einen wesentlich geringeren Wirkungsgrad als ein großer in einer Elektrolok.

Den Wirkungsgrad einer Anlage kann man z. B. folgendermaßen ermitteln:

1

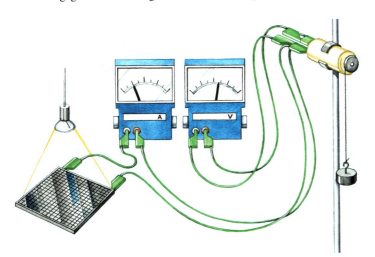

2

EXPERIMENT 1
Ein Solarmodul wird mit dem Licht einer kleinen Reflektorlampe bestrahlt. Mit dem elektrischen Strom des Solarmoduls wird ein Motor betrieben. Stromstärke und Spannung werden gemessen.
Der Wirkungsgrad der Anlage wird folgendermaßen bestimmt:
Die pro Sekunde zugeführte Energie wird an der Glühlampe abgelesen: 1 W entspricht 1 J/s.
Die vom Motor pro Sekunde umgesetzte elektrische Energie ergibt sich in der Einheit Joule, wenn die Stromstärke (in A) und die Spannung (in V) miteinander multipliziert werden:
$1 A \cdot 1 V = 1 W = 1 J/s$.

Der Betrag der nutzbaren Energie ist viel kleiner als der Betrag der zugeführten Energie. Der Wirkungsgrad liegt also weit unter als 1. Allgemein gilt: Der Wirkungsgrad eines Gerätes kann höchstens 1 betragen, denn kein Gerät kann mehr Energie abgeben, als ihm zugeführt wird.

Die Wirkungsgrade unterschiedlicher Geräte sind unterschiedlich groß. Der größtmögliche Wirkungsgrad ist 1.

Möglichkeiten zur Erhöhung des Wirkungsgrades

Eine wesentliche Aufgabe von Ingenieuren und Physikern besteht darin, Maschinen und Anlagen zu entwickeln, die einen möglichst hohen Wirkungsgrad besitzen. Was können sie tun?

Geschickte Nutzung der physikalischen Gesetze. Früher verwendete man zum Beispiel Wasserräder, um die mechanische Energie von Wasser zu nutzen. Diese waren sehr schwer und drehten sich nur langsam. Wenn das Wasser aus dem Rad wieder herauslief, hatte es noch viel mechanische Energie. Deshalb war der Wirkungsgrad gering. Wasserturbinen gleicher Leistung sind viel kleiner und drehen sich viel schneller. Wenn das Wasser eine solche Turbine verlässt, hat es fast die gesamte mechanische Energie abgegeben (Bild 1).

Will man eine Dampfturbine mit hohem Wirkungsgrad betreiben, so muss man im Kessel ein möglichst heißes Feuer machen. Um Wasser zu verdampfen, benötigt man sehr viel Energie. Um den Dampf dann weiter zu erhitzen – damit er sich möglichst stark ausdehnt – braucht man relativ wenig Energie. Die starke Ausdehnung ist entscheidend für eine gute Energieübertragung auf die Turbine.

Außerdem muss man dafür sorgen, dass die Verbrennungsgase die Anlage mit einer möglichst niedrigen Temperatur verlassen.

Auf diese Weise werden in modernen Wasser- und Dampfturbinen die physikalischen Gesetze viel besser genutzt, als das früher in Wasserrädern und Dampfmaschinen der Fall war. Trotz aller Bemühungen ist es jedoch zum Beispiel bei Wärmekraftmaschinen nicht mehr möglich, den Wirkungsgrad noch wesentlich zu erhöhen. Das lassen die physikalischen Gesetze nicht zu.

Verringerung der Reibung. Eine weitere Möglichkeit, den Wirkungsgrad zu vergrößern, besteht darin, unerwünschte Energieumwandlungen zu verringern.

Jede Maschine enthält Teile, die sich bewegen. In Elektromotoren und Fahrraddynamos drehen sich die Wellen. In Pkw-Motoren bewegen sich die Kolben auf und ab. Bei diesen Bewegungen tritt Reibung auf. Dadurch wird ein Teil der Bewegungsenergie in thermische Energie umgewandelt (siehe S. 250). Soll eine Maschine einen möglichst hohen Wirkungsgrad haben, so muss die Reibung so weit wie möglich verringert werden. Dazu werden die Lager der Wellen geschmiert, ähnlich wie bei einem Fahrrad die Kette geölt wird (Bild 2). Der Kolben eines Verbrennungsmotors gleitet auf einer Ölschicht.

Anderweitige Nutzung der Restenergie. Schließlich kann man den Wirkungsgrad von Maschinen und Anlagen dadurch erhöhen, dass man die nicht umgewandelte Energie für andere Zwecke verwendet. Zum Beispiel kann man bei Dampfturbinen einen Teil der thermischen Energie, die nicht in mechanische Energie umgewandelt wird, zum Heizen verwenden. Kraftwerke, die nach diesem Prinzip arbeiten, nennt man Heizkraftwerke. Sie erzielen einen Wirkungsgrad von bis zu 85 %.

Die nebenstehende Tabelle zeigt den Wirkungsgrad von Wärmekraftmaschinen und Kraftwerken. Sie lässt auch erkennen, wie der Wirkungsgrad der Wärmekraftmaschinen im Laufe der Zeit immer mehr erhöht werden konnte.

1 Prinzip einer Turbine. Beim Eintritt hat das Wasser eine große Geschwindigkeit, beim Austritt eine kleine.

2

Wirkungsgrade von Wärmekraftmaschinen und Kraftwerken

„atmosphärische" Dampfmaschine von NEWCOMEN (1712)	1 %
erste Dampfmaschinen von WATT (1777)	3 %
erstes Kraftwerk mit Dampfmaschinen (1882)	15 %
heutiges Kraftwerk mit Dampfturbinen	bis 40 %
Kraftwerk mit Gas- und Dampfturbinen	bis 50 %
Heizkraftwerk	bis 85 %
Pumpspeicherwerk	bis 90 %
Wasserkraftwerk	bis 95 %

Energieerhaltungssatz

Es ist ein uralter Traum der Menschheit, eine Maschine zu erfinden, die sich ganz von allein ständig bewegt. Eine solche Maschine, der man nur einmal Energie zuführen muss, um sie in dauerhafte Bewegung zu setzen, nennt man **Perpetuum mobile**. Ein Perpetuum mobile soll nicht nur endlos in Bewegung bleiben, sondern auch noch nützliche Arbeit verrichten.

Das Perpetuum mobile in Bild 1 wurde von LEONARDO DA VINCI (1452–1519) entwickelt. Es besteht aus einem drehbaren Rad, in dem einzelne Rinnen vom mittleren Teil zum äußeren Rand verlaufen. Auf jeder Rinne befindet sich eine Kugel. Die Kugeln laufen auf der linken Seite nach innen. Sie haben dort einen kurzen Hebelarm. Auf der rechten Seite laufen sie jedoch nach außen. Dort sind ihre Hebelarme länger und das Rad sollte sich ständig rechts herum drehen. Das geschieht aber nicht! – Die Kugeln müssen nämlich auf der linken Seite genau so weit angehoben werden, wie sie sich auf der rechten Seite wieder nach unten bewegen.

1715 und 1717 baute J. E. E. BESSLER, der sich „Orffyreus" nannte, in Merseburg zwei große Perpetua mobilia (Bild 3). Diese drehten sich ständig und konnten außerdem über einen Seilzug schwere Lasten heben.

Sogar der Mathematiker und Philosoph G. W. LEIBNIZ, der den Grundsatz aufgestellt hatte, dass ein Perpetuum mobile unmöglich ist, hat diese Wunderräder sehr gelobt. Sie erwiesen sich jedoch als Schwindel. Sie wurden aus dem Nebenraum mit den Händen angetrieben.

Auch heute werden noch oft Entwürfe für ein Perpetuum mobile von „Erfindern" beim deutschen Patentamt in München eingereicht. Sie werden allerdings nicht mehr geprüft – so sicher ist man, dass eine solche Maschine niemals funktionieren wird.

Die Energie lässt sich von einer Energieform in eine andere umwandeln. Dabei geht keine Energie verloren; es entsteht aber auch keine Energie. Diese Erkenntnis haben die Physiker im Energieerhaltungssatz formuliert.

> Energieerhaltungssatz:
> Bei keinem Vorgang kann Energie neu entstehen oder verschwinden. Bei einer Energieumwandlung ändert sich der Gesamtbetrag der Energie nicht.

Der Energieerhaltungssatz gilt immer. Deshalb kann der Wirkungsgrad von Maschinen und Anlagen im Höchstfalle 1 (also 100%) betragen. Wäre er bei einer Umwandlung größer, so würde dabei neue Energie entstehen. Ist der Wirkungsgrad kleiner als 1, so wird die Energie nicht vollständig in die gewünschte Energieform umgewandelt.

Perpetuum mobile nach einem Entwurf von LEONARDO DA VINCI

Ein Perpetuum mobile, das Arbeit verrichten soll: Das Wasser soll einen Schleifstein antreiben und anschließend von einer Pumpe wieder nach oben befördert werden.

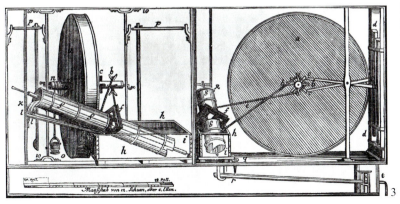

Perpetuum mobile des ORFFYREUS: Die vertikalen Räder hatten eine Höhe von etwa 3,5 m.

AUFGABEN

1. Ein Mixer darf nur etwa 15 min lang eingeschaltet bleiben. Schon nach wenigen Minuten Betrieb tritt aus den Kühlschlitzen warme Luft aus. Welche Energieumwandlungen vollziehen sich? Welche sind erwünscht, welche nicht?

2. Ein Dieselmotor hat einen Wirkungsgrad von 40%. Im Tank befinden sich 50 l Dieselkraftstoff. Wie viel Liter werden für die Arbeit genutzt? Die Energie von wie viel Litern Kraftstoff wird als Wärme an die Umgebung abgegeben?

3. Eine Glühlampe und eine Sparlampe senden gleich viel Licht aus. Die Glühlampe trägt die Aufschrift 75 W, die Sparlampe die Aufschrift 15 W.
   a) Welche Lampe hat den größeren Wirkungsgrad?
   b) Welche Lampe ist im Betrieb heißer?

4. Bestimme die Abnahme an mechanischer Energie bei einem Spielzeug-Jo-Jo für eine Ab- und Aufbewegung. Miss dazu die Ausgangshöhe und die Endhöhe!
   Wie viel Prozent der Ausgangsenergie bleiben erhalten?

5. Manche Pkw besitzen eine Klimaanlage. Mit dieser kann nicht nur im Winter geheizt, sondern auch im Sommer gekühlt werden. Im Sommer benötigt sie für eine Strecke von 100 km zusätzlich etwa 1,2 l Benzin. Welche Meinung hast du dazu?

6. Welche Angaben können nicht stimmen?
   Motor a) $E_{nutzbar}$ = 300 kJ; $E_{eingesetzt}$ = 400 kJ
   Motor b) $E_{nutzbar}$ = 200 kJ; $E_{eingesetzt}$ = 300 kJ
   Motor c) $E_{nutzbar}$ = 300 kJ; $E_{eingesetzt}$ = 200 kJ

7. Für schnelles Radfahren werden pro Sekunde etwa 250 J mechanische Energie benötigt. 100 g Pommes frites enthalten 800 kJ chemische Energie. Wie viel Pommes frites müsste man essen, um 1 Stunde lang Rad fahren zu können? (Der Wirkungsgrad des menschlichen Körpers bei der Umwandlung von chemischer in mechanische Energie liegt bei 20 %.)

8. Begründe, dass der Wirkungsgrad einer Anlage zur Energieumwandlung stets kleiner als 1 ist!

ZUSAMMENFASSUNG

Jede Energieumwandlung erfolgt mit einem bestimmten Wirkungsgrad. Der Wirkungsgrad gibt an, welcher Teil der eingesetzten Energie in nutzbare Energie umgewandelt wird.

Gleichung: $\eta = \dfrac{E_{nutzbar}}{E_{eingesetzt}}$ Darin bedeuten:
η Wirkungsgrad
$E_{nutzbar}$ nutzbare Energie
$E_{eingesetzt}$ eingesetzte Energie

Der Wirkungsgrad kann im Höchstfall 1 (also 100 %) betragen.

Möglichkeiten zur Erhöhung des Wirkungsgrades:
– bessere Ausnutzung physikalischer Gesetze,
– Verringerung unerwünschter Energieumwandlungen,
– anderweitige Nutzung der nicht umgewandelten Energie.

Energieerhaltungssatz:
Bei keinem Vorgang kann Energie neu entstehen oder verschwinden. Bei einer Energieumwandlung ändert sich der Gesamtbetrag der Energie nicht.

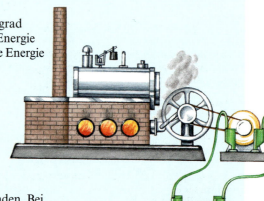

Register

additive Farbmischung 208
Aktivität 175, 180
Alphastrahlung 172
Amplitude 144, 148
Anlage, hydraulische 222
Arbeit, mechanische 120 ff.
Archimedisches Gesetz 231
Atom 14, 164
Atombombe 186
Atomhülle 165
Atomkern 164 f.
Atommodell, einfaches 165
Atwood'sche Fallmaschine 97
Auflagedruck 218 ff.
Auftrieb 230 ff.
Auftriebskraft 230 ff.
–, dynamische 241, 244
Auge 192, 196
Ausbreitungsgeschwindigkeit, Welle 154
Auslenkung 143

BECQUEREL, HENRI 168
Beschleunigung 92
Betastrahlung 173
Bewegung, gleichförmig geradlinige 88 ff.
–, gleichmäßig beschleunigte 92 ff.
–, zusammengesetzte 102 ff.
Bewegungsenergie 255
BOYLE, ROBERT 216
Braun'sche Röhre 36, 72
Bremsvorgänge 94, 124
Bremsweg 124
Brennstab 182
Brennstoffzelle 84
Brückenschaltung 81
BUNSEN, ROBERT 205

C-14-Methode 176
chemische Energie 254 f.
COULOMB, CHARLES AUGUSTIN DE 17
CURIE, MARIE 169, 172

Dauermagnet 31
Diaprojektor 193
Diode als Gleichrichter 81
Dotierung von Halbleitern 78
drittes Newton'sches Gesetz 115
Druck 214
Durchlassrichtung 80
dynamische Auftriebskraft 241, 244

EDISON, THOMAS ALVA 70
Eigenfrequenz 149
Eigenleitung 77
Eigenschwingung 149
einfaches Atommodell 165
elektrische Energie 258
– Feldlinien 18
– Ladung 14 ff.
– Leitung in Flüssigkeiten 67
– – in Gasen 68
– – in Halbleitern 76 ff.
– – in Metallen 66
– Leitungsvorgänge 66 ff.
– Spannung 9 ff., 22
– Stromstärke 8 ff., 22
elektrischer Widerstand 9 ff.
elektrisches Feld 14 ff., 62
Elektrolyse 73
Elektromagnet 34, 38, 46
elektromagnetische Induktion 42 ff.
Elektromotor 39
Elektrophor 25
Elementarmagnet 30
Energie 247 ff.
–, chemische 254 f.
–, elektrische 258
–, kinetische 121
–, mechanische 120 ff., 255
–, potenzielle 120
–, rationelle Nutzung 260 ff.
–, thermische 254 f.
Energiedosis 180
Energieerhaltung 266 ff.
Energieerhaltungssatz 121 ff.
Energieformen 254
Energiespeicherung 254
Energietransport 252 f.
Erregerfrequenz 149
erstes Newton'sches Gesetz 112
erzwungene Schwingung 149

Fadenpendel 145
–, Energieumwandlung 147
–, Periodendauer 146
Fallbeschleunigung 96 ff.
Fallschnur 97
FARADAY, MICHAEL 24, 42, 51, 62
Faraday'scher Käfig 24
Farben 200 ff.
Farbmischung 206 ff.
Farbzerlegung 200
Federkonstante 145
Federschwinger 145
–, Periodendauer 145
Feld, elektrisches 14 ff., 62
–, magnetisches 28 ff., 62
Feldlinien 45
–, elektrische 18
–, magnetische 31
Feldlinienbild 19, 31, 33
Fernrohr 194
Fernsehbildröhre 72

FEYNMAN, RICHARD 186
Fliegen 240 ff.
Flüssigkeitsdruck 218 ff.
Fotoapparat 192, 198
Fotozelle 71
freier Fall 95
Frequenz 144, 156

GALILEI, GALILEO 98 f., 140, 194
galvanische Elemente 255
Galvanisieren 73
Gammastrahlung 173
Gasdruck 214
Gasentladungsröhre 69
gedämpfte Schwingung 148
Geiger-Müller-Zählrohr 170
Geschwindigkeit-Zeit-Gesetz, freier Fall 96
–, gleichmäßig beschleunigte Bewegung 93
Gesetz von BOYLE und MARIOTTE 216
gleichförmige Bewegung 88 ff.
– geradlinige Bewegung 88
– Kreisbewegung 90, 134 ff.
Gleichgewichtslage 144, 147
gleichmäßig beschleunigte Bewegung 92 ff.
Gleichstrommotor 35
glühelektrischer Effekt 70
GOETHE, Farbenlehre 209
GOETHE, JOHANN WOLFGANG VON 209
Gravitationsgesetz 139
Gravitationskraft 139
Grundgesetz der Mechanik 113
GUERICKE, OTTO VON 228

HAHN, OTTO 181
Halbleiter 76
Halbleiterdiode 80
Halbwertszeit 174
harmonische Schwingung 143
Heißluftballons 238
HERTZ, HEINRICH 144
Hooke'sches Gesetz 145
Hören 161
Hubarbeit 249
hydraulische Anlage 222
hydrostatisches Paradoxon 225

Impulsrate 171
Induktion, elektromagnetische 42 ff.
Induktionsgesetz 44 f.
Induktionshärten 52
Induktionsschmelzen 52
infrarote Strahlung 205
Innenpolmaschine 50
Ionisation 68, 169
ionisierende Strahlung 168 ff.
Isotop 166

KEPLER, JOHANNES 140
Kernenergie 178
Kernfusion 184
Kernkraftwerk 182
Kernladungszahl 166
Kernspaltung 181
Kernstrahlung 168 ff.
Kettenreaktion 181 ff.
kinetische Energie 121
KIRCHHOFF, GUSTAV 205
Komplementärfarben 208
Kondensator 20 ff.
kontinuierliches Spektrum 204
KOPERNIKUS, NIKOLAUS 140
Körperfarben 206
kosmische Geschwindigkeit 138
Kraft 110 ff.
–, rücktreibende 147
Kräfte, Zerlegung 111
–, Zusammensetzen 111
Kräfteparallelogramm 110
Kraftstoß 132
Kreisbewegung 90, 134 ff.
kurzsichtig 197

Ladung, elektrische 14 ff.
Ladungstransport durch das Vakuum 70
Ladungstrennung 14
– durch Influenz 16
Lageenergie 254
Lärm 161
Lärmschutz 158
Lautstärke 156
Leitungsvorgänge, elektrische 66 ff.
LENZ, HEINRICH F. E. 48
Lenz'sches Gesetz 48
leuchtende Gase 74
Leuchtstofflampen 74
lichtelektrischer Effekt 71
LILIENTHAL, OTTO 245
Linienspektrum 204
LORENTZ, HENDRIK ANTOON 36
Lorentzkraft 36
Luftdruck 226 ff.

Magnete 28 ff.
Magnetfeld 31
– der Erde 37
– stromdurchflossener Leiter 32
– von Elektromagneten 32
magnetische Feldlinien 31
magnetisches Feld 28 ff., 62
MARIOTTE, EDMÉ 216
mechanische Arbeit 120 ff.
– Energie 120 ff., 255
– Schwingung 142 ff.
– Welle 152 ff.
MEITNER, LISE 181
Mikroskop 195
Moderator 182

natürliche Felder 62
– Radioaktivität 178
Nebelkammer 171
Neutron 165
Neutronenanzahl 166
NEWTON, ISAAC 117, 139 F.
Newton'sche Gesetze 110 ff.
Newton'sches Grundgesetz 137
n-leitendes Silicium 78
Nukleon 165
Nuklid 166
Nullrate 171

Oberflächenveredlung 73
OERSTED, HANS CHRISTIAN 51, 62
Ohr 160
optische Geräte 192 ff.
Oszilloskop 72
Ozon 210

Paradoxon, hydrostatisches 225
PASCAL, BLAISE 215
Periodendauer 144 ff.
–, Fadenpendel 146
–, Federschwinger 145
Perpetuum mobile 123, 269
Plattenkondensator 22
p-leitendes Silicium 78
pn-Grenzschichten 79
Polarlicht 62
potenzielle Energie 120
Potenziometer 12
Prisma 200
Proton 165
Protonenanzahl 166
Pumpspeicherwerk 254

Radialkraft 135 ff.
radioaktive Belastungen 178
radioaktiver Zerfall 169
Radioaktivität 178 ff.
Regenbogen 202 f.
Reibungsarbeit 250
Resonanz 149
RÖNTGEN, WILHELM CONRAD 168
Rückstoß 115 f.
rücktreibende Kraft 147
RUTHERFORD, ERNEST 164, 172

Schall 155 ff.
Schalldämmung 158 f.
Schalldämpfung 158
Schallgeschwindigkeit 155
Schallübertragung 155
Schallwellen 155 ff.
schräger Wurf 106
Schweben 233
schwere Masse 114
Schweredruck 224
Schwimmen 233
Schwingung, erzwungene 149
–, gedämpfte 148
–, harmonische 143
–, mechanische 142 ff.
Selbstinduktion 58 f.
senkrechter Wurf 104
Siedewasserreaktor 182
Sinken 233
Solarzelle 84
Sonnenkraftwerk 259
Spannarbeit 249
Spannenergie 255
Spannung, elektrische 9 ff., 22

Spektralanalyse 204
Spektrum 200 ff.
Sperrrichtung 80
Spule, Wechselstromkreis 59
Steigen 233
Störstellenleitung 78
Stoßionisation 68
Strahlenschäden 179
Strahlenschutz 180
Strahlentherapie 189
Strahlung, infrarote 205
–, ionisierende 168 ff.
–, ultraviolette 205, 210
STRASSMANN, FRITZ 181
Stromkreis 8 ff.
Stromstärke, elektrische 8 ff.
Strömungswiderstand 242 ff.
subtraktive Farbmischung 207

Tauchen 234
thermische Energie 254 f.
Thermistoren 77
Tokamak 184
Tonhöhe 156
träge Masse 114
Trägheitsgesetz 112
Transformator 54 ff.
–, Spannungsübersetzung 55
–, Stromübersetzung 56
Transistor 82
–, Schalterwirkung 82
–, Verstärkerwirkung 83

Überlagerung von Bewegungen 102
ultraviolette Strahlung 205
unverzweigter Stromkreis 8 ff.
UV-Index 211

verbundene Gefäße 227
Verkehrssicherheit 124
Verstärkerwirkung, Transistor 83
verzweigter Stromkreis 10 ff.
VINCI, LEONARDO DA 269

waagerechter Wurf 105
Wasserkraftwerke 259
Wechselfelder 63
Wechselstromgenerator 50
Wechselwirkungsgesetz 115
Weg-Zeit-Gesetz, 89, 94, 96
weitsichtig 197
Welle, mechanische 152 ff.
Wellenlänge 154
Widerstand, elektrischer 9 ff.
Wirbelströme 49 ff.
Wirkungsgrad 266 ff.
Wurf, schräger 106
–, senkrechter 104
–, waagerechter 105

Zentralkraft 135 ff.
Zerfall, radioaktiver 169
Zerfallsreihe 174
Zerlegung von Kräften 111
Zusammensetzen von Kräften 111
zweites Newton'sches Gesetz 113

Quellennachweis der Abbildungen

action press: 176/3. AEG AG, Frankfurt a. M.: 248/3-5, 253/2. AEG-Elotherm, Remscheid: 52/1-3. akg-images, Berlin: 62/1. Allsport Photographic PLC, action press: 120/1. Alcatel Kabel AG & Co., Hannover: 24/5. Archiv VWV, Berlin: 17/4, 24/4, 51/1-2, 62/2, 64/1, 65/1, 71/3, 98/1, 99/1-2, 117/1-3, 140/1-4, 164/2, 184/1, 195/2, 215/2, 220/3, 225/4, 228/1, 242/3, 245/1, 255/3. argus/Ruoso:152/1. Audio-Reference Highend Vertriebs-GmbH, Hamburg: 70/3. Augenklick/Foto-Kunz: 126/1. Ballonhafen, Berlin: 238/1-2. Bayern-Park, Reisbach: 122/4. Bellmann, H., Lonsee: 108/3, 195/3. Beurer GmbH&Co., Ulm: 253/1. Bildarchiv Preußischer Kulturbesitz, Berlin: 176/1. BLG AG & Co./ W. Scheer, Bremen: 102/1. Blümel, H., Mücka: 252/3. BMW Rolls-Royce, Aero Engines Oberursel: 116/1. BMW, München: 158/3, 243/3,5. BOMAG, Boppard: 252/1. BOREAS-Gruppe Dresden: 54/1. Bundesamt für Strahlenschutz, Salzgitter: 185/4. Bundesbahndirektion, Nürnberg: 251/2. CargoLifter AG: 233/4. Carl Braun Camera-Werk, Nürnberg: 193/1. CMA, Bonn: 260/2. COGEMA/DR: 185/3. COGEMA/P. Lesage: 185/2. Conrad Electronic, Hirschau: 54/2, 56/1, 73/2, 80/1. Cornelsen Experimenta, Berlin: 239/1. Daimler-Benz Aerospace AG, München: 240/1. DaimlerChrysler AG, Stuttgart: 77/6, 92/1, 124/2, 242/1, 250/2. DEA, Mineraloel AG, Hamburg: 254/1. Desy, Hamburg: 164/1. Deutsche Bahn AG, Berlin: 251/1. Deutsche Lufthansa AG, Köln: 178/1. Deutsche Sporthochschule Köln, Institut für Biomechanik: 108/5. Deutsches Museum, München: 23/1-2, 24/3, 25/4, 32/5, 51/3, 98/2, 150/1-3, 168/1-2, 169/1, 181/2,5, 186/2, 210/1, 228/2, 269/1-3. DHV, Gmund: 240/2-3. DLR, Berlin-Adlershof: 99/3, 115/4, 138/1. DLR, Deutsches Fernerkundungszentrum, Oberpfaffenhofen 210/3. Doppelmayr Seilbahnen GmbH, Wolfurt: 110/1. dpa, Berlin: 96/2, 106/1, 107/4, 134/1, 242/2, 248/1. Duracell GmbH, Köln: 255/4. Dziarstek, C., Augsburg: 100/2. Elwe Lehrgerätebau Klingenthal GmbH: 154/1. Emsa-Werke Wulff GmbH&Co., Emsdetten: 255/2. ENERCON GmbH, Aurich: 134/4. ESA: 132/1. Freies Deutsches Hochstift, Frankfurter Goethe Museum: 209/4. Gasteiner-Heilstollen/Archiv: 189/3. Haux-Life-Support GmbH, Karlsbad: 235/2. Hek Hebetechnik GmbH, Eppingen: 249/1. Helga Lade Berliner Bildagentur: 66/1, 68/1, 211/3, 213, 237/2, 246/2, 250/4, 266/2. Hopf, K., Hof: 194/1. Hüttenwerke Kayser,

Lünen: 73/3. IMAB, TU Braunschweig: 52/4. IPP, Max-Planck-Institut für Plasmaphysik, Garching: 184/4. J. A. Becker & Söhne, Neckarsulm: 222/1. Kässbohrer Geländefahrzeuge GmbH, Senden: 220/2. Klepel, G., Leipzig: 195/4. Kraftwerk Isar GmbH, Essenbach: 259/1. A. Krüss Optronic GmbH, Hamburg: 205/1. L.H. Kronenberger, Seligenstadt: 73/4. Leybold-Didactic GmbH, Hürth: 69/1, 153/3, 171/2, 172/3, 187/3. Lipp GmbH, Tannhausen: 261/2. Mannesmann Dematic, Wetter: 34/2. Mauritius, Bildagentur: 224/1, /CNRI: 188/1, /De La Maza: 179/2. Medtronic, Düsseldorf: 65/2. Metallbau Grasdorf GmbH, Holle: 221/4. Mikelskis, H.F., Potsdam: 88/1, 100/1. Münch, R., Berlin: 69/4, 176/2. NASA: 139/2, 194/4, 246/1. Nill, D./Hirning-Naturbild, Mössingen: 160/1. Nitschmann, H.-J., Bautzen: 63/1. Oelker, J., Radebeul: 259/2. OKAPIA, Bildarchiv, Berlin: 237/3, hinteres Vorsatz. OSRAM, München: 74/1,3. Philips GmbH Bildröhrenfabrik, Aachen: 208/2. Philips GmbH, Aachen: 72/4. Photopool/Rothermel: 125/3. Phywe System GmbH, Göttingen: 20/1, 35/3, 37/5, 49/4, 50/3, 95/3, 106/2, 136/2, 155/2, 170/3, 201/1, 208/1. Poseidon Tauchprodukte GmbH, Kiel: 234/3. Preussag Elektra, Hannover: 266/1. RWE Energie AG, Essen: 258/1-2, 259/4. Sachs Handel GmbH, Schweinfurt: 150/5-6. Sächsische Dampfschifffahrt, Dresden: 230/1. Schott Glas, Mainz: 3/1. Schuberth Helme GmbH, Braunschweig: 125/2. Schuchmann, K.-L., Bonn: 244/3. Schuck, M., Weimar: 142/1 (Falk Zenker). Siemens AG, Erlangen: 42/1, 50/3, 60/1, 64/3. Siemens AG, München: 9, 77/5, 84/2-3, 264/1. spot/Gordon Welters: 185/5. Staatlicher Mathematisch-Physikalischer Salon, Dresden: 37/1. Stark-Verlag, Freising: 116/5. Superbild, Bildagentur, Berlin: 87, 200/1. The Israel Museum, Jerusalem: 163. Theuerkauf, H., Gotha: 195/5. Thrust SSG, G.B.: 116/3. Thyssen Krupp Stahl, Duisburg: 262/1. Titanic. Inc.: 235/1. UFOP, Bonn: 247, 261/1. ullstein bild, Berlin: 108/4. Varta Batterie AG, Hannover: 73/1, 255/5. VEAG, Berlin: 253/6, 254/3. Völkner Electronics, Braunschweig: 38/1. Volkswagen AG, Wolfsburg: 118/1-3. Wacker Silitronic, Burghausen: 76/2. Winter, R., Potsdam: 100/3. Zefa visual media /Allofs: 108/1 /Jason: 116/2 /Johnson: 115/5 /Rauschenbach: 108/2. Alle anderen Fotos: Bildart Photos Volker Döring, Hohen Neuendorf.

Das elektromagnetische Spektrum

1888 Heinrich Hertz erzeugt elektromagnetische Wellen

Bereich	Radiowellen					Mikrowellen		
Bezeichnung	Langwellen (LW)	Mittelwellen (MW)	Kurzwellen (KW)	Ultrakurzwellen (UKW)		Dezimeterwellen (Radar)	Zentimeterwellen	Mikrowellen
Wellenlänge in m	10^5	10^4	10^3	10^2	10^1	1	10^{-1}	10^{-2}
Frequenz in Hz	$3 \cdot 10^3$	$3 \cdot 10^4$	$3 \cdot 10^5$	$3 \cdot 10^6$	$3 \cdot 10^7$	$3 \cdot 10^8$	$3 \cdot 10^9$	$3 \cdot 10^{10}$

Radiowellen bilden die Grundlage für die Nachrichtenübertragung. Während Lang-, Mittel- und Kurzwellen sozusagen um die Erde laufen, breiten sich Ultrakurzwellen fast nur geradlinig aus. Mobiltelefone funktionieren deshalb nur zufriedenstellend, wenn man sich in der Nähe eines entsprechenden Sendemastes befindet.

Mikrowellen sind uns aus der Küche von der Erwärmung von Speisen im Mikrowellenherd bekannt. In der Forschung werden mithilfe der Mikrowellenspektroskopie z. B. Eigenschaften von Gasmolekülen untersucht. Auch für Nachrichten- und Funktechnik werden die Mikrowellenfrequenzen genutzt.

Infrarote und ultraviolette Strahlung haben eine große Bedeutung für die Lebensvorgänge. Infrarote Strahlung wird auch als Wärmestrahlung bezeichnet. Infrarotlampen werden in der Medizin zur tiefen Erwärmung von Körperteilen angewendet. In der Technik nutzt man diese Strahlung zum Einbrennen von Lacken bzw. zum Heizen. Ultraviolette Strahlung kann zur Materialprüfung und zum Abtöten von Keimen genutzt werden.

Projekt

Physik betreiben heißt, etwas zu tun. Auf den Projektseiten findet ihr viele Tipps und Anregungen – um etwas zu machen, das sich am Ende sehen lassen kann.

Projekt

Umwelt

Ein Blick in die Technik

Kräfte – Newton'sche Gesetze

AUFGABEN

1. a) Zwei Hunde ziehen an ihren Leinen. Ermittle die resultierende Kraft auf die Hand mithilfe einer Konstruktion!
   b) Zerlege die Zugkraft beim Ziehen des Schlittens in eine Kraft senkrecht nach oben und eine Kraft in Bewegungsrichtung!
2. a) Beschreibe und erkläre, was mit der Ladung eines Pkw-Dachgepäckträgers bei Vollbremsung passiert!
   b) Julia behauptet: „In der Linkskurve wird man im Auto nach rechts gedrückt." Simone entgegnet: „In der Linkskurve wird man vom Auto nach links gedrückt." Wie würdest du hier argumentieren?
3. Bei gleicher Motorkraft kann ein Motorrad schneller beschleunigen als ein Pkw. Gib eine Begründung!
4. Wie groß ist die Antriebskraft eines Pkw der Masse 1000 kg, wenn er mit einer Beschleunigung von 1,5 m/s² anfährt?
5. Eine Lok mit der Masse 200 t bewirkt eine Zugkraft von 200 kN. 8 Wagons haben je eine Masse von 40 t.
   a) Wie groß ist die Beschleunigung des Zuges?
   b) Welche Geschwindigkeit erreicht der Zug nach 1 Minute?
   c) Welche Geschwindigkeit erreicht er nach 1 min, wenn man weitere 6 Wagons ankoppelt?
6. Ein Fußball der Masse 500 g wird innerhalb von 0,2 s auf eine Geschwindigkeit von 20 m/s beschleunigt. Berechne die Kraft auf den Ball; nimm dabei an, dass er gleichmäßig beschleunigt wird!
7. Warum konnte sich Münchhausen nicht selbst an den Haaren aus dem Sumpf ziehen?
8. Wie kann man sich auf einem Wagen sitzend fortbewegen ohne den Boden zu berühren?
9. Bei einem Crashtest stößt ein Pkw mit einer Geschwindigkeit von 80 km/h frontal gegen eine Mauer. Nach Deformation der Knautschzone um 25 cm kommt der Wagen zum Stillstand. Mit welcher Kraft müssen die Sicherheitsgurte einen Fahrer der Masse 80 kg halten (bei Annahme einer gleichmäßigen Bremsbeschleunigung)?
10. Auf einer waagerechten Luftkissenbahn wird ein Gleiter der Masse m_1 = 100 g mithilfe eines Wägestücks der Masse m_2 = 10 g beschleunigt.
    a) Begründe anhand des 2. Newton'schen Gesetzes, dass es sich hierbei – wie beim freien Fall – um eine gleichmäßig beschleunigte Bewegung handelt!
    b) Berechne die Beschleunigung des Gleiters!
    c) Berechne die Geschwindigkeit des Gleiters nach 0,5 Sekunden!
    d) Gib an, welche Kraft auf den Gleiter im Ruhezustand wirkt!
    e) Berechne aus der Beschleunigung des Gleiters die Kraft, die während der Bewegung auf ihn wirkt!

ZUSAMMENFASSUNG

Die Newton'schen Gesetze

Trägheitsgesetz
Jeder Körper verharrt im Zustand der Ruhe oder gleichförmiger geradliniger Bewegung, solange keine äußeren Kräfte auf ihn einwirken.

Grundgesetz der Mechanik
Wirkt auf einen beweglichen Körper der Masse m die Kraft F, so wird er beschleunigt. Es gilt dabei: $F = m \cdot a$.

Wechselwirkungsgesetz
Übt ein Körper A auf einen zweiten Körper B eine Kraft aus, so übt auch B eine Kraft auf A aus. Beide Kräfte sind gleich groß, sie sind einander entgegengesetzt gerichtet.
Kraft und Gegenkraft greifen an verschiedenen Körpern an.

Aufgaben
Sie dienen nicht nur zur Wiederholung und zur Übung. Sie sollen dir ebenso helfen, mit dem Gelernten Neues zu entdecken oder Altbekanntes neu zu verstehen. Daher sind auch hier oft kleine Experimente auszuführen.

Zusammenfassung
Am Ende des Kapitels wird das Wichtigste noch einmal auf den Punkt gebracht.

Ein Blick in ...
Auf diesen Seiten wird über den Tellerrand geschaut – denn der Physik begegnest du nicht nur im Physikraum. Ein *Blick in die Natur* und ein *Blick in die Technik* verrät, wo die Physik, die ihr gerade behandelt, eine besondere Rolle spielt.
Beim *Blick in die Geschichte* erfährst du, was die Menschen früher schon über die Physik wussten und wie diese Wissenschaft langsam entstanden ist.

Themenseiten
Hier kannst du dich gründlich informieren über *Umwelt*, *Energie*, und *Gesundheit* – Themen, die jeden von uns direkt berühren. Welche Auswirkungen haben elektrische und magnetische Felder auf unser Leben? Was bedeutet „Elektrosmog"? Wie können wir uns vor den Gefahren im Straßenverkehr schützen? Diese Fragen tauchen nicht nur im Physikunterricht auf, sondern auch in anderen Fächern, wie z. B. Geografie, Biologie oder Chemie.